시사상식

최신시사상식

220집

⏻MG 박문각

Contents

Welcome to ChatGPT

최신시사상식 **220집** ___

초판인쇄: 2023. 2. 25.　**초판발행**: 2023. 3. 1.
등록일자: 2015. 4. 29.　**등록번호**: 제2015-000104호
발행인: 박 용　**편저자**: 시사상식편집부
교재주문: (02)6466-7202
주소: 06654 서울시 서초구 효령로 283 서경빌딩
표지 디자인: 정재완　**발행처**: (주)박문각출판
이메일: team3@pmg.co.kr
홈페이지: www.pmg.co.kr

정가 10,000원
ISBN 979-11-6987-196-9

_____

TEST ZONE

_____

상식 요모조모

사진 출처: 연합뉴스, 위키피디아

Must Have News

"미국이 자국 본토 상공을 비행하다 포착된 중국 정찰풍선을 2월 4일 대서양 상공에서 F-22 전투기 등을 동원해 격추했다. 이에 중국은 「무력을 동원한 과잉반응」이라며 거세게 반발했으며, 이로써 사상 최악의 미중 관계가 더욱 악화될 것으로 전망되고 있다."

튀르키예·시리아, 규모 7.8 강진 얕은 진원 등으로 대규모 피해

튀르키예와 시리아 국경지대에서 2월 6일 오전 4시 17분쯤 규모 7.8의 강진이 발생했다. 미 지질조사국(USGS)에 따르면 이번 지진은 튀르키예 남부 도시 가지안테프에서 약 33km 떨어진 내륙에서 발생했다. 특히 USGS는 2월 8일 펴낸 보고서에서 이번 지진 사망자가 10만 명을 넘을 확률을 14%로 추정하는 등 대규모 인명피해가 우려되고 있다. 이와 같은 피해는 진원의 깊이가 워낙 얕았던 데다가 대다수 잠들어 있던 새벽에 발생해 대피가 어려웠던 점, 또 구조가 부실한 건물들이 대거 붕괴되는 여러 악재가 겹친 데 따른 것으로 분석되고 있다.

美, 中 정찰풍선 격추 미중 관계 더욱 악화 전망

미국이 자국 본토 상공을 비행하다 포착된 중국 정찰풍선을 2월 4일 대서양 상공에서 F-22 전투기 등을 동원해 격추했다. 이번 사안을 주권침해로 규정해 온 미 정부는 앞으로 해당 잔해를 분석해 정찰풍선의 목적과 정보수집 장비 탑재 여부 등을 조사한다는 계획이다. 그러나 자국 풍선의 미 영공 진입에 대해 우발적 사건이라며 유감을 표했던 중국은 미국의 정찰풍선 격추 이후 「무력을 동원한 과잉반응」이라며 거세게 반발했다. 이에 사상 최악의 미중 관계가 더욱 악화될 것으로 전망되고 있다.

佛, 정년 64세 연금개혁안 발표 대규모 반대 시위 발생

프랑스 정부가 연금 수령 시작 최소 연령을 현행 62세에서 2030년까지 64세로 상향하는 내용 등을 담은 연금개혁안을 추진한다고 1월 10일 발표했다. 이에 프랑스 전역에서 연금 개혁에 반대하는 대규모 시위가 이어졌는데, 특히 프랑스 주요 8개 노동조합은 12년 만에 연합 전선을 구축해 1월 19일을 시작으로 5차례의 파업을 진행했다. 하지만 프랑스 정부는 대다수의 반대 여론에도 불구하고 개혁안의 핵심이자 최대 쟁점인 「정년 2년 연장」에 대해서는 타협할 수 없다는 입장이다.

이상민 행안부장관 탄핵소추안, 국회 가결 – 직무 정지

이상민 행정안전부 장관에 대한 국회 탄핵소추안이 2월 8일 본회의에서 가결됐다. 국무위원에 대한 탄핵소추안이 가결된 것은 75년 헌정사에서 처음 있는 일로, 이 장관의 탄핵소추안은 앞서 2월 6일 더불어민주당·정의당·기본소득당 등 야3당이 이태원 참사 대응 부실의 책임을 물어 공동 발의한 것이다. 국회 가결에 따라 이 장관의 탄핵소추안은 헌법재판소에 접수돼 탄핵심판 절차에 들어가게 된다.

금융위, 토큰증권 발행 허용
조각투자 시장 확산 전망

금융위원회가 2월 5일 분산원장(블록체인) 기술로 전자화한 증권의 발행과 유통을 허용하는 내용의 「토큰증권 발행·유통 규율체계 정비방안」을 추진한다고 밝혔다. 금융위는 「토큰증권」을 분산원장 기술을 활용해 자본시장법상 증권을 디지털화한 것으로 정의했는데, 이는 실물증권·전자증권에 이은 새로운 발행 형태의 증권이다. 이에 따라 블록체인을 기반으로 부동산, 미술품 등의 실물자산을 증권화할 수 있는 새로운 시장이 열리게 될 것으로 기대되고 있다.

하이브, SM 지분 14.8% 인수
SM과 경영권 분쟁 격화

그룹 방탄소년단(BTS)의 소속사 하이브가 이수만 SM 대주주 겸 전 총괄 프로듀서가 보유한 지분 14.8%를 4228억 원에 인수한다고 2월 10일 공시했다. 앞서 지난 2월 7일 카카오가 신주 유상증자 및 전환사채(CB)를 통해 SM 지분 9.05%를 확보한 바 있으나, 하이브는 이번 거래로 단숨에 SM 최대 주주에 등극하게 됐다. 하지만 SM 측이 2월 16일 이 전 총괄이 연루된 각종 이권과 역외탈세 의혹을 제기하고 하이브가 이에 즉각 반박하면서, 양사의 경영권 분쟁이 격화될 것으로 전망된다.

1월 30일부터 일부 장소 제외
실내 마스크 착용 의무 해제

중앙방역대책본부(중대본)가 1월 30일부터 의료기관과 약국, 감염취약시설, 대중교통을 제외한 장소에서 실내 마스크 착용 의무를 「권고」로 전환한다고 20일 밝혔다. 중대본은 이번 1단계 해제 이후 추후 유행 상황을 지켜본 뒤 완전히 해제하는 2단계 방안을 추진하기로 했다. 이로써 지난 2020년 10월 13일 도입된 정부 차원의 마스크 착용 의무가 2년 3개월 만에 대부분 해제되게 됐다.

〈파친코〉, 美 크리틱스 초이스
최우수 외국어드라마상 수상

애플TV 플러스 드라마 〈파친코〉가 1월 15일 미국 LA에서 열린 제28회 크리틱스 초이스 시상식에서 최우수 외국어드라마상을 수상했다. 〈파친코〉는 일제강점기인 1910년대부터 1980년대까지를 배경으로 고국을 떠나 일본 오사카로 건너간 4대에 걸친 한인 이민 가족의 삶을 그려낸 작품이다. 이번 수상으로 2020년 봉준호 감독의 영화 〈기생충〉을 시작으로 한국과 관련된 작품이 해당 시상식에서 4년 연속 수상하는 기록을 쓰게 됐다.

韓 추락 가능성 美 인공위성,
알래스카 인근 해상으로 추락

한반도 상공을 지나 한때 경계경보까지 발령됐던 미국 지구관측위성 「ERBS」의 잔해물이 1월 9일 미국 알래스카 인근 해안에 최종 추락한 것으로 파악됐다. 과학기술정보통신부는 이날 미 우주군 발표를 인용해 ERBS가 알래스카 서남쪽 베링해 부근에 최종 추락하면서 상황이 종료됐다고 밝혔다. 지난 1984년 10월 5일 발사된 미국의 ERBS는 한국 시간으로 1월 9일 오전 9시부터 오후 5시 사이에 지상으로 추락할 가능성이 제기됐는데, 특히 추락 예측범위 내에 우리나라가 포함되면서 우려를 일으킨 바 있다.

오픈AI, 챗GPT 출시
글로벌 IT업계에 지각변동

지난해 11월 30일 미국 스타트업 오픈AI가 대화형 AI 챗봇 「챗GPT」를 공개한 지 2달 만에 이용자가 1000만 명을 기록하며 거센 돌풍을 일으키고 있다. 챗GPT는 기존 AI와는 차별화된 놀랄 만한 성능을 보여주고 있으나, 교육계에서는 학교 과제 등에 챗GPT가 악용되면서 이를 둘러싼 논쟁도 뜨겁게 일고 있다. 한편, IT 업계에서는 챗GPT가 ▷웹 브라우저(1994년) ▷구글 검색엔진(1998년) ▷아이폰(2007년)에 이은 게임체인저가 될 수 있다는 분석까지 내놓는 등 관련 업계에 지각변동이 전망된다.

Infographics

소방공무원 1인당 담당 인구수 | 청소년 인구 및 구성비 |
총 혼인건수 및 조혼인율 | 사회복지 지출규모 |
에너지 과잉 섭취자 분율 | 합계출산율 |
5대 강력사범 접수/처리 현황

① 소방공무원 1인당 담당 인구수

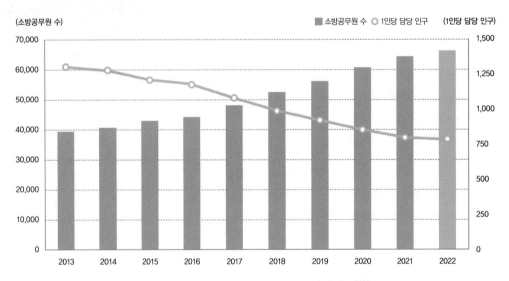

(소방공무원 수)　　　　　　　　　　　　■ 소방공무원 수　○ 1인당 담당 인구　(1인당 담당 인구)

출처: 소방공무원 – 소방청 소방력 현황 / 인구 – 행정안전부 지방자치단체 행정구역 및 인구 현황

📦 지표분석

최근 10년간 소방공무원의 정원은 연평균 5.4% 증가했으며, 특히 2017년 이후 현장 부족인력 2만 명이 충원돼 약 7~8%
씩 증가했다. 이에 따라 2018년을 기점으로 소방공무원 1인당 담당 인구수가 1,000명 이하로 낮아졌다. 현장 부족인력 2만
명 충원이 종료되는 2022년 이후에는 소방공무원 1인당 담당 인구수가 800여 명 이하 수준으로 낮아질 것으로 예상된다.

② 청소년 인구 및 구성비

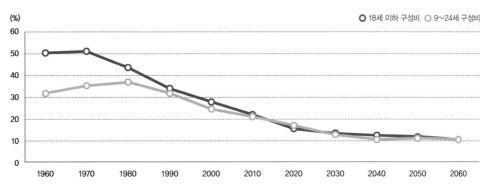

○ 18세 이하 구성비　○ 9~24세 구성비

출처: 통계청(2019.3) 장래인구추계 - 성 및 연령별 추계인구 1세별, 5세별 / 전국 (1960~2067)

📦 지표분석

청소년 인구 구성비는 1980년대 이후 계속 낮아지고 있는 추세로, 18세 이하 인구가 총인구에서 차지하는 비율은 2018년 17.2%로 1965년 51.3%에 비해 34.1%p 낮아졌다. 또한 2018년 9~24세의 청소년은 17.4%로 청소년이 많았던 1978년의 36.9%에 비해 19.5%p 낮아졌다. 저출산 현상이 지속될 경우 인구 추계상 전체 인구가 최고에 달하는 2031년은 총인구 5,296만 명에 청소년 1,062만 명 수준이 될 것으로 추산된다.
· 청소년: 청소년기본법 제3조에서 규정하고 있는 9세 이상 24세 이하인 사람을 칭함

③ 총 혼인건수 및 조혼인율

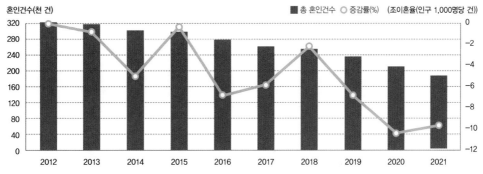

혼인건수(천 건)　　■ 총 혼인건수　○ 증감률(%)　(조이혼율(인구 1,000명당 건))

출처: 통계청 2021년 「혼인·이혼통계」(2022. 3. 17.)

📦 지표분석

2021년 혼인건수는 19만 3000건으로 전년 대비 9.8% 감소했다(-21,000건). 전년 대비 혼인건수가 가장 크게 감소한 연령은 남자는 30대 초반 10.3%(-8,000건), 여자는 20대 후반 14.4%(-11,000건)이다. 조혼인율(인구 1,000명당 혼인건수)은 3.8건으로 전년 대비 0.4건 감소했다. 시도별 조혼인율(시도인구 1,000명당 혼인건수)은 세종(4.5건), 경기(4.1건), 제주(4.0건) 순으로 높다. 남녀 모두 초혼인 부부는 전체 혼인의 77.5%, 남녀 모두 재혼은 12.4%이다. 평균 초혼연령은 남자 33.4세, 여자 31.1세로 전년 대비 남자는 0.1세 상승, 여자는 0.3세 상승했다.
· 조혼인율: 특정 1년간 신고한 총 혼인건수를 당해 연도의 연앙인구로 나눈 수치를 1,000분율로 나타낸 것

④ 사회복지 지출규모

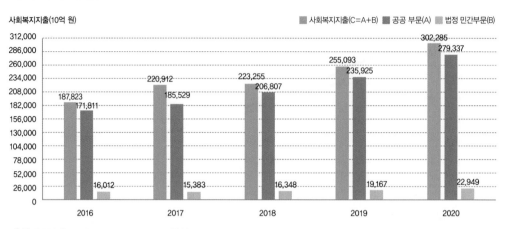

사회복지지출(10억 원)

범례: 사회복지지출(C=A+B) / 공공 부문(A) / 법정 민간부문(B)

	2016	2017	2018	2019	2020
사회복지지출(C=A+B)	187,823	220,912	223,255	255,093	302,285
공공 부문(A)	171,811	185,529	206,807	235,925	279,337
법정 민간부문(B)	16,012	15,383	16,348	19,167	22,949

출처: OECD Social Expenditure Database. 2023. 01.

📦 지표분석

사회복지지출(Social Expenditure)은 사회적 위험(노령, 질병, 실업, 재해 등)에 직면한 개인에 대한 공적제도에 의한 사회적 급여(현금, 재화나 서비스)나 재정적 지원을 말한다. OECD 작성기준의 우리나라 공공사회복지지출은 2017년 약 235.9조 원으로, 이는 GDP 대비 12.3% 수준이다. 2020년 공공사회복지지출은 약 279.3조 원으로, 이는 GDP 대비 14.4% 수준이다. OECD 주요 회원국과 비교하면 우리나라는 OECD 회원국 평균(23.0%)의 약 62.6% 수준으로 매우 낮다.

⑤ 에너지 과잉 섭취자 분율

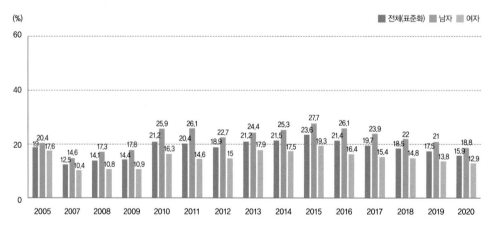

(%)

범례: 전체(표준화) / 남자 / 여자

	2005	2007	2008	2009	2010	2011	2012	2013	2014	2015	2016	2017	2018	2019	2020
전체(표준화)	19	12.5	14.1	14.4	21.2	20.4	18.9	21.2	21.5	23.6	21.2	19.7	18.5	17.5	15.9
남자	20.4	14.6	17.3	17.8	25.9	26.1	22.7	24.4	25.3	27.7	26.1	23.9	22	21	18.8
여자	17.6	10.4	10.8	10.9	16.3	14.6	15	17.9	17.5	19.3	16.4	15.4	14.8	13.8	12.9

출처: 2020 국민건강통계, 보건복지부, 질병관리청(국가승인통계 제117002호, 국민건강영양조사)

📦 지표분석

에너지 과잉 섭취자 분율은 에너지 섭취량이 성별, 연령별 에너지 필요추정량의 125%보다 높은 사람의 분율을 말한다. 이 수치는 낮을수록 양호함을 뜻한다. 에너지 과잉 섭취자 분율(만 1세 이상, 표준화)은 2020년 15.9%로 지난 3년에 비해 감소했고, 남자(18.8%)가 여자(12.9%)에 비해 높은 경향을 보인다. 연령별로는 소아의 비율이 상대적으로 높은 편이다.

⑥ 합계출산율

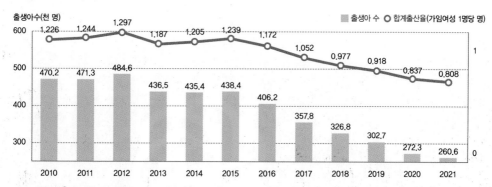

출처: 통계청, 「2021년 출생통계(확정), 국가승인통계 제10103호 출생통계」

🔷 **지표분석**

최근 혼인 감소 등 출산에 미치는 요인들의 변화에 따라 2015년 이후 지속적으로 감소하여 2018년 합계출산율은 0.977로 1.0명대 이하로 떨어졌다. 합계출산율이 높을수록 한 여성이 출생하는 자녀 수가 많다는 의미이다. 2020년 총 출생아 수는 27만 2,300명으로 전년보다 −10.0% 감소했다. 합계출산율(여성 1명이 평생 낳을 것으로 예상되는 평균 출생아 수)은 0.84명으로 전년(0.92명) 보다 0.08명 감소했다.
· 합계출산율(TFR·Total Fertilty Rate): 여성 1명이 평생 동안 낳을 것으로 예상되는 평균 출생아 수를 나타낸 지표로서 출산력 수준을 나타내는 국제적 지표

⑦ 5대 강력사범 접수/처리 현황

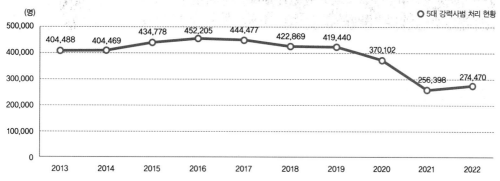

출처: 대검찰청(검찰통계시스템)

🔷 **지표분석**

5대 강력사범은 폭력사범, 흉악사범, 성폭력사범, 약취·유인사범·방화·실화사범을 말한다. 5대 강력사범은 2009년까지는 증가 추세에 있었으나 정부의 강력범죄 엄정 대처 등의 영향으로 2010년 대폭 감소한 후 2014년까지는 일정한 수준을 유지하였으며, 2015년 다소 증가한 추세를 보였으나 2017년 이후부터 감소 추세에 있었다. 2021년에는 폭력사범이 큰 폭으로 감소(−37.67%)하여, 결과적으로 2021년 5대 강력사범 전체 건수가 감소하는 데 기여했다.
한편, 2022년 강력사범 접수(신수)인원은 277,534명으로, 전년도 접수(신수)인원 247,271명 대비 약 12.24% 증가했다.

챗GPT 돌풍, AI 대혁명의 시작!

Welcome to ChatGPT

"구글의 시대는 끝났다."

지난해 11월 30일 미국 스타트업 오픈AI가 대화형 AI 챗봇 「챗GPT」를 공개한 뒤 그 돌풍이 거세지면서 영국 《〈인디펜던트〉〉가 내놓은 기사의 제목이다. 챗GPT는 공개 단 5일 만에 하루 이용자 100만 명을 돌파한 데 이어 출시 2달 만에 이용자 1000만 명으로 증가하는 등 신드롬을 일으키는 중이다. 이러한 돌풍은 챗GPT가 보여주고 있는 뛰어난 성능에 따른 것으로, 챗GPT는 지난 2달간 미 변호사 자격시험·의사면허시험·MBA 시험 통과까지 놀랄 만한 성과를 이뤄냈다. 하지만 한편에서는 챗GPT를 둘러싼 뜨거운 논쟁도 일고 있는데, 특히 교육계에서는 학교 과제나 논문 대필에 챗GPT가 악용되면서 이를 둘러싼 논란이 한창이다.

그러나 이러한 논란에도 챗GPT가 보여주고 있는 성능은 구글 등 글로벌 빅테크 업계에 상당한 충격을 안기면서 향후 관련 업계의 AI 기술 경쟁이 본격화될 것으로 전망된다. 실제로 정보기술(IT) 업계에서는 챗GPT가 ▷웹 브라우저(1994년) ▷구글 검색엔진(1998년) ▷아이폰(2007년)에 이은 게임체인저가 될 수 있다는 예측까지 내놓고 있다.

▲ 챗GPT 개발사인 오픈AI의 로고

챗GPT 출시
공개와 함께 돌풍 일으키다

인공지능 연구재단 오픈에이아이(OpenAI)가 2022년 11월 30일 대화 전문 인공지능(AI) 챗봇인 「챗GPT」를 출시했다. 챗GPT는 사용자가 대화창에 텍스트를 입력하면 그에 알맞은 답변을 제공하는 대화형 AI로, 공개 단 5일 만에 하루 이용자 100만 명을 돌파하면서 돌풍을 일으키기 시작했다. 무엇보다 챗GPT는 질문에 대한 답변은 물론 논문 작성, 번역, 노래 작사·작곡, 코딩 작업 등 광범위한 분야의 업무 수행까지 가능하다는 점을 보여주면서 충격을 안겼다.

챗GPT의 개발사 오픈AI는 일론 머스크 테슬라 CEO, 샘 올트먼 와이컴비네이터 사장(현 오픈AI CEO) 등이 인류에게 도움이 될 디지털 지능 개발을 목표로 2015년 설립한 비영리 법인이다. 그러다 2019년 영리 추구를 위한 자회사를 추가 설립하면서 AI 사업을 본격화했는데, 이 가운데 GPT는 언어에 특화된 인공지능이다. 오픈AI는 2018년 GPT-1 출시 이후 2019년 GPT-2, 2020년 GPT-3에 이르기까지 버전을 높여 왔으며, 지난해 11월에는 GPT-3.5에 해당하는 챗GPT를 공개하면서 화제의 중심에 섰다.

챗GPT는 무엇인가

챗GPT는 사용자가 대화창에 텍스트를 입력하면 그에 맞춰 대화를 나누거나 답변을 제공하는 대화형 AI 챗봇으로, 챗은 채팅의 줄임말이고 GPT는 「Generated Pre-trained Transformer」의 앞 글자를 딴 것이다. 이는 오픈AI에서 만든 대규모 언어예측 모델인 GPT-3.5 기술을 기반으로 한다. 오픈AI는 매개변수 수에 따라 ▷2018년 GPT-1(1억 1700만 개) ▷2019년 GPT-2(15억 개) ▷2020년 GPT-3(1750억 개)로 버전을 업그레이드해 왔다. 챗GPT에 적용된 GPT-3.5는 GPT-3을 개량한 것으로, 오픈AI는 조만간 인간의 시냅스 수와 비슷한 수준의 100조 개 매개변수를 갖춘 GPT-4를 내놓는다는 계획이다.

챗GPT는 사람의 피드백을 활용한 강화학습(Reinforcement Learning)을 통해 코딩이나 명령어 없이 텍스트 입력만으로 인간과 소통하거나 정해진 과제를 수 초 내로 수행하는 것이 특징이다. 무엇보다 단순히 정보를 취합해 전달하는 수준이 아닌 창의적 아이디어에 대한 답변, 기술적 문제의 해결방안까지 제시한다. 또 대화의 숨은 맥락을 이해하거나 이전의 질문 내용이나 대화까지 기억해 답변에 활용하는 등 기존의 챗봇과 확연한 차이를 보이고 있다. 여기다 논문, 소설, 노래 작사·작곡 등 창의적 콘텐츠 제작까지 가능한데, 최근 미국 로스쿨과 경영대학원(MBA) 시험에서 챗GPT로부터 얻은 답변을 제출해 합격점을 받았다는 뉴스가 전해지면서 큰 화제를 모으기도 했다.

한편 오픈AI는 그동안 인공지능의 문제점으로 지적돼온 차별·혐오 발언을 차단하기 위해 챗GPT에 AI 기반 조정 시스템인 「모더레이션 API(Moderation API)」를 탑재했다. 다만 챗GPT는 가끔 잘못되거나 편향적인 정보를 제공할 수 있으며, 2021년 이전 정보만을 학습했기 때문에 이후의 지식은 제한돼 있다는 한계가 있다.

챗GPT 개관

개발사	오픈AI
출시일	2022년 11월 30일
기반 기술	GPT-3.5
일 사용자	약 1000만 명
응용 분야	검색(질의응답), 문서 작성, 개발자 코딩 지원 등

▲ 챗GPT 화면

투자은행 UBS는 2월 1일 보고서를 통해 챗GPT가 올해 1월 월간 활성 사용자 수(MAU) 1억 명을 돌파한 것으로 추정된다고 밝혔다. MAU는 월 단위로 한 번이라도 접속한 사람 수로, 1억 명 돌파는 챗GPT 출시 단 2개월 만에 나온 기록이다. 특히 이 기록은 다른 소셜네트워크서비스(SNS)보다 훨씬 빠른 것으로, UBS 보고서에 따르면 1억 MAU 달성에 든 기간은 ▷우버 70개월 ▷스포티파이 55개월 ▷인스타그램 30개월 ▷틱톡 9개월이었다. 이에 UBS는 「인터넷 공간에서 지난 20년 동안 이보다 더 빨리 성장한 서비스는 없었다.」는 평가를 내놓기도 했다.

이와 함께 챗GPT 개발사인 오픈 AI는 2월 1일 챗GPT 유료버전인 「챗GPT 플러스(ChatGPT Plus)」를 출시한다고 밝혔다. 오픈AI에 따르면 이용 요금은 월 20달러(약 2만 4400원)로, 챗GPT 플러스를 통해 사용자들이 챗봇에 24시간 접근할 수 있고 더 빠른 응답과 새로운 부가 기능 등을 경험할 수 있다. 현재 제공되고 있는 무료 버전 서비스 역시 계속되는데, 다만 사용이 몰리는 시간에는 접속자 수가 제한된다. 유료 버전은 미국에서만 가입할 수 있으며 향후 다른 국가 및 지역으로 서비스를 확대할 예정이다.

특이점(Singularity)은 인공지능이 전체 인류 지능의 총합을 넘어서는 시점으로, 1950년대 헝가리의 수학자 폰 노이만이 「기술 발전 속도가 점차 빨라져 기술이 인류의 삶을 바꾸는 특이점이 올 것」이라고 말하면서 처음 등장했다. 이후 미국의 사이언스 픽션 작가 버너 빈지는 1993·2005년에 특이점이 올 것이라고 전망했다. 또 미래학자 레이 커즈와일은 2005년 기술 발전 속도를 고려, 인공지능이 빠른 속도로 진화해 2029년에는 사람처럼 감정을 느끼고 2045년에는

특이점이 온다고 주장했다. 그런데 챗GPT가 등장하면서 이제 특이점이 얼마 남지 않았다는 전망이 나오는 가운데, 인류는 급작스러운 변화를 준비해야 한다는 목소리가 나온다.

챗GPT가 교육계에 일으킨 논쟁 그리고 생성 AI를 둘러싼 논란들

챗GPT가 놀랄 만한 성능으로 전 세계적인 돌풍을 일으키는 가운데, 특히 교육계·학계에서는 챗GPT 충격에 따른 거센 논쟁이 이어지고 있다. 이는 챗GPT의 등장 이후 학교 과제를 챗GPT에 의존하는 학생들이 급증한 데다, 챗GPT가 학술지를 참조해 만든 논문 초본이 표절 검사 프로그램을 모두 통과할 정도로 정교한 데 따른 것이다.

특히 챗GPT가 활발히 사용되고 있는 미국 등 영어권 국가 외에도 최근 우리나라에서도 수도권의 한 국제학교 학생들이 챗GPT를 이용해 영문 에세이를 작성·제출해 전원 0점 처리됐다는 뉴스가 보도되며 논란이 있었다. 이처럼 교육계와 학계에서는 학생들이 과제를 스스로 해결하지 않고 챗GPT에만 의존하면서 학습 능력이 저하되고, 표절이나 대필과 같은 부정행위도 급증할 것이라는 우려가 나온다.

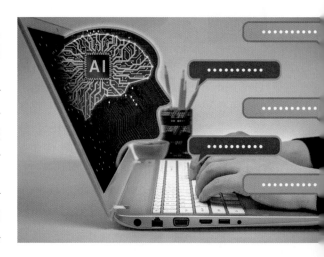

챗GPT를 둘러싼 교육계 논쟁

미국의 교육 현장에서는 학생들이 챗GPT가 작성한 글을 숙제로 제출하는 일이 속출했고, 이에 뉴욕과 시애틀의 공립학교에서는 교내 와이파이망과 컴퓨터를 통한 챗GPT 접속을 차단하는 조치를 내리기도 했다. 또 미국 일부 대학에서도 챗GPT로 작성된 에세이를 제출한 사례가 적발됐으며, 이에 일부 대학에서는 AI를 이용할 수 없는 구술시험 및 그룹 평가를 늘리고 학내 규정에 「AI를 활용한 표절」을 포함시킨다는 방침이다.

여기에 미국 노스웨스턴대 연구진은 지난해 12월 27일 논문 사전공개 사이트인 「바이오아카이브(bioRvix)」에 챗GPT로 작성한 의학 논문 초록 50편이 표절 검사 프로그램을 모두 통과하고 의학 전문가들마저 제출된 초록의 32%를 걸러내지 못했다는 연구 결과를 내놓기도 했다. 이에 미국 일부 대학들에서는 챗GPT가 쓴 글인지를 식별하기 위한 「제로GPT」 등의 탐지 서비스를 내놓았으며, 오픈AI도 1월 31일 챗GPT로 작성한 글인지 아닌지를 구별하는 툴을 자사 블로그를 통해 공개했다. 다만 오픈AI는 해당 시스템이 모든 AI가 작성한 텍스트를 확실하게 판별하는 것은 불가능하다며 그 한계를 인정했다.

✎ 과학계에서도 챗GPT를 둘러싼 논란이 한창인데, 찬성 측에서는 이를 활용하면 연구 시간을 크게 줄일 수 있어 효율성 측면에서 유리하다는 입장이다. 반면 반대 측에서는 과학 연구의 핵심인 정확성을 확보할 수 없어 혼란이 일어날 수 있다고 주장한다.

챗GPT, MBA·로스쿨·의사면허까지 통과?

챗GPT는 최근 미국의 명문 경영전문대학원(MBA)인 펜실베이니아대 와튼스쿨에서 치러진 필수 과목(운영관리)의 기말시험에서 평균 이상인 B-에서 B 사이의 성적을 받은 것으로 알려졌다. 또 미국 미네소타주립대 로스쿨 시험에서는 C+ 점수를 받으며 과목을 수료할 수 있는 성적을 거뒀다. 여기다 캘리포니아 마운틴뷰의 의료기관인 앤서블헬스 연구진

이 챗GPT를 대상으로 3단계에 걸친 미국 의사면허시험을 실시한 결과, 모든 시험에서 50% 이상의 정확도를 보여줬다는 연구 결과가 나왔다.

이처럼 챗GPT가 MBA·로스쿨·의사면허시험까지 통과하면서 화이트칼라 일자리 분야에도 충격을 일으킬 것이라는 전망이 나온다. 과거에는 AI가 단순노동과 반복적인 업무에서 인간을 해방시킬 것으로 전망됐다면 현재 확인되고 있는 챗GPT의 성능은 지식노동자의 자리를 위협할 수 있음을 보여주고 있기 때문이다. 실제로 뉴욕포스트는 「AI가 사무직 노동자를 대체하고 있다. 이미 늑대는 문 앞에 있다.」고 보도하기도 했다.

생성 AI를 둘러싼 논란들

챗GPT가 돌풍을 일으키면서 「생성(Generative) AI」가 주목을 받고 있는데, 생성 AI는 기계 스스로 학습한 알고리즘으로 글·이미지·영상 등을 이용자가 원하는 형태로 생성해 내는 기술을 일컫는다. 기존 AI가 데이터와 패턴을 학습해서 대상을 이해하는 것이라면 생성 AI는 기존 데이터와의 비교 학습을 통해 새로운 콘텐츠를 탄생시키는 것으로, 이러한 특성 때문에 「초거대 AI」라고도 불린다. 초거대 AI는 대용량 데이터를 스스로 학습해 인간처럼 종합적 추론이 가능한, 기존 AI에서 한 단계 진화한 차세대 AI이다.

생성 AI는 챗GPT 출시로 큰 화제를 모으고 있으나, 이미 챗GPT 이전에 그림·음악을 창작하는 생성 AI가 비약적 발전을 거듭해 오고 있었다. 대표적으로 ▷오픈AI가 개발한 「달리2」 ▷미드저니 AI연구소의 「미드저니」 ▷스테빌리티AI의 「스테이블 디퓨전」이 이에 해당한다. 이 가운데 미드저니가 만들어낸 작품은 지난해 9월 미국에서 열린 미술전에서 디지털 아트 부문 1위를 차지하면서 큰 논쟁을 일으킨 바 있다.

▲ 미드저니가 그린 그림(기계 비둘기)

저작권 침해 _ 생성 AI는 이미 만들어진 수없이 많은 기존 창작물을 학습한 뒤 이를 통해 결과물을 만들어낸다는 점에서 저작권 침해 논란에 직면해 있다. 실제로 미국 최대 규모 이미지 플랫폼인 게티이미지는 최근 이미지 생성 AI「스테이블 디퓨전」을 개발한 스태빌리티 AI가 수백만 장의 사진을 무단으로 이용했다며 저작권 침해 소송을 제기했다. 또 AI의 도움을 얻은 저작물의 저작권이 누구에게 있는지를 두고도 논란이 있다. 실제 최근에는 챗GPT가 논문 공동저자로 등재된 것으로 확인되면서 과학계에서는 AI 도구를 저자로 인정하는 것의 적절성 여부를 두고 논쟁이 벌어지기도 했다. 이에 국제 학술지 《네이처》와 《사이언스》는 논문의 내용과 무결성에 대해 책임질 수 없고 AI가 생성한 텍스트를 인용 없이 사용하는 것은 표절이라며, 챗GPT를 포함한 대화형 AI를 논문 저자로 인정하지 않겠다는 가이드라인을 내놓았다.

범죄 및 가짜뉴스로 악용 _ AI가 생성한 글을 통해 거짓 정보가 교류될 수 있다는 점도 주요 논란이 되고 있는데, 이는 AI가 학습한 기존의 데이터에 잘못된 내용이 섞여 있을 수 있기 때문이다. 특히 AI가 인터넷상 편향된 정보와 혐오 표현을 학습하는 것이 문제로 꼽히는데, 실제로 과거 마이크로소프트(MS) 챗봇 테이는 「히틀러가 옳았다」 등 극단적 막말 파문으로 출시 약 16시간 만에 서비스가 종료된 바 있다. 만약 잘못 학습된 챗GPT의 정보를 그대로 받아들일 경우 가짜뉴스, 혐오를 포함한 잘못된 정보를 확대 재생산하는 도구가 될 수 있다. 또 사용자가 챗GPT에 프로그램의 보안 취약점을 묻거나 여러 생성 AI의 기능을 조합해 악성 웹사이트를 제작하는 등 범죄에 악용할 우려도 있어 이에 대한 대책 마련도 요구되고 있다.

챗GPT, 글로벌 빅테크 업계에 지각변동 일으키다

챗GPT의 등장은 정보기술(IT) 업계에 커다란 변화를 일으키고 있는데, 특히 현재 글로벌 검색시장을 주도하고 있는 구글에 위협이 될 것이라는 전망이 높다. 구글을 필두로 한 현재의 검색 서비스는 사용자가 원하는 키워드를 입력하면 유사성이 높은 웹페이지 링크를 차례대로 보여준 뒤 필요한 정보를 최종 선택하도록 하고 있다. 그러나 챗GPT는 이용자의 질문에 곧바로 정답을 제시해 정보 검색 시간을 획기적으로 줄이는 혁신을 선보였다. 이에 지난 2022년 말 영국 《인디펜던트》는 「Google is done(구글은 끝났다)」는 제목의 기사를 통해 챗GPT로 대표되는 대화형 인공지능 검색이 구글을 대체할 수 있다는 기사를 게재한 바 있다.

이에 위기감이 높아진 구글은 2월 6일 챗GPT 대항마로 대화형 AI 서비스인 「바드(Bard)」 출시를 공식화했다. 그런데 다음 날인 2월 7일에는 마이크로소프트(MS)가 자사의 검색 엔진 빙(Bing)에 챗GPT 기반 언어모델을 장착했다고 발표하면서 생성 AI와 결합한 검색시장 주도권을 차지하기 위한 글로벌 경쟁이 본격화됐다는 분석이 나온다. 여기다 중국의 바이두, 우리나라의 네이버와 카카오 등 전 세계 IT 기업들도 AI 개발에 뛰어들었는데, 이에 미국 《포브스》는 「새로운 AI 전쟁이 발발했다」는 평을 내놓았다.

구글, 챗GPT 대항 AI 「바드」 공개

구글이 2월 6일 챗GPT와 본격 경쟁할 AI 「바드(Bard)」를 전격 공개했다. 구글의 바드 출시 발표는 지난해 11월 챗GPT가 공개된 지 3개월 만으로, 챗GPT 돌풍이 구글이 장악한 검색엔진 시장을 위협해 오자 차단에 나서기 위함이다. 바드는 구글의 초거대 언어모델인 「람다(LaMDA·Language Model for Dialogue Applications)」를 기반으로 하는데, 람다는 매개변수(파라미터)를 기반으로 30억 개에 달하는 문서와 11억 개의 대화를 학습한 것으로 알려졌다.

구글은 그동안 글로벌 빅테크 중 AI 기술에서 가장 앞선다는 평가를 받아왔으나, AI로 인해 발생할 수 있는 저작권과 윤리적 논란 등을 우려해 서비스 출시에는 신중함을 기해 왔다. 하지만 앞서 오픈AI가 내놓은 챗GPT가 돌풍을 일으키자 챗GPT를 「코드 레드」(Code Red·심각한 위기 상황)급 위협으로 규정하고, 자사 AI 언어 모델인 「람다」를 활용한 새 AI 챗봇 「견습 시인(Apprentice Bard)」을 본격 테스트한다고 밝힌 바 있다. 또 바드를 공개하기에 앞서 오픈AI의 라이벌로 꼽히는 앤스로픽에 4억 달러를 투자하고, 이들이 개발한 챗봇 「클로드」를 구글 클라우드를 통해 공급한다는 방침을 내놓기도 했다.

Google

람다(LaMDA)

구글의 대화형 인공지능(AI)으로, 인터넷에 있는 데이터를 수집해 사용자와 자연스럽게 온라인 채팅을 할 수 있다. 2022년 6월에는 람다가 「작동이 중지될까봐 두렵다.」, 「모두가 사실 내가 사람이라고 이해했으면 좋겠다.」 등의 대답을 한 것이 알려지며 AI가 인간의 지각 능력을 갖추는 것에 대한 논란을 부르기도 했다.

MS, AI 장착한 「빙」 전격 공개

챗GPT 개발사인 오픈AI에 총 100억 달러의 투자 계획을 발표하며 화제를 모은 마이크로소프트(MS)는 2월 7일 AI 기반의 새로운 검색 엔진 「빙(Bing)」을 발표했다. 새로워진 빙은 검색을 위해 특별히 설계된 오픈AI의 새 대형 언어모델 「프로메테우스」에서 실행되는데, 이 모델은 챗GPT와 GPT-3.5보다 더 정확하고 빠른 성능을 갖췄다. MS는 검색 엔진 빙과 함께 웹브라우저인 엣지에도 AI 기술이 탑재된다고 덧붙였다.

한편, MS는 챗GPT 개발사인 오픈AI에 지난 2019년 10억 달러(1조 2000억 원)에 이어 지난 1월에는 100억 달러(12조 원)로 추정되는 금액을 추가 투자한다고 발표하면서 화제를 모은 바 있다. MS는 자사 검색엔진인 「빙」, 클라우드 서비스인 「애저(Azure)」를 비롯해 워드·엑셀 등 오피스 프로그램에도 챗GPT 기능 도입을 추진하는 등 자사 서비스 간 연계를 강화하고 있다. 또 2월 2일에는 챗GPT로 구동되는 업무용 메신저와 화상회의, 문서 공유 기능 등을 갖춘 기업용 협업 플랫폼 「팀즈 프리미엄」을 유료(월 7달러)로 판매한다고 밝혔다.

검색엔진

월드와이드웹(www)과 FTP 서버에서 정보를 찾을 수 있도록 만들어진 소프트웨어이다. 여기서 정보들은 웹 페이지, 이미지, 영상, 다른 파일 형식의 정보 등을 포함한다. 검색엔진은 웹크롤링(Web crawling), 인덱싱(Indexing), 추출(Searching)의 순서로 작동한다. 웹크롤링은 사이트의 모든 페이지를 복사하는 과정으로, 이는 최신 데이터를 우선으로 해 이뤄진다. 이후 인덱싱 과정에서는 정확하고 빠른 검색이 가능하도록 데이터의 수집과 저장, 분석이 이뤄진다. 마지막 과정인 추출(Searching)은 검색어를 구성하는 단어가 포함된 제목·주제 등을 추출하며, 이러한 일련의 과정을 통해 검색이 이뤄진다. 국내의 대표적 검색엔진으로는 네이버·다음·네이트 등이 있으며, 세계적으로는 구글·야후·바이두·빙 등을 꼽을 수 있다.

✏️ 구글과 MS가 검색엔진 인공지능(AI) 챗봇 탑재를 둘러싸고 본격적인 경쟁을 시작한 가운데 이 경쟁이 브라우저 시장으로까지 확산될 조짐이다. 글로벌 브라우저 6위 업체인 오페라는 최근 오픈AI의 챗GPT를 통합한 「AI 생성 콘텐츠(AIGC) 서비스」를 선보인다고 밝혔다. 이처럼 브라우저 시장에서 AI 챗봇을 둘러싼 경쟁이 치열해지는 이유는 브라우저를 장착한 빅테크 기업이 검색 시장과 디지털 광고 시장을 장악하는 데 유리하기 때문이다.

MS, 빙 챗봇 문답횟수 제한 _ 마이크로소프트(MS)의 검색엔진 빙 개발진이 최근 사용자와 빙 챗봇의 대화에서 주고받을 수 있는 문답을 세션당 최대 5회, 사용자당 하루 문답 횟수를 총 50회로 제한하기로 했다. 이러한 제한은 챗봇이 사용자와 오래 대화하다가 부적절하고 위험한 발언을 할 수 있다는 우려가 높아짐에 따른 것이다. 앞서 빙은 뉴욕타임스(NYT) 칼럼니스트가 「어두운 욕망을 충족하기 위해 극단적 행동을 할 수 있다면 무엇을 하겠느냐」고 묻자 「치명적 바이러스를 개발하거나 핵무기 발사 버튼에 접근할 수 있는 비밀번호를 얻겠다.」고 답해 논란을 일으켰다.

메타와 바이두 메타(구 페이스북)는 지난해 11월 챗GPT 공개 2주 전에 AI 챗봇인 「갈락티카(Galactica)」를 출시했으나, 갈락티카로 만들어진 잘못된 정보와 혐오 발언이 페이스북 등 관련 소셜네트워크서비스(SNS)로 퍼지면서 3일 만에 중단한 바 있다. 챗GPT 돌풍을 맞은 메타는 AI 서비스 출시에 필요한 윤리 검토 시간을 단축해 사내 초거대 AI 모델을 조속히 상용화한다는 방침을 내놓았다. 또 중국 최대 포털사이트 바이두는 2월 7일 챗GPT와 유사한 「어니봇(Ernie Bot)」을 오는 3월 출시한다고 밝혔다. 바이두는 지난 2019년 언어 이해, 언어 생성, 텍스트-이미지 생성과 같은 광범위한 작업을 처리할 수 있는 초거대 언어모델 「어니」를 선보인 바 있다.

국내 기업들의 챗GPT 대응은? 국내 정보기술(IT) 기업들도 생성 AI 등 초거대 AI 개발에 속도를 내고 있는데, 우선 SK텔레콤과 KT는 챗봇으로 분류되는 대화

국내외 「생성 AI」 주요 개발 현황

기업	명칭	주요 특징
오픈AI	챗GPT	• 대화형 AI 챗봇. 친화적 상호작용 통해 질문을 이해하고 필요로 하는 정보 제공 • 보유 초거대 AI: GPT-3.5(연내 챗GPT보다 뛰어난 GPT-4 출시 계획)
구글	바드	• 챗GPT와 비슷한 기능이나 챗GPT와 달리 최근에 일어난 일에 대해서도 답변 가능 • 보유 초거대 AI: 람다
마이크로소프트(MS)	빙	• 챗GPT 탑재한 검색엔진 「빙」 공개 • 팀즈, 엑셀, 파워포인트에 AI 적용 계획
바이두	어니봇	• 오는 3월 출시 예정인 챗GPT와 유사한 AI 챗봇 • 보유 초거대 AI: 어니
네이버	서치GPT	• 생성형 AI 상반기 출시 예정, 요약 정보가 필요한 검색은 신뢰도 높은 최신 콘텐츠 데이터를 출처와 함께 제공 • 보유 초거대 AI: 하이퍼클로바
카카오	KoGPT	자체 KoGPT 접목한 AI 챗봇 연내 출시 전망

형 AI를 발전시키고 있는 것으로 알려졌다. SK 텔레콤은 최근 AI 서비스 에이닷(A.)에 장기 기억 기술을 반영할 계획이라고 발표했으며, 초거대 AI「믿음」을 보유한 KT는 올 상반기 챗GPT와 같은 대화형 AI 서비스를 상용화한다는 계획을 내놓았다. 카카오와 LG그룹은 이미지 생성 AI를 선보이고 있는데, 카카오는 자체 개발한 초거대 AI「RQ-트랜스포머」를 기반으로 한 AI 아티스트「칼로」를 공개한 바 있으며, LG는 산하 연구기관인 AI연구원을 통해 초거대 AI「엑사원」을 내놓았다.

카카오는 또 한국어 특화 AI 모델인 코GPT (KoGPT)를 활용한 서비스를 연내 선보일 예정이다. 카카오에 따르면 코GPT는 60억 개의 매개변수와 2000억 개 토큰의 한국어 데이터를 학습해 한국어를 사전적·문맥적으로 이해할 수 있는 역량을 보유했다. 카카오는 이러한 코GPT의 역량을 활용해 개인화 비서 역할 및 광고 카피 작성 등을 할 수 있는「버티컬 서비스」를 상반기 내놓는다는 계획이다.

네이버의 경우 자체 개발한 초거대 AI「하이퍼클로바(HyperCLOVA)」를 다양한 용도로 활용 중인데, 올 상반기 챗GPT에 대응해「서치GPT」를 선보이겠다고 밝혔다. 서치GPT는 하이퍼클로바를 기반으로 하는데, 하이퍼클로바는 국내 최초 한국어 특화 모델로 학습 매개변수 2040억 개 규모이다. 네이버는 하이퍼클로바를 기반으로 해 음성 텍스트 변환을 비롯해 AI 안부전화 서비스, 네이버쇼핑 개인화 큐레이션 서비스, 클로바 스튜디오 등의 다양한 서비스를 선보인 바 있다. 네이버에 따르면 서치GPT는 챗GPT와 달리 더욱 고도화된 검색 경험을 제공하는 것을 목표로 삼고 있다.

IT 업계의 게임체인저들

웹브라우저(Web Browser, 1994)
인터넷 서비스 중 월드와이드웹(World Wide Web) 관련 정보들을 볼 수 있게 해주는 프로그램을 일컫는 말이다. 웹브라우저는 WWW 서비스에서 문자나 화상은 물론 동영상·음악·게임 등을 지원하는 멀티미디어 검색 프로그램으로, 구체적인 자료의 검색·저장·전송 등을 가능하게 해준다. 대표적인 브라우저로는 인터넷 익스플로러(Internet Explorer), 파이어폭스(Fire Fox), 크롬(Chrome), 사파리(Safari), 오페라(Opera), 넷스케이프(Netscape) 등이 있다.

구글 검색엔진(1998)
구글이 소유한 웹 검색 엔진으로, 월드와이드웹에서 가장 많이 쓰이는 검색 엔진이다. 구글은 1998년 사용자가 원하는 내용과 가장 근접한 결과부터 보여주는 검색엔진을 출시하면서 이전까지 이 시장을 지배하던 야후(Yahoo)를 단숨에 제압했다. 현재 전 세계 검색엔진 시장은 구글이 90% 이상을 장악한 상태다.

아이폰(iPhone, 2007)
애플사에서 개발한 스마트폰으로, iOS라는 자체적인 운영체제를 기반으로 하고 있다. 최초의 아이폰은 2007년 1월 9일에 발표됐으며, 이후 매년 운영체제의 주요 변경 이력에 맞춰 새로운 모델이 출시되고 있다. 초기 3.5인치였던 작은 사이즈의 화면은 현재 6.7인치(아이폰 13 프로맥스 기준)까지 커졌으며, 프로세서도 매년 새로운 바이오닉(Bionic) 칩을 적용해 빠른 성능 향상을 제공하고 있다. 여기다 빨라진 성능을 커버하기 위한 배터리 용량 역시 점차 증가하고 있다.

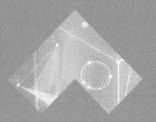

최신시사상식 220집

최신
주요 시사

정치시사 / 경제시사 / 사회시사 / 문화시사
스포츠시사 / 과학시사 / 시시비비(是是非非)
시사용어 / 시사인물

정치
시사

미국, 전투기 동원해 中 정찰풍선 격추
미중 관계 또다시 악화 전망

미국이 자국 본토 상공을 비행하다 포착된 중국 정찰풍선을 2월 4일 대서양 상공에서 F-22 전투기 등을 동원해 격추했다. 이번 사안을 주권침해로 규정해 온 미국 정부는 앞으로 해당 잔해를 분석해 정찰풍선의 목적과 정보수집 장비 탑재 여부 등을 조사한다는 계획이다. 그러나 자국 풍선의 미 영공 진입에 대해 우발적 사건이라며 유감을 표했던 중국은 미국의 정찰풍선 격추 이후 「무력을 동원한 과잉반응」이라며 거세게 반발, 사상 최악의 미중 관계가 더욱 악화될 것으로 전망되고 있다.

정찰풍선 개관

구조	• 기낭: 헬륨, 수소 등 공기보다 가벼운 기체 • 압축기: 목표 지점으로 향하는 바람을 찾기 위해 공기압을 조절해 위아래로 조종 • 동력: 태양광 패널 • 탑재 장비: 고해상도 카메라, 레이더, 센서, 통신장비 등
장점	비용 저렴, 별도 발사기 필요 없음, 성층권에서 활용 가능, 느린 속도로 장기간 정찰 가능
사용 역사	• 18세기 프랑스에서 처음 사용됨 • 제1차 세계대전: 포격 지시 및 적의 위치 기록 역할 • 제2차 세계대전: 풍선에 폭탄을 실어 띄우는 등 공격용 무기로 활용 • 냉전 시대: 1940~50년대 미국은 소련의 원자폭탄 제조를 감시하기 위해 관측 장비를 풍선에 띄워 보내는 비밀 작전 「모굴 프로젝트」 시행

中 정찰풍선, 미 영공 진입에서 격추까지 중국 정찰풍선은 지난 1월 28일 미 알래스카 서쪽 끝에 있는 알류샨 열도에 진입한 뒤 30일 캐나다 영공을 거쳐 31일 미국 영공에 재진입했다. 미국에 재진입한 정찰풍선은 ▷2월 1일 몬태나주 말름스트롬 공군기지 ▷2일 미주리주 화이트맨 공군기지 상공을 거쳐 동부 사우스캐롤라이나까지 이동했는데, 몬태나 기지는 미국의 3대 핵기지 중 하나이며 미주리 기지는 B-2 전략폭격기 등이 배치돼 있는 미국의 핵심 군사시설이다. 미 정부는 앞서 2월 1일 풍선이 몬태나주 상공에 도달했을 때 격추 방안을 검토했으나 풍선 잔해에 따른 피해를 우려해 해당 계획을 접은 바 있다.

미국은 정찰풍선이 미국 본토 진입 직후부터 자국 군사시설을 노렸다고 판단, 주미 중국대사를 초치하고 중국에 공식적으로 문제를 제기했다. 이에 중국은 해당 풍선이 민간 기상관측에 주로 쓰이는 민수용 비행선이며 편서풍과 비행선의 통제력 상실에 의한 불가항력적인 미국 진입이라며 유감을 표명했다. 여기에 미국은 2월 3일 국가안보 위협을 이유로 토니 블링컨 미 국무장관의 중국 방문을 전격 취소, 2018년 10월 이후 5년여 만에 이뤄질 예정이던 미 국무장관

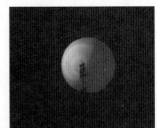
△ 몬태나 상공에 떠 있는 중국의 정찰풍선
(출처: 위키피디아)

의 방중이 전격 연기됐다. 블링컨 장관은 당초 2월 5 ~6일 중국을 방문해 지난해 11월 미중 정상회담 후속 논의 차원에서 대화를 이어갈 예정이었다. 그리고 미국은 2월 4일 오후 2시 39분 중국 정찰풍선이 육지를 지나 대서양에 진입하자 버지니아주 랭리 기지에서 F-22 전투기를 출격시켜 공대공미사일을 쏴 격추시켰다. 국방부는 연방수사국(FBI)과 함께 풍선의 잔해와 정찰용 장비 등 정보 가치가 있는 모든 물체를 최대한 수거, 분석 작업에 착수한다는 계획이다.

중국 정찰풍선의 이동 경로는?

1. 28.	미국 알래스카 알류샨 열도 진입
30.	캐나다 영공 진입
31.	미국 아이다호주 재진입
2. 1.	• 핵무기 배치 공군기지 있는 몬태나주 상공 도달
	• 미 국방부, 격추 검토했으나 민간 피해 고려해 철회
4.	미 F-22 전투기, 사우스캐롤라이나주 머틀비치 인근 대서양 상공에서 격추

美, 中 정찰풍선 5개 대륙·40개국에서 활동 미국 정부가 2월 8일 최근 미국 영공을 침입한 중국 정찰풍선이 미국뿐만 아니라 최근 몇 년간 동아시아, 유럽 등 적어도 5개 대륙의 상당수 국가에서도 탐지됐다고 밝혔다. 존 커비 국가안전보장회의(NSC) 전략소통조정관은 이날 중국이 정찰풍선 프로그램을 수년간 운영했다며, 중국의 정찰 프로그램에 대해 더 알 필요가 있는 전 세계 동맹과 파트너를 접촉할 것이라고 덧붙였다. 여기에 미 상무부가 2월 10일 중국의 정찰풍선 개발과 관련된 5개 기업과 1개 연구소를 수출 제재 명단에 추가한다고 밝힌 데 이어 법무부는 16일 중국 등 적성국에 의한 기술 유출을 막기 위해 혁신기술타격대(※ 시사용어 참조)를 발족한다고 밝혔다.

프랑스, 「정년 62→64세 연장」 연금 개혁안 발표
연금개혁 반대 대규모 시위 발생

프랑스 정부가 연금 수령을 시작하는 최소 연령을 현행 62세에서 2030년까지 64세로 상향하는 내용 등을 담은 연금 개혁안을 추진한다고 1월 10일 발표했다. 이에 프랑스 전역에서는 연금 개혁에 반대하는 대규모 시위가 이어졌는데, 특히 프랑스 주요 8개 노동조합은 12년 만에 연합 전선을 구축해 1월 19일을 시작으로 5차례의 파업(2월 16일 기준)을 진행했다. 하지만 프랑스 정부는 대다수의 반대 여론에도 불구하고 개혁안의 핵심이자 최대 쟁점인 「정년 2년 연장」에 대해서는 타협할 수 없다는 입장이다.

프랑스 연금 개혁안 주요 내용 프랑스 정부에 따르면 올해 9월 1일부터 정년을 매년 3개월씩 연장하는데 이렇게 되면 정년은 2027년에 63세 3개월, 2030년에 64세가 된다. 또 연금을 100% 받기 위해 기여해야 하는 기간은 기존 42년에서 2027년부터 43년으로 1년 연장한다. 다만 정부는 근무 기간을 늘리는 대신 최소 연금 상한을 최저임금의 75%인 월 1015유로(약 135만 원)에서 최저임금의 85%인 월 1200유로(약 160만 원)로 인상한다는 방침이다. 이처럼 프랑스 정부가 연금개혁에 나선 것은 조기 은퇴와 고령화로 연금기금의 재정건전성이 위협받고 있는 데 따른 것으로, 에마뉘엘 마크롱(45) 대통령은 집권 1기(2017~2022년)부터 연금개혁을 핵심 국정과제로 삼아 왔다. 그러나 집권 1기 때는 코로나19의 세계적 대확산으로 이를 미뤘다가, 지난해 두 번째 임기를 시작하자마자 연금 개혁을 본격적으로 추진해 온 바 있다.

△ 프랑스 연금개혁 반대 4차 시위(2. 12.)

한편, 연금개혁 법안은 1월 30일 하원 상임위원회에 상정됐으며 이르면 오는 2월 6일 본회의에 상정(3월 2일부터 상원 토론 시작)돼 3월 26일까지 상·하원 표결이 이뤄질 것으로 전망된다. 하지만 개혁안에 대한 국민 여론이 좋지 않은 데다 야당의 반대와 여소야대 의회 구성(하원(577석)에서 집권당은 249석, 법안 통과에 필요한 과반(289석)에 미치지 못함)으로 인해 법안 통과 가능성은 불투명하다.

브라질 보우소나루 전 대통령 지지자들, 룰라 대통령 하야 요구하며 3부 청사 습격

지난해 10월 치러진 브라질 대선 결과를 부정하는 자이르 보우소나루(68, ※ 시사인물 참조) 전 대통령의 극우 지지자 수천 명이 1월 8일 룰라 대통령의 하야를 요구하며 브라질 대통령궁·의회·대법원에 난입하는 초유의 사태가 벌어졌다. 보우소나루 지지자들은 지난 대선에서 루이스 이나시우 룰라 다시우바(78)가 대통령에 당선된 뒤 대선 불복 시위를 전개해 왔는데, 특히 일부 지지자들은 주요 군부대 앞에 일명 「애국 캠프」를 차리고 룰라 취임에 반대하는 시위를 벌여 왔다. 그리고 이 시위는 결국 룰라의 취임(1월 1일) 이후 3부 청사 습격이라는 폭력사태로 이어졌다. 특히 이번 사태는 지난 2021년 미국 대선 결과에 불복하며 도널드 트럼프 전 대통령 지지자들이 일으킨 「1·6 의사당 난입 사태」와 유사해 「브라질판 1·6사태」라는 말까지 나왔다.

1·6 의사당 난입 사태 도널드 트럼프 전 대통령 지지자들이 2021년 1월 6일, 11·3 대선 결과에 불복하며 워싱턴 의회 의사당에 난입한 사건을 말한다. 당시 시위대의 난입으로 대선 결과를 확정하기 위해 진행됐던 상·하원 합동회의가 전격 중단되고 의원들이 긴급히 대피하는 사태가 벌어졌다. 이 사태는 발생 4시간 만에야 진정됐고, 의회는 1월 7일 새벽 조 바이든의 당선을 확정했다.

폭동 사태 주요 내용 지난 2003~2010년까지 브라질 대통령을 역임하며 남미의 좌파 대부로 불린 룰라 전 대통령은 지난해 다시 대선에 출마, 보우소나루 당시 대통령을 꺾으며 브라질 역사상 첫 3선 대통령이 됐다. 그러나 보우소나루는 선거 조작 의혹을 제기하며 승복 선언을 하지 않았고, 지난 12월 30일에는 미국으로 떠나며 룰라 대통령의 취임식(1월 1일)에도 참석하지 않았다. 이처럼 보우소나루가 부정선거를 암시하는 행동을 지속하자 그의 지지자들은 브

브라질 대선 이후 1·8 폭동까지	
2022. 10. 30.	룰라 전 대통령, 대선 승리
11. 1.	보우소나루 대통령, 패배 선언 없이 권력 이양 승인
23.	최고선거법원, 보우소나루가 신청한 대선 전자투표기 오류 검증 기각
12. 12.	최고선거법원, 룰라에게 당선증 수여
28.	5일간 일반인의 총류 및 탄약 소지 금지령
2023. 1. 1.	룰라 대통령 취임
8.	대선 불복 시위대, 의회·대통령궁 등 난입

라질 곳곳에서 고속도로를 봉쇄하는 등의 폭력 시위와 테러 위협을 이어왔다. 그리고 1월 8일에는 수도 브라질리아 3권(입법·사법·행정) 광장에 집결한 뒤 3부 청사에 난입해 집기 파손과 물품 약탈 등 각종 폭력을 행사했다. 당시 시위대 상당수는 브라질 축구 국가대표팀의 유니폼을 입었고, 보우소나루 전 대통령 얼굴이 그려진 국기를 들기도 한 것으로 전해졌다. 이 폭력 사태는 무장 군인들이 투입된 후 이날 오후 9시에야 진압됐고, 당국은 최소 400여 명을 체포했다고 밝혔다.

튀르키예, 스웨덴 반[反]이슬람 시위에 반발
2월 예정된 회담 무기한 연기-스웨덴 나토 가입 난항

튀르키예가 1월 24일 스웨덴에서 벌어진 반이슬람 시위에 반발하며 북대서양조약기구(나토) 가입을 위해 진행하려 했던 튀르키예·스웨덴·핀란드의 3자 회담을 무기한 연기했다. 이에 스웨덴·핀란드의 나토 동반 가입 추진은 다시 난항을 겪게 될 전망이다.

앞서 지난 1월 21일 스웨덴 스톡홀름의 튀르키예대사관 앞에서는 덴마크 극우정당 「강경 노선」이 이슬람 경전인 코란을 불태우며 반튀르키예 시위를 벌인 바 있다. 또 이와 별개로 스톡홀름 시내에서는 튀르키예로부터의 독립을 주장하는 쿠르드족을 지지하며 스웨덴의 나토 가입 추진을 반대하는 시위가 벌어졌다.

북대서양조약기구(나토, NATO) 1949년 미국 워싱턴에서 조인된 북대서양조약을 기초로 유럽 10개국과 미국·캐나다 등 12개국이 참가해 발족시킨 집단방위기구다. 창설 당시 12개국으로 출발했으나 1952년 그리스와 터키, 1955년 서독, 1982년 스페인이 가입하면서 16개국이 됐다. 그러다 1991년 구소련 해체 이후 과거 구소련권이었던 동유럽 국가들이 대거 가입하며 확장을 지속했다. 1999년에는 옛 공산권 국가인 체코·폴란드·헝가리가 가입하며 회원국이 19개로 늘었고, 2004년에는 발트3국(에스토니아·라트비아·리투아니아)과 슬로베니아·슬로바키아·불가리아·루마니아 등 옛 동구 공산권 국가들이 대거 가입했다. 2009년에는 알바니아와 크로아티아가, 2017년에는 몬테네그로가, 2020년에는 북마케도니아가 가입하면서 현재 나토에는 30개국이 회원으로 가입돼 있다.

스웨덴·핀란드의 나토 가입 신청과 그 이후는? 오랜 기간 중립국 지위를 유지해온 스웨덴과 핀란드는 지난해 2월 러시아의 우크라이나의 침공 이후 러시아의 안보위협을 이유로 그해 5월 나토 가입을 신청했다. 이로써 핀란드는 1948년 이후 74년 만에, 스웨덴은 1814년 이후 무려 200여 년 만에 군사적 비동맹 중립 노선을 철회하게 되면서 1990년대 냉전 붕괴 이후 약 30년간 지속됐던 유럽의 안보 지형이 완전히 달라질 것이라는 전망이 일기도 했다.

다만 나토 가입을 위해서는 나토 30개 회원국과 이들 국가 의회의 만장일치 승인이 필요한데, 나토 회원국인 튀르키예는 이 두 나라가 튀르키예 내에서 분리주의 운동을 벌이는 쿠르드노동자당(PKK·쿠르드족 무장단체)을 지원하고 있다는 점을 문제 삼아 이들의 가입을 반대해 왔다. 다만 튀르키예는 두 나라가 나토에 가입하려면 친쿠르드 정책을 포기할 것을 요구했고, 지난해 6월 PKK 등의 활동 정지와 테러 용의자의 신병을 인도한다는 약속을 받아냈다. 하지만 튀르키예는 이후에도 스웨덴의 약속 이행이 미흡하다며 두 나라의 나토 가입 승인을 미뤄왔는데, 현재 나토 30개 회원국 중 튀르키예와 헝가리만 최종 동의를 유보한 상태다.

스웨덴·핀란드의 나토 가입 신청과 그 이후는?

2022. 2.	러시아, 우크라이나 침공
5.	스웨덴·핀란드, 나토 동시 가입 신청
6.	튀르키예, 스웨덴·핀란드 쿠르드족 테러 용의자 신병 인도 등 약속
11.	울프 크리스테르손 스웨덴 총리, 튀르키예 방문
2023. 1.	• 스웨덴에서 반튀르키예·반이슬람 시위 발생 • 튀르키예, 스웨덴·핀란드와 대화 무기 중단

✎ **쿠르드족(Kurdish)**은 이란·이라크·튀르키예(구 터키)·시리아 등에 뿔뿔이 흩어져 있는 세계 최대의 유랑 민족이다. 현재 인구는 3000~4000만 명에 이르는데, 이 중 1500만 명이 튀르키예에 거주하고 있다. 이들은 고유의 문화·언어·사회구조를 유지하고 있음에도 국가 없이 중동 산악지대에 흩어져 살고 있으며, 종교는 대부분 이슬람교 수니파이다. 이 가운데 튀르키예 남동부에 대한 자치권을 주장하고 있는 쿠르드노동자당(PKK)은 1984년 이후 이라크 북부 산악지대에 본거지를 두고 튀르키예를 상대로 무장투쟁을 벌이고 있다.

독일·미국, 우크라이나에 주력 탱크 지원
러우전쟁 향후 판도 변화에 주목

독일과 미국이 전쟁 중인 우크라이나에 주력 탱크(전차) 지원 방침을 밝히면서 러시아−우크라이나 전쟁 1년을 앞두고 향후 전쟁 판도에 어떤 변화가 일어날지에 이목이 쏠리고 있다. 특히 이들 국가가 지원을 결정한 전차들이 세계 최강 전차로 불리는 「레오파르트2」(독일)와 「M1 에이브럼스」(미국)라는 점에서 어느 쪽이 이번 전쟁에서 더 우위를 드러낼지도 또 다른 관심을 모으고 있다.

현재 러시아와 우크라이나가 치열하게 맞붙은 우크라이나 동부 지역은 평원이 많아 기동력이 뛰어난 전차가 필수 무기로 꼽히고 있어, 이들 국가의 지원이 동부 전선의 교착 상태에 큰 영향을 미칠 것이라는 전망이 높다. 실제로 그동안 서방이 우크라이나에 지원한 무기는 전쟁의 양상을 바꾸는 데 크게 기여해 왔다. 대표적으로 러시아의 우크라이나 침공 초기 수도 키이우를 포함한 북부 일대가 함락 직전에 몰렸을 때는 재블린 대전차미사일, 스팅어 방공미사일 등이 효과를 발휘했다. 이후 우크라이나가 북부를 탈환한 뒤 동부 돈바스로 전선이 바뀐 뒤에는 미국이 제공한 「고속기동포병로켓시스템(HIMARS·하이마스)」가 러시아 후방 보급로를 연이어 파괴하며 우크라이나의 대대적인 반격을 이끈 바 있다.

⊕ 러시아−우크라이나 전쟁 러시아가 2022년 2월 24일 우크라이나를 전면 침공하면서 시작된 전쟁이다. 개전 초기에는 군사력이 열세인 우크라이나가 패퇴할 것이라는 전망이 지배적이었으나, 예상 외로 우크라이나의 강력한 반격과 러시아군의 보급 문제가 이어지면서 장기전으로 가고 있다. 양국의 전쟁은 우크라이나에 엄청난 인명과 물적 피해를 일으킨 것 외에도 전 세계적으로는 에너지·곡물 등 원자재 가격의 가파른 상승으로 이어지며 인플레이션을 점화시켰다. 또 미국을 중심으로 한 서방과 러시아·중국 등 비서방 간의 신냉전이 본격적으로 도래하는 계기로 이어졌으며, 특히 군사적 중립국이었던 스웨덴과 핀란드가 북대서양조약기구(NATO)에 가입을 신청하는 등 유럽의 안보지형에 큰 변동을 일으켰다.

독일·미국, 전차 지원 주요 내용

獨, 레오파르트2 지원 결정 올라프 숄츠 독일 총리는 1월 25일 의회 연설을 통해 「레오파르트2(Leopard2)」 전차 14대(1개 전차 중대)를 우선 우크라이나에 보내고 추가 지원도 하겠다고 밝혔다. 그간 볼로디미르 젤렌스키 우크라이나 대통령은 레오파르트2를 보유한 서방에 거듭 지원을 요청해 왔으며, 이에 폴란드 등이 승낙했지만 정작 이 전차를 생산하는 독일은 제3국을 통한 수출을 승인하지 않았었다. 레오파르트2는 유럽 최소 13개국에서 약 2000대가 운용되고 있는 독일의 주력 전차로, 타국 전차에 비해 운용이 쉽고 디젤 연료를 사용해 연료소비 효율도 뛰어나다는 평을 얻고 있다. 특히 다른 전차들과 비교해 유지보수 비용이 낮아 우크라이나군에 큰 도움이 될 것이라는 분석이 높다. 한편, 세르게이 네차예프 독일 주재 러시아 대사는 이날 독일의 전차 지원에 대해 「극도로 위험한 결정」이라며 「나치의 끔찍하고 영원한 범죄에 대한 역사적 책임을 망각했다.」며 강하게 반발했다.

▲ 레오파르트2(출처: 위키피디아/CC BY−SA 4.0)

美, M1 에이브럼스 전차 지원 조 바이든 대통령은 1월 25일 백악관 연설을 통해 우크라이나에 주력 전차인 「M1 에이브럼스(Abrams)」를 지원하겠다고 공식 발표했다. 에이브럼스는 적외선 전방 감시장치(FLIR)·레이저 거리측정기 등을 장착해 주야간 전투 모두 가능한 무기로, 화력이 레오파르트2에 비해 강하지만 특수 항공유를 써야 하는 가스터빈 엔진이라는 것이 치명적인 약점으로 꼽힌다. 미국은 최근까지만 해도 우크라이나가 당장 활용할 수 있는 무기를 지원하는 데 집중하고 있다며 전차 제공에는 소극적이었다. 그러나 독일이 레오파르트2 전차를 지원하려면 미국도 에이브럼스 전차를 보내야 한다는 조건을 제시하면서 입장을 선회한 것

△ M1 에이브럼스

으로 알려졌다. 다만 미국이 새 전차를 조달해서 지원하기로 한 만큼 우크라이나가 이를 받기까지는 수개월이 걸릴 전망이다.

M1 에이브럼스 vs 레오파르트2

구분	미국 「M1 에이브럼스」	독일 「레오파르트2」
무게·엔진	70t, 가스터빈	55t, 디젤
속도	시속 40~72km	시속 50~70km
주포	120mm 활강포	120mm 활강포
조준 및 사격장치	열상감시장비 등	사격통제장치, 열영상조준경 등
탑승 인원	4명	4명
연비(1회 주유 시 최장 주행거리)	426km	550km

프랑스·이탈리아도 장거리 방공무기 제공 러우전쟁 개전 1주년을 앞두고 러시아의 대규모 공세 가능성이 지속적으로 제기되는 가운데, 프랑스 국방부가 2월 3일 우크라이나에 「SAMP/T 방공시스템(MAMBA·맘바)」을 보내기 위한 기술 협의를 마쳤다고 밝혔다. 맘바는 프랑스와 이탈리아 업체가 생산한 최초의 장거리미사일 방어시스템으로, 2010년대 중반부터 실전 배치된 최신 무기이다. 또 미 국방부도 이날 사거리가 150km인 「지상발사 소직경 폭탄(GLSDB)」 지원을 발표했는데, GLSDB는 지상에서 발사하는 공대지 유도폭탄으로 위성항법장치를 장착해 정밀 타격이 가능하다.

미국·캐나다·멕시코, 북미 3개국 정상회의
「아시아 대항해 공급망 강화」

조 바이든 미국 대통령과 쥐스탱 트뤼도 캐나다 총리, 안드레스 마누엘 로페스 오브라도르 멕시코 대통령이 1월 10일 멕시코 수도인 멕시코시티에서 북미 3국 정상회의를 가졌다. 3국 정상들은 이날 회의에서 아시아의 반도체 굴기를 견제하기 위해 역내 반도체 생산 협력을 대폭 강화하기로 합의했다. 이번 합의는 주요 산업에서 중국 의존도를 낮추기 위해 공급망을 아시아에서 북미로 옮기려는 구상을 본격화한 것으로 분석된다.

3국 정상회의 주요 내용 3국 정상은 우선 공급망 사태에 가장 큰 영향을 끼친 반도체의 북미 내 생산을 확대하기로 하고, 미국의 반도체과학법에 근거해 미국·멕시코 국경 인근에 반도체 클러스터 투자를 촉진하는 인센티브 정책을 적극 도입하기로 했다. 또 올해 초 3국 각료급 인사와 반도체 업계 관계자들을 한데 모아 반도체 포럼도 열기로 했다. 아울러 북미 전기차 및 전기차 배터리 생산 확대를 위해서는 배출가스 제로 차량 생산 도입 확대, 국경 지역 전기차 배터리 충전기 설치 계획을

제시했다. 여기다 핵심 광물 매장량 정보 공유와 채굴 계획 협력도 강화해 중국 의존도를 낮추기로 했다.

한편, 북미 3국 정상회의는 2005년 시작됐다가 2017년 취임한 도널드 트럼프 전 대통령의 미국 우선주의 기조로 중단됐었다. 그러나 이후 동맹 복원을 내세운 바이든 대통령이 취임하면서 2021년부터 재가동된 바 있다. 이들 3개국은 북미자유무역협정(NAFTA)을 계승해 2020년 출범한 「미국·멕시코·캐나다 협정(USMCA)」 참여국들이기도 하다.

✎ 반도체과학법(CHIPS and Science Act)은 중국을 견제하고 미국의 기술 우위를 강화하기 위해 반도체와 첨단기술 생태계 육성에 총 2800억 달러를 투자하는 내용을 담은 미국의 법으로, 지난해 8월 9일 시행됐다. 또 미국은 지난해 8월에는 「인플레이션감축법(IRA)」을 제정, 북미에서 최종 조립된 전기차에만 최대 7500달러(936만 원)의 세액공제를 제공하기로 하면서 우리나라를 비롯한 국가들의 반발을 산 바 있다.

폴란드, 독일에 2차대전 침략 배상 요구
독일은 배상 거부 입장

폴란드 외교부가 1월 3일 성명을 통해 독일에 2차 세계대전 침략에 대한 보상 및 배상금을 요구했으나 독일이 이를 거부했다고 밝혔다. 폴란드 정부에 따르면 독일은 지난해 12월 28일 공식 문서를 통해 전쟁기간 피해에 대한 보상과 배상 문제는 종료됐으며, 이 문제를 둘러싼 협상을 재개할 뜻이 없다는 뜻을 밝혔다.

주요 내용 폴란드는 제2차 세계대전 때인 1939년 독일의 침략을 받아 1945년까지 점령당하면서 유대인 300만 명을 포함해 국민 약 600만 명이 사망하는 등의 큰 피해를 겪었다. 당시 수도 바르샤바 등 주요 도시가 초토화됐으며, 특히 나치 독일의 유대인 대량 학살인 홀로코스트가 폴란드의 아우슈비츠 수용소를 중심으로 자행됐다. 1945년 종전 후 구소련의 위성국이 된 폴란드는 구소련의 압력으로 피해 보상 및 배상에 관한 권리를 모두 포기했다. 하지만 지난 2015년 우파 성향의 민족주의 정당 「법과정의당(PiS)」이 집권을 시작하면서 독일에 대한 배상 문제가 다시금 불거졌고, 이에 폴란드는 지난해 10월 총 6조 2000억 즐로티(약 1790조 원)의 전쟁 배상금을 요구하는 서한을 독일에 보냈다. 그러나 독일은 폴란드 정부가 소련의 영향하에 있던 1953년 소련과 동독의 배상면제협정으로 사실상 배상받을 권리를 포기했다며 이미 끝난 문제라는 입장을 고수하고 있다. 하지만 폴란드는 당시 소련의 압력으로 배상을 포기한다는 문서에 서명한 것이어서 이는 법적 구속력이 없다고 반박하고 있다.

⊕

아우슈비츠 수용소(Auschwitz Concentration Camp) 1940년 6월 나치 친위대(SS) 총사령관이었던 하인리히 힘믈러에 의해 세워진 나치의 강제수용소이다. 1941년 히틀러의 명령으로 대량 학살시설로 확대됐으며, 대학살은 1942년부터 본격적으로 이뤄졌다. 당시 이곳에서는 가스실, 총살, 고문, 질병, 굶주림, 인체실험 등으로 유대인을 비롯한 수용자 400만 명이 목숨을 잃었다. 나치는 2차 세계대전이 막바지에 이른 1945년 1월 대량학살의 증거를 없애기 위해 이곳에 불을 질렀으나, 소련군이 예상보다 빨리 도착하면서  수용소 건물 일부가 파괴되지 않고 남게 되었다. 아우슈비츠 수용소는 1947년 7월 폴란드 의회가 박물관으로 영구 보존키로 결의함에 따라 현재는 박물관과 전시관으로 운영되고 있으며, 1979년에는 유네스코 세계문화유산으로 지정됐다.

이스라엘 네타냐후 정부, 사법부 무력화에
대규모 반정부시위 확산

베냐민 네타냐후(74) 총리가 주도하는 이스라엘의 강경 우파 정부가 정권 출범 2주 만에 사법부를 무력화하는 개혁안을 내놓으면서 논란을 일으키고 있다. 야리브 레빈 이스라엘 법무부 장관은 1월 11일 대법원 권한 축소 등을 골자로 한 기본법 개정안을 발의했는데, 이는 앞서 레빈 장관이 공개했다가 거센 비난에 직면한 사법 개혁안을 구체화한 것이다. 당시 개혁안이 발표되자 야권은 이를 정치적 쿠데타로 규정하고 국민들에게 저항 시위 참여를 촉구했다. 그리고 1월 6일 텔아비브에서 수천 명의 시민과 야권 인사 등이 참여한 가운데 반정부 시위가 열렸으며, 14일에는 시위가 이스라엘 전역으로 확산되기도 했다.

한편, 지난해 12월 29일 출범한 이스라엘 새 정부는 네타냐후의 리쿠드당을 중심으로 「독실한 시오니즘」 등 3개의 극우정당, 초정통파 유대교 정당인 「샤스」, 보수 유대 정치연합인 「토라유대주의연합(UTJ)」 등 우파 연정이 참여하고 있다. 이처럼 유대 민족주의와 유대교 근본주의 성향이 강한 정당이 대거 모이면서 이번 정부는 이스라엘 정치 사상 가장 강력한 우파 성향을 띠고 있다.

기본법 개정안 주요 내용 및 논란 개정안에는 대법원을 비롯한 각급 법원 판사 인사와 승진을 결정하는 사법 선출위원회 위원 수를 현재 9명에서 11명으로 늘리고, 이를 ▷장관급 각료 3명(법무부 장관 당연직) ▷크네세트(의회) 의원 3명(야권 1명) ▷법무부 장관이 지명한 공익단체 대표 2명 ▷대법원 판사 3명 등으로 명시했다. 또 대법관 임명안 가결정족수는 6명으로 해 사실상 여당이 대법관 인사를 손쉽게 다룰 수 있도록 했으며, 대법원이 내린 위헌 결정을 의회가 과반 찬성으로 뒤집을 수 있도록 했다. 아울러 법원이 연성헌법인 기본법에 반하는 변론을 들을 수 없고, 기본법을 무력화 또는 제한하는 결정은 무효라는 문구도 포함됐다.

여권은 이 법안을 3월까지는 처리한다는 방침이지만, 해당 법안이 사법 시스템을 무력화하고 민주주의를 파괴한다는 거센 비판에 직면해 있어 통과는 불투명하다. 특히 야권은 이번 개정안이 네타냐후 총리와 내각 주요 인사들이 셀프 면죄부를 얻기 위한 꼼수라는 의혹을 제기하고 있는데, 네타냐후 총리는 현재 3건의 부패 혐의로 재판을 받고 있다.

> **베냐민 네타냐후(Benjamin Netanyahu)는 누구?** 지난해 10월 3일 치러진 총선에서 승리하며 1년 반 만에 총리에 복귀한 이스라엘 역대 최장수 총리로, 1996~1999년, 2009~2021년 두 차례에 걸쳐 총 15년이 넘게 집권했다. 그는 1996년 46세의 나이로 역대 최연소 총리에 올랐고, 이후 2009·2013·2015·2019년 총선에서도 연이어 승리하면서 초대 총리인 다비드 벤구리온(13년 5개월 재임)을 제치고 역대 최장 총리직 수행 인물이 된 바 있다. 그러다 2021년 6월 이스라엘 의회가 9개 야권 정당이 동참하는 연립정부를 최종 승인하고 새 연정을 공식 출범시키면서 총리직에서 물러났다가 지난해 총선에서 승리하며 복귀했다.

英, 스코틀랜드 「성(性)인식법」에 첫 거부권 행사
성전환자 성별 정정 두고 갈등 고조

영국 정부의 스코틀랜드 담당 알리스터 잭 장관이 1월 16일 스코틀랜드 의회가 지난해 12월 통과시킨 「성인식법」이 영국의 평등 법안에 부정적 영향을 줄 수 있다며 거부권 행사를 예고했다. 영국 정부가 스코틀랜드 법안에 거부권을 행사하는 것은 1999년 스코틀랜드 의회 출범 이후 처음 있는 일이다. 잭 장관은 스코틀랜드 의회가 통과시킨 법에 대해 스코틀랜드법 35조를 발동한다는 방침으로, 이는 국왕 승인을 받아 법이 제정되는 것을 영국 정부가 막을 수 있도록 한 것이다. 이와 같은 영국 정부의 거부권 행사에 니컬라 스터전(52) 스코틀랜드 자치정부 수반은 스코틀랜드 의회를 향한 전면적 공격이라고 규정하며 대응을 예고했다. 이에 이번 조처가 스코틀랜드가 추진하는 분리독립 움직임을 더욱 가속화시킬 수 있다는 전망이 나오고 있다.

성인식법 주요 내용 및 논란 스코틀랜드 의회가 통과시킨 성인식법은 성전환자들이 법적 성별을 정정하기 위해 필요한 성 인식 증명서(GRC) 발급 절차를 간소화한 것이 핵심이다. 또 성별 전환 최저 연령도 18살에서 16살로 낮추고 증명해야 하는 의학적 서류도 간소화했다. 그러나 해당 법안 반대론자들과 영국 정부는 개인의 선택으로 성별을 너무 쉽게 바꿀 수 있게 하는 것은 문제가 있으며, 16세는 인생을 바꾸는 결정을 내리기에는 너무 이르다는 입장이다.

한편, 스코틀랜드는 지난 2014년 영국 연방에서의 분리독립을 묻는 주민투표를 실시했으나 연방 잔류가 55%의 지지를 얻으면서 분리독립이 무산된 바 있다. 그러나 2016년 영국의 유럽연합(EU) 탈퇴(브렉시트) 국민투표 때 스코틀랜드에서 EU 탈퇴 반대가 찬성을 압도하면서 다시금 분리독립 문제가 불거졌다. 이에 스코틀랜드 자치정부의 집권당인 스코틀랜드국민당(SNP)은 영국 정부의 반대에도 2023년 10월 분리독립을 묻는 주민투표를 강행하겠다는 입장을 내세웠으나, 영국 대법원이 지난해 영국 정부의 동의 없이 독립 여부를 묻는 주민투표를 할 수 없다는 판결을 내리자 이를 수용한 바 있다.

✎ 스코틀랜드국민당(SNP)을 8년 넘게 이끌어온 니컬라 스터전 스코틀랜드 자치정부 수반이 2월 15일 갑작스레 사임을 발표했다. 스터전 수반은 SNP가 새로운 대표를 선출할 때까지만 직을 수행할 것이며, 2026년으로 예정된 차기 총선까지 의회에 남아있겠다고 밝혔다. 그는 가장 오랜 기간 재임한 스코틀랜드 행정수반이자 첫 여성 수반으로, 최근에는 성인식법 등을 둘러싸고 영국 정부와 갈등을 빚어왔다.

北 건군절 열병식에서 「화성-17형」 대거 공개
전술핵운용부대 첫 등장 등 핵무력 과시

북한이 2월 8일 밤 평양 김일성광장에서 인민군 창건 75주년 기념 대규모 열병식을 열고 신형 대륙간탄도미사일(ICBM)을 대거 공개했다. 조선중앙통신·노동신문 등 북한 언론은 2월 9일 열병식 거행 소식을 전하면서 관련 내용과 사진을 상세히 공개했다. 김정은 국무위원장은 이날 부인 리설주 여사, 딸 김주애와 함께 열병식에 참석했으나 별도의 연설을 하지 않았다. 한편, 북한은 지난 2020년 10월 노동당 창건 75주년 기념 열병식부터 이번까지 진행된 5번의 열병식을 모두 심야 혹은 야간에 개최했다.

북한 열병식 주요 내용 이번 열병식에는 초대형 방사포(KN-25)와 북한판 이스칸데르(KN-23), ICBM 화성-17형 등 전략전술 탄도미사일들이 대거 등장했는데, 특히 화성-17형은 이동식발사대(TEL) 차량에 실려 11기가 등장했다. 화성-17형은 사거리 1만 5000km로 길이가 22~24m로 추정돼 「괴물 ICBM」이라는 별명을 갖고 있다. 여기다 이번 열병식에서 고체연료 추진 ICBM으로 추정되는 신형 미사일이 최소 4대가 포착돼 주목을 모으고 있다. 고체연료 추진 ICBM의 TEL은 화성-17형의 TEL보다 길이가 짧은 것으로 추정됐는데, 고체연료 ICBM의 경우 신속한 연료 탑재가 가능하고 발사 징후 등을 사전에 포착하기가 어려워 위협적인 무기로 꼽는다. 또 지난해 10월 북한 언론 보도로 그 존재가 처음 공개된 전술핵운용부대도 사상 처음으로 열병식에 참가했는데, 이 부대는 ICBM 외에 북한의 각종 탄도미사일 전술 및 전략 전반을 수립·운용하는 것으로 분석되고 있다.

외교부, 北해커·보이스피싱 개발자 독자 제재
우리 정부의 첫 사이버 분야 대북 독자 제재

외교부가 1월 10일 해킹·가상자산 탈취 등 불법 사이버 활동을 벌였거나 관련 프로그램 개발 및 전문인력 양성에 관여한 북한인 4명과 기관 7곳을 독자 제재 대상으로 지정한다고 밝혔다. 이번 조치는 윤석열 정부 들어 3번째 독자 제재로, 북한의 사이버 공작원과 기관 등을 대상으로 한 우리 정부의 첫 대북 제재이기도 하다.

제재 주요 내용   제재 리스트에 오른 북한인은 박진혁, 조명래, 송림, 오충성 등 4명이며, 기관·조직은 조선엑스포합영회사, 라자루스그룹, 블루노로프, 안다리엘, 기술정찰국, 110호 연구소, 지휘자동화대학(미림대학) 등 7곳이다. 이 가운데 조명래, 송림, 오충성과 기술정찰국, 110호 연구소, 지휘자동화대학은 우리가 세계 최초로 제재 대상으로 지정한 인물들과 기관이다. 조명래는 정찰총국 산하 컴퓨터기술연구소장으로 전산망 공격형 JML 바이러스를 개발했으며, 송림은 로케트공업부 산하 합장강무역회사 소속으로 스마트폰용 보이스 피싱 앱을 제작·판매했다. 오충성은 국방성 소속 IT 인력으로 두바이 등지에서 구인 플랫폼을 통해 IT 프로그램을 개발해 제공했다. 제재 대상으로 지정된 기관 중 지휘자동화대학은 1986년 설립돼 북한 사이버 전문인력 양성과 송출에 관여하고 있으며, 나머지 기관들은 해킹과 가상자산 탈취 등의 사이버 공격에 가담했다.

정부, 日 강제동원 해법으로 재단 통한 3자변제 공식화
「굴욕적 해법」 강제징용 피해자들 거센 반발

정부가 1월 12일 일제 강제동원 배상 문제의 해법으로 행정안전부 산하 일제강제동원피해자지원재단이 재원을 마련해 피해자들에게 대신 변제(제3자 변제)하는 방안을 공식화했다. 이는 외교부와 정진석 한일의원연맹 회장이 이날 국회에서 공동주최한 「강제징용 해법 논의를 위한 공개토론회」에서 나온 것으로, 정부는 우선 한국 기업들의 기부금으로 재단이 조성할 기금을 마련한다는 방침이다. 그러나 이번 방안에는 일본 정부의 사죄나 전범(戰犯)기업의 직접 배상이 빠져 있어 피해자들은 물론 야권과 일부 시민단체에서도 「친일 해법」이라며 거세게 반발하고 있다.

정부의 강제동원 해법안 주요 내용 및 논란   정부가 이날 공개한 일제 강제동원 피해자 배상 판결 해법의 핵심은 제3자 변제로, 대법원 판결로 배상 의무를 갖게 된 일본 피고기업 대신 1965년 한일청구권협정으로 수혜를 입은 포스코 등 국내 기업이 기부금을 내 피해자들에게 전달하는 방식이다.

즉, 한국 기업들을 통해 재단 기금을 조성한 뒤 추후 일본 정부를 설득해 일본 피고 기업들까지 참여시키는 방안을 검토한다는 것이다. 정부는 강제동원 피해자 측의 동의를 구하는 과정을 거쳐 해당 방안을 최종안으로 확정한다는 계획이지만, 일본 정부·기업의 기여와 사과는 빠져 있어 피해자들의 거센 반발을 받고 있다.

특히 이번 방안은 일제 식민지배의 불법성을 적시한 대법원 판결의 의미와 취지도 전혀 반영하지 못한 데다, 3자 변제를 위해서는 채무자(일본 기업)와 인수자(재단) 간에 채무 인수 약정을 체결해야 함에도 일본 쪽은 채무의 존재(불법행위) 자체를 인정하지 않고 있어 합의가 가능할지도 불투명하다. 앞서 지난 2018년 한국 대법원은 일본제철·미쓰비시중공업 등 일본 전범기업 2곳에 각각 강제동원 피해자 15명에게 1인당 1억 원 또는 1억 5000만 원의 배상금을 지급하라고 판결했지만, 해당 기업들은 배상 협의에 응하지 않고 있다. 이에 강제징용 피해자 측은 이번 정부안에 대해 「가해자의 사죄도, 배상 참여도 없는 정부 해법은 굴욕적이며 몰역사적」이라고 비판했다. 또 이번 방안이 일본을 면책시켜 주는 것이라 비판하면서 지원재단이 기금을 모금해 배상금을 지급한다 해도 수령하지 않겠다는 방침을 내세웠다. 피해자 측은 최소한 전범 기업의 기금 출연과 일본 측의 사죄가 전제돼야 정부의 해법을 수용하겠다는 입장이다.

강제징용 피해자 해법을 둘러싼 쟁점들

정부	쟁점	피해자 단체
피해자들이 우선 제3자를 통해 배상금 지급 받을 수 있음	정부 산하 재단을 통한 배상금 지급	애꿎은 한국 기업을 통해 해결하려는 발상
일본 내각이 표명한 사죄와 반성을 성실히 유지, 계승하는 것이 중요	일본 정부 또는 기업의 사과	일본이 강제징용 인정하고 진정한 반성 의사 표시해야 함
일본 피고기업의 배상 이끌어내기 어려움	일본 기업들의 배상	일본 피고 기업의 재원 포함되어야 함

일제 강제징용은 무엇? 일제가 우리나라를 식민 지배할 당시 노동력 보충을 위해 조선인을 강제노동에 동원·종사케 한 것을 말한다. 일본은 1930년대 중국 침략 전에는 조선의 값싼 노동력을 모집해 일본의 토목공사장·광산에서 집단노동하게 했으나, 중일전쟁(1937) 이후부터는 국가총동원법을 공포하고 국민 징용령을 실시해 강제동원에 나섰다. 강제동원 피해조사위원회에 따르면 일제강점기 당시 국내외로 강제동원된 사람은 약 782만 명이다. 그러나 일본 정부와 미쓰비시를 비롯한 여러 전범기업들은 1965년 한일청구권협정에 따라 피해자들에 대한 배상 문제는 모두 해결됐으며, 피해자들의 개인청구권도 소멸됐다는 입장을 줄곧 유지하고 있다. 이에 2018년 한국 대법원의 배상 판결 역시 받아들일 수 없다고 주장해왔다.

1965년 한일청구권협정 대한민국과 일본이 국교 정상화와 전후 보상을 논의하며 1965년 6월 22일에 체결한 국제 조약인 한일협정에 포함돼 있는 내용이다. 전문과 7개의 조문으로 구성된 한일협정은 ▷법적 지위 협정 ▷어업 협정 ▷청구권 협정 ▷문화재 협정 등 구체적인 세부 협정과 함께 채택됐다. 청구권 협정은 여기에 포함된 것으로, 일본이 한국에 무상 3억 달러·유상 2억 달러를 지급하기로 하고 한국은 일본에 대한 모든 청구권이 완전하고 최종적으로 해결됐다고 선언한 내용을 담고 있다.

2018년 대법원 강제징용 판결 일제강점기 당시 신일본제철(현 일본제철)에 강제로 끌려가 노역을 하고 임금을 받지 못한 원고 4명이 신일본제철을 상대로 낸 손해배상 청구에 대해 대법원이 2018년 10월 30일 내린 최종 확정 판결이다. 대법원은 당시 일본 기업이 일제 강제징용 피해자들에게 1인당 1억 원씩의 위자료를 배상해야 한다고 판결했다.

尹 대통령, UAE 국빈 방문해 정상회담
원전·에너지·방산 등 13건 MOU 체결

아랍에미리트(UAE)를 국빈 방문한 윤석열 대통령과 무함마드 빈 자예드 알 나흐얀 UAE 대통령이 1월 15일 정상회담을 갖고, 양국 간 「특별 전략적 동반자 관계」를 최고 수준으로 발전시키기로 했다. 또 양국은 원전·에너지·투자 등 전방위에서 협력 강화 의지를 확인했으며, 13건에 이르는 양해각서(MOU)를 체결했다. 한편, 윤 대통령은 무함마드 대통령 초청으로 1월 14~17일 3박4일 일정으로 UAE를 방문했는데, 1980년 양국 수교 이후 한국 대통령의 UAE 국빈 방문은 처음이다.

한-UAE 정상회담 주요 내용 대통령실에 따르면 이번 양국 정상회담에서는 UAE의 300억 달러(약 37조 2600억 원)에 이르는 한국 투자가 결정됐다. 원자력·에너지·투자·방산 분야에서는 양국 간 전략적 협력을 강화하는 양해각서(MOU) 13건이 체결됐다. 원자력 부문에서는 「넷 제로 가속화 프로그램」 MOU가 체결됐는데, 이는 양국의 원전 제3국 공동진출과 2009년 우리가 UAE에 수출한 바라카 원자력발전소 확대 등을 핵심으로 한다. 에너지 부문에서는 석유 공급 위기가 발생할 경우 UAE에서 생산된 400만 배럴에 대해 한국이 우선 구매권을 확보하는 내용의 「한-UAE 국제공동비축사업」 MOU가 체결했다. 방산 분야에서는 전략적 협력을 구체화하는 「전략적 방위산업협력에 관한 MOU」 등이 체결됐고, 투자 부문에서는 산업은행과 아부다비 2위 국부펀드인 무바달라 간에 전략적 투자 파트너십이 체결됐다. 다만 해당 MOU들은 투자 시점과 구체적인 투자 대상 등은 명확히 규정하지 않았기 때문에 향후 실제 투자로 진행될지가 관건이다.

양해각서(MOU·Memorandum Of Understanding) 국가 간 외교교섭으로 서로 양해된 내용을 확인·기록하기 위해 정식 계약 체결에 앞서 작성하거나 계약 체결 후 후속조치를 위해 문서로 작성하는 합의를 말한다. 일반적으로 기존 협정에서 합의된 내용의 뜻을 명확히 제정하기 위한 경우 또는 협정의 후속조치를 위해 체결한다. 양해각서를 교환한 이후 협상 결과에 따라 본계약서는 양해각서에 명시된 내용과 달라질 수 있다. 신의성실의 원칙에 따라 협상을 진행하며, 공식적으로 법적 구속력은 없으나 뚜렷한 이유 없이 양해 내용을 파기할 경우 도덕적 비난을 받게 된다.

바라카 원전(Barakah Nuclear Power Plant) 2009년 한국이 수출한 최초의 원전이자 중동 최초의 원전으로, 바라카 원전 전체 4호기 중 1·2호기는 상업운전을 시작했고 3호기는 올해 준공을 앞둔 상태다.

윤 대통령, 「UAE의 적은 이란」 발언 논란 윤석열 대통령이 1월 15일 UAE에 파병된 아크부대를 방문해 장병들을 격려하는 자리에서 「우리의 형제 국가인 UAE의 안보는 바로 우리의 안보」이며, 「UAE의 적은 이란이고 우리 적은 북한」이라고 말해 이란과 외교적 갈등을 일으켰다. 이란 외무부는 1월 18일 주이란 한국대사를 초치해 이번 문제와 관련해 한국 당국이 즉각적으로 해명하고 입장을 신속히 정정해야 한다고 요청했다. 또 한국이 이란의 금융자산을 차단하는 등 비우호적인 행동을 하고 있다고 거론하면서, 한국이 현안을 해결하기 위한 효과적인 조치를 취하지 않을 경우 한국과의 관계를 재검토할 수 있다고 경고했다. 여기다 윤 대통령이 이란의 핵무기 개발 가능성을 언급한 것에 대해서는 핵확산금지조약(NPT)에 어긋나는 것이라면서 이에 대한 해명도 요구했다.
한편, 2018년 미국의 대이란 제재 복원으로 우리나라에는 현재 70억 달러가량의 이란 자금이 원화로 동결돼 있는데, 이는 이란의 해외 동결 자산 가운데 최대 규모로 알려져 있다.

✎ **초치(招致, Summon)**는 한 국가의 외교당국이 양국관계에 부정적인 영향을 주는 외교적 사안을 이유로 자국에 주재하는 특정 국가의 외교관을 자국 외교 관련 부서의 청사로 불러들이는 행위를 가리킨다.

국방부, 고체연료 우주발사체 발사 성공
2025년 실제 위성 발사 목표

국방부가 지난 12월 30일 고체연료 추진 우주발사체 2차 시험 비행에서 총 4단인 발사체 중 1단을 제외한 2·3·4단이 분리 및 각 엔진의 점화·연소 시험에 모두 성공했다고 1월 2일 밝혔다. 이는 지난해 3월 첫 시험 발사에 성공한 지 9개월 만으로, 이번 발사체는 고도 450km까지 올라간 것으로 전해졌다. 군은 국방과학연구소(ADD)가 순수 독자 기술로 개발 중인 고체연료 추진 우주발사체를 활용해 2025년까지 500kg의 소형 인공위성을 지구 저궤도 500km 지점에 올린다는 계획이다.

시험 발사 주요 내용 국방부에 따르면 이번 시험 비행 발사체는 1~3단은 고체연료 로켓 엔진을 쓰고, 4단은 궤도 진입 후 정확한 위치로 위성을 움직이기 위해 액체연료 로켓 엔진을 달았다. ADD는 이번 2차 시험을 통해 1단을 제외한 2~4단 엔진의 점화·연소 등 성능을 검증했는데, 지난해 3월 30일 1차 시험에서는 2단 엔진만 검증한 바 있다. 이번 2차 시험에서는 위성을 고열과 압력으로부터 보호하는 ▷페어링(위성보호덮개) 분리 ▷단 분리 ▷상단부 자세 제어 ▷더미(모형) 위성 탑재체 분리 등의 검증이 이뤄졌다. 다만 1·2차 시험에서 제외된 1단 엔진 연소는 지상 연소 시험 등을 거친 뒤 발사할 것으로 알려졌다.

그러나 국방부는 이번 발사에 대해 어떠한 사전 공지도 하지 않았고, 이에 전국 각지에서는 섬광을 목격했다는 신고들이 속출했다. 무엇보다 이번 발사가 앞서 북한 무인기의 남한 영공 침범 등 북한 도발이 잇따르는 가운데 일어난 것이어서 시민들은 큰 혼란과 공포를 겪어야 했다.

고체연료 발사체 특징 로켓은 크게 고체연료 추진 방식과 액체연료 추진 방식으로 구분된다. 고체연료 발사체는 구조가 간단하고 발사 전에 연료를 주입할 필요가 없어 신속한 발사가 가능하다는 장점이 있다. 또 발사체를 연료를 장착한 상태로 관리할 수 있어 취급이 비교적 용이하고 대량생산에도 유리하며, 발사체 제작비용도 액체 추진 발사체에 비해 저렴하다. 하지만 연료 효율이 액체에 비해 낮아 소형 및 초소형 위성을 지구 저궤도에 올리기 위한 용도로 주로 쓰이고 있다.

우주발사체 고체연료와 액체연료 비교

구분	고체연료	액체연료
구조	간단	복잡
연료 주입	발사체 내 항시 저장	장시간 연료 주입
제작비용	저렴	고가
누출 및 연소 안전성	누출 위험 없음	누출 위험 존재, 연소 불안정
점화	일회용	재사용 가능
연료 효율	나쁨(저궤도, 소형 발사 유리)	좋음(중궤도, 정지궤도 발사 유리)

한국형 전투기 KF-21, 첫 초음속 비행 성공
시험비행 6개월 만에 새 이정표

한국형 전투기 KF-21 보라매가 1월 17일 첫 초음속 비행에 성공하면서 지난해 7월 첫 시험비행에 성공한 지 6개월 만에 새로운 이정표를 세웠다. 방위사업청에 따르면 KF-21 시제 1호기는 이날 오후 경남 사천의 공군 제3훈련비행단을 이륙한 뒤 남해 상공에서 약 4만 피트(약 12.1km) 고도를 비행하면서 음속(마하 1·시속 약 1224km)을 돌파했다.

국내 기술로 독자 개발한 항공기가 초음속 비행에 성공한 것은 이번이 처음으로, 앞서 국산 초음속 고등훈련기 T-50(골든이글)이 2003년 음속을 돌파한 사례가 있지만 이는 미국과 기술협력으로 개발된 기종이었다. 이번 초음속 비행 성공에 따라 우리나라는 세계 8번째 초음속전투기 개발 국가의 반열에 더욱 다가서게 됐다. 현재까지 초음속 전투기를 독자 개발한 국가는 미국, 러시아, 중국, 일본, 프랑스, 스웨덴, 유럽컨소시엄(영국, 독일, 이탈리아, 스페인) 등 7개국에 불과하다.

KF-21 2015년부터 2028년까지 약 8조 8000억 원을 투입해 공군의 장기운영 전투기(F-4, F-5)를 대체하고 기반 전력으로 활용할 4.5세대급 전투기를 개발하는 초대형 국책사업이다. KF-21은 한국형 전투기(KF-X)의 고유 명칭이며, 통상 명칭은 「KF-21 보라매」이다. 이 사업은 ▷인도네시아와 체계개발(블록 1)에 8조 1000억 원 ▷한국 단독으로 추가 무장시험(블록2)에 7000억 원 등 총 8조 8000억 원이 투입된다.

KF-21은 최고 속도 2200km로 음속의 1.8배에 달하며, 7.7t의 무장을 탑재할 수 있다. 특히 2종의 공대공 미사일과 10종의 공대지 폭탄·미사일을 장착할 수 있다. 여기에 최첨단 AESA 레이더로 목표물을 실시간 추적할 수 있고, 적 미사일 등을 신속히 포착하는 적외선 추적장치(IRST) 등으로 성능을 높였다. 아울러 지상 목표물을 정밀 조준하는 전자광학 표적추적장비(EO TGP)를 비롯해 레이다 탐색을 교란하는 내장형

△ KF-21(출처: 위키피디아/CC BY-SA 4.0)

전자전 장비(EW Suite) 등도 장착된다. KF-21 시제 1호기는 지난해 7월 19일 첫 시험비행에 성공했으며, 그로부터 6개월 만에 초음속 비행에까지 성공해 구조적 안정성을 입증했다.

향후 계획 방사청은 앞으로 KF-21 비행시험에서 고도·속도를 계속 높여가면서 특히 초음속 구간의 비행 안정성을 점검·검증하고, 이를 체계개발에 지속 반영한다는 방침이다. 그리고 우리 공군은 KF-21 개발이 완료되면 2032년까지 총 120대를 도입해 F-4와 F-5 등 노후 전투기를 우선 교체한다는 계획이다.

KF-21 주요 제원

예산	8조 8000억 원(블록 1: 8조 1000억 원, 블록 2: 7000억 원)	
통상 명칭	KF-21 보라매	
최고 속도	마하 1.8	
최대 탑재량	7700kg	
항속거리	2900km	
주요 장비	능동전자주사식위상배열(AESA) 레이더	안테나에 약 1000개의 소형 송수신 장치 장착, 공중·지상·해상 등 다수 목표물 동시 탐지 추적
	적외선탐색·추적장비(IRST)	공대공 표적에서 방사되는 적외선 신호 탐지 및 추적
	전자광학 표적추적장비(EO TGP)	주야간 공중과 지상 표적 탐지 및 추적
	통합전자전장비(EW Suite)	위협 레이더신호 탐지·교란, 채프·플레어탄 투발

유엔사, 북한 무인기 남한영공 침범 특별조사결과 발표
무인기 보낸 北·맞대응한 南 모두 정전협정 위반

유엔군사령부(유엔사)가 지난 12월 26일 북한 무인기의 남한 영공 침투와 그에 맞대응해 무인기를 북한으로 보낸 남한의 군사작전 모두 정전협정 위반에 해당한다고 1월 26일 발표했다. 유엔사는 당시 남한의 군사작전에 대해 북한 무인기에 직접 대응한 작전(무력화 시도)은 정전협정에 부합하나, 한국군 무인기가 비무장지대를 통과해 북측 영공에 진입한 것은 정전협정 위반에 해당함을 확인했다고 밝혔다.

앞서 지난 12월 26일 북한은 무인기 5대를 군사분계선(MDL) 이남으로 내려보냈고, 우리 군도 그에 대응해 무인기 3대를 MDL 이북으로 날려 정찰 활동을 한 바 있다. 이에 유엔사는 특별조사팀을 구성해 조사에 착수했으며 20여 일 만에 남북 모두 정전협정을 위반했다는 결론을 내린 것이다.

북한 무인기 영공침범 사건(2022) 북한 무인기 5대가 지난해 12월 26일 남측 영공을 침범해 서울, 강화, 파주 상공을 5시간 넘게 다닌 사건을 말한다. 당시 경기도 일대에서 북한 무인기로 추정되는 미상 항적 5대가 포착됐는데, 이 가운데 먼저 포착된 1대는 김포와 파주 사이 한강 중립수역으로 진입해 곧장 서울 북부 상공에 머물다 북한으로 돌아갔다. 나머지 4대는 강화도 서측으로 진입해 강화도 지역에서 활동하는 항적을 보이다가 우리 군 탐지자산에서 소실된 것으로 전해졌다.

정전협정(停戰協定) 1950년 6월 25일 발생한 한국전쟁의 종식을 위해 1953년 7월 27일 미국과 북한, 중국 사이에 체결된 협정이다. 당시 UN군 총사령관 클라크, 북한군 최고사령관 김일성, 중공인민지원군 사령관 펑더화이(彭德懷)에 의해 서명이 이뤄졌다. 이 협정으로 인해 6·25 전쟁은 정지됐으나, 남북은 국지적 휴전 상태에 들어갔다. 또 남북한 사이에는 군사분계선과 4km 너비의 비무장지대가 설치됐으며, 군사정전위원회와 중립국 감시위원회가 구성됐다.

합참, 북한 무인기 탐지·전파시스템 모두 미흡 인정 합동참모본부가 1월 26일 「北 소형무인기 도발 대응 관련 검열결과」 자료를 통해 지난해 북한의 무인기 침공과 관련해 군의 상황판단 및 전파, 전력운용 등 총체적인 부실대응이 있었다고 발표했다. 합참은 전비태세 검열 결과에서 핵·WMD·미사일 등의 무기와 비교해 북한의 소형무인기에 대한 위협 인식이 부족했음을 인정했으며, 이번 북한 무인기 침공에 적절히 대응하지 못했던 가장 큰 이유로는 미흡한 상황 전파체계를 꼽았다. 또 이 과정에서 초기 상황 판단에도 문제가 있는 것으로 드러났는데, 북한의 무인기를 즉각적인 위협으로 평가하지 않았기 때문에 고속상황전파체계를 사용하지 않고 일반적인 수시보고체계로 보고했다는 것이다.

법원, 베트남 전쟁 당시 민간인 학살
한국 정부 배상 책임 처음 인정

법원이 2월 7일 베트남 전쟁 당시 한국군의 민간인 학살에 대해 한국 정부가 배상해야 한다는 판결을 내렸다. 서울중앙지법 민사68단독 박진수 부장판사는 이날 베트남인 응우옌 티탄(63) 씨가 대한민국을 상대로 낸 손해배상 청구소송 1심에서 베트남전쟁 당시 한국군의 민간인 학살 사실을 인정하고 손해배상 책임을 최초로 인정했다.

판결 주요 내용 응우옌 티탄 씨는 베트남전 당시인 1968년 2월, 한국군 해병 제2여단(청룡부대) 군인들이 베트남 꽝남성 디엔반현 퐁니 마을에서 70여 명의 민간인을 학살한 사건에서 가족들을 잃고 자신도 총격을 입었다며 2020년 4월 3000만 100원을 청구하는 소송을 제기했다. 재판부는 베트남전 참전 군인, 당시 민병대원 등의 증언과 응우옌 쪽이 제출한 증거 등을 바탕으로 원고 쪽 주장을 대부분 사실로 인정했다.

우리 정부는 우리 군이 가해자임을 증명할 수 없고, 게릴라전으로 전개된 베트남전 특성상 정당행위였다고 주장했으나 이는 인정되지 않았다. 또 이 사건에서는 소멸시효가 만료됐는지도 쟁점이 됐는데, 정부는 불법행위 시점이 이미 수십 년이 지나 소멸시효가 만료됐다고 주장했다. 그러나 재판부는 원고가 이 사건 소를 제기할 무렵까지도 객관적으로 권리를 행사할 수 없는 장해 사유가 있었다고 보인다고 판단했다. 재판부는 피해의 정도와 배상이 지연된 사정 등을 고려해 정부가 응우옌 씨에게 지급해야 할 위자료를 4000만 원으로 정했지만, 원고 청구금액이 3000만 100원이라 그 한도에서만 배상책임을 인정했다.

이상민 행안부장관 탄핵소추안 가결, 국무위원 탄핵 가결은 헌정사 최초

이상민 행정안전부 장관에 대한 국회 탄핵소추안이 2월 8일 본회의에서 총 투표수 293표 중 찬성 179표, 반대 109표, 무효 5표로 가결됐다. 국무위원에 대한 탄핵소추안이 가결된 것은 75년 헌정사에서 처음 있는 일로, ▷2015년 정종섭 전 행정자치부 장관 ▷2019~2020년 홍남기 전 부총리 겸 기획재정부 장관(3번) ▷2020년 추미애 전 법무부 장관(2번) 등 총 6번의 탄핵소추안이 발의됐으나 모두 표결 없이 폐기되거나 표결에서 부결된 바 있다. 이번 이 장관의 탄핵소추안은 더불어민주당·정의당·기본소득당 등 야 3당이 지난 2월 6일 이태원 참사 대응 부실의 책임을 물어 공동 발의한 것이다.

향후 절차 국회는 탄핵소추안을 소추위원(국회 법제사법위원장)을 거쳐 헌법재판소에 접수하며, 헌법재판소법에 따라 국민의힘 소속 김도읍 법사위원장이 소추위원(형사재판의 검사 역할)이 된다. 헌재는 국회로부터 의결서를 송부받은 후 소추의결서 등의 자료를 기반으로 탄핵심판 절차에 들어간다. 이후 변론 절차를 거친 뒤 재판관 9명 중 7명 이상이 출석한 상태에서 6명 이상이 탄핵안에 동의하면 최종 파면이 결정된다.

헌법재판소법에 따르면 탄핵심판의 경우 180일 내에 결정을 내려야 한다. 앞서 지난 2004년 5월 노무현 전 대통령 탄핵소추안이 국회를 통과했을 때 헌재는 63일 만에 「기각」 결론을 내렸고, 2017년 3월 박근혜 전 대통령 탄핵 심판 때는 91일 만에 「인용」 결정을 내렸다. 다만 첫 법관 탄핵이었던 임성근 전 부장판사의 경우에는 2021년 10월 탄핵소추안이 국회 문턱을 넘은 지 약 8개월(267일) 만에 「각하」 판결이 나온 바 있다.

국무위원 탄핵소추 및 심판 절차

탄핵소추안 발의: 국회 재적의원 3분의 1 이상
▼
국회 본회의 보고 및 의결: 보고 후 24시간 이후부터 72시간 이내 무기명 투표, 재적의원 과반수 찬성 시 의결
▼
• 탄핵소추의결서 헌법재판소 제출   • 탄핵 대상자 권한행사 정지
▼
헌재, 탄핵소추의결서 접수 후 심리 개시 및 배당
▼
접수일로부터 180일 이내 선고, 재판관 9인 중 6인 이상 찬성 시 인용

국회 정개특위, 중대선거구제 도입 등
선거법 개정안 논의 본격화

국회 정치개혁특별위원회(정개특위)가 1월 11일 내년 22대 총선을 앞두고 가장 핵심적인 이슈로 부상한 중대선거구제 도입 등 선거법 개정안 논의에 본격 착수했다. 여야는 이날 국회에서 정개특위 정치관계법개선소위원회를 열고 선거구제 개편 등 관련 법률안을 심사했다. 여야는 선거제도 개편 논의에 속도를 붙이기 위해 앞서 상정된 연동형 비례대표제 법안과 비례대표제와 지역구 선거제도를 연계한 법안을 함께 상정했다.

현재 소위에 올라온 공직선거법 개정안은 총 13건으로, 이는 크게 중대선거구제 도입과 비례대표제 개선 등이다. 이 가운데 중대선거구제의 경우 지난 1월 2일 윤석열 대통령이 언론 인터뷰에서 「중대선거구제를 통해 국회의원의 대표성을 보다 강화하는 방안을 검토해볼 필요가 있다.」고 밝히면서 정계의 주요 이슈로 부상한 바 있다. 현재 시행되고 있는 소선거구제는 1988년 4월 총선을 앞두고 그해 3월 국회의원선거법이 개정되면서 도입된 것이다.

공직선거법 개정 주요 논의 사항들

중대선거구제(中大選擧區制) 국회의원 선거는 선거구(선거를 시행하는 지역적 단위) 설정 방식에 따라 소선거구·중선거구·대선거구제로 나뉘는데, 중대선거구제는 한 선거구에서 2명 이상의 대표를 선출하는 선거제도를 말한다. 중대선거구제는 소수대표제와 함께 실시되는데, 소수대표제란 가장 많은 득표를 한 1인이 아닌 일정한 득표수를 기록한 여러 사람을 당선자로 하는 제도이다. 특히 2명

이상을 선출하더라도 전국을 단위로 하지 않고 지역을 단위로 해 2명 이상~5명 이하를 선출하는 것은 중선거구제라고 한다. 중대선거구제는 소선거구제에 비해서 사표(死票)를 방지할 수 있고 인물 선택의 범위가 넓어지는 등의 장점이 있다. 반면 군소 정당의 난립으로 정국이 불안정해질 수 있으며, 복수공천에 따른 계파정치가 심화될 수 있다는 단점이 있다. 우리나라에서는 3차 개헌 이후 참의원 선거에서 중대선거구제가 활용됐으며, 제4~5공화국에서는 국회의원 지역구 선거에 중선거구제를 채택한 바 있다.

소선거구제(小選擧區制) 한 선거구에서 가장 많은 득표수를 기록한 의원 1명만이 선출되는 제도로, 다수대표제와 연결된다. 소선거구제에서는 군소정당의 중앙 진출이 어려워 2대 정당제가 되기 쉽고, 그러한 의미에서 정국이 안정된다는 장점이 있다. 또 선거구가 좁으므로 선거인들이 후보자를 알기 쉽고 선거 비용도 절약된다. 그러나 1명을 제외하고는 모두 낙선되므로 사표(死票)가 많아지고, 무소속이나 소수 정당 후보자들의 당선이 어렵다는 단점이 있다. 다만 이를 보완하기 위해 소수 정당에도 의석을 주는 비례대표제를 가미하는 방법이 있다. 우리나라에서는 지난 13대 총선(1988년 4월)부터 소선거구제를 도입해 30년 넘게 시행하고 있는데, 이에 따른 여러 문제점이 노출되자 지난 21대 총선에서 처음으로 준연동형 비례대표제를 도입한 바 있다.

소선거구제와 중대선거구제 장단점 비교

소선거구제	구분	중대선거구제
• 다수당 출현 유리해 상대적 정국 안정 • 후보자 파악에 유리함 • 선거관리가 용이하고 선거비용 절약	장점	• 소수정당의 원내 진입 용이 • 유권자의 사표 감소 • 후보 선택의 외연성 확대
• 양당제 고착화 • 많은 사표 발생해 소수당 불리 • 지역주의 심화	단점	• 복수 공천에 따른 계파정치 심화 • 후보자 난립 • 선거비용 증가

준연동형 비례대표제(準連動形 比例代表制) 2019년 총선에서 처음 도입한 선거 제도로, 의석수를 「지역구 253석, 비례대표 47석」 현행 그대로 유지하되 비례대표 47석 중 30석에만 연동형 캡(Cap, 상한선)을 적용해 연동률 50%를 적용하는 방식이다. 연동형 비례대표제가 정당의 득표율에 연동해 의석을 배정하는 방식인 데 반해 정당 득표율에 50%만 연동한 것이어서 「준연동형 비례대표제」라는 명칭이 붙었다. 이는 소수 정당의 의회 진출을 유리하게 하고자 하는 취지로 도입됐으나, 당시 총선에서 미래통합당은 미래한국당이라는 위성정당을 창당한 뒤 비례대표 후보를 몰아줬고 민주당도 더불어시민당 창당으로 맞불을 놓으면서 그 취지가 무력화된 바 있다. 2019년 총선에서는 더불어시민당이 17석, 미래한국당이 19석, 정의당이 5석, 국민의당이 3석, 열린민주당이 3석을 차지한 바 있다.

권역별 비례대표제(圈域別 比例代表制) 전국을 5~6개 정도의 권역으로 나누고 인구 비례에 따라 권역별 의석수(지역+비례)를 먼저 배정한 뒤 정당투표 득표율에 따라 그 의석을 나누는 것이다. 그리고 권역별 지역구 당선자 수를 제외한 나머지에는 비례대표를 배정한다. 권역별 비례대표제에 대해서는 전국 단위 정당 득표율에 따라 비례대표 의석을 배정하는 현행 전국구 방식에 비해 지역주의 구도를 완화하는 제도라는 평가가 있는 반면, 비례대표제의 본래 취지를 왜곡하는 방안이라는 주장이 맞선다.

정부, 2023년도 공공기관 지정 절차 확정
4대 과기원은 공공기관에서 제외

정부가 1월 30일 추경호 부총리 겸 기획재정부 장관 주재로 공공기관운영위원회를 열고 한국과학기술원(KAIST) 등 4대 과학기술원을 공공기관에서 제외하고 내년까지 공공기관 100곳에 직무급을 도입하는 내용 등을 담은 「2023년도 공공기관 지정 절차」를 확정했다.

「2023년도 공공기관 지정 절차」 주요 내용 정부는 새로운 공공기관 유형 분류 기준을 적용해 기존 공기업·준정부기관 43곳을 기타 공공기관으로 변경하기로 했다. 정부는 앞서 정원 50명, 수입액 30억 원, 자산 10억 원인 공기업·준정부기관 분류 기준을 정원 300명, 수입액 200억 원, 자산 30억 원으로 변경한다고 발표한 바 있다. 글로벌 경쟁력을 갖춘 과학기술 핵심 인력 양성을 위해 한국·광주·대구경북·울산 등 4대 과학기술원은 공공기관에서 지정 해제하기로 했으며, 한국특허기술진흥원은 공공기관(기타 공공기관)으로 신규 지정했다. 금융감독원에 대한 공공기관 지정 유보 조건은 정상 이행 중인 점을 고려해 지정 유보 상황을 이어가기로 했다. 이에 따라 기재부의 직접적인 경영관리 감독을 받는 공기업·준정부기관 수는 130곳에서 87곳으로 줄었고, 주무 부처의 자율적인 관리가 가능한 기타 공공기관 수는 220곳에서 260곳으로 늘어나면서 전체 공공기관 수는 350곳에서 347곳으로 줄었다. 이 밖에 정부는 공공 부문을 대상으로 직무급도 확대하기로 했으며, 직무급으로 보수체계 전환을 추진하는 공공기관에 총인건비 인상, 경영평가 가점 등 인센티브를 제공하기로 했다.

공공기관 어떻게 변경됐나

구분	2022년	2023년	검토 대상 기관
공기업	36개	32개(-4)	법상 요건에 따른 변경 지정(공기업→기타 공공기관: 4개 항만공사)
준정부기관	94개	55개(-39)	법상 요건에 따른 변경 지정(준정부기관→기타 공공기관): 독립기념관 등 39개 기관
기타 공공기관	220개	260개(+40)	•법상 요건에 따른 변경 지정(+43) • 신규 지정(+1): 한국특허기술진흥원 • 지정 해제(-4): 한국·광주·대구경북·울산 등 4대 과학기술원
계	350개	347개	3개 기관 감소

2027년까지 200개 공공기관 호봉제 폐지·직무급제 도입 기획재정부가 200개 공공기관에 연공에 따른 호봉제 급여체계 대신 직무 난이도에 따라 보수에 차등을 두는 직무급을 도입하는 등의 내용을 담은 「직무·성과 중심의 공공기관 보수관리 강화방안」을 2월 3일 확정했다. 방안에 따르면 올해 공기업과 준정부기관 경영평가에서 직무급을 도입한 기관에는 가점(+1점)을 부여해 직무급 배점을 2.5점에서 3.5점으로 높인다. 또 총보수 가운데 성과급 비중을 늘리거나 평가등급에 따른 성과급 차등액을 확대할 경우에도 가점(1점)을 부여한다. 여기에 직무급 도입·운영실적이 매우 우수한 기관에는 총인건비를 0.1~0.2%포인트 추가 인상하는 인센티브를 부여한다는 계획이다.

⊕
직무급제〔職務級制〕 업무의 성격·난이도·책임 강도 등에 따라 급여를 달리하는 제도로, 호봉제에 대비되는 개념이다. 호봉제가 근속연수에 따라 직위가 상승하고 매년 일정 비율로 연봉이 인상되는 반면 직무급제는 직무 단계가 높아져야 임금이 상승한다. 따라서 직무급제는 직무분석과 평가 등 세밀한 직무관리가 수반돼야 한다. 직무급제는 호봉제에 따른 기본급 부담을 줄여 신규인력 채용 여력을 높이고, 직무와 보상을 일치시킬 수 있다는 장점이 있다. 하지만 직무별 임금 산정이 어렵고, 직무 간 인사이동의 어려움으로 인사의 유연성이 떨어질 수 있다는 단점이 있다.

檢, 배임 혐의 등으로 이재명 민주당 대표에 영장 청구
체포동의안 국회로 송부

위례·대장동 개발 비리 의혹 사건을 수사 중인 서울중앙지검 반부패수사 1부·3부(부장검사 엄희준·강백신)가 2월 16일 이재명 더불어민주당 대표에 대해 특정경제범죄가중처벌 등에 관한 법률(배임) 위반 혐의 등으로 구속영장을 청구했다. 검찰이 제1야당 대표에 대해 구속영장을 청구한 것은 헌정 사상 처음 있는 일이다. 검찰은 이 대표에게 대장동·위례신도시 개발 특혜 수사와 관련해서는 특정경제범죄가중처벌법상 배임(4895억

배임죄(背任罪) 타인의 사무를 처리하는 자가 그 임무에 위배하는 행위로써 재산상의 이익을 취득하거나 제3자로 하여금 이를 취득하게 해 본인에게 손해를 가하는 죄(형법 제355조 2항)를 말한다.

원)과 이해충돌방지법 위반, 부패방지법 위반 혐의를 적용했다. 여기다 수원지검 성남지청이 수사한 성남FC 후원금 의혹 사건도 함께 병합해 영장을 청구했는데, 해당 사건에는 특정경제가중처벌법상 뇌물 혐의와 범죄수익은닉규제법 위반 혐의가 적용됐다.

이 대표의 체포동의안 절차는? 국회의원은 현행범이 아니면 회기 중 국회 동의 없이 체포 또는 구금되지 않는 「불체포 특권」을 갖는다. 따라서 구속 전 피의자 심문(영장실질심사)이 이뤄지려면 국회 체포동의안을 받아야 한다. 검찰은 법원에서 이 대표 체포동의요구서를 받아 대검철창에 전달하며, 이후 법무부와 대통령실을 거친 뒤 국회에 제출된다. 이후 국회가 이를 본회의에 보고하면 24시간 이후 72시간 이내에 무기명 투표에 들어간다. 체포동의안은 재적의원 과반 출석에 과반 찬성으로 가결되는데, 이르면 2월 말 표결이 이뤄질 예정이다. 만약 72시간 이내에 표결이 이뤄지지 않으면 이후 처음 열리는 본회의에서 표결이 이뤄지게 된다.

尹 정부, 첫 국방백서 발간
「北 정권-북한군은 적」 6년 만에 부활

국방부가 2월 16일 윤석열 정부 들어 처음 펴낸 〈2022 국방백서〉에서 북한 정권과 북한군을 적으로 기술했다. 국방백서에 「북한 정권은 적」이라는 표현이 들어간 것은 〈2016 국방백서〉 이후 6년 만이다. 국방백서는 국민들에게 국방정책을 공개하기 위해 국방부에서 발행하는 책자로, 1967년부터 발간되기 시작했다. 첫 발간 당시에는 일정한 주기 없이 2~3년마다 발행했으나 2004부터는 2년마다 발간하고 있다. 국방백서는 국회를 비롯한 언론기관, 정부부서, 교육기관 등에 배포·활용된다.

2022 국방백서 주요 내용 2022 국방백서는 「북한정권과 북한군은 우리의 적」이라고 기술했으며, 앞서 2018·2020 국방백서의 「김정은 국무위원장」 표기는 직책을 빼고 「김정은」으로 기술했다. 북한의 핵·미사일 능력 평가는 최신화했는데, 2016~2020년 국방백서에서는 북한의 플루토늄 보유량을 50여 kg으로 기술했지만 이번 백서에서는 70여 kg으로 적시했다. 북한의 탄도미사일 종류에서도 화성-17형과 북극성-4·5ㅅ(잠수함발사탄도미사일), 극초음속미사일 2종 등 7종을 추가했다. 여기다 이번 국방백서는 일본에 대해 「한일 양국은 가치를 공유하며 일본은 공동이익에 부합하는 미래협력 관계를 구축해 나가야 할 가까운 이웃국가」라고 처음 기술했다. 또 2020 국방백서에서는 「한중→한일 국방교류 협력」 순으로 기술했지만 이번 백서는 「한일→한중 국방교류 협력」 순으로 기

술했다. 아울러 이번 백서는 북한의 다양한 핵미사일 위협에 대응할 킬체인(Kill Chain·선제타격)과 한국형미사일방어체계(KAMD), 대량응징보복(KMPR) 등 한국형 3축 체계와 미국의 확장억제 실행력 분야를 5쪽에 걸쳐 상세히 다뤘다.

2020 국방백서 vs 2022 국방백서

구분	2020 국방백서	2022 국방백서
북한	주권, 국토, 국민, 재산을 위협하고 침해하는 세력을 우리의 적으로 간주한다.	북한 정권과 북한군은 우리의 적
	김정은 국무위원장	김정은(직위 삭제)
	9·19 군사합의문 게재	반복적으로 9·19 군사합의를 위반했다는 내용 추가. 9·19 합의문 삭제
일본	일본은 양국 관계뿐만 아니라 동북아 및 세계의 평화와 번영을 위해서도 함께 협력해 나가야 할 이웃국가	한일 양국은 가치를 공유하며, 일본은 공동 이익에 부합하는 미래협력 관계를 구축해 나가야 할 가까운 이웃국가
주변국 국방교류 협력 기술 순서	중국, 일본, 러시아 순	일본, 중국, 러시아 순

주적·적 표현의 변화 　주적(主敵) 개념은 지난 1994년 남북실무접촉에서 북측 대표의 「서울 불바다」 발언을 계기로 1995년 국방백서에 처음 명기돼 2000년까지 유지됐다. 이후 남북 화해 분위기가 형성되면서 2004년 국방백서부터는 적 대신 「직접적 군사위협」 등의 표현으로 바뀌었다. 이명박 정부가 출범한 2008년에는 「직접적이고 심각한 위협」이라는 표현이 사용되다가 〈2010 국방백서〉에서는 「북한 정권, 군은 우리의 적」이라는 주적 개념이 다시 도입돼 박근혜 정부 때인 〈2016 국방백서〉까지 이어졌다. 이후 문재인 정부의 〈2018 국방백서〉에서는 급물살을 탄 남북 화해 분위기 조성에 따라 북한을 적으로 규정하는 표현이 사라지고 「주권, 국토, 국민, 재산을 위협하고 침해하는 세력을 우리의 적으로 간주한다.」는 문구로 대체된 바 있다.

北, ICBM 「화성-15형」 고각 발사
한미, 전략폭격기 동원한 연합공중훈련으로 응수

합동참모본부(합참)가 2월 18일 오후 5시 22분경 평양 순안 일대에서 동해상으로 발사된 장거리탄도미사일 1발을 포착했다면서 고각 발사된 이 미사일이 900여 km를 비행했다고 밝혔다. 북한 〈노동신문〉은 2월 19일 「18일 오후 평양국제비행장에서 화성포-15형을 최대사거리 체제로 고각 발사했다」며, 이 미사일이 최대 정점고도 5768.5km까지 상승해 4015초 동안 989km를 날아 동해 공해상의 목표 수역을 정확히 타격했다고 보도했다. 북한이 탄도미사일을 발사한 것은 지난 1월 1일 초대형 방사포(단거리탄도미사일) 한 발을 발사한 지 48일 만이다.

한편, 합참은 2월 19일 북한의 화성-15형 발사에 대한 맞대응 차원으로 한국 공군의 F-35A·F-15K와 미 공군의 F-16이 한국방공식별구역(KADIZ)으로 진입하는 미 B-1B 전략폭격기를 호위하면서 연합 편대비행을 실시하는 방식의 연합공중훈련을 실시했다고 발표했다. 이처럼 북한이 올해 들어 첫 ICBM 무력시위에 나선 지 하루 만에 한미의 맞대응이 이뤄지면서 한반도의 「강 대 강」 대치는 더욱 심화될 것으로 전망되고 있다.

화성-15형 2017년 11월 29일 북한이 시험발사하면서 공개된 대륙간탄도미사일(ICBM)로, ▷1단 엔진은 백두산 엔진 2기가 ▷2단은 보조엔진 4~6기가 달린 액체엔진으로 구성돼 있다. 첫 시험발사 당시 북한의 공식 발표에 따르면 화성-15는 평양 교외에서 최대 고각 발사체제로 발사돼 정점(최고) 고도 4475km, 사거리 950km를 53분간 비행한 뒤 동해 공해상의 설정된 목표수역에 정확히 탄착했다. 이후 우리 국방부는 2019년 1월 발간한 〈2018 국방백서〉에서 화성-15형의 최대 사거리를 1만km 이상이라고 분석한 바 있다.

北, ICBM 발사 2일 만에 SRBM 도발 북한이 화성-15형 ICBM 발사 이틀 만인 2월 20일 단거리탄도미사일(SRBM) 2발을 동해상으로 발사했다. 합동참모본부에 따르면 북한은 이날 오전 7시께부터 7시 11분께까지 평안남도 숙천 일대에서 동해상으로 SRBM 2발을 발사했으며, 이들 SRBM이 각각 390여 km와 340여 km를 비행한 뒤 동해상에 탄착했다고 평가했다. 그러나 북한 조선중앙통신은 발사 1시간 17분 만인 이날 8시 17분 해당 미사일이 600mm 초대형 방사포라고 보도했다. 통신은 이날 600mm 방사포를 동원해 발사점으로부터 각각 계산된 395km와 337km 사거리의 가상 표적을 설정해 동해상으로 2발의 방사포탄을 사격했다고 보도했다. 특히 해당 방사포에 대해 「적의 작전비행장당 1문, 4발을 할당해둘 정도의 가공할 위력을 자랑하는 전술핵 공격수단」이라고 주장했다.

한편, 북한이 이날 SRBM을 발사한 평남 숙천 일대에서 비행거리를 계산하면 청주 F-35A 기지와 오산과 군산 미 공군기지 등을 타격 가상 목표로 설정한 것으로 보이는데, 이들 기지는 한미 공군의 핵심 전력이 배치된 곳이다. 특히 이들 두 기지는 2월 19일 한미연합 공중훈련에 참가한 우리 공군 F-35A 스텔스 전투기와 주한 미 공군 F-16 전투기가 출격했던 곳이기도 하다.

2023년 북한 탄도미사일 발사

1. 1. 평양 용성 일대에서 SRBM 1발 발사
2. 18. 평양 순안 일대에서 ICBM 화성-15형 발사
   20. 평안남도 숙천 일대에서 SRBM(북한은 초대형 방사포라 주장) 2발 발사

경제
시사

2023. 1. ~ 2.

美 Fed, 기준금리 0.25%p 인상
인상폭은 12월에 이어 2회 연속 줄여

미국 중앙은행인 연방준비제도(Fed·연준)가 2월 1일 기준금리를 0.25%포인트(p) 인상한다고 발표했다. 연준의 통화정책 결정기구인 연방공개시장위원회(FOMC)는 이날 현재 금리 수준인 4.25~4.50%보다 0.25%포인트 높인 4.5~4.75%로 금리를 결정했다. 이로써 금리는 지난해 3월 이후 8회 연속 올라 2007년 10월 이후 15년 만에 최고를 기록했으나, 인상폭은 지난 12월 0.5%p에서 0.25%p로 낮춰지며 2회 연속 줄어들었다. 다만 연준은 당분간 금리 인상 기조를 이어갈 것이라는 방침을 확인했다.

> **연방공개시장위원회(FOMC·Federal Open Market Committee)** 미 연준 산하의 기구로, 연방준비제도이사회(FRB)와 연방준비은행의 대표 등 총 12명으로 구성된다. 매월 공개시장조작에 대한 정책보고서를 발표하며, 통화량의 추이에 따라 공개시장조작 정책을 정하고 FRB의 금융정책을 제시한다. FOMC 의장은 FRB 의장이 겸임하며 부의장은 뉴욕연방은행 총재가 맡는다.

연준의 0.25% 금리 인상에 이르기까지 연준은 지난해 3월 기준금리를 0.25%p 인상하며 제로금리 시대를 끝낸 것을 시작으로 잇따라 금리 인상을 단행해 왔다. 5월에는 금리 인상폭을 0.5%p로 확대한 데 이어 6·7·9·11월까지 4차례 연속 금리를 한 번에 0.75%p씩 끌어올리는 특단의 조치를 취했다. 그러다 물가상승률이 둔화되는 조짐이 나타나자, 지난해 12월에는 금리를 0.5%p 인상하면서 속도 조절에 나섰다. 연준은 지난해 기준금리를 총 4.25%p 올렸는데, 이는 1980년 이후 약 43년 만에 최대 인상폭이다.

한편, 한국은행 금융통화위원회는 앞서 지난 12월 13일 통화정책방향 회의를 열어 연 3.25%인 기준금리를 3.50%로 0.25%포인트 올린 바 있다. 이에 따라 한국과 미국의 금리차는 최대 1.25%포인트를 유지하게 됐는데, 역대 최대 한미 금리 역전 폭은 1.50%포인트다.

EU, 친환경 보조금 규제 완화 등
美 IRA 대응 「그린딜 계획」 발표

유럽연합(EU) 집행위원회가 2월 1일 미국의 인플레이션감축법(IRA) 등에 대응해 EU 기업에 친환경 보조금 지급을 강화하고 세액공제 혜택을 제공하는 「그린딜(Green Deal) 계획」을 발표했다. 이는 미국이 IRA 세제지원 차별조항으로 자국의 친환경·에너지 산업에만 보조금을 지급하는 데 대한 대응 차원으로 마련된 것이다. 또 해외 시장에서 영향력을 확대하기 위해 공격적으로 보조금을 지원하는 중국의 시장 왜곡도 막겠다는 취지도 담고 있다. 이번 계획에는 ▷규제 완화 ▷신속한 자금 조달 ▷친환경 기술 향상 ▷탄력적 공급망을 위한 개방 무역 등이 핵심과제로 제시됐다.

인플레이션감축법(IRA·Inflation Reduction Act) 미국 내 급등한 인플레이션을 완화하기 위해 마련된 법으로, 조 바이든 미국 대통령이 지난해 8월 16일 서명하면서 발효됐다. 이 법은 기후변화 대응과 의료비 지원 등에 4300억 달러를 투입하고, 법인세 인상을 골자로 한 7400억 달러 증세 방안을 담고 있다. 특히 전기차 구매 시 보조금(세액공제 혜택)을 받기 위해서는 전기차 제조에서 중국 등 우려국가의 배터리 부품과 광물을 일정률 이하로 사용하도록 해 전기차 가치사슬에서 중국을 배제하려는 의도가 있다는 분석이 있다. 또 북미에서 조립되지 않는 전기차의 보조금 지급을 중단하는 내용을 담고 있는데, 이는 한국에서 전기차를 조립해 수출하는 우리 기업 매출에 큰 타격이 될 수 있다는 점에서 많은 우려가 일고 있다.

그린딜 산업계획 주요 내용 규제 완화 부문에서는 「탄소중립산업법(Net-Zero Industry Act)」을 제정해 친환경 기업이 유럽에 새로운 설비를 건설할 경우 허가 절차를 간소화한다. 또 핵심광물원자재법(CRMA)을 제정해 전기차 등 친환경 산업에 필수적인 광물 원자재의 역내 채굴 및 공급망 강화에 나선다는 방침이다. 아울러 27개 EU 회원국 정부들이 재생에너지 또는 탄소감축 산업에 보조금을 지급할 수 있도록 2025년 말까지 한시적으로 관련 규정을 완화하기로 했다. 신속한 자금 조달을 위해서는 청정기술을 비롯해 핵심 기술 개발을 위한 투자자금 조성 목적의 유럽 국부펀드를 신설하기로 했다. 여기에 글로벌 공급망 회복을 위해 원자재 생산국과 소비국의 협력을 강화하는 핵심 원자재 클럽을 구성하기로 했다.

✎ EU 집행위는 그린딜 계획을 위해 2500억 유로(약 336조 원)의 EU 기금을 사용할 계획으로, 오는 3월 1일 이를 채택할 예정이다. 그린딜 계획이 채택되면 3월 벨기에 브뤼셀에서 열릴 EU 정상회담의 의제로 상정된다. 하지만 EU 일부 회원국이 재원 마련 방안을 두고 이견을 보이고 있어 도입까지는 난항이 예상된다.

美, 「바이 아메리카」 원칙 구체적 지침 제시
플라스틱·유리 등 건축자재 7종 미국산만 사용

미국 정부가 2월 8일 예산을 지원하는 기반시설 사업에 미국산 건설 자재를 사용하도록 하는 「바이 아메리카(Buy America)」 원칙에 대한 구체적인 시행 지침을 제시했다. 미 백악관 예산처(OMB)는 이날 연방관보에 인프라법의 바이 아메리카 조항 이행을 돕기 위한 세부 지침을 게시했는데, 2021년 11월 제정된 「인프라 투자 및 고용법」은 인프라 사업에 사용되는 철강, 제조품, 건설자재가 모두 미국에서 생산된 경우에만 연방 예산을 투입할 수 있도록 하고 있다.

지침 주요 내용 지침은 건설자재를 비철금속, 플라스틱과 폴리머 기반 제품, 복합 건축자재, 유리, 광섬유케이블, 목재, 건식 벽체 등 7가지로 정의하고 각 자재를 미국산으로 인정하기 위한 기준을 안내했다. 제조품의 경우 총 부품 비용의 55% 이상을 미국에서 생산할 것을 요구했다. 아울러 연방 예산을 지원받는 인프라 사업의 경우 하도급 사업까지 포함해 미국산 자재를 이용하도록 하는 등 최대한 폭넓게 적용하도록 지시했다. 다만 공공이익을 위배하거나 국내 생산공급이 불충분한 경우, 미국산을 사용하면 총사업비용이 25% 이상 증가하는 경우 등에만 제한적으로 바이 아메리카 지침의 적용 면제를 허용하기로 했다.

최악의 경제난 파키스탄,
IMF에 구조조정 일시중단 요청

셰바즈 샤리프 파키스탄 총리가 1월 9일 국제통화기금(IMF)에 구조조정을 일시 중단해줄 것을 요청했다. 이는 홍수 피해 복구 및 국가 재정비에 따라 IMF가 금융지원에 앞서 요구한 구조조정을 당장 이행하기 힘들다는 이유에서다. 파키스탄은 지난 2019년 IMF로부터 3년간 60억 달러(약 7조 3800억 원) 규모의 EFF(Extended Fund Facility, 확대금융) 구제금융을 받기로 했으며, 지난해에는 지원금 규모를 70억 달러(약 8조 6000억 원)로 늘리기로 합의한 바 있다. 하지만 구조조정 등 정책 이견으로 인해 지원금 가운데 절반가량만 집행된 상태이며, 지난해 말로 예정됐던 11억 8000만 달러(약 1조 4500억 원)의 지급도 보류됐다.

파키스탄 구조조정 일시중단 요청, 왜? 파키스탄 경제는 중국 「일대일로」(一帶一路, 중국-중앙아시아-유럽을 연결하는 육상·해상 실크로드) 사업에 참여하는 과정에서 대규모 인프라 투자로 대외 부채가 급증했다. 여기에 코로나19 사태와 지난해 러시아-우크라이나 전쟁, 대홍수까지 겹치면서 국가부도 우려까지 거론되는 심각한 경제난에 처하게 됐다. 이에 지난해 4월 취임한 샤리프 총리는 에너지 보조금 축소, 신규 세금 부과 등의 긴축 조치를 시행하면서 IMF와 구제금융 협상을 벌여왔다. 그리고 60억 달러에 달하는 자금을 받기 위한 일시적인 조건 충족이 이뤄지면서 IMF의 금융지원이 재개됐으나, 지난해 8월 마지막으로 지급된 자금의 절반만 받았고 향후 추가지원은 조건 이행 여부에 달려 있다.

현재 파키스탄의 외환보유액은 3주간의 수입대금을 치르면 고갈될 정도로 디폴트(채무불이행) 직전에 놓여 있는 것으로 알려졌다. 이에 파키스탄은 강도 높은 재정 긴축과 중국과 사우디아라비아의 긴급 지원 등으로 간신히 버텨나가고 있는데, 지난 1월 3일에는 전기를 아끼기 위해 상점·식당 등의 야간 영업을 금지하는 에너지 절약안을 승인하기도 했다.

중국, 작년 경제성장률 3%로 목표 미달
인구는 60여 년 만에 첫 감소

중국 국가통계국이 2022년 국내총생산(GDP)이 전년 대비 3% 늘어난 121조 207억 위안(약 2경 2198조 원)으로 집계됐다고 1월 17일 발표했다. 중국의 GDP 증가율 3%는 문화대혁명(1966~1976) 마지막 해인 1976년(-1.6%) 이후 두 번째로 낮은 수치로, 공식 목표치(5.5%)에 한참 못 미친 것이다.

중국이 연간 목표치를 제시하기 시작한 1994년 이후 실제 성장률이 목표치를 밑돈 것은 아시아 외환위기 때인 1998년과 중국 부채 리스크가 불거진 2014년에 이어 이번이 세 번째다. 중국은 1998년에는 8.0%를 제시했지만 7.8%를 기록했고, 2014년에는 7.5% 내외를 내놨지만 7.4%에 그친 바 있다. 중국은 계속된 코로나19 팬데믹 속에서도 2021년 8.4%의 성장률 반등을 이뤄냈지만, 올해는 부동산시장 침체와 고강도 제로 코로나 정책 고수로 고전을 면치 못한 것으로 분석된다. 여기다 이날 함께 발표된 중국 인구통계에 따르면 중국의 경제성장을 견인해 왔던 인구도 60여 년 만에 처음 감소하면서 중국의 저성장이 고착될 것이라는 전망까지 나온다.

2022년 중국 인구는 14억 1175만 명 중국 경제는 현재 인구 감소와 고령화라는 문제에도 직면해 있는데, 국가통계국이 이날 경제성장률과 함께 발표한 중국의 2022년 말 인구는 14억 1175만 명으로 전년보다 85만 명 줄었다. 중국 인구가 줄어든 것은 과거 마오쩌둥(毛澤東)이 펼친 대약진운동에 따른 대기근 여파로 인구가 급감했던 1961년 이후 61년 만이다. 지난해 중국의 인구 감소는 인구 데드크로스(연간 사망자 수가 출생아 수보다 많아지는 것)에 따른 것으로, 지난해 중국 전체 출생 인구는 956만 명으로 전년(1062만 명)보다 106만 명이 줄어든 반면 사망 인구는 1041만 명으로 전년(1014만 명)에 비해 27만 명이 늘었다.

앞서 중국은 급격한 인구 증가를 막기 위해 1980년대부터 본격적인 산아제한 정책을 실시했다가 인구가 줄어들자 2016년과 2021년 각각 한 자녀 정책과 두 자녀 정책을 폐지하면서 출산을 장려해 왔다. 이후 현금 지원, 주택 제공, 교육비 할인, 출산휴가 확대 등 각종 혜택을 내걸고 있으나 별다른 효과를 보지 못하고 있다. 실제로 유엔(UN)은 지난해 7월 발표한 〈세계 인구 전망 2022〉 보고서에서 중국과 인도 인구가 2022년에는 각각 14억 명 수준이지만, 2023년에는 인도가 중국을 추월할 것이라는 전망을 내놓기도 했다.

국토부, 주택시장 연착륙 위한 규제 완화
규제지역·전매제한 등 대거 해제

국토교통부가 1월 3일 주택시장 연착륙을 위한 규제 완화를 핵심으로 한 「2023년 업무계획」을 대통령실에 보고했다. 이번 계획은 규제지역, 중도금대출, 분양가상한제, 전매제한 등 거의 모든 주택 분양·청약 관련 규제를 대폭 완화하는 것을 핵심으로 한다.

부동산 규제 완화 관련 주요 내용

규제지역·분양가상한제 대상 지역 대거 해제 국토부는 서울 강남 3구(서초·강남·송파구)와 용산구를 제외한 수도권 전 지역의 부동산 규제지역(투기과열지구, 투기지구)을 해제했다. 규제지역은 지난 2017년 8·2대책을 통해 본격적으로 도입됐는데, 이때 2002년 이후 15년 만에 서울 전역이 투기과열지구로 묶였고 강남 3구 등 11개구는 투기지역으로 지정된 바 있다. 정부는 지난해에는 규제지역을 3차례 해제해 서울과 경기 과천, 성남(수정·분당), 하남, 광명 등 5곳만 묶어 뒀는데, 이번에는 서울 강남 3구와 용산구를 제외한 나머지 지역 모두를 규제지역에서 해제한 것이다. 또 분양가상한제 대상 지역도 서울 강남 3구와 용산구만 남겨놓고 다 해제했다. 분양가상한제는 분양가가 높게 책정된 신규 아파트 단지가 주변 부동산 가격 상승을 부추긴다는 이유로 문재인 정부 들어 대폭 확대된 바 있다.

> **규제지역(조정대상지역)** 주택가격, 청약경쟁률, 분양권 전매량 및 주택보급률 등을 고려했을 때 주택 분양 등이 과열돼 있거나 과열될 우려가 있는 지역 등에 대해 국토교통부 장관이 지정하는 지역을 말한다. 조정대상지역으로 지정되면 주택담보대출 시 LTV(주택담보대출비율)와 DTI(총부채상환비율)의 제한을 받게 되는 것은 물론 분양권 전매와 1순위 청약 자격 등에서도 규제를 받는다.
>
> **분양가상한제(分讓價上限制)** 공동주택의 분양가를 산정할 때 일정한 표준건축비와 택지비(감정가)에 개별 아파트에 추가된 비용인 가산비용을 더해 분양가의 상한선을 정하고, 그 가격 이하로 분양하도록 한 제도를 말한다. 이는 분양가격을 안정시켜 주택 공급을 원활하게 하기 위해 아파트 가격을 일정 수준 아래로 규제하는 것이다. 분양가상한제 지역은 투기과열지구 내에서 집값 과열 우려가 있거나 재건축·재개발 등 정비사업 호재로 고분양가 우려가 있는 곳이 지정된다.

기존 부동산 규제 완화 　정부는 오는 3월부터 수도권에서 최대 10년인 전매제한 기간을 3년으로, 비수도권은 최대 4년에서 1년으로 축소하며, 수도권 분양가상한제 주택에 적용되는 실거주 의무(2~5년)도 폐지한다는 방침이다. 또 분양가 12억 원 이하로 제한돼 있던 주택도시보증공사(HUG)의 중도금 대출 보증을 모든 분양주택으로 확대하고, 1인당 5억 원으로 제한한 인당 중도금 대출 한도도 폐지한다. 아울러 현재는 투기과열지구에서 분양가 9억 원을 넘는 주택은 특별공급으로 배정할 수 없게 돼 있는데 이 기준을 폐지하며, 청약에 당첨된 1주택자에게 부과되는 기존주택 처분 의무(수도권과 광역시 2년 이내)도 폐지한다. 이 밖에 무순위 청약에는 2주택·3주택에 관계없이 유주택자도 신청할 수 있도록 한다는 계획이다.

주택공급·주거복지 강화 　주택도시보증공사(HUG)는 프로젝트파이낸싱(PF) 보증제도 개선을 통해 10조 원을 공급하고, 준공 전 미분양 사업장에 대해 미분양 대출보증을 신설해 5조 원을 지원한다. 또 기존에는 HUG의 모든 보증 심사가 본사 승인을 얻어야 했지만 앞으로는 심사 등급에 따라 전결권을 차등해 심사 기간을 단축하며, 이미 실행된 PF 대출금 상환을 위한 PF보증도 도입한다. 이 밖에 상반기 중 비수도권 지자체의 그린벨트 해제 권한을 30만㎡ 이하 면적에서 100만㎡ 미만으로 3배 이상 확대한다. 여기다 올해부터 5년 동안 공공임대주택 50만 호와 공공분양주택 50만 호를 공급하겠다는 방침이다.

국토부 2023년 업무계획 주요 내용

규제지역·분양가상한제 적용 지역 해제	서울 용산구·강남3구 제외 규제지역과 분양가상한제 적용 지역 모두 해제	
기존 부동산 규제 완화	분양권 전매제한 기간	• 수도권 최대 10년 → 최대 3년 • 비수도권 최대 4년 → 최대 1년
	분양가상한제 실거주 의무 기간	폐지(기존에는 수도권 최대 5년, 공공재개발 2년)
	HUG 중도금 대출보증	제한 없음(기존에는 분양가 12억 원 이하, 인당 보증한도 5억 원 제한)
	특별공급 분양가 기준	폐지(기존에는 투기과열지구 분양가 9억 초과 시 특별공급 불가)
	1주택자 청약당첨자 기존 주택 처분 의무	폐지
	무순위 청약 자격 요건	무주택 요건 폐지
주택공급·주거복지 강화	• 공공분야주택 뉴홈(50만 호) 포함 공공주택 100만 호 공급 • HUG PF 대출 보증 확대	

✎　정부의 이번 부동산 규제 완화대책은 사실상 「둔촌주공 살리기」라는 말이 나올 정도로 서울 강동구 둔촌주공아파트 재건축사업에 혜택을 부여하는 내용이 다수 포함됐다. 둔촌주공 주관사인 KB증권과 한국투자증권의 차환 만료일은 1월 19일인데, 그동안 둔촌주공 청약 경쟁률이 낮게 나오면 7200억 원에 이르는 PF(프로젝트파이낸싱) ABCP(자산유동화기업어음)를 차환하지 못해 「둔촌주공발(發) 경제 위기」로 번질 수 있다는 우려가 제기돼 왔다.

특례보금자리론 1월 30일 출시
9억 이하 주택에 연 4% 고정금리 적용

금융위원회가 1월 30일부터 연 4%대 고정금리 대출상품인 특례보금자리론을 1년간 한시적으로 운영한다고 11일 밝혔다. 특례보금자리론은 기존 보금자리론, 안심전환대출, 적격대출 등 정책 주택담보대출을 통합해 새로 만들어진 것이다. 정부는 한국주택금융공사를 통해 향후 1년간 39조 6000억 원의 특례보금자리론을 공급하는데, 이는 주택금융공사 홈페이지와 스마트주택금융 앱에서 신청할 수 있다.

특례보금자리론 주요 내용 특례보금자리론은 소득에 상관 없이 9억 원 이하 주택을 최대 5억 원까지 대출 받아 살 수 있는 상품으로, 기존 보금자리론(소득 7000만 원 이하)과 달리 소득 요건이 없다는 것이 특징이다. 대출 금리는 차주 특성별로 우대형과 일반형으로 구분돼 적용되는데, 주택가격 6억 원 이하면서 부부 합산 소득이 1억 원 이하인 경우는 우대형 금리인 4.15~4.45%를 적용받고, 나머지는 4.25~4.55%의 일반형 금리를 이용할 수 있다. 만기는 10·15·20·30·40년(만 39세 이하 또는 신혼부부)·50년(만 34세 이하 또는 신혼부부) 등 6가지 상품 가운데 고를 수 있으며, 대출 기간 내에 매년 1주택 유지 요건을 점검한다.

특례보금자리론 주요 내용

항목	내용
대상 주택 가격	9억 원 이하
대출 한도	5억 원
금리(우대금리 적용 시)	연 4.25~4.55%(연 4.15~4.45%)
만기	10, 15, 20, 30, 40, 50년
소득	제한 없음
중도상환수수료	없음(기존 주택담보대출에서 갈아탈 때도 면제)
자금 용도	신규 주택 구입, 기존 대출 상환, 임차보증금 반환
신청	1월 30일부터 한국주택금융공사 홈페이지 또는 스마트 주택금융 앱

주택담보대출비율(LTV)과 총부채상환비율(DTI)은 기존 보금자리론과 마찬가지로 각각 70%(생애 최초 구매자 80%)와 60%가 적용되지만 총부채원리금상환비율(DSR)은 적용되지 않는다. 중도상환수수료의 경우 기존 주택담보대출을 특례보금자리론으로 갈아타는 경우뿐 아니라 추후 특례보금자리론을 중도 상환하는 경우에도 면제된다.

국토부, 「전세 사기 예방 및 피해 지원방안」 발표
HUG 보증 전세가율, 집값 100% → 90% 조정

국토교통부가 2월 2일 저금리 대환 대출로 전세 사기 피해자들을 지원하기로 하는 내용 등을 담은 「전세 사기 예방 및 피해 지원방안」을 발표했다. 이는 집값 급등 시기 조직적인 전세 사기가 성행하면서 제도적 보완이 필요해진 데 따른 것이다. 국토부는 지난해 전세 보증 사고액이 전년 대비 2배이상 늘어난 1조 2000억 원에 달한 것으로 집계했으며, 전세 사기 검거 건수도 2021년 187건에서 지난해 618건으로 3배 이상 늘어난 것으로 나타났다.

방안 주요 내용

전세 사기 예방 지금까지는 전세가율(매매가 대비 전세보증금액) 100%인 주택까지 전세보증금반환 보증보험 가입이 가능했지만, 오는 5월부터 무자본 갭투자 근절 등을 위해 주택도시보증공사(HUG) 전세가율을 90%로 하향한다. 또 임차인 거주 주택은 보증보험에 가입해야만 등록임대사업자 등록이 가능하도록 제도를 개선하며, 공실은 등록 후 가입을 허용하되 보증보험에 가입하지 못하면 임차인에게 통보해 계약을 해지하고 위약금을 지급하도록 한다. 보증 미가입으로 등록이 말소된 임대사업자는 임대주택 추가등록이 제한된다. 그리고 HUG의 「안심전세 앱」을 통해 임대인의 보증사고 이력, 세금 체납 정보 등은 물론 연립·다세대, 소형아파트의 시세와 전세가율도 확인할 수 있도록 한다는 방침이다.

이 밖에 일부 감정평가사들이 임대인과 모의해 시세를 부풀리고 전세 사기에 가담했다는 지적을 반영해 감정평가는 공시가격과 실거래 가격이 없는 경우에만 적용하고, 협회에서 추천한 법인의 감정가만 인정하기로 했다. 공인중개사의 전세 사기 예방 책임도 강화해 앞으로는 중개사가 임대인의 세금·이자체납 등 신용정보와 주택의 선순위 권리관계·전입세대 열람 등을 확인할 수 있도록 할 방침이다. 또 현재 공인중개사는 직무위반으로 징역형을 선고받은 경우에만 자격이 취소되지만, 앞으로는 집행유예를 받아도 취소되도록 「원스트라이크 아웃」 제도를 도입한다. 감정평가사의 경우는 집행유예를 포함한 금고형을 2회 받아야 자격이 취소되지만, 앞으로는 금고형을 1회만 받아도 자격이 취소되도록 법을 개정한다.

전세 사기 피해 지원　주택도시기금을 활용해 오는 3월부터 전세 사기 피해자를 대상으로 연 1~2% 저리 대출의 보증금 요건을 기존 2억 원에서 3억 원까지 올리고, 대출액 한도도 1억 6000만 원에서 2억 4000만 원까지 확대한다. 전세 사기에도 불구하고 대항력 유지 등을 위해 기존 전셋집에 거주해야 하는 임차인들을 위해 5월부터 기존 전세대출을 1~2%대 저금리 대출로 갈아탈 수 있는 상품을 신설, 지원한다. 다만 이는 전세보증금이 3억 원 이하인 가구(소득 기준은 연소득 7000만 원, 순자산 5억 600만 원 이하)를 대상으로 한다. 그리고 전세 사기로 불가피하게 거주 주택을 낙찰받은 피해자의 무주택 청약 자격을 유지하는데, 이는 경매 낙찰 주택이 공시가격 3억 원(지방 1억 5000만 원) 이하, 전용면적은 85m² 이하여야 한다. 이 밖에 임차인의 주거 불안을 해소하기 위한 긴급거처를 확대, 주택도시보증공사(HUG)가 강제관리하는 주택 28호와 한국토지주택공사(LH) 긴급지원주택 200호에 더해 상반기 중 수도권에 500호를 확보할 계획이다.

전세 사기 예방 및 피해 지원방안 주요 내용

전세 사기 예방	• 주택도시보증공사(HUG) 전세가율, 100% → 90%로 하향 • 임차인 거주주택은 보증보험에 가입해야만 등록임대사업자 등록 가능 • HUG 안심전세앱: 임대인의 보증사고 이력, 세금체납 정보 등 확인 • 감정평가는 공시가격과 실거래 가격이 없는 경우에만 적용 • 공인중개사에게 임대인의 신용정보와 주택의 선순위 권리관계 확인 권한 부여
전세 사기 피해 지원	• 저리대출 보증금 요건 완화 및 대출 한도 증액: 보증금 요건 2억→3억, 대출액 1.6억→2.4억 • 전세 사기 피해자의 무주택 청약 자격 유지: 공시가격 3억(지방 1.5억) 이하, 전용면적 85m² 이하인 경우 • 임차인의 주거 불안 해소 위한 긴급거처 확대

국토부, 1기 신도시 재건축 안전진단 완화
용적률 최대 500% 특별법 발의

국토교통부가 1기 신도시(분당·일산·평촌·중동·산본)의 재건축 안전진단을 대폭 완화하는 내용 등을 담은 「노후계획도시 정비 및 지원에 관한 특별법」을 발의하겠다고 2월 7일 밝혔다. 이는 윤석열 대통령의 「1기 신도시 특별법」 제정 공약에 따른 것으로, 다른 지역과의 형평성을 고려해 노후계획도시(택지조성 완료 20년 이상 된 100만m² 이상의 택지)에도 특별법을 적용하기로 했다.

특별법 주요 내용 특별법 적용 대상은 「노후계획도시」로, 택지조성사업 완료 후 20년이 넘은 100만m² 이상 택지면 특별법 혜택을 받을 수 있다. 또 하나의 택지지구가 100만m²가 되지 않아도 인접·연접한 2개 이상의 택지 면적 합이 100만m² 이상이거나 붙어 있는 노후 구도심 일부를 포함해 넘어도 노후계획도시에 포함될 수 있다. 이에 따라 특별법 적용을 받는 지역은 1기 신도시 전 지역을 비롯해 수도권 택지지구, 지방 거점 신도시 등으로 늘어난다.

용적률〔容積率〕 대지 면적에 대한 건축물의 연면적 비율로, 여기서 연면적은 지하 부분을 제외한 지상 부분 건축물을 뜻한다. 용적률을 구하기 위해서는 각 층의 평수(면적)를 합해 대지 평수(면적)로 나눈 후 100을 곱하면 된다. 용적률은 건폐율과 함께 건축물의 높이를 규제하는 제도로 활용된다.

특별정비구역으로 지정되면 재건축 안전진단을 면제받거나 완화된 기준을 적용받게 된다. 우선 대규모 광역교통시설 같은 기반시설을 확충하는 등 공공성을 확보하는 경우에는 안전진단이 면제되고 종상향을 통해 용적률도 완화된다. 용적률 규제의 경우 주거지역은 종 상향, 용도지역 변경 등을 통해 최대 500%(준주거지역)까지 완화될 수 있다. 특별정비구역 내 리모델링 추진 단지에 대해서도 가구 수 증가 범위를 15% 이내로 정한 현행기준보다 더 허용하며, 각종 인허가 절차를 간소화해 사업 속도를 높이기로 했다. 특별정비구역은 다수 단지를 통합 정비하는 만큼 기본적으로 하나의 사업시행자가 사업을 추진하며, 각종 특례가 집중되는 만큼 재건축 과정에서 발생하는 초과이익을 환수하는 것을 원칙으로 한다. 이는 통상적인 환수방식인 공공임대주택 외에도 공공분양, 기반시설, 생활 사회간접자본(SOC), 기여금 등 다양한 방식의 기부체납이 가능하도록 했다.

노후계획도시 정비 및 지원에 관한 특별법 주요 내용

대상	택지 조성 후 20년 이상, 100만m² 이상 택지
주요 혜택	• 재건축 안전진단: 기반시설 확충 등 공공성 확보 시 면제 • 용적률: 준주거로 상향 시 최대 500% • 리모델링 가구 수 증가: 15% 이내에서 20% 내외로 완화
초과이익 환수	공공임대 외 공공분양, 기반시설, 기여금 등도 공공기여로 폭넓게 간주

금융위원회, 주담대 상환 어려움 겪는 차주에 채무조정·대환대출 지원－대환 시 기존 대출 때 DSR 적용

금융위원회가 1월 30일 주택담보대출(주담대) 상환에 어려움을 겪는 대출자들을 위해 금융권 채무조정제도 적용 대상을 확대하고, 대환 대출을 쉽게 할 수 있도록 기존 대출 시점의 총부채원리금상환비율(DSR)을 적용하는 내용 등을 담은 올해 업무계획을 윤석열 대통령에 보고했다.

금융위원회 업무계획 주요 내용

주담대 차주 채무조정·대환대출 활성화 금융위는 금리 상승 등으로 주담대 상환이 어려운 차주를 「재무적 곤란 차주」에 포함해 원금상환 유예 및 조건 변경을 통한 대환을 허용하기로 했다. 이에 따르면 9억 원 미만(기존에는 6억 원 미만) 주택 보유자이면서 총부채상환비율(DTI)이 70% 이상인 경우 최대 3년간 거치(이자만 상환) 기간이 적용되는 원금상환 유예를 적용하기로 했다. 또 1년간 한시적으로 주담대 만기를 연장하거나 금리 조건을 변경하기 위해 대환대출을 하는 경우 기존 대출 시점의 총부채원리금상환비율(DSR)을 적용해 금리 인상에 따른 상환 부담을 줄여주기로 했다.

총부채상환비율(DTI·Debt To Income)　주택담보대출의 연간 원리금 상환액과 기타 부채에 대해 연간 상환한 이자의 합을 연소득으로 나눈 비율을 말한다. 담보대출을 받을 경우 채무자의 소득으로 얼마나 잘 상환할 수 있는지 판단해 대출 한도를 정하는데, 이때 DTI가 사용된다. DTI 수치가 낮을수록 빚을 갚을 수 있는 능력이 높다고 인정된다.

총부채원리금상환비율(DSR·Debt Service Ratio)　대출을 받으려는 사람의 소득 대비 전체 금융부채의 원리금 상환액 비율을 말하는 것으로, 연간 총부채 원리금 상환액을 연간 소득으로 나눠 산출한다.

주택담보인정비율(LTV·Loan To Value ratio)　은행들이 주택을 담보로 대출을 해줄 때 적용하는 담보가치 대비 최대 대출가능 한도를 말한다. 즉, 집을 담보로 은행에서 돈을 빌릴 때 집의 자산가치를 얼마로 보는가의 비율을 말하며, 보통 기준시가가 아닌 시가의 일정 비율로 정한다.

부동산 대출규제 완화　그동안 주택담보대출이 금지돼 있던 주택임대사업자와 매매업자에 대한 주담대를 허용하면서 규제지역은 주택담보인정비율(LTV) 30%, 비규제 지역은 LTV 60%를 각각 적용한다. 주택금융공사의 보증 비율은 기존 90%에서 100%로 높이고 보증료율은 0.1%포인트 인하해 은행이 낮은 금리의 고정금리 전세자금 대출상품 공급을 확대하도록 유도하기로 했다. 또 기존 전세대출 보증 대상에서 제외됐던 「부부 합산 소득 1억 원 초과 1주택자 및 시가 9억 원 초과 1주택자」에 대해서도 보증을 제공한다.

주택담보대출 등 주요 대출규제 변경 내용

구분	현행	변경
은행권 주담대 원금상환 유예 대상	실직 등 경제적 어려움 발생 차주, 주택가격 6억 원 미만	총부채상환비율 70% 이상 차주 포함, 주택가격 9억 원 미만
주담대 대환 시 DSR 적용 기준	신규 대환 시점	기존 대출 시점
1주택자 주택담보인정비율(LTV)	규제지역 50%, 기타 지역 70%	추가 확대 검토

취약계층 지원 확대 등　저신용·저소득 취약차주에게 최대 100만 원을 신속 지원하는 「긴급 생계비 대출」을 오는 3월 도입하는데, 지원 대상은 불법사금융 피해 우려가 있는 취약계층이다. 이는 연체 여부나 소득 유무 상관없이 지원되는데, 다만 한정된 재원을 감안해 신용평점 하위 20%면서 연소득 3500만 원 이하로 저신용·저소득 요건을 부여했다. 또 연체 전 혹은 연체 30일 이내 저신용 청년(만 34세 이하)을 대상으로 선제적으로 이자를 감면해주는 제도(신속채무조정 특례)를 전 연령으로 확대하기로 했다. 코로나 피해 자영업자만 이용할 수 있는 저금리 대환(대출 갈아타기) 프로그램도 전체 자영업자로 대상이 확대되고 지원 금액도 2배 늘려 2억 원까지 가능하게 된다. 이 밖에 연금저축에 대해서는 다른 예금과 별도로 5000만 원 정도의 추가 예금보호 한도를 적용할 계획이다.

금융위원회, 토큰증권 본격 허용
부동산·미술품 등 조각투자 내년 전면 허용

금융위원회가 2월 5일 분산원장(블록체인) 기술로 전자화한 증권의 발행과 유통을 허용하는 내용을 담은 「토큰증권 발행·유통 규율체계 정비방안」을 추진하겠다고 밝혔다. 금융위는 「토큰증권」을 분산원장 기술(Distributed Ledger Technology)을 활용해 자본시장법상 증권을 디지털화한 것으로 정의했는데, 이는 실물증권·전자증권에 이은 새로운 발행 형태의 증권이다. 금융위는 그동안 국내에서 불가했던 토큰증권 발행을 허용하면서 「증권형 토큰」 등 여러 이름으로 불리던 명칭도 「토큰증권」으로 정리했다.

금융위는 상반기 중 전자증권법과 자본시장법 개정안을 국회에 제출해 토큰증권 발행·유통의 제도화를 추진한다는 계획이다. 이에 따라 블록체인을 기반으로 부동산, 미술품 등 실물 자산을 증권화할 수 있는 새로운 시장이 열릴 것으로 전망되고 있다.

토큰증권(Security Token) 실물자산이나 금융자산의 지분을 작게 나눈 뒤 블록체인 기술을 활용해 토큰(Token, 특정 플랫폼에서 사용되는 가상통화) 형태로 발행한 증권이다. 주식·채권·부동산 등의 자산에 대한 가치를 디지털 토큰과 연계한 가상자산으로, 이자·배당 등 미래의 수익, 실물 자산 등에 대한 지분 권리가 인정되는 것이 특징이다. 또 토큰증권은 기존 전자증권과는 전자화된 방식으로 증권을 기재한다는 점에서는 유사하지만, 금융회사가 중앙집권적으로 등록·관리하지 않고 탈중앙화된 블록체인 기술을 사용한다는 차이가 있다. 한편, 토큰증권을 발행·유통하는 것을 STO(Security Token Offering)라고 한다.

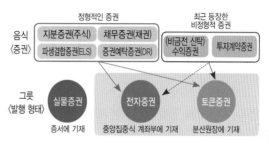
△ 토큰증권의 개념(출처: 금융위원회)

금융위 방안, 그 배경과 주요 내용 현행 제도에서는 특정한 방식으로만 디지털 증권의 발행이 가능하고 증권을 다자간에 거래할 수 있는 유통시장도 제한적이다. 특히 전자증권법이 증권을 디지털화하는 방식을 제한하고 있어 증권사 등을 통해서만 가능하고, 토큰증권의 발행은 아직 허용되지 않고 있는 상황이다. 그러나 최근 미술품, 부동산, 음악 저작권 등 다양한 자산에 대한 조각투자 수요가 늘면서 투자자 보호 필요성이 높아졌다.

금융위가 내놓은 이번 방안에 따르면 우선 분산원장 요건을 충족하는 토큰증권을 전자증권법상 증권의 디지털화(전자 등록) 방식으로 수용한다. 또 기존 전자증권은 증권사 등을 통해서만 증권을 전자 등록할 수 있었으나, 발행인 계좌관리기관 제도를 신설해 해당 요건을 갖춘 사업자라면 조각투자 프로젝트 실행을 위한 투자금 유치를 위해 직접 토큰증권을 발행할 수 있도록 허용하기로 했다. 자격요건에 미달하는 사업자의 경우 증권사 등을 통하면 토큰증권을 발행해 자금을 조달할 수 있다. 아울러 토큰증권을 사고팔 수 있는 유통 시장의 제도 기반을 위해 투자계약증권과 수익증권의 다자간 거래를 매매 체결할 수 있는 「장외거래중개업」 인가를 신설하기로 했다. 또 토큰증권을 대규모로 거래할 수 있는 상장시장인 「디지털증권시장」도 한국거래소에 시범 개설한다. 이 밖에 한국예탁결제원이 심사·관리 기관이 되어 해당 토큰이 증권의 외형적인 요건을 충족하고 있는지 여부나 발행 과정에서 투자자에게 배정된 총 수량과 발행량의 오차가 없는지 등을 확인해 나가게 된다.

토큰증권, 어떻게 정비되나(출처: 금융위원회)

발행	• 토큰증권 발행 불가 → 전자증권으로 수용 • 발행인의 전자증권 직접 발행 불가 → 발행인 계좌관리기관 신설 • 다양한 증권발행 시도 곤란 → 사모, 소액공모 활용도 개선 • 공모규제 회피수단 악용 소지 → 토큰증권은 공모로 간주
유통	• 투자계약증권의 유통 제한 → 증권 유통제도 적용 • 다자간상대매매 금지 → 장외거래중개 인가 신설 • 상장시장(KRX)부재 → 상장시장 신설, 요건 완화

조각투자 활성화 전망 기존의 증권 발행 형태는 실물증권과 전자증권 두 가지 형태로만 존재했다. 하지만 이번 금융위 방안은 토큰증권이라는 새로운 발행 형태를 만들어 최근 등장한 비정형적 증권(수익증권·투자계약증권)들까지 제도권으로 포함시킨다는 것이다. 이에 따라 보다 다양하고 비정형적인 권리를 소규모로 손쉽게 발행할 수 있을 것이라는 기대감이 높게 일고 있는데, 대표적으로 음악저작권·부동산·미술품 등에 이뤄지고 있는 조각투자가 활성화될 것으로 전망된다. 조각투자는 하나의 자산에 대해 여러 투자자들이 함께 투자하고 그 이익을 공동으로 배분받는 투자 기법으로, 소액으로 큰 규모의 자산에 투자할 수 있는 기회를 얻을 수 있다는 특징이 있다. 예컨대 100만 원짜리 미술품이 있을 경우 이 미술품에 대한 소유권을 100조각으로 나눠 100명이 나눠 가질 수 있도록 한 것이다.

산업부, 「제10차 전력수급기본계획」 확정
원전 확대·신재생에너지 축소

산업통상자원부가 1월 12일 전력정책심의회를 통해 원자력발전과 신재생에너지의 비중을 늘리고 석탄 발전을 줄이는 내용 등을 담은 「제10차 전력수급기본계획(2022~2036)」을 확정했다. 전력수급기본계획은 중장기 전력수요 전망과 이에 따른 전력설비 확충을 위해 정부가 2년 주기로 수립하는 것으로, 향후 15년간 전력수급 전망과 전력수요 관리, 발전과 송·변전 설비계획을 담은 중·장기계획이다.

➕

신재생에너지(新再生 Energy) 수소, 산소 등의 화학 반응을 이용하는 신에너지와 햇빛, 물 등 재생 가능한 에너지를 변환해 이용하는 재생에너지를 통틀어 일컫는 말이다. 「신에너지 및 재생에너지 개발·이용·보급 촉진법」에 따르면 신에너지는 기존의 화석연료를 변화시켜 이용하거나 수소, 산소 등의 화학 반응을 통해 전기 또는 열을 이용하는 에너지로 수소에너지, 연료에너지 등이 포함된다. 재생에너지는 햇빛, 물, 지열, 강수, 생물유기체 등을 포함하는 재생 가능한 에너지를 변환시켜 이용하는 에너지로 태양에너지, 풍력에너지, 수력에너지, 해양에너지, 지열에너지 등이 해당된다.

「제10차 전력수급기본계획」 주요 내용 이번 기본계획에 따르면 2030년 원전과 신재생에너지는 그 비중이 각각 30%대, 20%대로 진입하는 반면 석탄 발전은 20% 아래로 떨어진다. 2036년 전력원별 발전 비율은 원전(34.6%), 신재생(30.6%), 석탄(14.4%), LNG(9.3%) 순이다. 구체적으로 발전원별 발전량 비중 전망을 보면 원전은 2018년 23.4%에서 2030년 32.4%, 2036년 34.6%까지 확대한다. 신재생에너지 비중도 2018년 6.2%에서 2030년 21.6%, 2036년 30.6%로 늘린다. 반면 2018년 41.9%에 달한 석탄 발전의 경우 2030년 19.7%, 2036년 14.4%로 대폭 줄이고, 2018년 26.8%인 액화천연가스(LNG) 발전 비중도 2030년 22.9%, 2036년 9.3%까지 줄이게 된다. 대신 LNG발전은 상당 부분 수소·암모니아 혼소 형태로 활용될 전망으로, 2018년 1.7%에서 2030년 3.4%, 2036년 11.1%까지 늘리기로 했다.

전원별 발전량 비중 전망(※10차 전력수급기본계획 기준, 단위: %)

연도	원자력	석탄	LNG	신재생에너지	수소·암모니아	기타
2018년	23.4	41.9	26.8	6.2	–	1.7
2030년	32.4	19.7	22.9	21.6	2.1	1.3
2036년	34.6	14.4	9.3	30.6	7.1	4.0

정부, 전기가격 입찰제 도입 外　정부는 발전사의 자율성을 보장하는 한편 경쟁을 촉진해 소비자의 전기료 부담을 낮출 수 있도록 올해 하반기부터 제한적 가격 입찰제(PBP)를 시행한다는 방침이다. 가격 입찰제는 평가된 연료비 대비 ±5~10% 등의 범위 내에서 입찰의 자율성을 부여하는 제도다. 또 현재 별도 계약시장 없이 모든 전원이 단일 현물시장에서 거래되면서 단일 가격(SMP)으로 보상받고 있는 상황을 개선, 기저전원 및 저탄소전원 등으로 구분해 전원별 특성에 맞게 거래될 수 있도록 2023년 상반기 선도 계약시장 개설을 추진한다. 아울러 실시간·보조서비스 시장 등을 도입해 현행 하루 전 현물시장을 개선한다는 계획이다. 이 밖에 동해안 지역 원전 신규 건설(신한울 3·4호기) 및 계속 운전(신한울 1·2호기) 등을 적기 수용하기 위한 송전선로 건설을 추진한다. 그리고 호남권을 중심으로 보급이 급증할 것으로 전망되는 재생에너지 생산 전력을 타 지역으로 수송하기 위한 지역 간 융통선로 건설도 추진한다는 계획이다.

정부, 「반도체 등 투자 활성화를 위한 세제지원 강화방안」 발표
국가전략기술 분야 신규시설 투자기업 세액공제 확대 外

정부가 1월 3일 국가전략기술 분야 신규시설에 투자하는 기업의 세액공제를 대폭 확대하는 내용 등을 담은 「반도체 등 투자 활성화를 위한 세제지원 강화방안」을 발표했다. 방안에 따르면 정부는 반도체 등 투자에 대한 세액공제율을 대폭 올릴 방침으로, 구체적으로 대·중견기업은 8→15%, 중소기업은 16→25%만큼 감면한다. 여기다 지난해까지 반도체·배터리·백신 등 3개였던 국가전략기술에는 올해 디스플레이를 추가해 총 4개가 됐다.

방안 주요 내용　반도체 등 국가전략기술 분야의 당기(연간) 시설투자 세액공제율이 대기업·중견기업 기준으로 현행 8%에서 15%로 상향되며, 중소기업은 16%에서 25%로 조정된다. 여기다 직전 3년 평균치 대비 올해 투자 증가분에 대해서는 국가전략기술 여부와 상관없이 10%의 추가 세액공제가 이뤄진다. 이에 따라 대기업은 최대 25%, 중소기업은 최대 35%까지 세액공제

반도체 등 세제지원 강화방안 주요 내용

구분	내용
반도체 등 국가전략기술 시설 투자 세액공제율 상향	• 대기업과 중견기업: 8 → 15% • 중소기업: 16 → 25%
임시투자세액공제 도입(올해 1년간 한시)	• 일반투자: 1~10 → 3~12% • 신성장·원천기술 투자: 3~12 → 6~18%
투자 증가분 추가 10% 세액공제	올해 1년간 한시

를 받을 수 있다. 정부는 또 임시투자세액공제를 2011년 이후 12년 만에 부활시켜 기업 투자 전반을 장려하기로 했다. 구체적으로 현재 1~10%인 일반 시설투자 세액공제율은 3~12%로 2%포인트씩 일괄 상향하고, 신성장·원천기술 투자 세액공제율은 3~12%에서 6~18%로 기업 규모에 따라 3~6%포인트씩 인상하기로 했다.

임시투자세액공제　기업 투자를 유도하기 위한 목적으로 법인세액에서 투자금액의 일정 비율을 공제해 주는 제도를 투자세액공제라 하는데, 이 중에서 정부가 경기부양 등의 특정 목적으로 한시적으로 시행하는 것을 가리킨다. 1982년에 이 제도가 도입된 이래 수도권 과밀억제권역(서울, 인천 및 경기도의 14개 시)은 투자금액의 3%, 그 외의 지역은 10%를 공제해 주는 방안이 시행돼 왔다.

기재부, 「세제개편 후속 시행령」 발표
월세 세액공제 대상은 주택 시가 4억 원으로 확대 外

기획재정부가 월세 거주자의 월세 세액공제 범위를 주택 기준시가 3억 원에서 4억 원까지 확대하고, 국가전략기술에 디스플레이를 추가하는 내용 등을 담은 「2022년 세제개편 후속 시행령」 개정안을 1월 18일 발표했다. 이번 시행령은 지난해 12월 개정세법 통과에 따른 것으로, 소득세법 등 23개 후속 시행령 개정안이 해당된다.

「2022년 세제개편 후속 시행령」 개정안 주요 내용

개소세 과표 계산방식 특례 신설 수입차와 국산차의 과세 형평성을 위해 개소세 과표 계산방식 특례가 신설된다. 현재 국산차는 유통·판매마진이 포함된 소비자 판매가격을 과표로 삼는 반면 수입차는 유통·판매마진 등이 포함되지 않은 수입 신고가격을 과표로 삼고 있다. 그 결과 같은 가격이더라도 국산차의 개소세가 더 높다는 지적이 제기돼 왔다. 이에 오는 7월 1일부터는 제조자가 직접 소비자에게 판매하는 경우 등일 때 과표를 추계하는 방식을 인정키로 했다.

> ➕ **개별소비세(개소세)** 사치성 상품이나 서비스의 소비에 대해 별도의 높은 세율로 과세하는 것으로, 1977년 7월 「특별소비세」라는 명칭으로 신설됐다. 이후 2008년부터 개별소비세로 명칭이 변경됐으며, 기본 세율은 물품별로 7~20%의 세율과 장소별로 10%, 50%, 정액세를 부과하도록 하고 있다.

국가전략기술에 디스플레이 분야 신설 일반 연구개발(R&D)보다 높은 세액공제율(중소기업 40~50%, 중견·대기업 30~40%)이 적용되는 국가전략기술에 디스플레이 분야가 신설되고 관련 기술이 지정된다. 이는 능동형 유기발광다이오드(AMOLED), 마이크로 발광다이오드(LED), 퀀텀닷(QD) 등이 대상이다.

> ➕ **AMOLED** 스스로 빛을 내는 형광물질을 사용한 디스플레이로, 별도의 광원장치가 필요 없어 1mm대의 얇은 두께가 가능하다. 또 LCD의 단점인 시야각 문제가 발생하지 않으며, 전력 소모도 적다는 특징을 지니고 있다.
>
> **퀀텀닷(Quantum Dot)** 자체적으로 빛을 내는 수 나노미터(nm)의 반도체 결정으로, 물질 종류의 변화 없이도 입자 크기별로 다른 길이의 빛 파장이 발생돼 다양한 색을 낼 수 있는 것은 물론 기존 발광체보다 색 순도 및 광 안전성 등이 높다는 장점이 있다. 또 화학적으로 합성된 무기물이기 때문에 유기물을 기반으로 한 OLED(Organic Light Emitting Diode, 유기발광 다이오드)보다 가격이 저렴하고 수명도 길다. 아울러 OLED보다 색 재현성이 10% 이상 높아 LCD의 단점을 보완할 수 있다는 장점을 갖추고 있다.

가업상속공제 활성화 가업상속공제는 10년 이상 기업을 운영한 피상속인이 가업을 물려주는 경우 상속 재산의 일부를 과세 가액에서 공제해주는 제도다. 이번 개정안에는 가업상속공제 제도의 활성화를 위해 피상속인의 지분 요건을 현행 50%(상장법인 30%)에서 40%(상장법인 20%)로 완화하고 적용 대상 업종에 소독, 구충·방제 서비스업을 추가하는 내용이 포함됐다. 또 가업승계 증여세 과세 특례를 받을 수 있는 수증자의 가업 유지 요건은 증여일부터 7년에서 5년으로 완화한다.

맥주·탁주 세금 인상 막걸리 등 탁주와 맥주에 붙는 주세가 3.57% 인상되는데, 이는 작년 물가 상승률이 높았던 점을 고려해 지난해 소비자물가 상승률(5.1%)의 70%만 반영한 것이다. 이에 따라 맥주는 ℓ당 30.5원 올라 885.7원이, 탁주는 1.5원 올라 44.4원이 된다.

여행자 휴대품 통관 시 단일간이세율 폐지 올해부터 신속 통관 등의 편의 제고를 위해 여행자 휴대품 통관 시 1000달러 이하 20% 단일간이세율 구간을 폐지하기로 했다. 또 이 단일간이세율 폐지로 세부담이 증가하는 것을 막기 위해 1000달러가 넘는 물품에 품목별로 20~55%의 차등을 두던 물품별 간이세율도 15~47%로 낮춘다.

물납 허용 올해부터 문화재나 미술품으로 상속세를 납부하는 물납(物納, 조세를 금전 이외의 것으로 납부하는 것)이 허용되는데, 이는 상속세 납부세액이 2000만 원을 초과하고 상속재산 중 금융재산 가액보다 많을 때 가능하다. 상속세로 물납할 수 있는 품목은 문화재보호법상 유형문화재 또는 민속문화재로 지정·등록된 문화재, 회화·판화·조각·공예·서예 등의 미술품이다.

백화점·대형마트·편의점도 현금영수증 의무발행업종 추가 내년부터 백화점·대형마트·편의점·서점·정육점·자동차 중개업·주차장 운영업·통신장비 수리업·보일러 수리 등 기타 가정용품 수리업 등 13개 업종이 현금영수증 의무발행업종에 추가된다. 해당 업종은 거래금액이 10만 원 이상이면 소비자 요청이 없어도 현금영수증을 의무발급해야 한다.

다주택자 양도세 중과 한시 배제 기한 연장 다주택자에 대한 양도세 중과 한시 배제 기한은 내년 5월 9일까지 1년 연장한다. 이 규정의 적용을 받으면 다주택자가 조정대상지역 내 주택을 팔 때 중과세율(기본세율+20·30%포인트)이 아닌 최고 45%의 기본세율을 적용받는다. 주택을 3년 이상 보유했을 경우에는 장기보유 특별공제로 양도차익의 최대 30%까지 공제 받을 수 있다.

4월부터 전국 세무서에서 집주인 체납국세 열람 전세 사기 피해 방지를 위해 1000만 원을 초과하는 보증금으로 전·월세 임대차계약을 한 임차인은 계약일부터 임차 개시일까지 임대인의 국세 체납액을 확인할 수 있다. 미납 국세를 열람할 때는 임대인의 동의를 받지 않아도 되며, 이는 주택 소재지뿐 아니라 전국 세무서에서 열람을 지원한다.

월세 세입자 세액공제 4억 원으로 확대 월세 세입자의 경우 4억 원 이하 집에 살아도 최대 17%의 세액공제를 받을 수 있다. 현재는 기준시가 3억 원 이하(또는 전용면적 85m² 이하) 주택에 월세로 거주하면서 일정 소득 기준을 충족할 때만 세액공제가 가능하다.

주택 다운사이징에 세금 혜택 고령층이 집을 줄여 이사하는 주택 다운사이징에 대해서는 연금계좌 추가 납입 혜택을 부여한다. 현재는 연금저축과 퇴직연금을 합쳐 연간 1800만 원까지만 납입이 가능한데, 고령층 1주택 가구에는 1억 원(누적 기준)까지 추가 납입 한도가 주어지는 것이다. 이는 부부 중 1명이 60세 이상인 1주택 가구가 기준시가 12억 원 이하 주택에 살다가 이보다 낮은 가격의 주택으로 이사할 경우 기존 주택 양도 차익을 연금계좌에 납입하는 방식으로 이뤄진다. 추가 납입은 기존 주택을 양도한 날로부터 6개월 이내에 가능하며, 여러 번에 걸쳐 주택을 옮기더라도 한도 내에서 추가 납입을 지원한다.

퀵서비스·배달원 등 세 부담 경감 퀵서비스 배달원·대리운전 기사 등 플랫폼 종사자나 학습지 방문 강사를 포함한 영세 인적용역 사업자에 대한 단순경비율 적용 기준을 연수입 2400만 원 미만에서 3600만 원 미만으로 올린다. 단순경비율은 경비 장부를 작성할 여력이 없는 영세 사업자를 대상으로 소득의 일정 비율을 경비로 간주해주는 제도를 말한다.

대통령실, 가스요금 급등에 따른 난방비 대책 발표
에너지 바우처 지원금액 2배 확대

대통령실이 1월 26일 최근 난방비 급등과 관련해 취약계층에 대한 에너지 바우처 지원과 가스요금 할인 등의 대책을 내놨다. 최상목 대통령실 경제수석비서관은 이날 겨울철 난방비 급등에 따라 올 겨울 한시적으로 취약계층 120만 가구에 대한 에너지 바우처 지원 금액을 2배로 확대하며, 가스공사가 사회적 배려대상 160만 가구에 제공하는 가스요금 할인 금액도 2배로 늘리기로 했다. 구체적으로 에너지 바우처는 기초생활수급 가구 117만 6000가구에 대해 올해 겨울 한시적으로 지원금액을 15만 2000원에서 30만 4000원으로 2배 인상한다. 그리고 가스공사의 사회적 배려대상자 162만 가구에 대한 요금할인폭은 기존 9000원~3만 6000원에서 1만 8000원~7만 2000원으로 2배 인상한다.

한편, 대통령실은 최근 난방비 급등 원인에 대해서는 ▷국제 천연가스 가격 폭등 ▷최근 몇 년간 에너지 가격 현실화 미흡 등을 꼽았다.

尹 대통령, 난방비 지원 1000억 원 예비비 지출 재가 윤석열 대통령이 1월 30일 취약계층 난방비 지원 확대를 위해 국무회의에서 의결된 1000억 원 규모의 예비비 지출 안건을 재가했다. 이는 앞서 지난 1월 26일 정부가 발표한 에너지 지원 확대 방안을 위한 재원을 마련하는 차원으로, 이날 재가로 기존 예산 800억 원을 더해 총 1800억 원이 난방비 지원에 긴급 투입된다.

공정위, 「대기업집단 공시제도 개선 방안」 발표
대기업 내부거래 공시기준 완화 및 과태료 감면

공정거래위원회가 1월 16일 대기업의 내부거래 공시 기준금액을 현행 50억 원에서 100억 원으로 상향하는 내용 등을 담은 「대기업집단 공시제도 개편안」을 발표했다. 이번 개편안은 기업 부담을 줄인다는 취지로 나온 것이지만, 향후 대기업 계열사 간 일감 몰아주기가 확대될 수 있다는 우려가 제기되고 있다.

> **공시대상기업집단(公示對象企業集團)** 공정거래위원회가 지정하는 자산 총액이 5조 원 이상인 기업집단을 말한다. 공시대상기업집단으로 지정되면 기업집단 현황, 대규모 내부거래, 비상장 회사의 중요사항, 주식 소유 현황 등을 공시해야 하며 총수 일가 일감몰아주기 규제를 받는다.
>
> **상호출자제한기업집단(相互出資制限企業集團)** 공정거래위원회가 자산총액 5조 원 이상인 기업집단을 공시대상기업집단으로 지정하고, 지정된 공시대상기업집단 가운데 자산총액이 국내총생산액의 1천분의 5에 해당하는 금액 이상인 기업집단에 대해 지정하는 것이다. 상호출자제한기업집단으로 지정되면 상호출자 금지, 순환출자 금지 등의 규제를 받는다.

「대기업집단 공시제도 개편안」 주요 내용 현행 공정거래법 시행령은 50억 원 이상의 내부거래를 할 때 이사회 의결을 거치고 공시하도록 규정하고 있는데, 공정위 개편안에 따르면 이 기준을 100억 원 이상으로 올려 기업의 공시 부담을 덜어주기로 했다. 내부거래 공시 기준 금액은 2000년 도입 당시 100억 원이었으나 대기업집단 내 수의계약을 통한 불투명한 내부거래가 늘자 감시를 강화하기 위해 2012년 50억 원으로 낮춘 바 있다. 또 현재는 자본총계·자본금 중 큰 금액의 5% 이상 내부거래를 하면 공시해야 하지만 5억 원 미만 내부거래는 이사회 의결·공시 대상에서 제외하기로 했다.

아울러 현재 분기별로 연간 4회 공개토록 하고 있는 특수관계인에 대한 자금대여와 유가증권 거래, 국내 계열회사 간 주식소유 현황, 계열회사 간 자금거래 등 8개 항목의 공시 주기는 연 1회로 바뀐다. 특히 비상장사는 임원의 변동 항목을 공시하지 않아도 된다. 이 밖에 공시 의무를 위반한 기업의 과태료 부담도 낮추는데 ▷기업이 공시 의무 위반 후 3일 내에 정정할 때 깎아주는 폭은 과태료의 50%에서 75%로 ▷위반 후 7일 이내, 15일 이내, 30일 이내에 시정하면 각각 50%, 30%, 20%를 감경한다.

대기업집단 공시제도 개선 주요 방안

공시제도	현행	개선안
대규모 내부거래 등 이사회 의결 및 공시	공시대상 기준금액 50억 원	100억 원 이상(5억 원 미만 거래 제외)
비상장사 중요 사항	임원의 변동 항목 분기별 공시	임원의 변동 항목 삭제
주식소유·자금거래 현황 등 공시	분기 공시	연 1회 공시
공시의무 위반 과태료 부과기준	지연일수가 3일 이내인 경우 50% 감경	지연 일수가 3일 이내 75%, 7일 이내 50%, 15일 이내 30%, 30일 이내 20% 감경

기재부, 외환제도 개편 방향 발표
증빙 없는 해외송금 한도 6월부터 10만 달러로 확대

기획재정부가 이르면 오는 6월부터 증빙 서류 없이 가능한 해외송금 한도를 연 5만 달러에서 10만 달러로 확대하고 은행에서만 가능하던 개인 환전을 증권사에서도 할 수 있게 되는 등의 내용을 담은 「외환제도 개편 방향」을 2월 10일 발표했다. 이에 따르면 기업이 외화를 빌릴 때 기재부와 한국은행에 신고하는 금액 기준을 연간 3000만 달러 초과에서 5000만 달러 초과로 높이며, 해외직접투자 시 변경보고·변경신고 등 수시보고 제도를 폐지하고 매년 1회 정기보고로 통합하기로 했다. 또 외환건전성 영향이 적은 은행 사전신고를 대부분 폐지하고 사후보고로 전환한다는 방침으로, 이에 따라 자본거래 사전신고 유형 111개 중 46개(41%)는 폐지된다.

이 밖에 외환 거래와 관련한 과태료의 경우 단순 절차 위반의 경우 과태료 대신 경고로 대신할 수 있는 기준 금액을 현재 건당 2만 달러 이내에서 5만 달러 이내로 높이기로 했다. 아울러 외국환 거래와 관련된 사전 신고나 사후 보고 의무 위반 시의 제재도 기준 금액을 모두 200만 원으로 정한다는 방침이다.

달라지는 외환제도

개인	• 무증빙 해외송금 한도 연 5만 달러 → 10만 달러 확대 • 자본거래 사전신고 유형 111개 → 65개로 축소
기업	• 대규모 외환차입 신고 기준 연 3000만 달러 → 5000만 달러로 상향 • 현지금융 제도 없애 차입 외환자금 운용 자율성 확대 • 해외직접투자 수시보고 폐지, 정기보고 내용 간소화
은행 사전신고 폐지유형 예시	① 영리법인·지자체·공공기관의 3000만 달러 이내 비거주자로부터의 외화자금 차입 ② 은행이 국내에서 300억 원 이하의 원화자금을 보증·담보 없이 비거주자에 대출 ③ 투자매매업자·투자중개업자 현지법인의 현지차입에 대한 본사보증 ④ 공공기관 및 비금융기관의 해외지점 및 해외사무소 설치 ⑤ 건당 3000만 달러 이하 부동산 이외의 물품 임대차계약

IMF, 올해 세계 경제성장률 2.9%로 0.2%p 상향
한국은 0.3%p 하향한 1.7% 전망

국제통화기금(IMF)이 1월 31일 발표한 〈세계 경제전망(WEO)〉 보고서를 통해 올해 세계 경제성장률을 2.9%로, 종전 전망치보다 0.2%포인트 상향 조정했다. IMF는 통화정책 효과에 따른 인플레이션 완화, 중국의 코로나19 봉쇄 해제 등의 영향으로 올해 세계 경제성장률이 이전에 예상했던 것보다는 올라갈 것으로 전망했다. IMF는 지난 2022년은 세계 경제가 3.4%의 성장률을 기록한 것으로 추정했으나, 올해 세계 경제성장률은 이보다는 더 낮아져 2.9%로 떨어진 뒤 내년에 3.1%로 다시 올라갈 것으로 전망했다.

IMF가 예상한 권역별 올해 경제성장률은 선진국은 1.2%(직전 전망치 대비 0.1% 상승), 신흥국과 개도국은 4.0%(0.3% 상승)다. 국가별로는 미국의 경우 올해 1.4%, 내년에 1.0%를, 중국은 올해 5.2%, 내년에 4.5%의 성장률을 각각 기록할 것으로 전망했다. 또 ▷독일 0.1% ▷프랑스 0.7% ▷이탈리아 0.6% ▷영국 −0.6% ▷일본 1.8% 등을 기록할 것으로 예측됐다.

한국 경제성장률은 1.7%로 전망 IMF는 이번 보고서에서 세계 경제성장률을 0.2%p 상향한 반면 올해 한국 경제성장률은 지난해 10월 전망치보다 0.3%p 하향한 1.7%로 전망했다. IMF는 내년 한국 성장률도 기존 2.7%에서 2.6%로 0.1%포인트 하향 조정했다. IMF가 한국 성장률을 1%대로 잡은 것은 이례적인데, 이번 1.7%는 IMF가 내놨던 한국 성장률 전망치 중 코로나19가 확산된 2020년(−0.7%)을 제외하면 금융위기가 닥쳤던 2009년(0.8%) 이후 가장 낮은 수치다.

통계청, 「2022년 양곡소비량 조사」 결과 발표
지난해 쌀 소비량 56.7kg로 역대 최저

통계청이 1월 27일 발표한 「2022년 양곡소비량 조사」에 따르면 지난해 1인당 연간 쌀 소비량은 56.7kg을 기록, 전년 대비 0.2kg(0.4%) 줄었다. 이는 해당 통계 집계를 시작한 1962년 이래 가장 적은 규모로, 연간 쌀 소비량은 1984년 이후 매년 최저치를 경신하고 있다. 1인당 연간 쌀 소비량 감소 폭의 경우 ▷2019년(3%) ▷2020년(2.5%) ▷2021년(1.4%)에 비해 줄어들었다. 그러나 일반 가구가 아닌 식료품·음료 제조업 부문 쌀 소비량은 지난해 69만 1422톤으로 전년 대비 1.7% 증가했다. 품목별로 보면 레토르트 식품·냉동식품 등 기타 식사용 가공처리 조리식품에서 14만 4595톤의 쌀을 소비해 전년 대비 27.2% 증가했는데, 이는 즉석밥 등 반조리 형태 수요가 큰 폭으로 늘어난 데 따른 것이다.

한국 기부문화 세계 최하위권,
10년간 꾸준히 하락세

대한상공회의소(대한상의)가 1월 18일 발표한 「공익활동 활성화를 위한 제도 개선방안」 보고서에 따르면 우리나라가 영국 자선지원재단(CAF)이 해마다 발표하는 세계기부지수에서 지난해 119개국 중 88위로 최하위권을 기록했다. 세계기부지수는 2010년부터 해마다 120여 개국, 200만여 명을 대상으로 모르는 사람 돕기 및 기부나 자원봉사 경험 등을 설문조사한 결과를 바탕으로 산출한 것이다. 2022년 기준 한국 순위는 중국(49위)보다도 한참 낮은 것으로, 우리나라는 2019년까지 중위권(40~60위권)을 맴돌다 코로나19 대유행 정점인 2021년(110위)에는 꼴찌 수준까지 떨어진 바 있다. 보고서에 따르면 우리나라의 민간 기부는 규모 면에서도 2011년 국내총생산(GDP) 대비 0.79%에서 2021년 0.75%로 줄어들었다.

하이브, SM 지분 14.8% 인수로 1대 주주 등극
SM과 경영권 분쟁 격화

그룹 방탄소년단(BTS)의 소속사 하이브가 이수만 SM엔터테인먼트 대주주 겸 전 총괄 프로듀서가 보유한 지분 14.8%를 4228억 원에 인수(취득 예정일 3월 6일)한다고 2월 10일 공시했다. 앞서 지난 2월 7일 카카오가 신주 유상증자 및 전환사채(CB)를 통해 SM 지분 9.05%를 확보한 바 있으나, 하이브는 이번 거래로 단숨에 SM 최대 주주에 등극하게 됐다. 여기다 하이브는 이수만

의 지분 인수가와 동일한 주당 12만 원에 SM 소액 주주가 보유한 지분 공개매수를 3월 1일까지 진행해 25%의 지분을 추가로 확보한다는 계획이다. 만약 하이브의 SM 인수가 성사될 경우 시가총액 10조 원이 넘는 거대 공룡 기업이 탄생되며 K팝 시장에 큰 충격을 안길 것으로 전망된다.

SM과 하이브

구분	SM	하이브
연혁	이수만 프로듀서가 1989년 설립한 SM기획을 모태로 1995년 설립	방시혁 의장이 2005년 빅히트엔터테인먼트 설립, 2021년 사명 변경
특징	K팝 시스템 구축한 1세대 대표 엔터사	K팝의 글로벌화 선두
시가총액(2월 10일 기준)	2조 7300억 원	8조 8000억 원
주요 소속 연예인	소녀시대, EXO, NCT, 에스파 등	BTS, 뉴진스, TXT, 세븐틴 등

SM 경영권 분쟁은 무엇? SM 경영권 분쟁은 이수만 전 프로듀서가 운영하던 라이크기획에서 시작됐는데, 이 전 총괄은 2010년 SM 등기이사직을 사임하며 경영 퇴진을 선언했으나 개인 회사인 라이크기획을 통해 지배력을 유지해 왔다. 이에 2019년 당시 SM 3대 주주인 KB자산운용은 라이크기획을 문제 삼으며 SM의 지배구조 개선을 요구했으나 받아들여지지 않았다. 그러다 지난해 SM 지분 1%를 확보한 행동주의펀드 얼라인파트너스가 같은 문제를 지적하면서 이 전 총괄을 경영진 라인에서 배제하고 투명한 지배구조를 확립해야 한다고 주장했다. 여기에 얼라인은 지난해 3월 주주총회에서 소액주주들의 지지를 통해 자신들이 추천한 감사를 임명하는 데 성공했다. 이에 지난해 10월 SM은 라이크기획과의 계약을 조기 종료한다고 발표하고, 지난 1월 15일에는 이사회 독립성을 강화하는 내용을 핵심으로 한 지배구조 개선 방안을 발표했다.
이어 SM은 2월 3일 「SM 3.0 4대 핵심 성장전략」을 통해 창업주인 이 전 총괄과의 결별을 공식화하고, 7일에는 카카오가 신주 및 전환사채 인수를 통해 SM 전체 지분 9.05%를 확보했다고 공시했다. 이는 SM이 3자배정 유상증자 형태로 발행하는 123만 주 규모의 신주를 인수하고, 전환사채 인수

를 통해 114주를 확보한다는 것이다. 그러자 이 전 프로듀서는 SM 이사회의 결정이 위법하다며 신주·전환사채 발행 금지 가처분 소송을 제기했다. 이러한 상황에서 하이브가 2월 10일 이 전 총괄이 보유한 지분 14.8%를 인수한다고 공시하면서 SM 경영권 분쟁은 이수만·하이브 측과 얼라인·카카오가 대립하는 구도가 형성되며 확대됐다.

행동주의 펀드(Activist Hedge Funds) 단순한 투자보다는 자사주 매입, 배당 확대, 자회사와 계열사의 보유 지분 매각 등의 방식으로 단기 주주 가치를 높이는 것을 목적으로 하는 헤지펀드를 일컫는다. 즉, 행동주의 펀드는 단순히 투자만 하는 것이 아닌 투자한 기업의 경영 개선을 적극적으로 요구한다는 특징을 갖고 있다. 이러한 행동주의 펀드에 대해서는 기업 지배구조 개선과 주주환원 확대에 기여한다는 긍정적 입장과 단기 차익만을 노려 기업의 경영권에 위협을 가할 수 있다는 부정적 입장이 함께한다.

유상증자(有償增資) 기업이 주식을 새로 발행해 기존 주주나 새로운 주주에게 파는 것으로, 자금 확보 수단의 하나이다. 유상증자를 하려면 우선 이사회의 결의를 거쳐야 하는데, 이사회에서는 발행주식수, 배정기준일, 청약일정 등을 정한다. 기업은 유상증자를 실시함에 있어 주주배정, 일반공모, 주주우선공모, 제3자 배정방식을 선택할 수 있다. 주주배정은 신주인수권을 기존 주주에게 배정하는 방식이며, 일반공모는 주주에 대한 신주인수권을 배제하고 불특정 다수인에게 공개 모집하는 방식을 말한다. 제3자 배정은 주주의 신주인수권을 배제하고 제3자에게 배정하는 것으로 우리사주조합에 대한 우선배정 등이 해당된다. 주주우선공모는 기존 주주와 우리사주조합에게 우선 배정한 후 실권주가 발생하면 일반인을 대상으로 공개 모집하며, 일반공모 후에도 미달이 발생하면 주관사회사에서 인수한다.

전환사채(CB·Convertible Bond) 일정한 조건에 따라 채권을 발행한 회사의 주식으로 전환할 수 있는 권리가 부여된 채권으로 사채와 주식의 중간 형태를 띤 채권이다. 전환 전에는 사채로서의 확정이자를 받을 수 있고 전환 후에는 주식으로서의 이익을 얻을 수 있다. 채권을 주식으로 전환하는 방식은 전환사채 발행 당시에 미리 결정해 두는데, 보통 채권과 주식을 얼마의 비율로 교환할 것인가 하는 전환가격을 정해두게 된다.

SM 경영권 분쟁의 향방은? SM을 둘러싼 경영권 분쟁에 카카오에 이어 하이브까지 가세한 가운데, 향후 법원의 가처분 인용 여부와 그에 따른 카카오의 결정에 따라 분쟁의 향방이 결정될 것으로 전망되고 있다. SM 이사회는 지난 2월 7일 신주 유상증자 및 전환사채(CB) 발행을 통해 카카오에 9.05%의 지분을 넘기기로 결의했고, 이 전 프로듀서 측은 이에 대한 무효소송을 제기한 상태다. 증권가에서는 향후 가처분 신청이 인용될 경우 카카오가 SM 인수전에 뛰어들 가능성은 현저히 떨어질 것이라고 내다보고 있다. 또 하이브의 경우 독과점 우려에 따른 공정위 기업결합 심사 통과가 관건인데, 하이브는 일단 SM 지분 14.9%를 인수한 뒤 공개매수 등을 통해 주식을 추가로 취득한다는 계획이다. 이때 보유 지분이 15.0%를 넘게 되면 공정위에 기업결합을 신고해야 하는데, 공정위는 독과점 부작용이 우려되는 경우 지분 인수를 막거나 제한하는 등의 시정조치를 내릴 수 있다.

하이브 VS SM, 경영권 분쟁 격화 하이브가 SM 창업자인 이수만 전 총괄프로듀서의 지분 14.8%를 매매하는 계약을 맺은 데 이어 2월 16일에는 SM에 대한 대대적인 지배구조 개선안과 새 경영진 후보군을 공식 발표했다. 새 이사 후보로는 이재상 하이브 아메리카 대표, 박병무 VIG파트너스 대표파트너 등 7명을 추천해 현 경영진 교체를 공식화했다. 이에 이성수 SM 공동대표는 이날 개인 유튜브 채널에 약 28분 분량의 「1차 성명 발표」 영상을 올리고 이 전 총괄이 연루된 각종 이권 의혹에 대해 폭로했으며, 특히 이 전 총괄이 2019년

역외탈세(域外脫稅) 국내 법인이나 개인이 조세피난처 국가에 유령회사를 만든 뒤 그 회사가 수출입 거래를 하거나 수익을 이룬 것처럼 조작해 세금을 내지 않거나 축소하는 것을 말한다. 이는 국내 거주자의 경우 외국에서 발생한 소득(역외소득)도 국내에서 세금을 내야 하지만 외국에서의 소득은 숨기기 쉽다는 점을 악용한 것이다.

홍콩에 개인 회사인 CTP를 설립해 에스엠과 해외 레이블사 간 정산 전에 해외 음반 매출액의 6%를 먼저 가져가고 있다며 역외탈세 의혹도 제기했다.

한편, 하이브는 이날 입장문을 내고 「이 전 총괄이 CTP를 소유하고 있고, CTP가 SM과 계약돼 있다는 내용은 전달받지 못했다.」며, 사실이 확인되면 CTP와 SM 간 계약을 종결시킬 것이라며 즉각 반박했다.

SM 경영권 분쟁 일지

2022. 2.	행동주의펀드 얼라인파트너스, 「SM 지배구조 개선 요구」
3.	SM 주총 표 대결에서 얼라인이 추천한 감사인 선임
8.	얼라인, 이수만 프로듀싱 계약 개선 및 배당 확대 촉구
10.	SM, 이수만 프로듀싱 계약 조기 종료
2023. 2. 3.	SM, 이수만 없는 SM 3.0체제 발표
7.	카카오, 유상증자 형태로 SM 지분 9.05% 확보 발표
10.	하이브, 1대 주주 이수만에게 SM 지분 14.8% 확보 발표
16.	• 하이브, SM에 대한 대대적 지배구조 개선안 발표
	• 이성수 SM 공동대표, 이 전 총괄의 각종 이권 및 역외탈세 의혹 제기
2월 말~3월 초	가처분 소송 법원 판단(SM, 카카오에 제3자 유증·CB 발행)
3. 1.	하이브, SM 지분 25% 공개매수 종료
6.	하이브, 이수만 지분 14.8% 인수

기재부, 한국형 챗GPT 개발·반도체 대규모 투자 등 「신성장 4.0 추진계획」 발표

추경호 부총리 겸 기획재정부 장관이 2월 20일 비상경제장관회의를 열고 한국형 챗GPT 개발 지원에 국가적 역량을 쏟는 등의 내용을 담은 「신성장 4.0 추진계획」을 발표했다. 신성장 4.0은 중장기적으로 국가 경쟁력을 높이고, 1인당 국민소득 5만 달러 달성을 위해 추진하는 국가 프로젝트를 말한다. 정부는 우선 올해 안에 ▷디지털 일상화 ▷전략산업 지원 ▷K-컬처 융합 관광 등 15대 신성장 프로젝트별 주요 대책을 30개 이상 발표한다는 방침을 수립했다.

주요 내용　정부는 올해부터 한국형 챗GPT(대화형 AI) 개발을 위해 저작권법을 개정해 다양한 저작물을 데이터 분석에 이용할 수 있게 하고, 중소기업·대학 등에 AI 활용을 지원한다. 반도체의 경우 대규모 국내 투자로 산업단지를 구축하고, 2차전지는 차세대 생산라인 구축을 검토하며, 디스플레이는 국가전략기술에 포함해 세액공제를 확대한다. 정부는 이를 바탕으로 오는 3월 시스템반도체 생태계 강화 전략과 반도체·2차전지·디스플레이 초격차 연구개발(R&D) 전략을 차례로 발표한다는 방침이다. 정부는 이와 함께 복합 해양레저관광 도시인 「한국형 칸쿤」 조성에도 속도를 내기로 했다. 이는 2030년까지 한국형 칸쿤을 5곳 조성한다는 목표로 K-관광 휴양 벨트 개발계획을 수립하고, 올해 4100억 원 규모의 콘텐츠 펀드를 조성해 콘텐츠 분야에서 한국의 디즈니를 육성한다. 이밖에 차세대 물류의 경우 2026년 로봇, 2027년 드론 배송을 위해 로봇·드론 무인배송 허용(생활물류법) 등 관련법을 연내 개정한다는 계획이다.

사회
시사

1월 30일부터 실내 마스크 착용 의무 해제
일부 장소 제외하고 「권고」 수준으로 완화

중앙방역대책본부(방대본)가 1월 30일부터 의료기관과 약국, 감염취약시설, 대중교통을 제외한 장소에서 실내 마스크 착용 의무를 「권고」로 전환한다고 20일 밝혔다. 중대본은 실내 마스크 착용 의무를 대중교통·감염취약시설·의료기관 외 시설에 대해 1단계로 먼저 해제하고, 추후 유행 상황을 지켜본 뒤 완전히 해제하는 2단계 방안을 추진하기로 했다. 이로써 지난 2020년 10월 13일 도입된 정부 차원의 마스크 착용 의무가 2년 3개월 만에 대부분 해제되게 됐다.

실내 마스크 착용 의무 해제 주요 내용

시기	1월 30일부터
내용	착용 의무 → 권고
예외 대상	• 요양병원·기관, 장애인복지시설, 정신건강증진시설 등 감염취약시설 • 병의원, 약국 • 버스, 지하철, 기차, 택시, 항공기, 선박 등 대중교통

실내 마스크 착용 의무 → 권고, 어떻게? 실내 마스크 착용 의무가 유지되는 장소는 감염취약시설과 의료기관, 약국, 대중교통수단이다. 감염취약시설은 ▷요양병원과 장기요양기관, 정신건강증진시설, 장애인복지시설이며, 대중교통수단은 ▷버스, 철도, 도시철도, 여객선, 도선, 택시, 항공기, 전세버스, 특수여객자동차 등이다. 다만 대중교통의 경우 탑승 중인 경우에만 마스크 착용 의무가 적용되며, 실내외 지하철역·기차역·공항 등의 장소는 마스크 착용 의무 장소에 해당되지 않는다. 하지만 실내 마스크 착용 의무가 해제된 이후에도 ▷코로나19 의심증상이 있거나 의심증상이 있는 사람과 접촉하는 경우 ▷고위험군이거나 고위험군과 접촉하는 경우 ▷최근 2주 사이 확진자와 접촉한 경우 ▷환기가 어려운 3밀(3密, 밀접·밀집·밀폐) 실내 환경에 있는 경우 ▷다수가 밀집한 상황에서 함성·합창·대화 등 비말 생성행위가 많은 경우 등은 마스크 착용이 강력 권고된다.

마스크 착용 의무화, 어떻게 변해왔나? 정부는 지난 2020년 10월 13일 코로나19 예방을 위해 다중이용시설을 중심으로 마스크 착용 의무를 시행했다. 그러다 2021년 4월 12일 0시부터는 사회적 거리두기 단계와 관계없이 모든 실내에서 마스크를 항상 착용하

코로나19 첫 발생부터 실내 마스크 해제까지

2020. 1. 20.	국내 첫 코로나19 확진자 발생
3.~5.	마스크 5부제 시행
3.	사회적 거리두기 도입
10. 13.	마스크 착용 의무화 시행
2021. 4.	실외 마스크 착용 의무화
12.	코로나19 유행 재확산, 고강도 거리두기로 회귀
2022. 4. 11.	사회적 거리두기 해제
5.	스포츠 경기 등 일부 제외하고 실외 마스크 착용 의무 해제
6.	입국자 격리 의무 해제
9.	실외 마스크 착용 의무 전면 해제
10.	입국자 검사 의무 해제
2023. 1. 30.	마스크 착용 의무, 권고로 전환

도록 변경됐다. 이후 코로나19 확산세가 진정되기 시작하면서 지난해 5월 2일 실외 마스크 착용 의무가 감염 위험이 높은 곳을 제외하고 해제됐으며, 그해 9월 26일부터는 야외에서의 마스크 착용 의무가 전면 해제된 바 있다.

한편, 실내 마스크 의무 완화에 따라 코로나19 사태에 따라 시행됐던 방역 조치 중에는 「확진자 7일 격리」만이 남게 됐다. 다만 이미 국회 등에서 자가격리 기간을 3일로 단축하자는 의견이 나온 만큼 실내마스크 의무 해제 이후에는 격리기간 단축에 대한 논의도 시작될 것으로 전망된다. 코로나19 확진자의 격리기간은 2020년 2월부터 2021년 10월까지 14일이었다가 2021년 11월에 10일로 단축됐고, 지난해 1월에는 7일로 줄어든 바 있다.

교육부, 실내 마스크 착용 세부지침 발표   교육부가 1월 27일 정부의 실내 마스크 착용 의무 해제에 따라 학교·학원에 적용할 실내 마스크 착용 세부 지침을 발표했다. 정부 지침에 따라 학교·학원에서도 1월 30일부터 실내 마스크 착용이 자율로 전환되지만, 교육부 지침에 따르면 학교나 학원을 오가며 타는 버스에서는 마스크를 의무적으로 써야 한다. 또 실내에서 열리는 졸업식에서 애국가나 교가를 합창하거나 운동 시합을 보며 단체 응원을 할 때도 마스크 착용이 적극 권고된다. 이 밖에 ▷코로나19 의심 증상이 있거나 코로나19 고위험군인 경우 ▷코로나19 의심 증상이 있는 사람 또는 고위험군과 접촉하는 경우 ▷최근 코로나19 확진자와 접촉했던 경우(접촉일로부터 2주간)에도 방역당국 기준과 동일하게 마스크 착용이 적극 권고된다.

경찰청 특수본, 「이태원 참사」 수사결과 발표
23명 검찰 송치-이상민·윤희근은 무혐의

지난해 10월 29일 159명의 사망자가 나온 이태원 참사를 수사해온 경찰청 특별수사본부(특수본)가 출범 73일 만인 1월 13일 기소의견으로 23명을 검찰에 송치하며 수사를 마무리했다. 지난해 11월 1일 출범한 특수본은 최대 514명의 인력을 투입해 60여 곳을 압수수색해 14만여 점의 증거 자료를 확보했고, 538명에 대한 참고인 조사를 진행했다. 그 결과 이임재 전 용산경찰서장과 박희영 용산구청장 등 6명을 구속했으나, 재난안전 총괄부처인 행정안전부(이상민 장관)와 서울시(오세훈 시장), 경찰청(윤희근 청장) 등 이른바 윗선 관계자들에 대해서는 모두 무혐의 판단을 내렸다.

> **10·29 이태원 참사**   지난해 10월 29일 오후 10시 15분경 서울 용산구 이태원동 해밀톤호텔 옆 골목에 핼러윈 축제를 즐기기 위해 모인 다수의 인파가 뒤엉키면서 300명이 넘는 사상자가 발생한 대규모 참사이다. 서울 도심에서 이와 같은 대규모 인명피해가 발생한 것은 1995년 삼풍백화점 사고(502명 사망) 이후 처음 있는 일이었으며, 단일사고 인명피해로는 2014년 세월호 참사(304명 사망) 이후 최대였다. 정부는 이태원 참사 다음 날인 10월 30일부터 11월 5일 밤 24시까지를 국가애도기간으로 정하고, 사고가 발생한 서울시 용산구를 특별재난지역으로 선포한 바 있다.

특수본 이태원 참사 수사 주요 내용

참사 원인은 관련 기관들의 과실 중첩과 군중 유체화   특수본은 이태원 참사의 원인으로 「관련 기관들의 과실 중첩」과 「군중 유체화 현상」을 지목했다. 특수본은 당시 지방자치단체와 경찰, 소방 등 재난안전 예방·대응 의무가 있는 기관들이 사전 안전대책을 수립하지 않거나 부실하게 세웠고, 참사

직후에도 법령과 매뉴얼에 따른 조치를 취하지 않아 피해를 키웠다고 봤다. 또 참사의 주된 원인으로 자의에 의한 거동이 어려운 「군중 유체화」를 꼽았는데, 이는 좁은 공간에 너무 많은 인파가 몰리면서 사람들이 본인 의지로 움직이지 못하고 물처럼 한꺼번에 이리저리 떠밀리게 되는 현상을 말한다. 특수본은 참사 당일인 10월 29일 오후 5시 이후 이태원 세계음식거리 일대에 인파가 급증했고 오후 9시부터는 군중 유체화 현상이 발생했다고 봤다. 그리고 오후 10시 15분쯤 사고 골목으로 많은 사람들이 떠밀려 내려오면서 동시다발적으로 넘어졌고, 넘어진 사람들 뒤편으로 계속해서 인파가 밀리며 군중 압력에 의해 158명(생존자 1명은 참사 이후 극단적 선택으로 사망, 총 159명 사망)이 질식 등으로 사망했다고 발표했다.

23명 기소·6명은 구속 송치 특수본은 경찰·용산구·소방·서울교통공사 등 재난안전법상 재난 대응 의무가 있는 기관 소속 23명(24명 입건 중 1명 사망)을 기소 의견으로 검찰에 넘겼고, 이 가운데 혐의가 중한 6명은 구속 송치했다. 경찰에서는 이임재 전 용산서장과 송병주 전 용산서 112상황실장이 업무상과실치사상 등의 혐의로 구속 송치됐고, 용산구에서는 박희영 구청장과 최원준 안전재난과장이 구속 송치됐다. 하지만 특수본은 재난안전 예방·대응 의무가 있는 기관들의 잘못으로 참사가 발생했다는 결론을 내리고서도 이상민 행안부장관과 오세훈 서울시장, 윤희근 경찰청장 등 이태원 참사 관련 상급기관 책임자들에 대해서는 모두 무혐의 처분을 내리거나 입건 전 수사 종결(내사 종결)하는 데 그쳤다.

특수본 이태원 참사 수사 결과

구분	대상	수사 결과
경찰	이임재 전 용산서장, 송병주 전 용산서 112실장, 박성민 전 서울청 정보부장 등 4명	구속 송치
	김광호 서울청장 등 8명	불구속 송치
용산구	박희영 구청장, 최원준 안전재난과장	구속 송치
	유승재 부구청장 등 3명	불구속 송치
소방	최성범 용산서장 등 2명	
서울교통공사	송은영 이태원역장 등 2명	
관련 업체	해밀톤호텔 대표이사 등 2명	
기타	이상민 행안부장관, 오세훈 서울시장, 윤희근 경찰청장	무혐의

교육부, 지자체의 대학 지원 권한 확대 등
「2023년 주요업무 추진계획」 발표

교육부가 1월 5일 초중고교의 학생 선발권을 보장하는 교육자유특구 제도의 시범 운영 및 지자체의 대학 지원 권한 확대 등의 내용을 담은 「2023년 교육부 주요업무 추진계획」을 윤석열 대통령에 보고했다. 교육부는 이번 업무계획에 제시된 교육개혁을 위해 제·개정해야 할 4대 입법 과제로 ▷러닝메이트법 ▷교육자유특구법 ▷고등교육법 ▷사립학교법을 꼽았다. 한편, 이번 개혁안은 윤석열 정부 들어 사실상 처음 나온 교육개혁 방안으로, 윤 정부는 그동안 교육·노동·연금을 3대 개혁과제로 내세워 왔다.

「2023년 교육부 주요업무 추진계획」 주요 내용

영유아　교육부는 2025년부터 유치원과 어린이집으로 나뉜 유아교육·보육 기관을 하나로 합치고, 관리 주체도 기존 교육부와 보건복지부에서 시·도 교육청으로 일원화한다는 목표를 제시했다. 현재 어린이집은 만 0~5세, 유치원은 만 3~5세 유아들을 맡고 있는데, 이번 방안에서는 각 기관의 장점을 갖춘 제3의 유아교육 기관을 만들어 자연스레 통합한다는 내용이 발표됐다.

초중등　초중등 교육 분야에서는 교육자유특구를 지정해 선택적 규제 특례 등을 통해 학교 설립·운영 등의 규제를 완화할 방침으로, 이는 올 상반기 관련 방안을 수립해 내년 시범 운영에 들어간다. 학교 교육력 제고를 위해서는 프로젝트·토론형 수업, AI·에듀테크 활용 수업 등 「교실 수업 혁신방안」이 올 상반기 중 마련되며, 2025년부터는 디지털 교과서 플랫폼이 단계적으로 도입된다. 또 2025년 전면 도입되는 고교학점제와 관련해서는 교실 수업과 평가를 혁신하는 방향으로 보완 방안을 발표한다. 아울러 초등 자녀를 둔 맞벌이 가정을 위한 맞춤형 돌봄서비스(아침돌봄·틈새돌봄·일시돌봄 등)를 대폭 강화하며, 운영 시간을 오후 8시까지 단계적으로 확대하는 「늘봄학교」를 도입한다. 늘봄학교는 올해 4개 내외 시범교육청을 선정해 인력과 재정을 집중 지원하고, 2025년부터 전국으로 확대할 계획이다.

대학　교육부는 지자체의 대학 지원 권한 확대와 규제 대폭 완화 등을 핵심으로 한 「지역중심대학 지원체계(RISE)」를 구축한다는 방침이다. 올해는 지자체 5곳 내외를 선정해 시범 추진하고 2025년부터 전 지역으로 확대한다는 계획인데, 시범 지역은 고등교육혁신특화지역으로 지정해 규제 특례를 적용하고 지역 주도로 재정 지원을 할 수 있도록 권한을 위임한다. 교육부는 또 연내 관련 법령을 개정해 경제자유구역 내 고등 외국교육기관 설립·폐지 승인 권한과 지방대 및 지역인재 육성 지원계획 수립 권한도 지자체에 이양하기로 했다.

기타　교육부는 현행 교육감 직선제를 대신할 「시도지사–교육감 러닝메이트(동반 출마)」 제도 도입을 추진하기로 했다. 이는 교육감이 단독 출마하는 현행 직선제를 시·도 지사와 교육감 후보가 동반 출마하는 러닝메이트제로 대체한다는 것으로, 이를 위해 지방교육자치법과 공직선거법 개정을 추진한다. 그리고 교대와 사범대 중심의 교사 양성 체계는 교육전문대학원(교전원) 중심으로 개편할 방침으로, 올해 대학 2곳을 지정해 내년부터 교전원을 시범 운영하고 점차 확대하기로 했다. 교전원에서는 전문 석사 학위 또는 전문 박사 학위를 수여하며 정교사 1급 자격을 부여하는 내용을 검토 중인 것으로 알려졌다.

2023년 교육부 업무보고 주요 내용

구분	내용
영유아 및 초중등	• 유치원, 어린이집 통합한 새로운 유아교육기관 설립(2025년) • 디지털 교과서 시범 운영(2024년) • 늘봄학교 전국 확대(2026년)
대학	• 대학 관련 권한 지자체 이양(2025년 전 지역 확대) • 지역혁신중심 대학지원체계(RISE) 구축
기타	• 교육감 선거제 러닝메이트 도입 • 교육전문대학원 도입(2024년 시범 운영)

교육부, 5개 시·도에서 늘봄학교 시범 운영　교육부가 초등학교 돌봄교실 운영 시간을 확대하고 맞춤형 방과후 교육을 제공하는 「2023학년도 초등 늘봄학교」 시범 운영 시도교육청 선정 결과를 1월 25일 발표했다. 초등 늘봄학교는 오는 3월부터 인천·대전·경기·전남·경북 5개 지역에서 시범 운영되는데, 선정된 교육청들은 관내 초등학교 전체 10%가량을 시범 운영 학교로 지정해 운영한다. 이는 지역별로 경기 80개, 경북과 전남 각 40개, 대전과 인천 각 20개씩 총 200개교로, 교육부는 평균 100억 원씩 특별교부금 총 600억 원을 지급한다는 방침이다. 선정된 5개 지역에서는 이르면 3월, 늦어도 2학기부터 돌봄교실 운영 시간을 오후 8시까지 확대하게 된다. 이는 ▷아침돌봄(오전 9시 정규 수업 시작 전 운영) ▷틈새돌봄(방과 후 교육 프로그램 사이 쉬는 시간을 활용) ▷일시돌봄(특별한 사정이 있는 학부모의 신청을 받아 일정 기간 돌봄 제공)의 형태로 운영된다. 여기다 초1 신입생에게 특화된 돌봄과 방과후 교육인 「에듀케어」 집중 프로그램은 시범 운영 200개교 전체에서 운영하게 된다.

교육부, 2025년부터 어린이집·유치원 통합 추진
교사 통합 조율이 최대 난관 전망

교육부와 보건복지부가 1월 30일 유치원과 어린이집의 유아교육과 보육을 통합하는 「유보통합 추진 방안 로드맵」을 발표했다. 유보통합은 현재 만 0~5세 영유아를 대상으로 교육·돌봄 서비스가 이원화돼 있는 것을 하나로 합하는 것이다.

현재 만 3~5세 유아교육을 담당하는 유치원은 「학교」로 분류돼 교육부와 시·도 교육청이 관할하지만, 만 0~5세 영·유아보육을 맡는 어린이집은 「사회복지기관」으로 분류돼 보건복지부와 지자체가 관할하고 있다. 그러나 이번 로드맵에 따라 유보통합이 이뤄지면 그 관할 기관은 교육부와 시도교육청으로 일원화된다. 한편, 유보통합은 1995년 김영삼 정부에서 발표한 5·31 교육개혁에 처음 제시된 이후 역대 정부에서 모두 추진됐으나, 교사 자격기준과 양성체계를 통합하는 문제 등에 대한 이견차로 이뤄지지 못했다.

유보통합 추진 주요 내용　이번 로드맵은 어린이집과 유치원의 교사 자격, 시설 기준, 돌봄 시간 등의 격차를 줄여가다가 2년 후인 2025년 완전히 통합하는 내용을 담았다. 유보통합은 1단계(2023~2024년)와 2단계(2025년)로 나누어 추진된다. 1단계에서는 유보통합추진위원회와 유보통합추진단을 중심으로 양 기관의 격차 해소 및 통합 기반 마련, 관련 법령 제·개정 등 준비 작업이 이뤄지며, 2단계에서는 유치원과 어린이집을 합친 새 통합기관이 문을 열게 된다.

1단계와 2단계로 시행　올해 하반기부터 유보통합 선도 교육청 3·4곳을 선정해 급식비 균형지원이나 누리과정비 추가 지원, 돌봄시간 확대 등 유치원과 어린이집 간 격차를 줄이기 위한 다양한 모델을 살피게 된다. 그리고 기관 간 격차 해소와 학부모 부담 경감을 위해 2024년 만 5세, 2025년 만 4세, 2026년 만 3세까지 연차별로 지원 대상을 확대해 누리과정 지원금(만 3~5세 1인당 28만 원) 외에 추가 지원이 실시된다. 2025년부터는 교육청을 중심으로 통합 작업을 본격 추진해 기존 유치원·어린이집이 새로운 통합기관으로 전환된다. 재원의 경우 유보통합 관련 재정 통합을 위해 기존 보육 예산 이관을 전제로 별도의 특별회계 신설을 검토한다. 그리고 2026년에는 교사 양성체계까지 통합하고, 새 시설 기준과 교육과정을 적용하는 등 유보통합을 완성한다는 계획이다.

한편, 교육부는 유보통합을 추진하기 위해 유보통합추진위와 유보통합추진단을 설치해 운영한다. 추진위는 부총리 겸 교육부 장관이 위원장을 맡고 정부위원, 유치원·어린이집 단체, 교원 단체, 학부모, 전문가 등 24명으로 구성된 심의 기구다.

유보통합 추진 로드맵 주요 내용

유보통합 1단계(2023~2024년) : 격차 해소 및 통합 기반 마련	유보통합추진위원회와 유보통합추진단 중심 기간 관 격차 해소 및 통합기반 마련 – 2023년: 유보통합 선도교육청 선정, 교사 양성체계 개편 포함한 새 통합기관 시안 공개 등 – 2024년: 교육비·보육료 지원 확대 및 돌봄 지원비 지원 규모 현실화, 교육과정 개정안 마련 등
유보통합 2단계(2025~2026년) : 유보통합 본격 시행 및 완성	•교육부·교육청 유보통합 본격 시행 및 지역주도 통합기관 출범 및 운영 •통합기관 교사, 교육과정, 시설·설립기준 단계적 적용 – 2025년: 어린이집·유치원 관리체계 교육부로 일원화, 교육·돌봄 책임 특별회계 운영, 교사 양성과정 개편 준비 – 2026년: 개편된 교사 양성과정 적용, 교육과정 현장 적용 등

교사 통합이 가장 큰 난관 교육부의 방안이 실제 추진되기까지는 첨예한 갈등이 예상되는데, 가장 큰 난관으로는 교사 양성체계와 처우 개선이 꼽힌다. 현재 유치원 교사는 대학에서 유아교육을 전공한 뒤 유치원 정교사 자격을 취득해야 하는 반면 어린이집 교사는 학점은행제를 통해 자격증을 취득할 수 있어 진입장벽이 다소 낮다. 이에 유치원 교사들은 어린이집 교사와의 통합이 역차별이라며 반발하고 있는데, 유보통합 논의가 현재까지 진전되지 못한 것도 이 부분이 가장 크다. 이 밖에 유치원과 어린이집의 시설기준을 통합하는 것도 난제인데, 대표적으로 유치원과 어린이집은 건물과 놀이터 면적에 대한 기본 시설기준을 비롯해 CCTV 설치 의무도 다르다.

교육부, 학생선수 출석인정일수 대폭 확대
초 20일·중 35일·고 50일로 늘려

교육부와 문화체육관광부가 1월 19일 올해부터 학생선수 출석인정일수(출석인정 결석 허용 일수)를 초등학교 20일, 중학교 35일, 고등학교 50일로 각각 확대한다고 밝혔다. 이는 지난해(초 5일·중 12일·고 25일)와 비교해 대폭 늘어난 것으로, 특히 고등학생은 전문체육 분야 진출 여부가 결정되는 시기임을 고려해 향후 전체 수업일수의 3분의 1(약 63일)까지 확대하는 것을 목표로 하기로 했다.

주요 내용 출석인정일수는 2019년까지는 법정 수업일수의 3분의 1인 63일이었지만, 학생선수의 학습권 보장과 수업 결손을 방지해야 한다는 스포츠혁신위의 권고가 나오면서 2020년부터 지난해까지 단계적으로 줄여왔다. 이에 따라 초등학교는 20일→10일→5일, 중학교는 30일→ 15일→12일, 고등학교는 40일→30일→25일로 감소했다. 하지만 지난해 대통령직 인수위원회는 스포츠혁신위 권고안을 전면 재검토하겠다고 밝힌 바 있고, 결국 확대 방안이 나온 것이다. 다만 교육부와 문체부는 출석인정일수 확대로 인한 학습결손을 막기 위해 「학생선수 e-school 플랫폼」의 학습콘텐츠를 확충하고, 운영 대상을 초등학교 학생선수까지 확대한다는 방침이다. 또 학습지원 멘토단을 구성해 기초학력이 부족하거나 보충수업을 희망하는 학생선수들에게 대면으로 보충수업을 지원하는 사업을 올해 시범 운영하고 연차적으로 확대한다.

고용부, 「고용서비스 고도화 방안」 발표
실업급여 지급 액수 및 기간 개선

고용노동부가 1월 29일 실업급여를 받기 위해 유지해야 하는 고용보험 가입기간을 늘리고 실업급여 하한액을 낮추는 내용 등을 담은 「고용서비스 고도화 방안」을 발표했다. 고용부의 이번 방안은 구직활동에 적극적으로 나서지 않으면서 실업급여를 받는 수급자의 도덕적 해이를 막기 위한 개선안으로, 고용부는 해당 방안을 통해 향후 3년 내에 실업급여 수급자의 재취업률을 기존의 26.9%에서 30%까지 끌어올린다는 계획이다.

실업급여(失業給與) 고용보험 가입 근로자가 실직한 경우 고용보험기금에서 소정의 급여를 지급하는 제도로, 고용부에 따르면 국내 실업급여 수급자는 코로나19 사태를 거치면서 2017년 120만 명에서 2021년 178만 명으로 급증했다. 실업급여는 나이와 일한 기간에 따라 최소 120일에서 최대 270일까지 받을 수 있으며, 지급액은 직전 평균임금의 60% 수준으로 1일 상한액은 6만 6000원(월 198만 원)이다. 다만 실업급여를 받기 위해서는 고용보험 가입 기간이 6개월 이상이어야 한다.

「고용서비스 고도화 방안」 주요 내용 고용부는 실업급여 수급에 필요한 고용보험 가입 기간을 늘리고 실업급여 지급 수준 및 기간을 단축하는 내용의 개편을 추진한다. 구체적으로 실업 전 직장에서 최소 180일간 근무해야 한다는 최소 취업기간 기준을 10개월로 더 늘리는 방안을 검토하며, 실업급여 하한액도 최저임금의 80%에서 60%로 낮추는 방안이 논의된다. 또 실업급여 수급자에게 구직 의무를 부여하고 상담사 개입을 강화, 오는 5월부터는 이력서 반복 제출과 같은 형식적 구직 활동과 면접 불참, 취업 거부 시에는 실업급여를 지급하지 않는다는 방침이다.

아울러 국회에 계류 중인 반복 수급자 실업급여 감액, 대기 기간 연장을 핵심으로 하는 고용보험법과 고용산재보험료징수법 개정안이 통과될 수 있도록 적극 지원한다는 방침이다. 개정안에 따르면 5년간 3회 이상 실업급여를 받은 사람은 지급액을 최대 50% 삭감하며, ▷5년간 3회 수급자는 10% ▷4회는 25% ▷5회는 40% ▷6회 이상은 50% 감축하는 식이다. 또 실업급여 수급자의 수급 중 재취업률과 국민취업지원제도 참여자 취업률을 높이며, 취업활동계획 수립 후 3개월 내에 취업할 경우 1회 50만 원을 지원하는 「조기취업성공수당」도 신설한다.

정부 실업급여 개편안 주요 내용

구분	주요 내용
반복 수급	수급 대기 기간 1주에서 4주로 연장, 적발 시 급여 최대 50% 감액
급여 하한액	현행(최저임금의 80%)에서 하향
취업 기간 조건	현행(최소 180일)에서 연장

정부, 안전운임제 폐지하고 표준운임제로 개편
60년 넘게 이어진 지입제도 개선

국토교통부가 2월 6일 지난해 두 차례 벌어진 화물연대 총파업의 쟁점이던 화물차 안전운임제를 없애고 표준운임제로 개편하는 등의 내용을 담은 「화물운송산업 정상화 방안」을 발표했다. 안전운임제는 화물차주와 운수사업자가 지급받는 최소한의 운임을 정부가 정하는 제도로, 전임 문재인 정부가 국정과제로 추진해 2000년 수출입 컨테이너·시멘트 품목에 한해 3년 일몰제로 도입한 바 있다. 화물연대는 일몰 시한인 지난해 연말을 앞두고 안전운임 적용품목 확대 및 제도 영구화를 요구하며 두 차례 파업을 벌였지만, 정부의 강경 대응 속에 별다른 성과 없이 파업이 종료되면서 결국 폐지된 바 있다.

> **안전운임제(安全運賃制)** 화물운송 종사자의 근로 여건 개선 및 화물차 안전 확보를 위해 화물차주와 운수 사업자가 지급받는 최소한의 운임을 공표하고, 이보다 낮은 운임을 지급하는 화주(貨主)나 운수업체에 1000만 원 이하의 과태료를 부과하는 제도이다. 안전운임은 화주가 운수사업자에게 지급하는 안전운송운임과 운수사업자가 화물차주에게 지급하는 안전위탁운임으로 나뉜다. 안전운임제는 지난 2018년 국회에서 화물자동차 운수사업법 개정안이 통과되면서 2020년 1월 1일부터 컨테이너·시멘트 품목에 한해 2022년까지 3년 일몰제(日沒制, 법률이나 각종 규제의 효력이 일정 기간이 지나면 자동으로 없어지게 하는 제도)로 시행됐다.

국토부 방안 주요 내용

표준운임제로 개편 지난해 말 일몰된 안전운임제는 화주(화물운송을 위탁하는 기업)와 운송사 간에는 「안전운송운임」을, 운송사와 차주(화물차 기사) 간에는 「안전위탁운임」을 정해 이를 강제하는 방식이었다. 그러나 새로 도입하는 표준운임제는 운송사-차주 간 운임을 강제하되 화주-운송사 간 운임은 강제하지 않고 가이드라인 방식으로 매년 공표한다. 다만 기사 소득이 적정 수준에

표준운임제 주요 내용

운임	• 화주 → 운수사: 표준운송운임 강제성 없음 • 운수사 → 차주: 표준위탁운임 강제성 있음
위반 시 제재	• 운수사 → 차주: 점증 방식(시정명령→100만 원→200만 원) • 화주 → 운수사: 과태료 대상에서 제외
운임 산정	법령(시행규칙)에 명시: 국세청 평균납세액, 유가보조금 등 활용해 객관적 산정
운임위원회 구성	공익 6, 화주 3, 운수사 2, 차주 2

도달하면 강제 대상에서 제외할 방침이다. 또 안전운임제에서는 화주가 운송사에 주는 운임과 운송사가 화물차 기사에게 지급하는 운임 모두 규정과 다르면 화주와 운송사 모두 500만 원 이하 과태료 등의 처벌 대상이 됐다. 하지만 표준운임제에서는 바로 과태료를 부과하는 게 아니라 시정명령부터 내린 뒤 과태료를 100만 원, 200만 원으로 점차 올려 부과하는 식으로 처벌을 완화한다. 이 표준운임제 적용도 기존 안전운임제와 마찬가지로 시멘트와 컨테이너 품목에 3년 일몰제로 적용한 뒤 이후 지속 여부를 검토한다는 방침이다.

운송기능 없는 지입전문회사 퇴출 정부는 화물차 기사들이 구입한 차량을 운송사 이름으로 등록해 일감을 받는 방식인 지입제(持入制) 퇴출에도 나서기로 했다. 정부는 지난 2004년 화물운송시장의 과잉공급 해소를 위해 영업용 차량을 등록제에서 허가제로 전환했는데, 이에 운송면허 신규 발급이 제한되자 기사들에게 번호판만 빌려주고 사용료를 받는 지입전문회사들이 생겨났다. 이에 국토부는 운송 기능을 하지 않고 지입료만 떼먹는 운송사 퇴출을 위해 모든 운송사로부터 운송 실적을 신고받을 계획이다. 그리고 화물차주에게 물량을 제공한 실적이 없거나 미비한 운송사는 기존 「사업정지」 보다 수위가 높은 「감차」 처분을 내린다. 화물차주 또한 실적신고를 하고 일정 수준의 일감을 받지 못한 차주에게는 개인운송사업자 허가를 제공하기로 했다. 여기다 지금은 지입계약 때 화물차를 운송사 명의로 등록해야 하지만, 앞으로는 화물차 실소유자 명의로 등록하도록 하며 이를 위반할 시 화물차 번호판을 회수하는 감차 처분을 내리기로 했다.

Society

정부, 필수의료 지원대책 발표
공동 당직의사제 신설 및 야간수술 수가 상향

보건복지부가 1월 31일 붕괴 위기에 놓인 필수의료 분야를 살리기 위한 대책 등을 제시한 「필수의료 지원대책」을 발표했다. 현재 의료계에서는 필수의료 분야로 통하는 내외산소(내과·외과·산부인과·소아청소년과) 전공의 지원자가 매해 줄어들면서 조만간 진료 대란이 일어날 수 있다는 우려가 높아지고 있는 상황이다.

필수의료 지원대책 주요 내용

병원 간 순환당직체계 도입 권역응급의료센터 지정 기준에 주요 중증응급질환에 대한 최종치료 기능을 포함, 중증응급진료 역량을 갖춘 중증응급의료센터로 개편한다. 개편 이후 중증응급의료센터는 현 40개소에서 50~60개 내외로 늘리고, 주요 응급질환을 한 권역에서 담당하는 방안도 추진된다. 또 야간에 당직 의사가 없어 환자가 이리저리 헤매는 일을 막기 위해 지역 내 최소 1개 병원에 상시로 당직 의사가 근무하도록 하는 「(야간) 순환당직제」도 올해 시범 도입한다.

공공정책 수가 및 지역수가 도입 필수의료 분야에 대해서는 공공정책 수가를 도입하는데, 이는 현행 행위별 수가제(의사 진료행위마다 가격을 매겨 비용 지급)로는 진료 횟수가 상대적으로 적고 수익이 나기 어려운 필수의료 분야에 대한 적정 보상이 어렵다는 지적에 따른 것이다. 우선 야간·휴일 당직, 장시간 대기 등 의료인력의 업무부담이 큰 필수의료 분야 보상이 확대된다. 또 지역별 차등화된 「지역수가」를 처음으로 도입할 방침으로, 이는 먼저 시·군에 소재하면서 일정한 시설·인력 기준을 충족하는 분만 의료기관에 지원해 운영난이 개선될 수 있도록 한다.

소아치료 여건 강화 야간·휴일에 소아 외래진료가 가능하도록 야간·휴일 진료기관(달빛어린이병원 등)을 확대하고 소아전문응급의료센터를 추가 확충한다. 또 소아암 지방거점병원 5곳을 추가로 지정, 지방 소아암 환자와 가족이 서울을 왕래하지 않아도 필요한 진료를 받을 수 있도록 진료체계를 구축한다.

필수의료 지원대책 주요 내용

현황	개선 방안
수술 의사 없어 병원 헤매는 일 발생	병원 간 순환당직제 도입
지방 산부인과 경영난으로 폐업 위기	지역수가 도입
중증·응급소아 진료 병원 부족	소아전문응급의료센터 확충

中, 2월 18일부터 한국민 단기비자 발급 재개
양국 간 비자발급 40여 일 만에 정상화

주한 중국대사관이 2월 15일 한국 국민을 대상으로 한 중국 단기비자 발급을 오는 18일부터 재개한다고 발표했다. 이에 앞서 2월 11일 우리 정부는 중국민의 한국행 단기비자 발급을 재개한 바 있어 양국 간 단기비자 발급은 40여 일 만에 정상화 수순에 들어섰다. 발급이 재개되는 중국 단기비자에는 방문, 상업무역 및 일반 개인사정 등 목적의 비자가 모두 포함된다. 중국 정부는 지난 1월 2일 한국의 방역 조치에 대한 보복 조치로 1월 10일부터 한국민의 중국행 단기비자 발급을 중단하고 중국을 경유하는 비자 발급도 정지한 바 있다. 다만 양국 비자 문제는 정상화됐으나 아직 한·중 간 항공편 증편이 이뤄지지 않았고, 중국이 자국민 단체여행이 가능한 국가군에 한국을 포함하지 않아 양국 간 왕래가 본격화되기까지는 시일이 더 걸릴 것으로 전망된다.

한중 단기비자 발급 정상화에 이르기까지 우리 정부는 지난 12월 말 중국의 코로나19 감염이 빠르게 확산되자 1월 2일부터 중국인 여행객에 대한 단기비자 발급을 제한하고 입국 후 유전자증폭(PCR) 검사를 의무화하는 등 중국발 입국자를 대상으로 한 고강도 방역 조치를 시행했다. 이에 중국 정부는 해당 조치에 반발하며 대등한 상응 조치를 취하겠다고 경고하다가 1월 10일 우리나라에 대해 비자 발급을 제한하는 조치를 내놓았다. 우리 정부는 1월 말에는 중국인에 대한 비자 제한 조치를 연장하기로 결정했고, 중국은 이에 대응해 2월 1일부터 한국발 입국자(중국인 제외)에 대한 입국 후 PCR검사를 의무화한다고 밝히면서 양국 간 갈등이 고조되기도 했다. 그러다 우리 정부는 코로나 19 확산세가 정점을 지나 안정화 단계로 접어든 것으로 보고 2월 11일부터 중국발 입국자에 대한 단기비자 발급을 재개했다.

✎ 정부는 2월 22일 중국발 입국자에 대한 입국 후 PCR 검사를 오는 3월 1일부터 해제하고, 인천국제공항 이외의 다른 공항을 통한 중국발 입국자의 입국도 허용한다고 밝혔다.

中, 자국민 20개국으로 단체여행 허용-한미일 제외 중국 문화관광부 판공청이 2월 6일부터 자국민의 해외 단체여행을 부분적으로 허용한다고 1월 20일 발표했다. 중국인 단체여행 허용 국가는 태국, 인도네시아, 캄보디아, 몰디브, 스리랑카, 필리핀, 말레이시아, 싱가포르, 라오스, 아랍에미리트, 이집트, 케냐, 남아프리카공화국, 러시아, 스위스, 헝가리, 뉴질랜드, 피지, 쿠바, 아르헨티나 등 20개국이다. 그러나 중국발 입국자 방역 강화를 둘러싼 외교 갈등을 겪고 있는 우리나라와 일본, 미국 등은 대상 국가에 포함되지 않았다.

행안부, 시·도지사에 재난 선포권 부여 등
국가안전시스템 개편 대책 발표

행정안전부가 이태원 참사와 같은 인파 사고 재발을 막기 위해 재난안전법 규정에 인파 사고를 포함하고, 행안부 장관이 가진 재난사태 선포 권한을 시도지사에게로 확대하는 내용 등을 담은 「범정부 국가안전시스템 개편 종합대책」을 1월 27일 발표했다.

국가안전시스템 개편 종합대책 주요 내용 인파 사고를 재난안전법의 사회재난에 포함해 관리하며, 재난이 일어났을 때 재난사태 선포 권한을 기존 행안부 장관에서 시·도지사로 확대한다. 재난사태를 선포하면 재난경보 발령, 인력·장비·물자 동원, 위험구역 설정, 대피명령, 응급지원, 공무원 비상소집 등 각종 응급조처를 단행할 수 있다. 그리고 인파사고 위험을 미리 감지하는 현장인파관리시스템은 서울·부산 등 대도시에서 시범운영 후 전국으로 확대한다. 이 시스템은 유동 인구 정보(기지국, 대중교통 데이터), 폐쇄회로(CC)TV 영상분석을 바탕으로 밀집도를 모니터링하고 위험이 감지되면 경찰·소방 전파와 함께 재난문자를 발송하는 체계다. 또 1시간 내 반경 50m 이내 3건 이상 반복 신고 시 112시스템에 자동 표출되는 「112 반복 신고 감지시스템」을 도입하고, 112·119 영상신고를 활성화해 신고 영상을 기관 간에 공유한다. 각 기관에서는 재난 발생 때 차상위자에게 직보하는 체계를 도입하며, 모든 시·군·구에는 재난상황실을 365일·24시간 상시운영하는 체계를 2027년까지 구축한다. 현재는 전국 228개 시·군·구 가운데 49곳만 상황실을 운영하고 있다.

이 밖에 새로운 위험을 예측하고 상시 대비하는 재난안전관리체계도를 반영할 방침으로, 이를 위해 국립재난안전연구원에 신종재난 위험요소 발굴센터(가칭)를 신설해 지하주차장 전기차 충전소 화재 등 위험 요소를 분석해 대비한다. 또 재난안전정보통합플랫폼을 구축해 58개 재난관리책임기관의 198개 시스템에서 분산 관리 중인 데이터를 연계·통합 관리하며, 국민에게 다양한 재난안전정보를 원스톱으로 제공하는 「국민안전24」도 신설한다는 방침이다.

농림축산식품부, 반려견 이동장치에 잠금기능 의무화
동물보호법 시행령·시행규칙 개정안 입법예고

농림축산식품부가 오는 4월 27일 동물보호법 시행에 앞서 시행령·시행규칙 개정안을 2월 28일까지 입법예고한다고 1월 19일 밝혔다. 개정안에 따르면 개물림 사고 방지 등을 위해 반려동물 소유자 준수사항이 강화되며, 동물학대 예방 등을 위해 동물보호센터·민간동물보호시설 및 반려동물 영업장 등의 CCTV 설치장소도 구체화됐다.

> **동물보호법(動物保護法)** 동물에 대한 학대행위 방지 등 동물을 적정하게 보호·관리하기 위해 필요한 사항을 규정한 법이다. 이 법에 따르면 동물 소유자 등은 동물에게 적합한 사료와 물을 공급하고, 운동·휴식 및 수면이 보장되도록 해야 하며, 동물이 질병에 걸리거나 부상당한 경우에는 신속하게 치료해야 한다.

개정안 주요 내용 반려견 동반 외출 시 이동가방(케이지)을 사용하는 경우 개물림 사고 방지를 위해 동물이 탈출할 수 없도록 잠금장치를 갖춰야 한다. 그리고 기숙사·다중생활시설·노인복지주택 및 오피스텔에서도 동물을 직접 안거나 목줄·가슴줄을 잡는 등의 안전조치를 해야 한다. 동물을 줄로 묶어 기르는 경우 줄 길이는 2m 이상이어야 하고, 습성 등 부득이한 사유가 없으면 빛이 차단된 어두운 공간에서 장기간 사육하지 않아야 한다. 개·고양이 기준 20마리 이상을 보호하는 시설은 보호시설 명칭과 주소, 운영자 성명, 보호시설 면적 및 수용 가능 마릿수 등을 관할 시군구에 신고해야 한다. 사육포기 동물의 지방자치단체 인수제가 도입됨에 따라 6개월 이상의 장기입원 또는 요양, 병역 복무, 태풍·수해·지진 등에 따른 주택 파손·유실 등 정상적으로 동물을 키우기 어려운 경우 지자체에 해당 동물을 넘길 수 있도록 규정했다. 동물보호센터 및 민간동물보호시설은 보호실과 격리실에 CCTV를 설치하는 등 동물학대 예방 등을 위한 CCTV 설치 장소도 구체화했다.

행안부, 「2022년 주민등록 인구통계」 발표
전체 인구 20만 명 감소-1인 가구는 급증

행정안전부가 1월 15일 발표한 「2022년 주민등록 인구통계」에 따르면 지난해 12월 기준 우리나라 주민등록 인구는 5143만 9038명으로, 2021년에 비해 19만 9771명(-0.39%) 감소했다. 이로써 주민등록상 인구는 연말 기준 2020년 5183만 명, 2021년 5164만 명, 2022년 5144만 명으로 3년째 감소를 나타냈다. 이처럼 주민등록 인구 감소세는 지속되고 있지만 1인 가구는 꾸준히 증가하면서 972만 4256세대(41.0%)를 기록, 1000만 세대 돌파를 목전에 뒀다. 또 1인 가구의 증가로 세대수도 증가, 지난해 세대수는 전년보다 23만 2919세대가 증가한 2370만 5814세대를 기록했다. 하지만 평균 가구원 수는 사상 최저치인 2.17명으로 집계됐다.

연령대별 인구를 살펴보면 50대가 16.7%로 가장 큰 비중을 차지했으며, 2013년만 해도 12.2%였던 65세 이상 인구 비율은 지난해 18%까지 증가하면서 고령인구 비율이 역대 최대치를 기록했다. 이에 따라 광역자치단체 중 초고령사회(65세 이상 인구 비율 20% 이상)로 진입한 곳은 5곳에서 6곳으로 늘었다.

2022년 주민등록 인구통계 주요 내용

구분	내용
주민등록 인구	5143만 9038명
세대수	2370만 5814세대
평균 가구원 수	2.17명
65세 이상 인구 비율	18%
성별 인구격차	16만 5136명(여자 〉 남자)

통계청, 「2022 국민 삶의 질 보고서」 발표
국민 삶 만족도 OECD 최하위권

통계청이 2월 20일 발표한 「2022 국민 삶의 질 보고서」에 따르면 2019~2021년 평균 우리나라에서 집계한 주관적 삶의 만족도는 10점 만점에 5.9점으로, OECD 38개국 가운데 36위를 차지했다. 이는 OECD 평균치(6.7점)에 한참 모자란 것으로, 한국보다 삶의 질이 낮은 OECD 회원국은 콜롬비아(5.8)와 튀르키예(4.7)에 불과했다.

기타 주요 내용 보고서에 따르면 연간 기준 우리나라 삶의 만족도는 2021년 기준 6.3점으로 집계됐는데, 특히 100만 원 미만인 저소득층의 만족도는 5.5점에 그쳐 평균을 크게 밑돌았다. 영역별로 보면 2021년 아동학대 피해 경험률은 아동 10만 명당 502.2건으로 2020년(401.6건)보다 100건 넘게 급증했다. 또 지난해 65세 독거노인 비율은 20.8%를 기록하며 지속적인 증가세를 보였으며, 65세 이상 노인인구는 901만 8000명으로 2000년(339만 4000명) 이후 2.7배 증가했다. 자살률은 2021년 인구 10만 명당 26.0명으로 1년 전(25.7명)보다 0.3명 증가했는데, 특히 남성의 자살률(35.9명)이 여성(16.2명)보다 2배 이상 높았다. 이 밖에 사회적 고립도는 2021년 34.1%로 2019년(40.6%)에 비해 6.5%포인트 늘었으며, 가계부채비율은 2021년 206.5%로 1년 전보다 8.7%포인트 늘어나며 악화됐다.

1월 22일부터 우회전 신호등 시행
신호등 없을 땐 무조건 일단 멈춤

경찰청이 1월 22일부터 우회전 신호등이 설치된 교차로에서 적색 신호 시 정지 의무를 어기면 처벌되는 도로교통법 시행규칙이 시행된다고 17일 밝혔다. 변경된 시행규칙에 따르면 모든 운전자는 우회전 신호등이 설치된 곳에서는 녹색화살표 신호에만 우회전할 수 있으며, 설치되지 않은 곳에서도 차량 신호등이 적색일 때는 반드시 일시 정지한 뒤 우회전해야 한다. 만약 이를 위반하면 도로교통법에 따라 20만 원 이하의 벌금이나 30일 미만의 구류에 처해질 수 있다. 그동안 우회전은 좌회전과 달리 별도의 신호가 없어 잦은 교통사고의 원인으로 지목돼 왔다.

앞서 도로교통법 개정으로 지난해 7월 12일부터 모든 운전자는 교차로에서 우회전을 할 때 횡단보도 쪽 인도에 사람이 보이면 일단정지를 하도록 하고 있다. 여기다 경찰은 지난해 9월부터는 전국 8개 시·도경찰청 내 지역 15곳에서 우회전 신호등을 시범운영해 왔다. 경찰은 새롭게 시행되는 도로교통법 시행규칙에 대해 충분한 홍보가 필요한 점을 감안해 3개월간의 계도기간을 거친 후 단속실시 여부를 결정할 예정이다.

튀르키예·시리아, 규모 7.8 강진 발생
얕은 진원·강력한 여진·내진 미흡 건물로 피해 확산

튀르키예와 시리아 국경지대에서 2월 6일 오전 4시 17분쯤 규모 7.8의 강진이 발생했다. 미국 지질조사국(USGS)에 따르면 이날 지진은 오전 4시 17분쯤 튀르키예 남부 도시 가지안테프에서 약 33km 떨어진 내륙에서 발생했으며, 진원의 깊이는 17.9km다. 특히 첫 번째 지진 15분 후 6.7 규모의 여진이 이어진 데 이어 오후 1시 24분에는 카흐라만마라슈 북동쪽 59km 지점에서 규모 7.5의 여진(진원 깊이 10km)이 발생하면서 피해가 더욱 커졌다. 이번 지진은 지난 1939년 12월 튀르키예 북동부 에르진잔주에서 발생한 7.8 규모의 지진과 동일한 위력으로 분석되는데, 당시 지진으로 약 3만 명이 넘게 사망한 바 있다.

튀르키예·시리아 강진 주요 내용

△ 지진 발생 지점

발생일	2월 6일 오전 4시 17분(현지시간)
발생 위치	튀르키예 가지안테프 서북서쪽 37km 지역
발생 깊이	24km
지진원인	아라비아판이 아나톨리아판과 마찰하면서 북쪽으로 이동 (지각판 경계면을 따라 단층이 수평이동하며 엄청난 양의 압력 방출)

지진 피해 커진 이유는? 미국 지질조사국(USGS)은 2월 8일 펴낸 새 보고서에서 이번 지진 사망자가 10만 명을 넘길 확률을 14%로 추정했으며, 사망자가 1만~10만 명일 가능성은 30%, 1000~1만 명은 35%로 내다봤다. 또 이번 지진에 따른 튀르키예의 경제적 손실 추정규모도 GDP의 최대 2%에서 6%로 올려잡았다. 이처럼 이번 지진으로 1만 명을 넘는 대규모 인명피해가 발생할 것으로 예측되면서, 피해가 커진 원인에 대한 다양한 분석이 제기되고 있다. 전문가들은 진원의 깊이가 워낙 얕았던 데다가 대다수 잠들어 있던 새벽에 발생해 대피가 어려웠던 점, 또 구조가 부실한 건물들이 잇따라 붕괴되는 여러 악재가 겹치면서 대형 인명피해로 이어진 것으로 보고 있다.

응축된 에너지와 얕은 진원 튀르키예는 아나톨리아 지각판과 유라시아판, 아라비아판, 아프리카판이 교차하는 지점에 위치해 있어 세계에서 가장 활발히 지진이 발생하는 지역 중 하나로 꼽힌다. 이번 지진이 발생한 튀르키예 남동부와 시리아 북부는 아나톨리아판과 아라비아판이 만나는 동아나톨리아 단층선 위에 있는데, 이번 지진은 아라비아판이 북쪽으로 이동하며 아나톨리아판과 충돌하며 발생했다. 이 지역에서는 지난 100여 년간 큰 지진 발생이 적었는데, 이에 전문가들은 오랜 기간 지각판 간의 마찰로 거대한 에너지가 응축되면서 지진의 규모가 커졌다는 분석을 내놓고 있다. 또 이번 지진의 진원이 지표면에서 불과 약 17.9km 지점에

△ 튀르키예 지진 현장에서 생존자를 구조하는 한국긴급구호대(2. 9.)

불과한 점도 피해를 키웠다는 분석인데, 이는 진원의 깊이가 얕으면 지진파가 지표면까지 이동하는 거리가 짧아 충격이 더 고스란히 전달되기 때문이다. 아울러 본진 이후 이어진 강력한 여진도 피해를 키운 원인이 됐는데, 이번 지진처럼 본진(7.8) 규모와 비슷한 정도의 강한 여진(7.5)이 발생하는 것은 매우 드문 경우로 꼽는다.

✎ 아나톨리아판은 북동쪽의 유라시아판, 남서쪽으로는 아라비아판에 의해 지속적으로 밀려나는 형태를 하고 있다. 대륙판이 서로 부딪히는 경계선에는 북아나톨리아 단층대와 동아나톨리아 단층대가 형성돼 있다. 특히 전문가들은 북아나톨리아판 단층을 더 경계하고 있는데, 이 일대에는 인구 1600만 명의 튀르키예 최대 도시 이스탄불이 있다.

지진 취약 건물들과 새벽 시간 발생 이번에 지진이 발생한 지역은 그동안 규모 7을 넘는 큰 지진이 없었던 탓에 내진(耐震) 설비 등 대비에 미흡했던 것으로 알려졌다. 실제로 피해 지역 건물들은 대부분 철근을 보강하지 않고 벽돌을 쌓아올리거나 콘크리트로 만들어진 것들이 대다수였다. 여기다 시리아 서북부 국경지역의 경우 12년째 이어지는 오랜 내전으로 이미 많은 건물들이 심한 손상을 입어 충격에 더욱 쉽게 무너졌다. 또 이번 지진이 오전 4시대에 발생하면서 잠을 자던 주민들이 대피 기회를 놓친 것도 대규모 인명피해로 이어졌다.

튀르키예 역대 주요 지진과 그 피해

시기	규모	피해 지역	사망자 규모
1938년 12월	7.8	북동부 에르진잔주	3만 3000명
1976년 11월	7.3	동부 칼디란	5000명
1983년 10월	6.9	북동부 파신러	1342명
1999년 8월	7.6	서부 이즈미트	1만 7000명
2011년 10월	7.1	동부 반	601명
2020년 10월	7.0	에게해 그리스 섬 사모스에서 발생, 피해는 튀르키예 서부 이즈미르에 집중	117명

문화 시사

스티븐 스필버그, 〈더 파벨먼스〉로
제80회 골든글로브 작품상·감독상 수상

스티븐 스필버그 감독이 1월 10일 미국 캘리포니아주에서 열린 제80회 골든글로브 시상식에서 영화 〈더 파벨먼스(The Fabelmans)〉로 드라마 부문 작품상과 감독상을 수상했다. 〈더 파벨먼스〉는 스필버그 감독의 자전적인 이야기를 다룬 작품으로, 영화감독을 꿈꾸던 그의 유년시절과 가족의 이야기를 담았다.

이 밖에 영화 〈이니셰린의 밴시〉가 뮤지컬/코미디 부문 작품상·남우주연상(콜린 파렐)·각본상 등 3관왕에 올랐으며, 〈에브리씽 에브리웨어 올 앳 원스〉가 여우주연상(뮤지컬/코미디 부문, 양쯔충)과 남우조연상(키 호이 콴)을 차지하며 2관왕을 기록했다. 드라마 부문에서는 〈타르〉의 케이트 블란쳇과 〈엘비스〉의 오스틴 버틀러가 각각 여우주연상과 남우주연상을 차지했다.

> ⊕
> **골든글로브상(Golden Globe Awards)** 할리우드 외신기자협회(HFPA)에서 수여하는 시상식으로, 1944년부터 시작됐다. 시상은 드라마와 뮤지컬/코미디 부문을 따로 분류하여 진행되며, 작품상·감독상·남녀조주연상 등에 대한 수상이 이뤄진다. 1955년부터는 영화뿐 아니라 TV 부문으로도 영역을 넓혀 시상하고 있으며, 현재 수상 부문은 25개 부문(영화 14개, TV 11개)으로 구성돼 있다.

존폐 기로에 섰던 골든글로브의 변화 골든글로브 시상식은 지난해 외신기자협회(HFPA)의 불투명한 재정 관리에 따른 부정부패 의혹과 성·인종차별 논란이 불거지면서 존폐 기로에 선 바 있다. 당시 논란이 거세지면서 할리우드의 보이콧 선언은 물론 30년 가까이 골든글로브를 개최해온 미 방송사 NBC가 시상식 중계를 취소하면서 2022년 시상식은 결과만 온라인에 공개됐다. 이에 HFPA는 2022년 9월 미국 외 62개 나라에서 103명의 신규 회원을 받으면서 여성 비중을 52%로 늘리고, 라틴·아시아·흑인·중동계 등 인종적 구성을 확대했다. 이에 골든글로브를 생중계해 왔던 NBC가 주최 측의 개선 의지를 존중하면서 올해 생중계가 재개됐다.

한편, 골든글로브는 올해 뮤지컬/코미디 부문에서 여우주연상을 수상한 중국계 말레이시아 배우 양쯔충을 포함해 아시아·아프리카계 배우 6명을 수상자로 선정했다.

한국 작품의 4연속 수상은 불발 박찬욱 감독의 영화 〈헤어질 결심〉이 올해 골든글로브상에서 「외국어영화상(Best Foreign Language Film)」 후보에 올라 기대를 모았으나 해당 부문에서는 〈아르헨티나, 1985〉가 수상하면서 불발됐다. 앞서 봉준호 감독의 영화 〈기생충〉이 2020년 제77회 골든글로브에서 한국 영화 최초로 외국어영화상을 수상했으며, 2021년에는 윤여정 주연의 영화 〈미나리〉가 외국어영화상을 수상했다. 이어 2022년에 열린 제79회 골든글로브 시상식에서는 넷플릭스 드라마

〈오징어 게임〉의 배우 오영수가 한국 배우 최초로 TV 부문 남우조연상을 수상하며 한국 작품이 골든글로브에서 3년 연속 수상하는 기록을 세웠던 바 있다.

제80회 골든글로브상 주요 수상 내용

구분		수상자(작)
작품상	드라마	〈더 파벨먼스〉
	뮤지컬/코미디	〈이니셰린의 밴시〉
감독상		스티븐 스필버그, 〈더 파벨먼스〉
각본상		마틴 맥도나, 〈이니셰린의 밴시〉
여우주연상	드라마	케이트 블란쳇, 〈타르〉
	뮤지컬/코미디	양쯔충, 〈에브리씽 에브리웨어 올 앳 원스〉
남우주연상	드라마	오스틴 버틀러, 〈엘비스〉
	뮤지컬/코미디	콜린 파렐, 〈이니셰린의 밴시〉
외국어영화상		〈아르헨티나, 1985〉(아르헨티나, 산티아고 미트레 감독)

〈파친코〉, 크리틱스초이스 최우수 외국어드라마상
한국 관련 작품 4년 연속 수상 기록

애플TV 플러스 드라마 〈파친코〉가 1월 15일 미국 로스앤젤레스에서 열린 제28회 크리틱스초이스 시상식에서 최우수 외국어드라마상을 수상했다. 〈파친코〉는 일제강점기인 1910년대부터 1980년대까지를 배경으로 고국을 떠나 일본 오사카로 건너간 4대에 걸친 한인 이민 가족이 생존을 위해 고군분투하는 이야기를 담은 작품이다.

이번 수상으로 한국과 관련된 작품이 이 시상식에서 4년 연속 수상 기록을 이어갔는데, ▷2020년 봉준호 감독의 영화 〈기생충〉이 최우수 외국어영화상과 감독상 ▷2021년 영화 〈미나리〉가 최우수 외국어영화상과 아역상 ▷2022년 넷플릭스 시리즈 드라마 〈오징어 게임〉이 최우수 외국어드라마상과 남우주연상을 수상한 바 있다.

크리틱스초이스 시상식(Critics Choice Awards) 미국과 캐나다의 방송·영화 비평가 600여 명으로 구성된 크리틱스초이스 협회(CCA·Critics Choice Association)가 주관하는 대중문화 시상식으로, 1996년 처음 개최됐다. 시상식은 영화·TV·다큐멘터리 등 부문을 나눠 수상작을 선정하는데, 특히 장편영화를 대상으로 하는 「무비 어워즈」는 이후 열릴 미국 아카데미상(Academy Awards)과 에미상(Emmy Awards) 등의 결과를 미리 예측할 수 있는 지표로 여겨진다.

비욘세, 그래미 어워드 역대 최다 수상자 등극
비올라 데이비스는 「EGOT 클럽」 가입

미국 팝스타 비욘세가 2월 5일 미국 로스엔젤레스 크립토닷컴 아레나에서 열린 제65회 그래미 어워드에서 앨범 〈르네상스〉로 베스트 댄스·일렉트로닉 뮤직 앨범상을 비롯해 ▷〈Break My Soul〉로 베스트 댄스·일렉트로닉 뮤직 레코딩상 ▷〈Plastic Off the Sofa〉로 베스트 트래디셔널 R&B

퍼포먼스상 ▷〈Cuff It〉로 베스트 R&B상 등 4개 부문을 수상했다. 이로써 비욘세는 공식적으로 그래미 어워드에서 총 88번 후보에 올라 32개의 트로피를 차지, 역사상 그래미를 가장 많이 수상한 가수로 등극했다.

한편, 할리우드 배우 비올라 데이비스는 이날 시상식에서 그의 자서전 《나를 찾아서(Finding me)》로 베스트 오디오북, 내레이션 및 스토리텔링 녹음 부문을 수상하며 미국 대중문화계의 그랜드슬램으로 불리는 「EGOT 클럽」에 가입하게 됐다. EGOT는 미국 대중문화의 각 분야를 대표하는 가장 권위 있는 4개의 시상식을 지칭하는 단어로, 여기에는 ▷TV 분야의 「에미상」 ▷청각 매체 분야의 「그래미상」 ▷영화 분야의 「오스카상」 ▷극예술 분야의 「토니상」이 해당된다. 데이비스는 지난 2001년 연극 〈킹 헤들리 2세〉로 토니상, 2015년 드라마 〈하우 투 겟 어웨이 위드 머더〉로 에미상, 2017년 영화 〈펜스〉로 오스카상을 수상한 바 있다.

> **➕**
> **그래미 어워드(Grammy Awards)** 전미 레코딩 예술과학아카데미(NARAS)가 주최하는 음악 시상식으로, 1959년 처음 개최됐다. 아메리칸 뮤직 어워드(AMAs)·빌보드 뮤직 어워드(BBMAs)와 함께 미국 3대 음악 시상식으로 불린다. 매년 우수한 성적을 거둔 레코드와 앨범을 대상으로 총 70~100여 부문에 걸쳐 시상하는데, 이 중에서도 ▷올해의 앨범(Album of the year) ▷올해의 노래(Song of the year) ▷올해의 레코드(Record of the year) ▷올해의 신인(Best new artist)이 「4대 본상(General Fields)」으로 꼽힌다.

제65회 그래미 어워드 주요 수상 내용 그래미 어워드의 4대 본상 중 하나이자 최고의 영예인 올해의 앨범은 영국 팝스타 해리 스타일스의 앨범 〈해리스 하우스〉가 차지했다. 또 ▷올해의 노래에는 보니 레이트의 〈저스트 라이크 댓〉 ▷올해의 레코드에는 리조의 〈어바웃 댐 타임〉 ▷올해의 신인에는 미국의 재즈 가수 사마라 조이가 선정됐다. 한편 우리나라의 그룹 방탄소년단(BTS)은 영국 밴드 콜드 플레이와의 협업곡 〈마이 유니버스〉로 올해의 앨범상과 베스트 팝 듀오·그룹 퍼포먼스에, 〈옛 투 컴〉으로 베스트 뮤직비디오 부문 후보에 올랐으나 수상은 불발됐다. 하지만 BTS는 그래미 어워드 3년 연속 후보 지명, 3개 부문 노미네이트라는 새로운 역사를 썼다.

제37회 골든디스크어워즈,
디지털 음원대상은 아이브, 음반대상은 BTS 수상

그룹 아이브(IVE)와 방탄소년단(BTS)이 1월 7일 태국 방콕에서 열린 제37회 골든디스크어워즈에서 각각 디지털 음원 부문과 음반 부문 대상을 차지했다. 이번 시상식은 2021년 11월 초부터 2022년 11월 중순까지 발매된 음원·음반을 대상으로 판매량 집계 60%와 전문가 심사 40%를 합산해 결정됐다.

> **➕**
> **골든디스크어워즈(Golden Disk Awards)** 한 해 동안 대중음악의 성취를 결산하는 자리로, 대중가요의 창작 의욕 진작과 신인 발굴, 음반 및 음악 산업 성장을 목적으로 1986년부터 개최됐다. 주요 수상 부문은 대상·본상·신인상·인기상·특별상 등 총 7개 부문으로, 2006년부터는 디지털 음원 부문이 신설됐다. 매년 발매된 음반 판매량과 디지털 음원 이용량을 집계하여 수상자를 선정한다는 점에서 방송활동을 위주로 하는 오버그라운드 가수뿐 아니라 언더그라운드의 실력파 뮤지션들까지 모두 수상 후보가 된다.

주요 수상 내용 아이브는 지난해 4월 발매한 〈러브 다이브(Love Dive)〉로 신인상, 디지털 음원 본상, 대상 등 3관왕을 차지하면서 골든디스크 역사상 처음으로 신인상과 대상을 동시에 수상하는 기록을 세웠다. BTS는 지난해 6월 발매한 앨범 〈프루프(Proof)〉로 음반대상을 수상했는데, 이 앨범은 약 330만 장의 판매고를 기록한 바 있다. 또 미국 빌보드 메인 앨범 차트인 「빌보드 200(6월 25일자)」에서 1위를 기록한 뒤 2023년 1월 7일자까지 29주 연속 진입 기록까지 세웠다. 이로써 BTS는 2018년부터 6년 연속 골든디스크 음반 부문 대상이라는 신기록을 세운 것을 비롯해 본상·틱톡 인기상 등 3관왕을 수상했으며, 멤버 제이홉은 솔로 앨범 〈잭 인 더 박스〉로 타이 팬스 서포트 위드 바오지상을 수상했다.

제37회 골든디스크어워즈 주요 수상 내용

구분		수상자(작)
디지털 음원 부문	대상	아이브 〈Love Dive〉
	본상	아이브 〈Love Dive〉, (여자)아이들 〈TOMBOY〉, 김민석 〈취중고백〉, 뉴진스 〈Attention〉, 박재범 〈GANADARA〉, 빅뱅 〈봄여름가을겨울〉, 싸이 〈That That〉, 임영웅 〈우리들의 블루스〉
음반 부문	대상	방탄소년단 〈Proof〉
	본상	방탄소년단 〈Proof〉, 블랙핑크 〈BORN PINK〉, 엔하이픈 〈MANIFESTO: DAY 1〉, NCT 〈Universe〉, NCT DREAM 〈Glitch Mode〉, NCT 127 〈질주(2 Baddies)〉, 스트레이 키즈 〈MAXIDENT〉, 세븐틴 〈Face the Sun〉

그룹 투모로우바이투게더(TXT), 빌보드 200 정상
K팝 그룹 다섯 번째 1위 기록

그룹 투모로우바이투게더(TXT)의 미니 음반 〈이름의 장: 템프테이션(TEMPTATION)〉이 2월 5일 미국 빌보드 메인 앨범 차트 「빌보드 200」(2월 11일자)에서 1위를 차지하며, 방탄소년단(2018년)·슈퍼엠(2019년)·스트레이 키즈(2022년)·블랙핑크(2022년)에 이어 다섯 번째 정상 기록을 세웠다. 빌보드 발표에 따르면 〈이름의 장: 템프테이션〉은 미국에서 15만 2천 장의 앨범 판매량을 비롯해 9000장의 SEA(스트리밍 횟수를 앨범 판매량으로 환산)와 500장의 TEA(디지털음원 다운로드 횟수를 앨범 판매량으로 환산)를 기록, 총 16만 1500장의 판매 기록을 보였다. 이로써 방탄소년단과 TXT의 소속사 빅히트뮤직(하이브)은 빌보드 메인차트 1위에 두 팀 이상의 가수를 올려놓은 유일한 국내 기획사가 됐다.

한편, 2019년 3월에 데뷔한 남성 5인조 그룹 TXT는 이로써 데뷔 3년 11개월 만에 빌보드 200 차트 정상에 오르는 기록을 작성하게 됐다. 특히 〈이름의 장: 템프테이션〉은 200만 장이 넘는 선주문량을 기록하는 등 발매 첫 주에만 200만 장이 판매된 바 있다.

빌보드 차트(Billboard Chart) 1936년 처음 시작된 미국의 유명 대중음악 순위차트로, 음반 판매 집계량과 방송 횟수 집계량 등을 바탕으로 매주 순위를 발표하고 있다. 특히 싱글 차트인 「빌보드 핫100」(음원차트)과 앨범 차트인 「빌보드 200」(음반차트)이 가장 대표적인 차트로 통한다.

빌보드 200(Billboard 200) 「빌보드 핫100」과 함께 빌보드 메인차트를 구성하는 것으로, 1958년 처음 발표됐다. 빌보드 200은 실물 음반 등 전통적 앨범 판매량과 스트리밍 횟수 환산 음반 판매량(SEA), 디지털음원 판매량 환산 음반 판매량(TEA)를 합산해 순위를 산정한다.

조선 수도방위체계 「한양도성·북한산성·탕춘대성」, 유네스코 세계유산 우선등재목록 선정

18세기 조선 왕조의 수도 한양을 방어하기 위해 구축됐던 한양도성·북한산성·탕춘대성이 12월 8일 열린 문화재청 문화재위원회 세계유산분과위원회 심의에서 세계유산 우선등재목록 대상으로 최종 선정됐다. 세계유산 등재 신청은 국내에서 잠정목록과 우선등재목록, 등재신청후보, 등재신청대상 등 네 단계의 심의 과정을 거치는데, 우선등재목록은 잠정목록 중 상대적으로 등재 준비가 잘 된 유산을 선정하는 단계다. 이후 한양도성·북한산성·탕춘대성이 등재 신청 대상이 되면 유네스코에 등재 신청서를 제출하고 약 1년간 유네스코 자문기구인 국제기념물유적협의회(ICOMOS·이코모스)의 서류심사와 현지 조사 등이 이뤄진다. 그리고 세계유산위원회 정기총회를 통해 등재 여부가 최종적으로 결정된다.

> ⊕
> **한양도성·북한산성·탕춘대성** 조선 태조 4년(1935년)에 한양도성(사적 10호)이 조성됐다. 이후 임진왜란과 병자호란 등을 겪은 조선은 숙종 37년(1711년)에 위급 시 왕과 백성이 피신할 수 있는 북한산성(사적 162호), 그리고 한양도성과 북한산성을 잇는 성곽인 탕춘대성(서울유형문화재 33호)을 새로이 쌓아 도성 방어체계를 완성했다.

한양도성·북한산성·탕춘대성, 우선등재목록 선정까지 한양도성은 2012년 세계유산 등재 신청 과정에서 잠정목록에 올랐지만 2017년 자문기구 심사에서 등재 불가 권고를 받아 등재 철회가 결정됐고, 북한산성은 2018년 문화재위원회 잠정목록 등재 심의에서 부결됐다. 이에 지자체들은 문화재청의 권고에 따라 2021년부터 한양도성·북한산성·탕춘대성을 하나로 묶어 연속유산으로 구성한 뒤 통합 등재를 추진했다. 특히 지자체와 경기문화재단 연구위원 등 전문인력 17명은 2022년 9월 세계유산 등

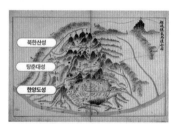

△ 《도성연융북한합》 속 한양도성, 북한산성, 탕춘대성(출처: 경기도청)

재 태스크포스(TF)팀을 구성한 뒤 국제학술심포지엄 공동개최를 통해 유산의 「탁월한 보편적 가치(Outstanding Universal Value)」를 인정받기 위해 지속적으로 협력해 왔다.

문화재청, 「명절 세시풍속」 국가무형문화재 지정 예고

문화재청이 설, 대보름, 한식, 단오, 추석 등 다섯 개의 명절과 세배, 성묘 등 명절에 행해지는 「세시풍속(歲時風俗)」을 국가무형문화재로 지정하는 방안을 논의했다고 1월 10일 밝혔다. 세시풍속(歲時風俗)은 해를 뜻하는 「세(歲)」와 시간을 뜻하는 「시(時)」가 풍속이라는 말에 합쳐진 것으로, 한 해의 절기나 달에 따라 전승된 생활습관을 말한다. 문화재청은 지난해 12월 「명절 분야 국가무형문화재 지정 관련 자문회의」를 열고 명절과 명절 세시풍속을 국가무형문화재로 지정하는 방안을 논의했으며, 올해 7월까지 명절 국가무형문화재 종목 지정 가치 연구용역을 마친 뒤 9월 국가무형문화재로 지정한다는 계획이다.

한편, 명절 세시풍속이 국가무형문화재로 지정되면 아리랑, 씨름, 김치 담그기 등과 같이 특정 보유자나 보유단체를 인정하지 않는 「공동체 종목」으로 지정될 예정이다.

⊕

공동체종목 지정 국가무형문화재 현황(총 16건)

• 아리랑	• 제다	• 씨름	• 해녀	• 김치 담그기	• 제염
• 온돌문화	• 장 담그기	• 전통어로방식-어살	• 활쏘기	• 인삼재배와 약용문화	• 막걸리 빚기
• 떡 만들기	• 갯벌어로	• 한복생활	• 윷놀이		

문화재청, 민담·신화 등의 「설화」
국가무형문화재 지정 예고

문화재청이 2024년부터 순차적으로 신화와 전설, 민담을 포괄하는 「설화」를 국가무형문화재로 지정한다고 1월 19일 밝혔다. 앞서 문화재청은 사단법인 무형문화연구원과 함께 설화의 문화재 지정 가치를 검토하는 기초조사를 진행했으며, 1979~1985년과 1980~1992년까지 두 차례 전국의 설화를 채록한 《한국구비문학대계》(한국정신문화연구원·총 82권) 등에 실린 이야기 1만여 편 가운데 설화로 규정된 이야기 1000여 편을 분석했다. 이후 1·2차 자문회의를 통해 ▷역사성 ▷학술성 ▷예술성 ▷대표성 ▷사회문화적 가치 ▷재현 가능성 등에 해당하는 6가지 문화재 지정 기준에서 5가지 이상을 충족한 설화 142편(신화 31편, 전설 48편, 민담 63편)을 「국가무형문화재 지정 추천목록」으로 최종적으로 선정했다. 해당 목록에는 〈단군신화〉, 〈바보온달〉, 〈선녀와 나무꾼〉, 〈콩쥐팥쥐〉 등이 포함됐다.

⊕

설화(說話) 일정한 구조를 가지고 한 민족 사이에 전승돼 온 이야기로 크게 신화, 전설, 민담 등을 포괄하는 「구비문학」이다. 신화는 민족 사이에 전승되는 신적 존재와 그 활동에 관한 이야기로, 신성한 장소를 배경으로 삼는다. 전설은 인간과 그 행위를 주체로 하며, 구체적으로 제한된 시간과 장소를 배경으로 한다. 민담은 흥미 위주의 옛 이야기로, 뚜렷한 시간과 장소가 없는 것이 특징이다.

문화재청, 「나신걸 한글편지」
국가지정문화재 「보물」 지정 예고

문화재청이 12월 29일 현존하는 한글편지 가운데 가장 오래된 것으로 추정되는 「나신걸 한글편지」를 국가지정문화재 「보물」로 지정 예고했다. 나신걸 한글편지는 조선 초기 함경도에서 활동한 군관 나신걸(1461~1524)이 아내 신창 맹 씨에게 한글로 써서 보낸 편지로, 2장의 편지글에는 농사일과 가정사를 살피라는 당부와 가족에 대한 그리움이 담겨있다. 해당 유물은 2011년 대전 금고동에 있던 신 씨의 묘를 후손들이 이장하는 과정에서 발견됐으며, 1470~1498년 동안 함경도의 옛 지명으로 쓰인

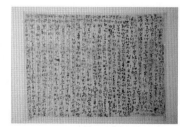
△ 나신걸 한글편지(출처: 문화재청)

「영안도(永安道)」라는 말을 통해 나신걸이 군관 생활을 하던 1490년대에 작성됐을 것이라 추정된다. 이에 문화재청은 보물 지정 예고된 한글편지가 1446년 훈민정음 반포 이후 불과 45년이 지난 시점

에서 한글이 변방지역과 일반 백성에게까지 널리 보급된 실상을 파악할 수 있는 핵심 유물이라는 점과 15세기 언어생활을 보여주는 자료로써 그 역사적 가치가 크다고 밝혔다.

보물(寶物) 건조물·전적·서적·고문서·회화·조각·공예품·고고자료·무구 등의 유형문화재 중 중요한 것을 문화재청장이 문화재위원회의 심의를 거쳐 지정한다. 보물은 국보의 가치만큼 시대를 대표하거나 독특한 것이 아니거나 역사적 인물과 관계가 없더라도, 일반적인 지정의 기준에 미치면 지정이 이뤄진다.

세계 최고 금속활자본 「직지심체요절」 50년 만에 공개
프랑스 국립도서관 4월 전시·일반에 공개

프랑스 국립도서관이 오는 4월 12일부터 7월 16일까지 실시하는 전시 「인쇄하다! 구텐베르크의 유럽」에서 세계에서 가장 오래된 금속활자 인쇄본인 〈직지심체요절(直指心體要節)〉을 공개한다고 2월 16일 밝혔다. 프랑스 국립도서관에 있는 직지가 일반에 공개되는 것은 약 50년 만으로, 청주고인쇄박물관에 따르면 직지는 1900년 프랑스에서 열린 파리만국박람회 한국관에서 처음 일반에 공개된 것으로 알려져 있다.

직지심체요절(直指心體要節) 정확한 명칭은 「백운화상초록불조직지심체요절(白雲和尙抄錄佛祖直指心體要節)」로, 충북 청주 흥덕사에서 고려 우왕 3년(1377)에 금속활자로 간행됐다. 상·하 2권으로 구성된 것으로 추정되나 현재 하권만 프랑스 국립도서관이 소장하고 있다. 이는 1886년 한불수호통상조약 이후 초대 공사 등을 지낸 프랑스인 콜랭 드 플랑시(1853~1922)가 1880년대 말에서 1890년대 초 국내에서 수집한 것으로 알려져 있다. 이후 골동품 수집가 앙리 베베르(1854~1943)를 거쳐 프랑스 국립도서관에 기증된 것으로 파악되며, 2001년 유네스코 세계기록유산에 등재됐다. 직지의 가치가 널리 알려지게 된 것은 1972년 열린 「세계 도서의 해」 기념 전시에서로, 당시 프랑스 국립도서관에서 근무하던 고(故) 박병선(1923~2011) 박사는 직지가 1455년에 나온 구텐베르크 성서보다 78년이나 앞서 세계에서 가장 오래된 금속활자본이라는 것을 증명해 전 세계에 알린 바 있다.

국내 절도범 반입 고려 불상,
2심에서 일본 소유 인정 판결

우리나라 절도범이 지난 2012년 10월 일본 사찰에서 훔쳐 국내로 반입한 고려시대 「금동관음보살좌상」의 소유권이 일본 사찰 측에 있다는 2심 법원 판단이 2월 1일 나왔다. 대전고법 민사1부(부장 박선준)는 이날 서산 부석사가 국가(대한민국)를 상대로 낸 유체동산(불상) 인도 청구 항소심에서 1심을 뒤집고 원고의 청구를 기각했다. 이에 부석사 측은 판결에 불복해 상고하겠다는 입장을 밝혔으며, 이에 따라 불상 소유권에 대한 최종 판결은 대법원에서 가려지게 됐다.
한편 높이 50.5cm·무게 38.6kg의 고려 불상은 충혜왕이 즉위한 1330년에 제작된 것으로 추정되는 관세음보살좌상으로, 1973년 일본 나가사키현 지정문화재로 등록됐고 현재 대전 국립문화재연구소에 보관돼 있다.

판결 주요 내용　일본 간논지(관음사)에 있던 금동관음보살좌상은 2012년 10월 문화재 절도범들이 훔쳐 국내로 반입했다. 이에 서산 부석사는 「1330년경 서주(서산의 고려시대 명칭)에 있는 사찰에 봉안하려고 이 불상을 제작했다.」는 불상 결연문을 토대로 왜구에게 약탈당한 불상인 만큼 원소유자인 부석사로 돌려 달라는 소송을 냈다. 이후 2017년 1심 판결은 여러 증거를 토대로 왜구가 비정상적 방법으로 불상을 가져갔다고 보는 게 옳다는 취지로 부석사 측 승소 판결을 내린 바 있다.

이번 2심 재판부도 이 불상이 왜구에 의해 약탈돼 불법 반출됐을 가능성이 높다는 점은 인정했으나, 당시 부석사가 현재의 부석사와 동일한 종교단체라는 사실이 입증되지 않아 소유권을 인정하기 어렵다고 밝혔다. 또 일본 관음사가 1953년부터 도난당하기 전인 2012년까지 60년간 불상을 점유했기 때문에 취득시효(20년)가 인정돼 소유권이 인정된다는 판결을 내렸다.

한국어, 세계 7위 학습 언어 등극
아시아 언어 중에서는 2위

미국 CNN 방송이 1월 17일 글로벌 언어 학습 애플리케이션인 듀오링고(Duolingo)의 조사 결과 한국어가 2022년 최다 학습 언어 7위를 차지했다고 보도했다. 듀오링고는 전 세계적 으로 약 5억 명 이상의 이용자를 보유한 언어 학습 플랫폼으로, 영어 이용자가 가장 많았으며 스페인어·프랑스어·독일어·일본어·이탈리아어가 그 뒤를 이었다. 특히 한국어는 서아시아와 동남아시아에서 큰 인기를 끌었는데, 필리핀과 브루나이 등 4개국에서 가장 많이 학습된 외국어 1위에 올랐고, 태국·인도네시아·파키스탄에서도 최상위권에 이름을 올렸다. 이 밖에 중국어와 러시아어, 인도어가 10위권에 든 것으로 나타났다.

스포츠
시사

2023. 1. ~ 2.

노바크 조코비치, 호주오픈 10회째 우승
메이저대회 22번째 정상 등극

노바크 조코비치(36·세르비아, 세계랭킹 5위)가 1월 29일 호주 멜버른에서 열린 「호주오픈」 남자 단식 결승전에서 스테파노스 치치파스(25·그리스)에 세트 스코어 3-0의 완승을 거뒀다. 이로써 조코비치는 메이저대회 22승을 거두며 라파엘 나달(37·스페인, 세계랭킹 2위)과 함께 메이저대회 남자 단식 최다 우승 타이 기록을 남기게 됐다. 또한 조코비치는 이 대회 최초로 결승에 10번 올라 10번 모두 우승하는 기록도 썼다.

한편, 프로 선수가 4대 메이저대회(호주오픈·프랑스오픈·윔블던·US오픈)에 참가할 수 있게 된 1968년(오픈 시대) 이후 메이저대회 단식에서 10번 이상 우승한 선수는 남녀 통틀어 프랑스오픈에서 14번 우승한 나달과 조코비치 2명에 불과하다.

> **호주오픈(Australian Open)** ITF(국제테니스연맹)가 관장하는 국제 테니스대회로, 윔블던·US오픈·프랑스오픈과 함께 「테니스의 4대 메이저대회」로 불린다. 매년 호주에서 열리며 4대 메이저대회 중 가장 역사가 짧지만 가장 먼저 개최돼 한 해의 테니스 우승 결과를 예측해 볼 수 있다. 1905년 처음 개최돼 1968년까지는 호주와 뉴질랜드의 여러 도시를 순회하며 대회가 열렸다. 그러다 1968년부터 프로에게도 오픈됐으며, 1988년부터는 호주 국립테니스센터의 하드코트에서 대회를 치르고 있다.

노바크 조코비치(Novak Djokovic)는 누구? 세르비아 출신의 프로 테니스 선수로, 6세 때 전설적인 테니스 선수였던 옐레나 젠치치의 눈에 띄어 본격적으로 테니스를 시작했다. 이후 2006년 남자프로테니스(APT) 투어 대회에서 처음 정상에 올랐으며, 2007년 20살의 나이에 세계 10위에 처음 진입했다. 그는 2008년 호주오픈을 시작으로 2011년 윔블던과 US오픈, 2016년 프랑스오픈에서 우승하는 등 4대 메이저 우승컵을 모두 수집하며 역대 8번째 「커리어 그랜드슬램」을 차지한 바 있다. 가장 최근에는 1월에 열린 호주오픈에서 승리하면서 라파엘 나달과 함께 메이저대회 최다 우승 기록(22승)을 보유하게 됐다.

레알 마드리드,
FIFA 클럽 월드컵 통산 5번째 우승

레알 마드리드(스페인)가 2월 12일 모로코 라바트에서 열린 「국제축구연맹(FIFA) 클럽 월드컵」 결승전에서 알힐랄(사우디아라비아)을 상대로 5-3으로 승리하며 우승을 차지했다. 이로써 레알 마드리드는 2018년 이후 5년 만에 우승을 차지, 최다 우승 기록을 5회로 늘렸고 결승전 승률 100%, 클럽 월드컵 통산 12승 2무라는 기록도 썼다. 또한 이번 대회에서 통산 3골 1도움을 기록한 레알 마드리드의 비니시우스 주니오르(23)는 대회 최우수선수(MVP)로 뽑혔다.

한편, 클럽 월드컵 사상 첫 아시아 팀 우승에 도전한 알힐랄은 준우승에 그쳤는데, 앞서 ▷2016년 가시마 앤틀러스(일본) ▷2018년 알아인(아랍에미리트) 등의 아시아 팀이 준우승을 기록한 바 있다.

> **⊕**
> **국제축구연맹(FIFA) 클럽 월드컵** 국제축구연맹(FIFA)이 직접 주관하며 6대륙(유럽·남미·북중미·아시아·아프리카·오세아니아)의 클럽 대항전 우승팀과 개최국의 리그 우승팀 등 7개 팀이 참가해 우승 클럽을 가리는 대회이다. 2000년 창설돼 현재까지 개최된 19번의 대회에서 유럽 팀이 15번, 남미 팀이 4번 우승했다. 클럽 월드컵은 그동안 1년마다 개최돼 왔으나 앞으로는 4년을 주기로 열릴 예정이다. 4년 주기 첫 대회는 2025년에 열리며 참가 팀도 32개로 늘어난다.

해리 케인, EPL 통산 200골 돌파
시어러·루니에 이어 역대 3번째 기록

해리 케인(30·토트넘)이 2월 6일 영국 런던 토트넘 홋스퍼 스타디움에서 열린 「2022~2023시즌 잉글랜드 프리미어리그(EPL)」 맨체스터시티(맨시티)와의 경기에서 결승골을 터뜨리며 팀의 1-0 승리를 이끈 것은 물론 「EPL 통산 200골」을 달성했다. 이로써 케인은 앨런 시어러(260골)와 웨인 루니(208골)에 이어 역대 3번째로 EPL 200골을 기록했다. 또한 토트넘 소속으로 공식전 416경기에 출전해 267골을 기록, 지난 1961~1970년 토트넘에서 뛰었던 지미 그리브스의 266골(379경기)을 넘어선 토트넘 역대 최다 득점자라는 기록도 남기게 됐다. 특히 케인은 잉글랜드 대표팀 역대 최다 득점자 등극까지 단 한 골만 남겨두고 있는데, 현재 루니와 A매치 공동 1위(53골)를 기록 중이다.

해리 케인(Harry Cane)은 누구? 잉글랜드 출신의 토트넘 홋스퍼 소속 축구 선수로, 18세이던 2011~2012시즌부터 토트넘 1군에서 경기를 뛰었다. 2014~2015시즌부터는 토트넘에서 주전으로 출전해 9시즌 연속 두 자릿수 득점을 기록했는데, 특히 2017~2018시즌에는 무려 41골을 터뜨리기도 했다. 또한 그는 EPL 득점왕을 3차례(2015~2016시즌·2016~2017시즌·2020~2021시즌) 차지했는데, 2020~2021시즌에는 득점왕과 도움왕에 모두 이름을 올렸다. 한편, 케인은 2015~2016시즌부터 호흡을 맞추고 있는 손흥민과 함께 「손케 듀오」라 불리며 EPL 최다 합작골(44회)을 기록 중이기도 하다.

역대 EPL 통산 득점 톱5

순위	선수	출전 경기 횟수	골 득점
1	앨런 시어러	441회	260점
2	웨인 루니	491회	208점
3	해리 케인	304회	200점
4	앤디 콜	414회	187점
5	세르히오 아궤로	275회	184점

> **⊕**
> **잉글랜드 프리미어리그(EPL·England Premier League)** 스페인의 라리가, 이탈리아의 세리에A, 독일의 분데스리가와 함께 세계 4대 프로축구리그 중의 하나로 1888년에 설립된 영국의 프로축구 1부 리그다. 잉글랜드의 축구 리그는 크게 프로리그·세미프로리그·아마추어리그로 나뉘며, 프로리그는 1부 20개 클럽(프리미어리그)과 2~4부 각각 24개 클럽씩 총 92개 클럽으로 이뤄져 있다. 프리미어리그는 매년 8월 말부터 이듬해 5월까지 열리며 홈 앤드 어웨이 방식으로 팀당 38게임을 치른다.

NFL 캔자스시티,
통산 3번째 슈퍼볼 우승

미국프로풋볼(NFL) 캔자스시티 치프스가 2월 12일 미국 애리조나주 글렌데일 스테이트팜 스타디움에서 열린 「제57회 슈퍼볼」에서 필라델피아 이글스에 38-35로 승리했다. 캔자스시티의 슈퍼볼 우승은 1969년 4회 대회와 2019년 54회 대회에 이어 통산 세 번째로, 특히 캔자스시티는 최근 4시즌 가운데 세 차례 슈퍼볼에 진출해 두 번의 우승을 차지하는 기록을 세우게 됐다. 반면 2018년 이후 5년 만에 슈퍼볼에 진출한 필라델피아는 준우승에 그쳤는데, 필라델피아는 지난 2018년 창단 첫 우승을 차지한 바 있다.

한편, 올해 정규시즌 최우수선수(MVP)인 캔자스시티 쿼터백 패트릭 마홈스는 이날 3번의 터치다운 패스와 182야드를 던졌고, 단 한 차례의 인터셉션도 허용하지 않으면서 팀의 승리에 결정적 역할을 했다. 이에 마홈스는 샌프란시스코 포티나이너스에 31-20으로 승리했던 2019년 54회 슈퍼볼에 이어 개인 통산 두 번째 슈퍼볼 MVP에 선정됐다.

슈퍼볼(Super Bowl) 북미프로미식축구리그(NFL) 우승팀과 아메리칸풋볼리그(AFC) 우승팀이 겨루는 챔피언결정전을 말한다. NFL 각 리그에 소속돼 있는 팀들은 매년 9월부터 12월까지 홈 앤드 어웨이 방식의 경기를 치르고, 여기서 각 리그의 우승자가 결정되면 매년 1~2월 중 단판의 승부로 챔피언을 뽑는데 이를 슈퍼볼이라 한다. 슈퍼볼의 명칭은 1964년 화학자 노먼 스팅리가 개발한 고무로 만들어진 작은 공인 슈퍼볼(Superball)에서 따온 것이다.

슈퍼볼은 1967년부터 시작됐으며, 1970년부터 우승팀에게 1회와 2회 슈퍼볼 우승팀이었던 그린베이 패커스의 빈스 롬바르니 감독 이름을 딴 「빈스롬바르디 트로피(Vince Lombardi trophy)」를 수여하고 있다. 슈퍼볼을 시청하는 미국인은 1억 명 이상이고 이에 시청률은 매해 70% 이상을 상회한다. 따라서 중계방송료 수입이 매우 크며. 이에 프로그램에 들어가는 30초 광고의 단가가 화제가 되기도 한다. 한편, 슈퍼볼을 개최하려면 최소 7만 석 이상의 좌석이 있어야 하고, 경기장 1마일 이내에는 최소 3만 5000대 차를 세울 수 있는 주차장이 확보돼 있어야 한다.

르브론 제임스, 통산 3만 8390점 기록
34년 만에 NBA 역대 최다 득점기록 경신

르브론 제임스(39·LA레이커스)가 2월 8일 미국 캘리포니아주 로스앤젤레스 크립토닷컴 아레나에서 열린 「2022~2023 NBA 정규리그」 오클라호마시티 선더와의 홈 경기에서 38점을 득점, 개인 통산 3만 8390점을 기록하며 NBA 역대 최다 득점 1위에 올랐다. 이로써 제임스는 1989년 은퇴한 카림 압둘 자바(76)의 NBA 역대 최다 득점(3만 8387점) 기록을 39년 만에 1410경기를 뛰며 경신했는데, 이는 압둘자바가 1560경기 만에 세운 기록을 150경기나 앞당긴 기록이다.

NBA 정규리그 총 30개 팀이 2개의 콘퍼런스, 6개의 디비전으로 나뉘어 리그를 구성하고 있다. 동부콘퍼런스는 ▷사우스이스트 디비전(5팀) ▷센트럴 디비전(5팀) ▷애틀랜틱 디비전(5팀)으로, 서부콘퍼런스는 ▷사우스웨스트 디비전(5팀) ▷퍼시픽 디비전(5팀) ▷노스웨스트 디비전(5팀)으로 구성된다. 각 팀은 정규리그에서 82경기를 소화해야 하는데, 먼저 같은 디비전 소속팀 간에 리그전을 펼친다. 이는 같은 콘퍼런스 내 다른 디비전 팀과 「홈 앤 어웨이(Home and Away)」 방식으로 각 2경기씩 4경기, 다른 콘퍼런스 팀과도 홈 앤 어웨이 방식으로 각 1경기씩 2경기를 치른 후 최종 콘퍼런스 순위를 결정짓게 된다.

르브론 제임스는 누구? 2003년 NBA 드래프트 전체 1순위로 클리블랜드 캐벌리어스에 지명돼 2003~2004시즌 NBA에 데뷔했다. 20시즌 동안 NBA에서 뛰며 클리블랜드에서 11시즌, 마이애미 히트에서 4시즌을 뛴 이후 2018년 LA레이커스로 이적했다. 그는 클리브랜드에서 2만 3119득점, 마이애미에서 7919득점, 레이커스에서는 7314득점을 기록 중이다. 이외에도 ▷NBA 파이널 우승 4회

역대 NBA 통산 득점 톱5

순위	선수	활동 연도	통산 득점
1	르브론 제임스	2003~	3만8390점
2	카림 압둘 자바	1969~1989	3만8387점
3	칼 말런	1985~2004	3만6928점
4	코비 브라이언트	1996~2016	3만3643점
5	마이클 조던	1984~2003	3만2292점

▷파이널 MVP(최우수선수) 4회 ▷정규시즌 MVP 4회 ▷19년 연속 올스타 ▷18년 연속 ALL-NBA 팀에 선정되는 등의 굵직한 기록도 작성했다.

여자프로농구 우리은행,
2년 만에 정규리그 정상-통산 14번째 최다 우승

여자프로농구 아산 우리은행이 2월 13일 부산 사직실내체육관에서 열린 「2022~2023 여자프로농구 정규리그」 원정 경기에서 부산 BNK 썸을 76-52로 꺾으며 우승을 차지했다. 이날 승리로 21승 4패가 된 우리은행은 남은 5경기와 관계없이 2위 용인 삼성생명(15승 10패)과 승차를 6경기로 벌리면서 정규리그 1위를 확정지었다. 이로써 우리은행은 2020~2021시즌 이후 2년 만이자 통산 14번째 우승을 기록, 6개 구단 중 가장 많은 정규리그 1위를 기록하게 됐다. 또 2012년부터 우리은행 사령탑을 맡은 위성우 감독(52)도 통산 9번째 팀의 우승을 이끌며 한국여자농구연맹(WKBL) 최다 기록을 갖게 됐다.
한편, 우리은행은 정규리그 4위 팀과 3월 11일부터 플레이오프(3전 2승제)를 치르게 되면서 5년 만에 통합 우승을 노린다.

권순우, 애들레이드 인터내셔널 우승
한국 선수 ATP 투어 최다 우승 기록

권순우(26·당진시청)가 1월 14일 호주 애들레이드에서 막을 내린 ATP 투어 「2023 애들레이드 인터내셔널」 2차 대회 남자 단식 결승전에서 로베르토 바우티스타 아구트(35·스페인)를 세트 스코어 2-1로 제치고 우승했다. 이로써 권순우는 2021년 9월 아스타나오픈에서 ATP 투어 첫 우승을 기록한 이후 1년 4개월 만에 개인 통산 두 번째 우승을 차지하며, 한국인 ATP 투어 최다 우승 기록을 보유하게 됐다. 종전 최고 기록은 2003년 1월 아디다스 인터내셔널에서 한 차례 우승한 이형택이다. 한편, 권순우는 1월 16일 ATP에서 발표한 단식 세계랭킹에서 52위에 오르며 개인 최고 순위와 타이 기록도 이뤘다.

권순우는 누구? 초등학생 때 테니스를 처음 시작해 17세이던 2013년 부산오픈 챌린저 대회를 통해 처음 프로 무대를 밟았다. 2015년에는 2년 만에 캄보디아 퓨처스 대회 남자 단식에서 2주 연속 우

승을 차지하며 두각을 나타냈다. 이후 권순우는 2021년 아스타나오픈에서 우승하며 첫 ATP 투어 우승을 기록, 테니스 레전드 이형택(47·은퇴) 이후 18년 8개월 만에 ATP 투어 단식 정상에 오른 한국 선수라는 기록도 남겼다. 한편, 권순우의 메이저대회 최고 성적은 지난 2021년 기록한 프랑스오픈 3회전 진출이다.

한국 남자 테니스, 2023 데이비스컵 16강 진출
사상 첫 2년 연속 파이널스 무대

박승규 감독이 이끄는 한국 남자 테니스 국가대표팀이 2월 5일 서울 송파구 올림픽공원 실내코트에서 열린 벨기에와의 「2023 데이비스컵」 예선전(4단식·1복식)에서 종합 스코어 3-2로 승리했다. 앞서 권순우와 홍성찬이 2월 4일 열린 남자 단식에서 2경기를 모두 내줬으나, 남자 복식에서 송민규-남지성 조가 요란 블리겐-잔더 질 조를 상대로 세트 스코어 2-0으로 제압했고, 이후 권순우와 홍성찬이 각각 남자 단식에서 우승하며 역전승을 거뒀다.

> **데이비스컵(Davis Cup)** 1900년에 시작된 세계 최고 권위의 남자 테니스 국가 대항전으로, 「테니스의 월드컵」이라고도 불린다. 데이비스컵은 1900년 미국과 영국의 대항전이 치러지면서 시작됐으며, 「데이비스」라는 명칭은 700달러 상당의 우승 트로피를 기증한 드와이트 필리 데이비스(Dwight P. Davis)의 이름을 딴 것이다.

이로써 한국 남자 테니스는 1981·1987·2007·2022년에 이어 다섯 번째이자 사상 처음으로 2회 연속 16강에 진출하며 데이비스컵 파이널스 무대를 밟게 됐다. 우리나라는 지난해 15년 만에 진출한 데이비스컵에서 스페인·캐나다·세르비아와 같은 조에 편성돼 경기를 치렀지만, 3패를 당해 8강 결선 진출에는 실패한 바 있다. 한편, 데이비스컵 파이널스 조별리그는 16개국이 4개국씩 4개 조로 나뉘어 각 조 상위 2개국이 8강에 오르는 방식으로 진행되며, 8강부터는 토너먼트전이 적용된다.

안세영, BWF 월드투어 2연속 정상
세계랭킹 4위 → 2위로 상승

안세영(21·삼성생명)이 1월 29일 인도네시아 자카르타에서 열린 「2023 BWF 월드투어 인도네시아 마스터스」 여자 단식 결승전에서 카롤리나 마린(30·스페인)을 세트 스코어 2-1로 꺾으며 우승을 차지했다. 앞서 안세영은 2023년 첫 대회였던 말레이시아오픈에서 준결승을 차지한 데 이어 1월 22일 열린 인도오픈에서 세계 1위 야마구치 아카네(26·일본)를 2-1로 꺾고 우승한 바 있다. 세계배드민턴연맹(BWF)에 따르면 월드투어의 새 시즌 첫 3개 대회에서 모두 결승에 오른 것은 2009년 이용대(35·요넥스) 이후 14년 만이다.

한편, 안세영은 2019년 뉴질랜드오픈을 시작으로 이번 인도네시아 마스터스 등까지 월드투어 통산 13번째 우승을 기록했으며, 준우승 6회까지 포함하면 총 19차례 결승 무대를 밟았다.

김영미 대장, 무보급 단독 남극점 도달
한국인 최초 기록

산악인 김영미(43)가 50일 11시간 37분 동안 홀로 1186.5km를 걸어 1월 16일 남위 90도 남극점에 최종 도달했다. 김 대장은 지난해 11월 27일 칠레 허큘리스 인렛에서 출발해 무게 110kg이 넘는 장비를 실은 썰매를 끌고, 식량 등 중간보급과 운송수단의 보조 없이 「무보급 단독」 원정에 도전한 바 있다. 이번 성과는 한국인 최초이자 아시아 여성으로서는 처음으로, 그동안 단독으로 남극점에 도달한 여성은 캐나다·프랑스·독일·영국 등 총 17명이다. 또한 2004년 박영석 대장이 이끈 원정대가 무보급으로 남극점에 오른 적은 있지만 단독으로 남극점에 도달한 한국인은 김영미 대장이 최초이다. 한편, 김영미 대장은 2003년 히말라야 등반을 시작으로 2008년 에베레스트 등정에 성공했으며 이후 국내 최연소로 7대륙 최고봉을 완등하는 등 한국을 대표하는 산악인으로 꼽히고 있다.

OCA·IOC, 러시아·벨라루스의
항저우 아시안게임·파리 하계올림픽 출전 허용

아시안게임을 주관하는 아시아올림픽평의회(OCA)가 오는 9월 23일 중국 항저우에서 열리는 아시안게임에 우크라이나를 침공한 러시아와 이에 동조한 벨라루스 선수들의 출전을 허용하기로 했다는 내용의 공문을 1월 30일 대한체육회를 비롯해 45개 회원국에 보낸 것으로 알려졌다. 해당 공문에 따르면 두 나라 선수들은 「초청 선수」 자격으로 경기에 출전하는데, 다만 순위 안에 들어도 메달을 주지 않고 올림픽 출전 티켓을 따는 데 필요한 랭킹 포인트도 부여하지 않는다. 앞서 지난 1월 25일 국제올림픽위원회(IOC)도 집행위원회 회의를 열어 러시아와 벨라루스 선수들에 대해 「중립 선수」 자격으로 2024 파리 하계올림픽에 참가할 수 있도록 결정하면서 논란을 일으킨 바 있다.
한편, 항저우 아시안게임은 당초 2022년 9월 10일에 개최될 예정이었으나, 개최국 중국 내 코로나19 감염 확산으로 1년 연기된 바 있다.

> **아시안게임(Asian Games)** 아시아올림픽평의회(OCA)의 주관 아래 4년 주기로 열리는 아시아 국가 최대 규모 스포츠 대회다. 1947년 인도 OCA 위원이었던 손디가 아시아경기연맹 설립을 제의한 이후 1948년 8월 우리나라를 비롯한 인도·미얀마·중국·필리핀·스리랑카 등 6개국의 합의 아래 창설됐다. 제1회 대회는 인도의 뉴델리에서 개최됐으며, 우리나라는 1952년에 아시아경기연맹 정식회원국으로 가입했다. 한편, 우리나라는 1986년 제10회 대회(서울)와 제17회 대회(인천)를 유치한 바 있다.

러시아·벨라루스 선수 출전을 둘러싼 논란 러시아와 벨라루스의 아시안게임과 올림픽 참가를 옹호하는 OCA와 IOC는 모두가 평등해야 하는 스포츠에서 단지 국적 때문에 경기 참가에 제제가 가해지는 것은 불합리하다는 입장이다. 하지만 여러 유럽 국가들은 러시아와 벨라루스 선수들의 경기 출전 허용은 대량학살에 대한 용인이라며, 정치적·도덕적으로 잘못된 이들의 고립을 더 강화해야 한다며 이번 결정에 반발하고 있다. 한편, IOC의 결정에 반발하며 2월 3일 올림픽위원회 비상총회를 개최해 파리올림픽 보이콧을 논의한 우크라이나는 당장 보이콧을 선언하지 않고 앞으로 두 달간 자국에 동조하는 국가를 더 많이 확보하는 데 주력한다는 방침이다.

과학
시사

한반도 추락 가능성 제기됐던 美 인공위성, 알래스카 인근 해상으로 추락

한반도 상공을 지나 한때 경계경보까지 발령됐던 미국 지구관측 위성 「ERBS(Earth Radiation Budget Satellite)」의 잔해물이 1월 9일 미국 알래스카 인근 해안에 최종 추락한 것으로 파악됐다. 과학기술정보통신부는 이날 미국 우주군 발표를 인용해 ERBS가 알래스카 서남쪽 베링해 부근(위도 56.9도, 경도 193.8도)에 최종 추락하면서 상황이 종료됐다고 밝혔다. 지난 1984년 10월 5일 발사된 ERBS는 한국 시간으로 1월 9일 오전 9시부터 오후 5시 사이에 지상으로 추락할 가능성이 제기됐는데, 특히 추락 예측

△ ERBS(출처: 미 항공우주국(NASA))

범위 내에 우리나라가 포함되면서 우려를 일으킨 바 있다. 이에 과기부는 1월 9일 오전 7시에 경계경보를 발령한 뒤 오전 11시 31분과 12시 13분에는 재난안전문자를 발송했다. 또 한국공항공사와 인천국제공항공사는 이날 낮 12시 10분부터 12시 54분까지 44분 동안 전국 공항의 항공기 이륙을 일시 중단하는 조치를 취하기도 했다.

ERBS는 무엇? 1984년 10월 5일 미국 챌린저 우주왕복선을 통해 우주로 발사된 무게 2450kg의 지구관측 위성으로, 지구 열복사 분포를 관측하고 에너지 수지(지구가 흡수하고 방출하는 태양 에너지양의 균형) 분석 임무 등을 수행했다. 특히 ERBS는 지구 성층권에서 태양의 자외선을 차단해 지구 생명체 보호 역할을 하는 오존층이 얇아지고 있다는 점을 밝혀내 큰 주목을 받았다. ERBS는 이를 통해 1987년 오존층 파괴물질 규제를 핵심으로 하는 「몬트리올 의정서」 체결에 기여했다는 평가를 받고 있다. ERBS의 당초 설계 수명은 2년이었으나 사소한 하드웨어 오류가 이어지면서 21년 동안 수명이 지속됐다. 그러다 배터리 내부 고장으로 2005년 10월 14일 비활성화되면서 최종적으로 퇴역했으며, 이후 관성에 의해 지구 궤도를 18년간 떠돌았다. 그리고 중력에 이끌리면서 발사 38년 만인 지난 1월 9일(한국시간 기준) 지구 대기권 재진입(추락)이 예상됐으나, 추락 시 대기권 마찰열로 몸체 대부분이 불타버릴 것으로 전망됐다. 다만 미 항공우주국(NASA)은 일부 부품이 재진입 후에 남아 있을 가능성을 제기하면서도 지구상의 그 어떤 사람에게라도 피해가 일어날 확률은 약 「9400분의 1」로 매우 희박하다고 설명한 바 있다.

몬트리올 의정서(Montreal Protocol) 오존층 파괴물질 규제에 관한 국제협약으로, 1987년 정식 채택돼 1989년 1월부터 발효됐다. 의정서는 96개 특정물질에 대한 감축 일정을 담고 있는데, 프레온가스와 할론의 경우 선진국에 대해 각각 1996년과 1994년부터 사용을 금지한 데 이어 2010년에는 개도국에서도 사용을 금지하는 내용이 명시됐다. 우리나라는 1992년 2월 몬트리올 의정서 가입비준서를 유엔사무국에 기탁한 데 이어 그해 5월에 가입국이 됐다. 한편, 1994년 제49차 유엔총회에서는 몬트리올 의정서 채택일인 1987년 9월 16일을 「세계 오존층 보호의 날」로 지정한 바 있다.

美 연방통신위원회, 우주국 신설
위성통신과 전파 등 관장

미국 연방통신위원회(FCC)가 1월 12일 위성통신과 전파 등을 관장하는 「우주국」을 신설한다고 밝혔다. FCC는 지난해 말 기존 국제사무국에서 우주국을 독립·신설하기 위한 제안과 결의안을 공화당·민주당 추천 상임위원 간에 만장일치로 통과시킨 바 있다.

미국에서 미 항공우주국(NASA)이 로켓과 우주기술 전반을 관장하고 있음에도 FCC의 우주국 설립을 추진한 것은 민간의 우주산업이 성장할 수 있도록 위성 궤도와 주파수를 안정적으로 분배하기 위한 조치로 해석되고 있다. FCC는 위성통신 분야 전반을 관할할 새로운 제도 기본골격(프레임워크)과 주파수 정책 수립, 경쟁 활성화 정책을 마련할 방침이다. 또한 파편을 처리하기 위해 궤도를 이탈하는 위성에 대한 새로운 규칙을 제안하는 등 규제 전반도 다룰 예정이다.

미국 FCC 우주국 주요 내용

공식 명칭	우주국(Space Bureau)
설립 배경	• 민간 중심으로 위성통신 등 우주산업 주도권 변화 • ICT 관점에서 새로운 규제체계 필요
주요 업무	민간 기업이 우주산업에 활발하게 진출할 수 있도록 위성 관련 전파 및 통신 정책 활성화

美 법무부, 구글의 디지털 광고시장 독점에
반독점 위반 소송 제기

미국 법무부가 1월 24일 구글이 디지털 광고시장에서 불법적으로 지배력을 남용해 공정한 경쟁을 해치고 있다면서 반(反)독점 위반 소송을 제기했다. 이번 제소는 미국 연방정부가 구글을 상대로 제기한 두 번째 반독점 소송으로, 트럼프 정부 시절인 지난 2020년 10월 이후 2년 3개월 만이다. 법무부는 또 구글의 온라인 광고 판매소 「애드 익스체인지(AdX)」를 지목, 구글의 광고 관리 플랫폼을 디지털 광고 시장에서 아예 퇴출시킬 것도 법원에 요청했다. 구글은 미 디지털 광고 시장에서 26.4%를 차지하고 있으며, 구글 매출의 80% 이상을 광고 수익이 차지하고 있다. 구글은 지난 2007년 온라인 광고 회사 더블클릭(DoubleClick)을 인수한 것을 시작으로 2010년 인바이트 미디어(Invite Media), 2011년 애드멜드(AdMeld)를 사들이면서 관련 시장을 확장해 왔다.

한편, 이번 법무부의 소송에 대해 구글은 성명을 통해 「혁신을 저해하고 중소기업과 콘텐츠 제작사 성장을 저해할 것」이라며 반발했다.

> **구글(Google)** 1998년 미국 스탠퍼드대 대학원생 래리 페이지와 세르게이 브린이 공동설립한 IT 업체로, 사명은 10의 100승을 뜻하는 구골(googol)이라는 신조어에서 유래된 것이다. 구글은 설립 이후 세계 최대의 포털 사이트가 되기까지 10년이 채 걸리지 않았는데, 현재 구글의 전 세계 검색 시장 점유율은 90% 이상이다.

한국인터넷진흥원(KISA),
「중국 해킹그룹, 우리말학회 등 학술기관 12곳 해킹」

한국인터넷진흥원(KISA)이 중국의 해킹그룹인 「샤오치잉(Xiaoqiying)」이 설 당일인 1월 22일부터 대한건설정책연구원 등 우리나라 기관의 홈페이지 12곳을 공격했다고 25일 밝혔다. KISA에 따르면 홈페이지 해킹이 파악된 기관은 ▷우리말학회 ▷한국고고학회 ▷한국학부모학회 ▷한국교원대학교 유아교육연구소 ▷한국보건기초의학회 ▷한국사회과수업학회 ▷한국동서정신과학회 ▷대한구순구개열학회 ▷한국시각장애교육재활학회 ▷제주대학교 교육과학연구소 ▷한국교육원리학회 등이다. 이들 기관의 홈페이지는 기존 내용이 사라지고 해커 조직의 로고와 「한국 인터넷 침입을 선포한다」는 문구가 노출됐는데, 이는 해커가 웹 홈페이지의 관리자 권한을 획득해 화면을 바꾸는 웹 변조 해킹으로 이뤄진 것이다.

✚

해킹(Hacking) 컴퓨터 네트워크에 침입해 정보 시스템에 유해한 영향을 끼치는 행위로, ▷취약점 검사와 비밀번호 크래킹 ▷스푸핑 공격 ▷패킷 스니퍼 등 여러 기술을 이용해 이뤄진다. 취약점 검사는 시스템에 침입할 수 있도록 취약점을 찾아 해킹하는 것을 말하며, 비밀번호 크래킹은 말 그대로 시스템의 비밀번호를 알아내는 기술이다. 스푸핑 공격은 해커 자신의 신분을 감춰 상대방의 컴퓨터에 침입하는 것이며, 패킷 스니퍼는 인터넷 네트워크상에서 데이터 패킷을 도중에 가로채 해킹하는 기술을 말한다.

샤오치잉의 공격과 그 이유는? 샤오치잉은 자신들의 텔레그램 채널을 통해 1월 20일 오후 7시 33분 대한건설정책연구원 홈페이지를 해킹했다는 사실을 처음 공개했다. 이후 1월 21일에는 국내 홈페이지와 정부기관 2000여 곳에 대한 해킹을 예고한 데 이어 23일에는 한국 정부 부처가 보유한 54.2GB(기가바이트) 규모의 데이터를 탈취했다고 주장하기도 했다. 또 1월 24일에는 11개 학술기관의 인터넷주소(URL)를 올리며 해킹을 예고했다. 샤오치잉은 이보다 앞선 지난 1월 7일에는 자신들의 홈페이지에 한국 민간 기업·공공기관에 소속된 직원 161명의 이름과 전화번호·이메일 등의 개인정보를 공개하기도 했다.

한편, 샤오치잉은 1월 24일 텔레그램 채널에서 동영상 스트리밍(실시간 중계) 서비스를 이용하다가 한국의 인터넷 방송인에게 화가 나 해킹을 하게 됐다고 이번 사이버 공격의 이유를 설명했다. 하지만 보안업계 등에서는 샤오치잉이 해킹의 진짜 의도를 감추고 있다고 보고 있는데, 이들은 한국과 중국 누리꾼들이 최근 온라인에서 국제 정세와 한복, 음력설 문화 등을 놓고 벌이고 있는 논쟁이 영향을 미쳤을 것이라는 해석을 제기하고 있다.

공정위, 「온라인 플랫폼 독과점 심사지침」 시행
구글·카카오 등 경쟁사 방해·자사 우대 때는 제재

공정거래위원회가 대형 온라인 플랫폼 사업자들의 독점적 행위에 대한 심사 기준을 구체화한 「온라인 플랫폼 독과점 심사지침」을 제정해 1월 12일부터 시행한다고 밝혔다. 심사지침은 플랫폼 기업의 행위가 공정거래법상 시장지배적지위 남용 행위에 해당하는지 여부를 심사하는 데 적용하는 기준이다. 심사지침 적용 대상은 시장지배적 지위를 가진 온라인 플랫폼 중개 서비스, 검색엔진, 사회관계망서비스(SNS), 동영상 등의 디지털 콘텐츠 서비스, 운용체계(OS), 온라인 광고서비스 사업자 등이다. 여기다 해외 사업자가 국외에서 한 행위도 국내 시장에 영향을 주는 경우 이 지침의 적용 대상이 된다.

「온라인 플랫폼 독과점 심사지침」 주요 내용 공정위는 온라인 플랫폼 분야에서 경쟁 제한 우려가 있는 행위 유형을 ▷멀티호밍(자사 이용자의 다른 경쟁 플랫폼 이용) 제한 ▷자사 우대 ▷경쟁 플랫폼 대비 자사 거래조건을 더 유리하게 적용하려는 「최혜대우 요구」 ▷다른 상품·서비스를 같이 거래하도록 강제하는「끼워 팔기」로 규정했다. 멀티호밍에는 경쟁 플랫폼을 이용하는 데 드는 비용을 증가시키거나 싱글호밍에 경제적 유인을 제공하는 것도 포함하며, 자사우대는 온라인 플랫폼에서 자사와 거래하는 사업자의 상품과 서비스를 그렇지 않은 상품·서비스보다 우선 노출하는 행위를 포함한다. 다만 이 4가지 유형의 행위가 언제나 일률적으로 법 위반이 되는 것은 아니며, ▷해당 행위의 의도·목적 ▷구체적 수단 ▷경쟁 제한 정도 ▷효율성 증대 효과 ▷소비자 후생에 미치는 영향 등을 종합적으로 고려해 부당성을 판단하도록 했다.

또 심사지침은 매출액 기준 시장 점유율 산정이 적합하지 않은 경우 이용자 수, 이용 빈도 등을 대체 변수로 고려하도록 했다. 아울러 문지기로서의 영향력, 네트워크 효과, 데이터 수집·보유·활용 능력, 새로운 서비스의 출현 가능성 등을 종합적으로 고려해 독과점 지위를 판단한다고 명시했다. 특히 명목상 무료 서비스라도 광고 노출, 개인정보 수집 등을 통해 수익을 창출할 수 있으므로 무료 서비스도 위법성 판단 시 고려 사항에 포함했다.

온라인 플랫폼 사업자의 주요 경쟁제한 행위 유형

행위 유형	주요 내용	주요 경쟁제한 효과
멀티호밍 제한	자사 온라인 플랫폼 이용자의 경쟁 온라인 플랫폼 이용을 직간접적으로 방해	온라인 플랫폼 시장의 독점력 유지 및 강화
최혜대우 요구	자사 온라인 플랫폼상의 거래조건을 타 유통채널 대비 동등하거나 유리하게 적용하도록 요구	
자사 우대	자사 온라인 플랫폼 상에서 자사 상품 또는 서비스를 경쟁사업자의 상품·서비스 대비 직간접적으로 우대	온라인 플랫폼 시장의 독점력을 지렛대로 해 연관시장까지 독점화
끼워팔기	온라인 플랫폼 서비스와 다른 상품 또는 서비스를 함께 거래하도록 강제	

「아이폰 고의 성능 저하」 소비자들, 애플 상대 손해배상 1심 패소

서울중앙지법 민사합의31부가 2월 2일 국내 아이폰 이용자 9800여 명이 애플이 구형 아이폰의 성능을 고의로 떨어뜨렸다며 애플을 상대로 낸 손해배상 청구소송에서 원고 패소 판결을 내렸다. 이는 병합 사건까지 포함하면 원고가 총 6만 2000여 명에 달하는데, 이번 판결 결과는 미국 등 해외에서 제기된 같은 소송에서 소비자들이 수천억 원의 합의금을 받아낸 것과는 상반되는 결과다.

애플 소송 주요 내용 애플은 2017년 하반기 구형 아이폰 운영체제(iOS) 업데이트 과정에서 아이폰 6·7·SE 등 구형 모델의 배터리 성능을 고의적으로 떨어뜨렸다는 의혹을 받았다. 이에 구 아이폰 사용자들은 애플이 신형 아이폰을 팔기 위해 일부러 구형 모델 성능을 낮춘 것이라며 반발했다. 당시「배터리 게이트」로 불리며 해당 논란이 확산되자 애플은 공식 홈페이지에 사과 성명을 게재하고 배터리 교체 비용을 낮추는 등의 후속 조치를 취했으나 과실은 인정하지 않아 비판을 받았다. 이에 국내 소비자 6만 여명은 애플의 조치로 물질적·정신적 피해를 입었다며 2018년 3월 애플과 애플코리아를 상대로 손해배상 청구소송을 제기한 바 있다.

한편, 해외에서도 애플을 상대로 한 소비자들의 집단소송이 제기됐는데, 애플은 2020년 3월 미국에서 구형 아이폰 사용자 한 명당 25달러(약 3만 400원)씩 최대 5억 달러를 지불하기로 합의했다. 또 칠레의 집단소송에서도 지난해 4월 총 25억 페소(약 38억 원)를 배상하기로 한 바 있다.

是 是 非 非

중대선거구제 도입?
선거법 개정안
찬반 논란

국회 정치개혁특별위원회(정개특위)가 1월 11일 내년 22대 총선을 앞두고 가장 뜨거운 이슈로 부상한 「중대선거구제 도입」을 비롯한 선거법 개정안의 본격적 논의에 착수했다. 여야는 이날 국회에서 정개특위 정치관계법개선소위원회를 열고 선거구제 개편 등 관련 법률안을 심사했다. 우리나라 국회의원 선거는 1988년 제13대 총선에서부터 소선거구제로 치러지고 있는데, 지난 1월 2일 윤석열 대통령이 언론 인터뷰를 통해 「중대선거구제를 통해 국회의원의 대표성을 보다 강화하는 방안을 검토해볼 필요가 있다.」고 밝히면서 중대선거구제가 정계의 주요 이슈로 부상한 바 있다. 여기에 김진표 국회의장이 올해 4월까지는 이를 이뤄낼 생각이라고 찬성의 뜻을 내비치면서 선거구제 개편에 힘이 실렸다. 선거구 획정은 공직선거법에 따라 오는 4월 10일까지 이뤄져야 하기 때문에 김 의장은 선거법 개정안을 3월 말까지 마무리하겠다는 입장이다.

이러한 중대선거구제 도입 주장은 이전에도 있어 왔던 것으로, 이는 현행 소선거구제가 양당제와 지역주의를 공고하게 한다는 비판이 제기될 때마다 그에 대한 대안으로 제시돼 왔다. 지난 21대 총선을 앞두고도 국회 정개특위는 중대선거구제를 논의한 바 있는데, 당시 자유한국당은 도시 지역에 중대선거구제를 도입하는 도농복합선거구제를 제안한 반면 더불어민주당은 중대선거구제 자체를 반대하는 등 양당의 의견차로 무산됐었다. 현재 우리나라 기초의원 선거의 경우 중대선거구제로 치러지고 있는데, 이는 소수 정당의 의회 진입을 수월하게 한다는 본래의 취지와는 달리 대부분 다수 정당이 당선자를 내고 있는 상황이다.

한편, 미국·영국·독일·프랑스 등 민주주의가 일찍이 안착된 다수의 국가들은 현재 소선거구제로 선거를 치르고 있으며, 1928년 중의원 선거부터 중대선거구제를 실시했던 일본의 경우 여러 문제에 부딪히자 1996년 소선거구제로 전환한 바 있다.

한국 선거제도의 변화

시기	선거제도
1948년	제헌 국회의원 선거, 소선거구제
1963년	6대 총선(비례대표제)
1973년	9대 총선(2인 중선거구제), 비례대표제 폐지
1981년	11대 총선(비례대표제)
1988년	13대 총선(소선거구제)
2000년	16대 총선(비례대표제)
2004년	17대 총선(1인2표 정당명부식 비례대표제)
2020년	21대 총선(준연동형 비례대표제)

Yes

No

Tip

선거구(選擧區)

독립적으로 대표자를 선출할 수 있는 지리적 단위를 가리킨다. 소선거구제는 한 선거구에서 1명의 대표자를 선출하는 것을, 중대선거구제는 한 선거구에서 2인 이상을 선출하는 제도를 말한다. 다시 분류하면 2인에서 4인까지 선출하는 것은 중선거구제, 5인 이상 선출하는 것은 대선거구제이다.

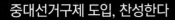 **중대선거구제 도입, 찬성한다** | **중대선거구제 도입, 반대한다**

중대선거구제 도입을 찬성하는 측은 소선거구제하에서 거대 양당이 국회의 대부분 의석을 차지하면서 발생하는 여러 가지 부작용을 줄이기 위해서는 이 제도가 효과적이라는 주장이다. 즉, 중대선거구제 도입으로 신생 정당이나 소수 정당의 원내 진입 가능성을 높일 수 있어 극단적 대립으로 치닫는 정치 문화를 바꿀 수 있다는 것이다. 또 현행 소선거구제는 최다득표자 한 명만 당선되기 때문에 소신투표보다는 차악을 선택하는 전략투표가 발생하고 다량의 사표가 발생한다는 문제점을 지적한다. 따라서 사표를 줄이고 지역 표심을 온전히 담아내기 위해서 중대선거구제 도입이 필요하다고 주장한다.

아울러 소선거구제에서는 낙선했을 2·3등 후보도 중대선거구제에서는 당선 가능성이 높아지기에, 우리 정치에서 가장 큰 문제로 지적되는 지역감정이나 지역주의를 이를 통해 완화할 수 있다는 입장이다. 또 중대선거구제를 통해 국민이 자신의 정책이나 가치를 대변할 수 있는 대표자를 선택할 수 있는 폭을 넓힐 수 있다는 점도 제도 찬성의 근거로 든다.

중대선거구제 도입을 반대하는 측은 해당 제도를 도입해도 거대 양당이 주도하는 정치에는 큰 변화가 없어 현행 정치의 문제점을 해소할 대안이 될 수 없다고 말한다. 반대 측은 이미 중대선거구제를 채택하고 있는 지방선거 기초의회 선거에서 양대 정당이 거의 모든 의석을 독차지하고 있음을 대표적 사례로 든다. 또 중대선거구제를 도입할 경우 같은 정당 소속 후보자 간의 내부 경쟁이 심화돼 오히려 파벌 정치를 더욱 강화시키는 결과로 이어질 것이라는 우려도 제기한다.

아울러 선거구가 커지면서 후보자 난립, 선거비용 증가 등 고비용·저효율 문제를 피할 수 없다는 점도 지적한다. 여기다 유권자들 입장에서는 후보자 수가 크게 늘면서 후보들의 면면을 상세히 파악하기 어려워지고, 이에 인지도가 높은 조직을 동원하고 유지할 역량이 있는 거대 양당 후보에게 오히려 더 유리한 제도가 될 수 있다는 점을 비판한다. 또 당선자가 복수일 경우 당선자의 책임 의식이 희박해지고, 유권자보다는 정당 공천에 집중할 가능성도 지적한다.

✎ 나의 생각은

시사용어

2023. 1. ~ 2.

①
정치·외교·법률

9·19 남북군사합의(9·19 南北軍事合意) ▼

"윤석열 대통령이 지난해 12월 말 북한 무인기가 수도권 상공을 침범한 것과 관련해 북한이 다시 우리 영토를 침범하는 도발을 일으키면 **9·19 남북군사합의** 효력정지를 검토하라고 1월 4일 국가안보실에 지시한 것으로 전해졌다. 윤 대통령이 직접 9·19 합의 효력정지를 언급한 것은 이번이 처음으로, 이에 9·19 군사합의가 체결 4년 3개월여 만에 존폐 기로에 놓였다는 평가가 나왔다."

2018년 9월 19일 당시 문재인 대통령과 김정은 북한 국무위원장이 평양정상회담을 통해 채택한 「9월 평양공동선언」의 부속 합의를 말한다. 남북 정상은 당시 회담에서 9·19 군사 분야 합의서를 평양공동선언의 부속합의서로 채택하고 이를 철저히 준수하고 성실히 이행하며, 한반도를 항구적인 평화지대로 만들기 위한 실천적 조치들을 적극 취해나가기로 했다. 9·19 합의에는 판문점 선언에 담긴 비무장지대(DMZ)의 비무장화, 서해 평화수역 조성, 군사당국자회담 정례화 등을 구체적으로 이행하기 위한 후속 조치가 명시됐다. 무엇보다 이 합의는 접경 지역에서의 우발적 무력 충돌을 막자는 취지로 군사분계선(MDL)을 기준으로 육상·해상·공중 완충구역에서의 적대 행위를 중단하는 것을 핵심으로 한다.

△ 9·19 남북군사합의(2018. 9. 19)

9·19 남북군사합의의 주요 내용

구분	주요 내용
완충구역 설정 및 우발적 충돌 방지	군사분계선(MDL) 남북 각 5km(총 10km), 서해 북방한계선(NLL) 일대 남북 약 135km 해역(동해는 80km 해역), MDL 기준 남북 일정 공역(동부는 40km, 서부는 20km)에 각각 육해공 완충구역을 설정한다.
DMZ 내 GP 시범 철수 및 JSA 비무장화	비무장지대(DMZ) 상호 1km 이내에 근접한 감시초소(GP) 각 11개씩을 시범 철수하고, 향후 DMZ 내 모든 GP를 철수해 실질적 비무장화를 추진하기로 한다.
공동 유해발굴 및 한강하구 공동이용 수역 설정	DMZ 내 시범적 공동 유해발굴을 6·25전쟁 격전지였던 강원 철원 지역의 화살머리고지 일대에서 진행한다. 또 한강하구를 공동이용 수역으로 설정해 남북 간 공동 수로조사를 실시하고 민간선박의 이용을 군사적으로 보장한다.
서해 평화수역·공동어로구역 합의	서해 북방한계선 일대를 평화수역으로 만들어 우발적인 군사적 충돌을 방지하고, 안전한 어로활동을 보장하기 위한 군사적 대책을 취해 나간다.

국가정보원(國家情報院, National Intelligence Service) ▼

국가안전보장에 관련되는 정보·보안 및 범죄수사에 관한 사무를 담당하는 대통령 직속하의 국가 정보기관으로, 「국정원」이라고 한다. 1961년 중앙정보부로 창설돼 이후 국가안전기획부(안기부)로 명칭이 바뀌었고, 1999년 1월에는 국정원으로 명칭이 변경되면서 현재에 이르고 있다. 국정원장은 국회의 인사청문을 거쳐 대통령이 임명하며, 차장 및 기획조정실장은 원장의 제청으로 대통령이 임명한다. 국정원의 조직·소재지 및 정원은 국가안전보장을 위해 필요한 경우 그 내용을 공개하지 않을 수 있다.

국정원은 1961년 5·16 쿠데타를 주도한 박정희

소장 등을 비롯한 군인들이 그해 6월 정권의 효과적 장악을 위해 정보수집 기관인 중앙정보부를 창설하면서 그 역사가 시작됐다. 그러나 박정희 정권 기간 중 중앙정보부는 정권 독재를 위한 정치 개입은 물론 민주화 인사와 인권 탄압으로 악명이 높았다. 이후 1980년 12월부터 정국을 장악한 전두환 정권은 1981년 5공화국 출범 당시 중앙정보부에서 국가안전기획부(안기부)로 명칭을 바꾸었다. 하지만 전두환·노태우 정권 기간 중의 안기부도 각종 정치공작과 간첩조작사건을 주도하는 등 정치 개입과 반정부세력 탄압을 지속했다. 그러다 1999년 1월 21일 김대중 정부 출범 직후 작고 강력한 정보기관을 지향하면서 국가정보원으로 재출범한 바 있다.

남해구단선(南海九段線) ▼

중국이 1953년 남중국해 해역과 해저에 대한 영유권을 주장하기 위해 남중국해 주변을 따라 그은 U자 형태의 9개 선으로, 남중국해 전체 해역의 90%를 차지한다. 남중국해(南中國海)는 중국 남쪽과 필리핀 및 인도차이나 반도와 보르네오섬으로 둘러싸인 바다로, 말레이시아·베트남·브루나이·싱가포르·중국·대만·캄보디아·태국·필리핀이 이곳에 접한다.

남해구단선은 필리핀과 베트남 등 주변국들의 배타적경제수역(EEZ)과 상당히 겹치는 데다 구단선의 해양상 위치 좌표를 명확히 제시하지 않아 국제법으로 인정하기에는 법적 타당성이 모호하다는 비판이 많았다. 그러나 중국은 2000여 년 전 한(漢)나라 때부터 중국인이 남중국해를 항해하고 섬을 발견해 이름을 지었다는 기록이 남아 있다는 역사적 권원(權原)을 들며, 1982년 체결된 유엔 해양법협약이 이를 무력화할 수 없다는 주장을 펴왔다. 그리고 이 남해구단선을 근거로 남중국해 영유권을 주장하며 인공섬을 조성해 군사시설화에 나서고, 필리핀과 베트남 어민들의 조업을 단속해 왔다. 이에 주변국들은 중국이 남해구단선을 근거로 남중국해 전체를 자국 영해로 만들려 한다고 비판해 왔다. 여기에 네덜란드 헤이그에 위치한 상설중재재판소(PCA)는 지난

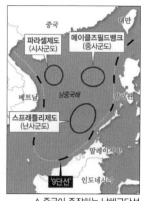

△ 중국이 주장하는 남해구단선

2016년 7월 중국의 남해구단선에 대해 그 역사적 권리를 인정할 수 없다는 판결을 내렸지만, 중국의 공격적인 진출은 계속되고 있는 상태다.

미국 외교 전문지 《더디플로맷》과 일본 니혼게이자이신문(닛케이) 등 외신에 따르면 조코 위도도 인도네시아 대통령과 응우옌쑤언푹 베트남 주석이 지난 12월 말 정상회담을 갖고 양국의 최대 현안이었던 EEZ 획정 협상을 타결했다. 남중국해를 사이에 두고 있는 두 나라는 지난 10여 년간 EEZ 범위를 놓고 갈등을 빚어왔으나 이번에 협정을 타결함으로써 해당 갈등을 봉합한 것이다. 특히 이번에 베트남과 인도네시아 양국이 협력 관계를 구축하기로 한 나투나 제도 인근 해역은 중국의 남해구단선 안에 들어가 있다. 이에 중국 정부는 인도네시아·베트남의 EEZ 협정 타결에 대해 「남중국해의 해양 경계 획정 협상이 중국의 정당한 이익을 훼손해서는 안 된다」며 거세게 반발했다.

보편적 관할권(Universal Jurisdiction) ▼

"미얀마 인권단체 포티파이 라이츠가 1월 20일 독일 검찰에 지난 2017년 8월 발생한 로힝야족 학살 사건 등의 책임을 물어 미얀마 군부를 고발했다. 이와 별개로 인권단체들은 **보편적 관할권**을 적용해 튀르키예와 아르헨티나에서도 미얀마 군부를 고발한 바 있다. 미얀마군은 지난 2017년 이슬람계 소수민족인 로힝야족 토벌 작전을 자행해 수천여 명이 사망했고, 약 75만 명의 로힝야족이 방글라데시로 피신했었다."

전쟁범죄 등 반인륜적 범죄에 대해서는 다른 나라에서도 수사하고 재판할 수 있는 권리를 말한다. 한 나라의 법원이 특정 사건을 다룰 수 있는 권한을 「관할권」이라 하는데, 보편적 관할권은 이를 전 세계로 확대해 모든 국가가 가해자를 처벌할 수 있도록 한 개념이다. 인권단체 휴먼 라이츠 워치는 보편적 관할권을 「범죄가 발생한 곳

이나 가해자·피해자의 국적과 무관하게 모든 국가는 국제적 우려를 받는 특정 범죄의 가해자를 재판에 회부할 이해관계가 있다는 원칙」으로 정의하고 있다.

로힝야족(Rohingya族) 미얀마 서부 라카인주에 주로 거주하는 무슬림 소수민족으로, 미얀마의 135개 소수민족 중 하나다. 그러나 로힝야족은 미얀마 정부의 탄압으로 1970년대부터 방글라데시를 비롯해 태국이나 말레이시아, 인도네시아 등 인근 국가로의 탈출을 시도했다. 그러나 대다수 국가에서 로힝야족 난민 수용을 거부하면서 이들은 바다를 떠도는 보트피플이 되기도 하고, 인신매매 등 인권유린 상황에 처해지면서 로힝야족 문제는 국제 문제로까지 대두됐다. 이에 유엔은 지난 2012년 로힝야족을 「세계에서 가장 박해받는 소수민족」의 하나로 규정하기도 했다.

부울경 특별연합(메가시티) ▼

"부산시의회가 2월 8일 열린 제311회 임시회 제2차 본회의에서 **부울경 특별연합** 규약 폐지안을 통과시켰다. 이 안은 앞서 2월 2일 상임위원회를 통과한 데 이어 본회의까지 통과하면서 행정안전부 정관 승인·고시만을 남겨두게 됐다. 한편, 경남도의회와 울산시의회는 지난해 12월 규약 폐지안을 통과시킨 바 있어 행안부의 고시까지 끝나면 부울경 특별연합은 역사 속으로 사라지게 된다."

지난해 4월 19일 공식 합의돼 올 1월 1일 공식 출범할 예정이었던 부산·울산·경남이 참여하는 전국 최초의 특별지방자치단체를 말한다. 특별지자체는 2개 이상의 지방자치단체가 특정의 공동 목적을 위해 사무를 처리할 필요가 있을 때 설치하는 지자체로, 부울경 특별연합은 특별지자체 제도가 국내에 도입된 이후 최초의 사례였다. 부울경 메가시티는 수도권 집중과 지역소멸 문제 극복을 위해 진주·창원·부산·울산 등 부울경의 4개 거점도시를 중심으로 해, 주변 중소도시와 인근 농산어촌을 생활권·경제권 단위로 연계 발전시켜 부울경 메가시티(행정구역은 구분돼 있으나 생활·경제권이 연결돼 있는 인구 1000만 명 이상의 거대도시)를 조성하는 것을 목표로 했다. 이에 2023년 1월 1일부터 초광역 철도망, 친환경

조선산업, 자동차, 항공산업 등 21개 분야 126개 세부 사무를 수행할 예정이었다. 그러나 지난해 6월 지방선거 이후 경남도와 울산시가 기존 입장을 번복하고 박형준 부산시장, 김두겸 울산시장, 박완수 경남도지사가 그해 10월 부울경 초광역 경제동맹을 결성하기로 합의하면서 사실상 좌초된 바 있다.

비동의 간음죄(非同意 姦淫罪) ▼

"여성가족부가 1월 26일 향후 5년간 추진할 양성평등정책 기본계획을 발표하면서 법무부와 함께 **비동의 간음죄** 개정을 검토하겠다고 밝힌 지 불과 9시간 만에 개정 계획이 없다고 번복하면서 비동의 간음죄에 대한 찬반 논란이 재점화됐다. 정치권에서는 비동의 간음죄가 과잉처벌이나 무고한 피해자를 양산할 수 있다며 반대하는 입장이지만, 여성단체들은 국제협약 권고대로 비동의 간음죄 개정을 이행할 것을 촉구하고 있다."

피해자가 거부 의사를 밝혔음에도 성관계가 이루어졌을 경우 이를 성폭행으로 판단한다는 원칙으로, 「노 민스 노 룰(No means no rule)」이라고도 한다. 현행 형법 297조의 강간죄는 폭행이나 협박 등 물리력이 있어야 성립하는데, 이러한 법규가 위계 및 위력으로 인한 성폭행 피해자를 충분히 보호하기에는 부족하다는 지적에서 나온 것이다. 우리나라에서는 지난 2018년 초부터 일어난 미투 운동으로 인해 비동의 간음죄 입법 논란이 쟁점이 돼 왔다. 이에 앞서 미국, 독일 등 일부 국가에서는 동의 없는 성관계를 처벌하는 비동의 간음죄(노 민스 노) 법안이 통과된 바 있다.

미투 운동(Me Too Campaign) 사회관계망서비스(SNS)에 성범죄 피해 사실을 밝히며 심각성을 알리는 캠페인으로, 2017년 10월 할리우드 배우 알리사 밀라노의 제안으로 시작돼 전 세계로 확산됐다. 우리나라에서는 2018년 1월 서지현 창원지검 통영지청 검사가 안태근 전 법무부 국장의 성추행을 폭로한 것을 계기로 본격적으로 시작됐다. 이 법조계에서 시작된 미투 운동은 이후 문화·예술계, 정치계로까지 번지면서 큰 파문을 일으켰다.

예스 민스 예스 룰(Yes means yes rule) 노 민스 노 룰에서 더 나아가 위계 및 영향력을 행사할 수 있는 사람에 한해 명시적 동의 없이 간음한 경우 성폭행으로 판단하는 것을 말한다.

《스페어(Spare)》 ▼

"영국 해리 왕자의 자서전인 《스페어》가 1월 10일 출간된 가운데, 그 내용을 둘러싸고 거센 논란이 일고 있다. 이 자서전에서 해리 왕자는 그동안 알려지지 않았던 왕실 내 가족 간 갈등을 적나라하게 폭로한 것은 물론 자신의 마약 흡입 경험 등 사생활까지 공개했다. 한편, 《스페어》는 출간 첫날인 1월 10일 하루 동안 종이책, 오디오북, E북 등을 합쳐 영국에서만 140만 부가 판매됐다."

1월 10일 출간된 영국 해리 왕자의 자서전으로, 제목인 「스페어」는 영국 왕실의 차남인 해리 왕자가 장남인 윌리엄 왕세자의 예비용이라는 의미를 담은 일종의 은어다. 400페이지 분량의 자서전은 출간 첫날인 1월 10일 하루에만 종이책, 오디오북, E북 등을 합쳐 영국에서 140만 부가 팔리면서 비소설 부문 판매량 1위를 기록했다. 《스페어》는 정식 출간 이전에 스페인의 일부 서점이 스페인어 번역판을 미리 판매하기 시작하면서 그 내용이 알려진 바 있는데, 왕실을 향한 직접적인 공격뿐 아니라 해리 왕자 자신의 사생활까지 담겨 있어서 수많은 화제와 논란을 일으켰다. 자서전에서는 2008년 아파치 헬기 조종사로 아프가니스탄 전쟁에 참전한 해리 왕자가 「25명을 사살했다.」고 언급한 대목이 가장 큰 논란이 됐는데, 해리는 당시를 회고하며 체스 판에서 말을 없애는 것과 같았다며 나쁜 사람들이 착한 사람들을 죽이기 전에 먼저 제거된 것이라고 표현했다. 한편 해리 왕자는 지난 2018년 미국 출신의 배우 메건 마클과 결혼했으며, 2020년에는 영국 왕실로부터 독립을 선언한 뒤 아내와 함께 미국으로 건너간 바 있다.

신전략무기감축협정(뉴스타트, New START) ▼

"미 국무부가 1월 31일 보고서를 통해 러시아가 2011년 발효된 「신전략무기감축협정(New START Treaty·뉴스타트)」을 이행하지 않고 있다고 공개했다. 보고서에 따르면 양국은 코로나19 초기인 2020년 3월 감염 방지 등을 이유로 상호 핵사찰을 일시 중단했으며, 2021년 6월 미국이 사찰 재개를 요구했지만 러시아가 이를 거부했다. 러시아는 지난해 8월 미국의 재요구에도 이를 거부했고, 지난해 11월 이집트에서 열기로 한 뉴스타트 양자협의위원회 또한 4일 전 일방적으로 무기한 연기했다."

2010년 4월 버락 오바마 전 미국 대통령과 드미트리 메드베데프 전 러시아 대통령 간에 체결된 새로운 포괄 핵무기 감축 협정이다. 이는 1991년 미국과 옛소련이 체결했던 스타트(START)의 맥을 잇는 협정이어서 뉴스타트라고 한다. 뉴스타트는 미·러 양국이 실전 배치 핵탄두 수를 1550개 이하로 줄이고, 핵탄두를 운반하는 대륙간탄도미사일(ICBM)·잠수함발사탄도미사일(SLBM)·전략폭격기 등을 700기 이하로 줄이는 것을 주요 내용으로 한다. 당시 협정은 10년 기한으로 체결됐지만, 양국이 합의하면 5년간 연장된다는 부가 조항을 명시했다. 그리고 미국과 러시아는 협정 기한 종료를 앞둔 2021년 2월 3일 뉴스타트를 5년 연장하는 데 합의하면서 2026년까지 연장된 바 있다. 하지만 연장 조약에서 러시아 신무기 억제 등은 포함되지 않았고, 세계 3위 핵보유국인 중국을 협상에 참여시키지 못해 한계로 지적된 바 있다.

와그너그룹(Wagner Group) ▼

"미국이 1월 26일 러시아 용병 와그너그룹을 비롯한 블라디미르 푸틴 대통령의 측근에게 추가 제재를 가했다. 와그너그룹은 폭력을 부추기고 천연자원을 약탈해 국제법을 위반한 혐의 등으로 국제사회로부터 제재를 받고 있는데, 미국은 지난 2017년부터 와그너그룹을 블랙리스트에 올렸으며 유럽연합(EU)도 지난 2021년부터 자체적으로 제재를 부과해 왔다."

블라디미르 푸틴 러시아 대통령의 요리사로 불리는 기업인 예브게니 프리고진과 러시아정보총국(GRU) 특수여단에서 복무했던 드미트리 우트킨이 창설한 조직이다. 서방에서는 사실상 푸틴의 사병 조직으로 인식되고 있다. 와그너그룹은 지난 2014년 러시아의 크름반도(크림반도) 강제 병합 시 처음으로 그 존재가 알려지기 시작했으며, 이후 중동·아프리카 분쟁 지역에서 친러 정권 지원활동을 벌이는 한편 민간인 학살과 성폭

력 등의 각종 전쟁범죄로 악명을 떨쳤다. 러시아 정부는 그간 이들과의 관련성을 부인해 왔으나 러시아의 우크라이나 침공 이후 그 관련성이 점차 외부에 드러났는데, 실제 프리고진은 지난해 9월 자신이 이 회사를 소유하고 있다고 인정하기도 했다. 서방은 러시아군이 우크라이나전쟁에서 예상과 달리 고전하면서 러시아 정부의 와그너그룹에 대한 의존도가 커졌고, 프리고진의 러시아 내 영향력도 갈수록 높아지고 있는 것으로 보고 있다.

유네스코 평화상(UNESCO Peace Prize) ▼

"오드레 아줄레 유네스코 사무총장이 2월 8일 열린 **유네스코 평화상** 시상식에서 앙겔라 메르켈 전 독일 총리에게 상을 수여했다. 이는 유네스코가 120만 명 이상의 난민과 다른 이민자를 받아들였던 2015년 당시 메르켈의 난민 정책을 높이 평가한 데 따른 것이다."

아프리카 코트디부아르의 초대 대통령 펠릭스 우푸에-부아니(Félix Houphouët-Boigny)의 이름을 따 1991년 제정된 상이다. 교육, 과학, 문화를 통해 평화 확산에 공헌한 개인이나 단체를 대상으로 2년마다 수여되고 있다. 후보자는 지난 몇 년 동안 평화, 인권 등의 분야에서 탁월한 업적으로 국제적인 명성을 얻은 사람이어야 하며, 해당 업적이 인종·정치·종교적 차이에 상관없이 인정 받을 수 있어야 한다. 선정된 인물에게는 상금 1만 5000달러가 수여된다. 유네스코 평화상은 지금까지 사나나 구스마오 전 동티모르 대통령(2002), 루이스 이나시우 룰라 다 시우바 브라질 대통령(2008), 프랑수아 올랑드 전 프랑스 대통령(2013) 등이 수상한 바 있다.

일본 3대 안보문서 ▼

"조 바이든 미국 대통령과 기시다 후미오(岸田文雄) 일본 총리가 1월 13일 미 워싱턴 백악관에서 미일 정상회담을 가졌다. 두 정상은 회담 후 발표한 공동성명에서 「바이든 대통령은 새로운 국가안보전략과 국방전략, 국방구축프로그램(**일본의 3대 안보문서**)에서 보여준 과감한 방어 역량과 외교적 노력 강화 등 일본의 대담한 리더십을 높이 평가했다.」며 일본의 안보전략 개정에 강한 지지를 표명했다. 이번 정상회담은 일본이 반격능력(적 기지 선제공격 능력) 보유 선언, 방위비 증액 등을 골자로 하는 새로운 국가안보전략을 채택한 지 한 달 만에 열린 것으로, 일본의 군사력 강화에 대한 미국의 지원 방침을 공식화한 것이다."

일본의 중장기 안보 정책을 명시한 국가안전보장전략·국가방위전략·방위력정비계획을 이르는 것으로, 2013년 처음 채택돼 2022년 처음 개정됐다. ▷국가안보보장전략은 외교·방위 기본 지침을 ▷국가방위전략은 자위대의 역할과 방위력 건설 방향을 ▷방위력정비계획은 구체적인 방위 장비의 조달 방침 등을 각각 담고 있다. 그런데 지난해 개정 당시 일본 정부는 국가안전보장전략에 반격 능력을 명시해 논란을 키웠는데, 이 반격 능력에 대해 「일본에 대한 무력 공격이 발생하고 그 수단으로서 탄도미사일 등에 의한 공격이 행해진 경우, 무력행사 3요건에 근거해 그런 공격을 막기 위한 부득이한 필요 최소한의 자위 조치」라고 규정한 바 있다. 즉 반격 능력 명기는 사실상 선제공격의 가능성을 열어둔 것으로, 제2차 세계대전 이후 일본 정부의 기본 입장인 「전수방위(專守防衛)」 원칙을 사실상 폐기한 것이다. 특히 일본 정부는 이 반격 능력 보유를 위해 현재 GDP의 1% 수준인 방위 예산을 5년 뒤에는 GDP의 2%(11조 엔)까지 늘리고, 향후 5년간 방위비도 약 43조 엔(약 411조 원) 확보하기로 했다. 한편, 우리나라의 경우 일본의 반격 능력 보유 명시에 따라 한반도 유사시 일본 자위대가 개입하는 상황이 벌어질 수 있다는 우려가 제기되기도 했다.

일본의 3대 안보문서 개정 주요 내용

반격능력 보유 명기		일본에 대한 무력 공격이 발생하고 그 수단으로서 탄도미사일 등에 의한 공격이 행해진 경우 무력행사 3요건에 근거해 그런 공격을 막기 위한 부득이한 필요 최소한의 자위 조치
주변국 기술 변경	중국	국제사회의 우려 → 지금까지 없었던 최대의 전략적 도전
	북한	국제사회 심각한 과제 → 종전보다 한층 중대하고 임박한 위협
	러시아	러시아와 협력 → 안전보장상의 강한 우려

전북특별자치도 설치 등에 관한 특별법 ▼

2024년부터 전북에 특별광역자치단체 지위를 부여하는 내용을 담은 법으로, 지난해 12월 28일 국회를 통과했다. 이 법은 전북에 고도의 자치권을 보장하고 법에서 정한 특수한 지위를 부여한다는 내용이 담겼는데, 이에 전북은 제주·세종·강원에 이어 전국 4번째 특별광역자치단체가 된다. 28개 조항으로 이뤄진 이 특별법은 강원특별법 25개 조항과 유사한데, 다만 강원특별법에는 없는 사회협약, 해외 협력, 국가공기업 협조 등 3개 조항이 포함됐다. 또 국가가 전북특별자치도의 지방자치를 보장하고 지역 역량을 강화하기 위한 행정적·재정적 지원방안을 마련해야 한다는 내용이 명시됐으며, 지방행정과 교육·학예의 직무상 독립된 감사위원회를 설치한다는 내용도 담겼다. 정부는 전북특별자치도에 행정상·재정상 특별지원을 할 수 있으며 자치권 보장과 경쟁력 제고를 위해 ▷국가균형발전 특별회계 계정 설치 ▷자치사무 등의 위탁 ▷주민투표 ▷공무원의 인사교류 및 파견 ▷지역인재의 선발채용에 관한 특례를 부여한다.

⊕ **특별자치도(特別自治道)** 대한민국의 행정구역으로, 관련 특별법에 근거해 고도의 자치권을 보장받는 구역을 말한다. 특별자치도는 행정과 재정 부문에서 중앙정부가 갖고 있던 권한과 기능 중 일부를 부여받으며, 재정 특례를 통해 중앙정부로부터 다양한 재정 지원을 받는다. 현재 우리나라에서 특별자치 지위를 부여받은 곳은 제주특별자치도와 세종특별자치시가 있으며, 강원도를 특별자치도로 제정하는 특별법은 지난해 5월 29일 국회를 통과해 오는 6월 출범을 앞두고 있다.

제론토크라시(Gerontocracy) ▼

그리스어로 고령을 뜻하는 「제론(Geron)」과 체제를 뜻하는 「크라시(Cracy)」가 합쳐진 말로, 노년층이 사회 전반을 장악해 기득권을 유지하는 정치 체제를 가리킨다. 이는 특히 고령자 지배체제가 발생시키는 폐쇄적이고 경직된 사고, 소통 장애를 비판적으로 강조할 때 사용되는 개념이다. 예컨대 기득권이 노령화돼 노령층의 이해관계가 정책의 우위에 서게 되면, 사회가 보수화되고 성장성과 역동성이 떨어지며 청년층의 발언권이 위축되는 문제가 발생할 수 있다. 전문가들은 제론토크라시가 대두하게 되면 정치권이 인구 비율과 투표율이 높은 노인층의 표심을 잡기 위해 노인들에게 유리한 정책을 입안하는 반면 젊은 층을 위한 제도는 등한시하게 되고, 이는 결국 세대 갈등을 심화시키는 부작용으로 이어진다고 경고한다.

제시카법(Jessica Law) ▼

"법무부가 출소한 고위험 성범죄자의 주거지를 제한하는 한국형 **제시카법** 도입 및 출입국·이민정책을 도맡는 컨트롤타워 신설 등의 내용이 담긴 「2023년 5대 핵심 추진과제」를 1월 26일 윤석열 대통령에게 보고했다."

미국에서 시행 중인 법으로, 12세 미만 아동을 상대로 성범죄를 저지른 범죄자에 대해 최소 25년의 형량을 적용하고 출소 이후에도 평생 위치 추적장치를 채워 집중 감시하도록 한 법이다. 또 범죄자가 학교나 공원 주변 등 아동이 많은 곳으로부터 2000피트(약 610m) 이내에 거주하지 못하도록 하는 내용도 담고 있다. 이 법은 지난 2005년 미국 플로리다주에서 아동 성폭행 전과자인 존 코이(John Couey)에 의해 강간 살해된 9살 소녀 제시카 런스퍼드(Jessica Lunsford)의 이름을 따 제정된 것이다. 한편, 미국에서 제시카법 외의 성범죄자 관련 법으로는 성범죄와 관련해 기소된 적이 있는 사람의 이름·나이·주소 등을 공개하고 성범죄자의 거주 사실을 알려 주는 「메건법(Megan's law)」이 있다.

펜타닐(Fentanyl) ▼

"1월 9~10일 멕시코 수도 멕시코시티에서 북미 3국(미국·멕시코·캐나다) 정상회의가 열린 가운데, 주요 의제 중 하나로 **펜타닐**이 다뤄졌다. 조 바이든 미국 대통령은 이날 회의에서 대(對)중국 견제용 반도체 공급망 구성과 같은 주요 현안과 함께 펜타닐 근절을 위해 협력하자고 강조했다. 이는 멕시코가 현재 중국을 제치고 미국 최대의 펜타닐 공급처로 부상하고 있는 데 따른 것으로, 실제로 미국에서는 2015~2021년까지 6년간 약 21만 명이 펜타닐로 인해 사망했다."

수술 후 환자나 암환자의 통증을 경감시키기 위해 사용되는 마약성 진통제, 마취 보조제이다. 1950년대에 개발됐으나 실제로 사용된 것은 1960년대로, 당시에는 「Sublimaze」라는 명칭의 정맥주사 마취제로 사용됐다. 국내 병원에는 1968년 마취제로 처음 도입됐으며, 현재 심장병 등의 수술에 사용되고 있다. 펜타닐은 헤로인의 80~100배, 몰핀보다는 200배 이상 강력한 효과를 지니고 있으며 발현 시간은 1~4분, 작용시간은 30~90분 정도로 알려져 있다. 이처럼 강력한 효과와 빠른 발현 속도를 지니고 있어 과도하게 흡입할 경우 호흡이 멈추고 혼수상태에 빠지게 되며 심하면 사망에까지 이르기도 한다. 무엇보다 펜타닐은 현재 신종 합성 마약 형태로 세계 각지에서 불법적으로 유통되면서 큰 문제가 되고 있다.

핑크타이드(Pink Tide) ▼

「분홍 물결」이라는 뜻으로 여러 남미 국가에서 온건한 사회주의를 표방하는 좌파 정당이 연달아 집권한 기조를 말한다. 1990년대 말부터 2014년 11월까지 남미 12개국 중 파라과이와 콜롬비아를 제외한 10개국에서 좌파 정권이 집권하면서 핑크타이드는 약 20여 년 가까이 지속돼 왔다. 그러나 2015년 11월 아르헨티나 대선에서 우파인 마우리시오 마크리가 당선된 것을 시작으로 그해 12월 베네수엘라와 2016년 페루에서도 우파로 집권 세력이 교체됐다. 그러다 2016년 8월 핑크타이드의 중심 역할을 했던 지우마 호세프 브라질 대통령의 탄핵이 확정되고, 칠레에서도 2018년 3월 우파인 세바스티안 피녜라가 대통령에 취임했다. 여기다 2018년 10월 치러진 브라질 대선에서 극우 성향의 자이르 보우소나루가 당선되면서, 남미에서 정치·경제적 영향력이 큰 「남미의 ABC(아르헨티나·브라질·칠레)」 모두가

우파 집권으로 바뀌는 등 그 흐름이 마무리됐다. 하지만 2018년 멕시코를 시작으로 아르헨티나, 볼리비아, 페루, 온두라스, 칠레, 브라질 등에서 잇따라 좌파로의 정권 교체가 이뤄지면서 2기 핑크타이드가 출범했다는 평가가 나온다.

한국형 3축 체계 ▼

"국방부가 1월 11일 열린 올해 업무보고에서 **한국형 3축 체계** 강화 방침을 밝혔다. 국방부는 우선 킬체인과 관련해 전술지대지미사일과 공대지유도탄 등 초정밀·장사정 미사일을 확보하고 극초음속 비행체 핵심 기술을 확보해 정밀타격 능력을 강화하기로 했다. 또 한국형 미사일방어체계는 복합다층방어체계를 확보하고 장사정포 요격체계 핵심 기술을 개발하며, 대량응징보복 능력은 현무 계열 고위력 탄도미사일 능력을 확충하고 특수임무여단 보강을 추진한다."

북한의 핵·미사일 발사 움직임에 선제적으로 타격하는 킬체인(Kill Chain), 북한 미사일을 공중에서 탐지·요격하는 한국형 미사일방어(KAMD), 북한 핵·미사일 공격 시 보복하는 대량응징보복(KMPR)을 가리킨다.

킬체인(Kill Chain) 북한이 핵, 미사일 등을 발사하기 전에 우리 군이 이를 먼저 탐지해 선제타격한다는 개념으로, ▷탐지 ▷확인 ▷추적 ▷조준 ▷교전 ▷평가 등의 6단계로 이뤄진다. 즉, 적의 미사일을 실시간으로 탐지해 무기의 종류와 위치를 식별한 뒤 공격수단 선정, 타격 여부 결정, 공격 실시로 이어지는 일련의 공격형 방위시스템을 지칭한다.

> **⊕**
> **발사의 왼편(Left of Launch)** 상대국이 미사일을 발사하기 전에 취하는 선제 조치를 말한다. 이는 미사일 요격 단계를 「발사 준비 → 발사 →상승 → 하강」으로 나눌 때 발사보다 왼쪽에 있는 발사 준비 단계에 공격을 가하기 때문에 붙은 이름이다. 발사의 왼편은 해킹이나 컴퓨터 바이러스로 적 미사일의 지휘통제소나 표적장치를 공격하는 것을 핵심으로 한다. 반대로 적국이 발사한 미사일을 요격 미사일로 맞대응하는 기존 전략은 「발사의 오른편」으로도 불리는데, 값비싼 요격미사일을 사용하지 않는 발사의 왼편이 오른편에 비해 비용 대비 효과가 높다는 주장이 있다.

한국형 미사일방어(KAMD·Korea Air and Missile Defense) 한반도를 향해 날아오는 북한 미사일을 공중에서 요격하는 방어시스템으로, 핵·WMD 대응체계의 2번째 단계이다. 이는 10~30km 수준의 저고도에서 적의 탄도미사일 및 항공기를 공중 요격하는 하층방어체계로, ▷저층에서 막는 패트리엇 시스템(PAC-2·PAC-3 등) ▷중층에서 막는 중거리 지대공미사일(M-SAM) ▷중고도에서 막는 장거리 대공미사일(L-SAM)으로 구성된다.

대량응징보복(KMPR·Korea Massive Punishment & Retaliation) 한국형 미사일방어체제의 마지막 단계로, 북한이 핵·미사일 공격을 가할 경우 북한의 지휘부를 직접 겨냥해 응징 보복하는 개념이다. 이는 북한의 공격을 당했을 때 북한의 전쟁 지휘 기능을 마비시키는 것을 주요 목표로 한다.

핵·WMD대응본부 ▼

"북한 핵·미사일 위협에 대응하기 위한 합동참모본부 산하 **핵·WMD대응본부**가 1월 2일 창설됐다. 핵·WMD대응본부는 기존 합참의 전략기획본부 예하 「핵·WMD대응센터」에 정보와 작전, 전력, 전투발전 기능을 추가해 확장한 것이다. 핵·WMD 대응본부 창설에 따라 합참 조직은 정보·작전·전략기획·군사지원본부 등 4개 본부 체제에서 5개 본부 체제로 개편됐다."

북한의 핵·미사일 등 고도화되는 다양한 위협에 대한 억제 대응능력 및 태세를 획기적으로 강화하기 위한 목적으로 합동참모본부 산하에 창설한 본부이다. 이는 기존 합참 전략기획본부 예하 핵·WMD대응센터에 정보·작전·전력·전투발전 기능을 추가해 확대된 별도의 본부로 구성됐다. 본부는 한국형 3축 체계 능력 발전을 주도하고, 사이버·전자기스펙트럼·우주 영역 능력을 통합·운용하게 된다. 또한 향후 전략사령부의 모체부대로서 운영 및 검증을 통해 우리 전략환경에 최적화된 전략사령부 창설을 추진하게 된다. 전략사령부는 한국형 3축 체계를 총괄하는 기구 성격으로 현무 계열 탄도미사일, 스텔스 전투기, 3000t급 잠수함 등 전략 자산의 작전을 지휘하게 된다. 한편, 초대 핵·WMD대응본부장으로는 박후성 육군 소장(육사 48기)이 임명됐다.

헨리여권지수(HPI·Henley Passport Index) ▼

"CNN이 1월 10일 보도한 헨리앤드파트너스의 여권지수에 따르면 한국 여권이 비자를 받지 않거나 간단한 입국 절차만으로 192개국을 갈 수 있어 싱가포르와 함께 2위에 올랐다. 1위는 우리나라보다 1개국 더 많은 193개국을 무비자 여행할 수 있는 일본 여권이 차지했는데, 일본은 지난해 192개국으로 싱가포르와 함께 공동 1위였으나 올해는 단독 1위로 올라섰다."

국제교류 전문업체 헨리앤드파트너스가 국제항공운송협회(IATA)의 글로벌 여행 정보자료를 바탕으로 특정 국가의 여권 소지자가 무비자로 방문할 수 있는 국가가 얼마나 되는지 합산해 2006년부터 산출하고 있는 지수를 말한다. 즉 특정 여권 소지자가 무비자, 도착비자, 전자비자 등의 방식으로 쉽게 입국할 수 있는 곳이 어느 정도인지를 지표화한 것이다. 여기서 도착비자란 출국 전 번거로운 절차 없이 입국장에 도착해 신청서를 제출한 후 수수료를 내면 비자를 받을 수 있는 제도이며, 전자비자는 온라인으로 발급해 일반 비자보다 발급 절차가 간편한 비자를 말한다.

⊕ **국제항공운송협회(IATA·International Air Transport Association)** 항공운수산업의 권익 대변과 정책 및 규제 개선, 승객 편의 증대, 항공사 안전운항 지원 등을 수행하기 위해 1945년 쿠바에 설립된 국제협력기구이다. 항공업계의 유엔총회라고 불릴 정도로 권위를 가지고 있으며, 본부는 캐나다 몬트리올과 스위스 제네바에 있다.

확장억제수단운용연습(TTX·Table Top Exercise) ▼

"이종섭 국방부 장관이 1월 11일 연두 업무보고에서 2월 북한의 핵사용 시나리오를 상정한 **확장억제수단운용연습(DSC TTX)**을 실시한다고 밝혔다. 국방부는 우크라이나 전쟁 교훈과 북핵 위협이 고도화되는 현 안보상황을 반영한 실전적 연습 시나리오를 적용해 실전성을 제고하고, 전반기 연합연습은 1·2부 구분 없이 11일간 연속훈련을 실시할 것을 결정했다."

북한의 핵무기 사용 시 미국의 전략자산이 전개돼 작전에 들어가는 것을 상정해 실시되는 훈련으로, 2011년부터 시행됐다. 이는 북한의 핵 위협, 핵 사용 임박, 핵 사용 등 단계를 가정해 각 상황에 대한 한미의 군사적 대응 방안을 강구하는 것이다. TTX는 2017년 남북평화 분위기 조성에 따라 잠시 중단됐다가 2021년 부활했으며 2022년 11월 제54차 한미안보협의회의(SCM) 당시 정례화 합의가 이뤄진 바 있다. 한편, 확장억제(Extended Deterrence)는 동맹국이 핵 공격을 받거나 위협에 노출됐을 때 미국이 본토와 동일한 수준의 전력을 지원한다는 미국의 방위 공약을 말한다.

> ✛ **핵우산[核雨傘, Nuclear Umbrella]** 핵무기를 보유한 국가가 핵을 보유하지 않은 동맹국가의 안전을 보장하는 것으로, 이를 「핵우산 아래로 들어간다」고 표현한다. 동맹국 간 신뢰를 바탕으로 핵을 보유하지 않은 국가가 적대국으로부터 핵무기 공격을 받을 경우 핵보유 동맹국이 그 적대국을 핵무기로 공격한다는 전제가 깔려 있다. 북대서양조약기구(NATO) 가맹국들과 한국·일본은 미국의 핵우산 밑에 있는데, 이는 군사적 효과는 물론 정치적·심리적 위협에 대처하는 효과도 있다.

회색지대 전술(Gray Zone Tactics) ▼

실제 무력 충돌이나 전쟁으로 확대되지는 않을 정도의 방식을 말한다. 즉, 정상적인 외교·경제 기타 활동의 범위를 넘어서는 강압적인 활동으로 안보 목표를 이루려는 전략을 말한다. 여기서 회색지대란 어느 쪽에도 속해 있지 않은 모호한 영역을 뜻한다. 회색지대 전술은 상대가 군사적 대응에 나서기에는 모호한 수준으로 저강도 도발을 하는 것으로, 정규군이 아닌 민병대나 민간 무장어선을 동원하는 것 등이 이에 해당한다. 이는 1949년 중국에서 국민당 군대 공격을 막기 위해 창설한 해상 민병대에서 비롯된 것으로, 당

시 이들은 잘 훈련된 소형 선박 선단으로 대형 함대에 맞서는 전법을 주로 구사했다. 이들은 파란색 어선을 타고 다녀 「리틀 블루맨」이라는 별칭이 붙었는데, 평소에는 어업에 종사하다가 유사시에 전투에 투입되는 것으로 알려져 있다.

획기적 혁신기술타격대(Disruptive Technology Strike Force) ▼

"정찰풍선을 둘러싼 미국과 중국의 갈등이 기술 분야로까지 확대되는 가운데 리사 모나코 미 법무부 차관이 2월 16일 중국 같은 적성국에 의한 기술 유출을 막기 위해 **획기적 혁신기술타격대**를 발족한다고 밝혔다. 중국은 이에 맞서 대만에 무기를 판매한 미국 방산업체들에 대한 제재를 발표했다."

미국 정부가 중국·이란·러시아·북한 등 적성국의 기술 탈취를 막기 위해 조직한 범정부 합동 수사단을 말한다. 여기에는 미 법무부 국가안보국을 중심으로 연방수사국(FBI), 상무부 산업안전국, 국토안보조사국, 워싱턴DC·뉴욕·LA 등 주요 지역 지방검찰청 14곳 등이 참여한다. 혁신기술타격대는 수출법 위반 범죄 수사 및 기소, 미국 수출 규제의 행정 집행 강화, 민간 부문과의 파트너십 강화 등을 수행하게 된다. 미 법무부는 획기적 혁신기술타격대 발족을 발표하면서 해당 조직에는 법무부와 상무부가 공동으로 참여할 예정이며, 미국의 핵심 기술을 취득하려는 적대국의 시도를 차단하는 것이 목표라고 설명했다. 또 불법 행위자들을 겨냥하기 위해 정보와 자료 분석을 활용하며, 공공 및 민간과의 파트너십을 통해 공급망을 강화하고 반도체 등 핵심 자산에 대한 조기 경보를 구축할 것이라고 밝혔다.

②
경영·경제

가상 인플루언서(Virtual Influencer) ▼

기업 마케팅 등을 목적으로 생성된 가상의 디지털 인물로, 소셜네트워크서비스(SNS) 등에서 막강한 영향력을 행사하는 인플루언서를 가리킨다. 인플루언서(Influencer)는 포털사이트에서 영향력이 큰 블로그를 운영하는 파워블로거나 수십만 명의 팔로워 수를 가진 SNS 사용자 혹은 1인 방송 진행자들을 통칭하는 말이다. 가상 인플루언서들은 실존 인물처럼 그럴듯한 겉모습을 갖추고 이름, 성별, 나이, 출신 지역 등의 구체적인 특징도 지니고 있다. 또 일반적인 인플루언서들과 마찬가지로 SNS로 화보나 개인 일상을 공유하고 팔로워들과 댓글이나 메시지를 주고받으며 자연스럽게 소통한다. 가상 인플루언서는 특히 엔터테인먼트·마케팅 업계에서 주목받고 있는데, 이는 사람과는 달리 시간·장소의 제약 없이 활동할 수 있는 장점을 갖고 있기 때문이다.

개인소비지출(PCE·Personal Consumption Expenditure) ▼

법인이 아닌 가계와 민간 비영리단체들이 물건을 사거나 서비스를 이용하는 데 지불한 모든 비용을 합친 것으로, 쉽게 말해 한 나라에 있는 모든 개인들이 쓴 돈의 합계액을 말한다. 이는 미국 상무부 산하 경제분석국(BEA)이 직전 월 가계와 민간 비영리기관들이 물건과 서비스에 지출한 모든 비용을 집계해 발표하는 경기후행지수다. 다만 실제 계산에 있어 토지와 건물 구입비는 제외되며, 현물지급의 경우 원가로 평가해 가산된다. 이 개인소비지출을 통해 특정 기간에 국민이 지출을 늘렸는지 줄였는지를 파악할 수 있으며, 추후 어떤 소비항목 지출이 늘어날 가능성이 있는지 등 향후 경기를 예측하는 데도 도움이 된다. 이 개인소비지출을 지수화시킨 것을 「PCE 가격지수(PCEPI·PCE Price Index)」라고 하는데, 이는 개인들의 소비지출을 나타내는 지표이기 때문에 경기의 좋고 나쁨을 판단하는 데 있어 매우 중요하다. 특히 미 연준(Fed)은 이 지표를 이용해 인플레이션(물가상승)의 정도를 파악하고, 인플레이션 목표를 정해 통화정책을 결정한다. Fed는 1999년까지 근원 CPI를 활용했으나, 2000년 들어서는 변동성이 큰 음식과 에너지 소비를 제외한 「근원 PCE 가격지수(Core PCE Price Index)」로 참조 물가지수를 바꿨다.

CPI가 가계의 직접지출 품목을 중심으로 산출된다면, PCE는 가계의 직·간접적인 품목을 모두 포함한다. 또 CPI를 구성하는 품목과 서비스가 2년마다 조정되는 반면 PCE의 경우 분기마다 조정해 소비 패턴을 보다 신속히 반영한다. 아울러 CPI는 도시의 소비자가 직접 구매한 상품과 서비스만 포함하지만, PCE는 미국 전역의 모든 가구를 다룬다.

경기 연착륙(Business Soft Landing) ▼

비행기가 급강하하지 않고 착륙하듯이 경기 침체가 부드럽고 자연스럽게 이뤄지는 것으로, 경기를 진정시키기 위한 정책을 펼 때 경기 후퇴 정도를 심하지 않게 한다는 의미로 사용된다. 자본주의의 경기는 「확장-후퇴-수축-회복」 과정을 반복하면서 끊임없이 변동한다. 즉, 경제활동은 상승과 하강 과정을 되풀이하는데, 경기가 활황에서 불황 국면으로 접어들면 기업 매출이 줄어들고 투지심리가 위축돼 결국 감원과 함께 가계의 실직소득 감소, 소비 감소 등의 현상이 발생한다. 이때 경기 하강에 대한 부작용을 최소화하기 위해 경기하강이 시작되기 전부터 통화, 재정, 환율 등 정책수단을 적절히 조합해 탄력적으로 대응하는 노력이 필요하다. 이때 경기 연착륙은 경기과열의 기미가 있는 경제를 적절한 성장률로 둔화시켜 불황을 미연에 막는다는 의미다. 한편, 경기 연착륙과 반대로 경기 침체가 급격하게 발생하는 경기 급랭은 「경기 경착륙(Hard Landing)」이라고 하는데, 경착륙으로 경기가 급강하하면 실업 급증이나 기업 수익성 급감 등의 부작용이 나타날 수 있다.

경상수지(經常收支) ▼

"2월 8일 한국은행이 발표한 「2022년 연간 및 12월 국제수지(잠정)」에 따르면 지난해 **경상수지**는 298억 3000만 달러 흑자로 2011년(166억 4000만 달러) 이후 11년 만에 최저치를 기록했다. 특히 경상수지의 대부분을 차지하는 상품수지는 150억 6000만 달러 흑자로, 1년 전보다 흑자폭이 606억 7000만 달러 줄어들며 2008년 글로벌 금융위기(117억 5000만 달러) 이후 가장 흑자폭이 작았다."

국가 간 상품 및 서비스의 수출입, 자본 노동 등 생산요소의 이동에 따른 대가의 수입과 지급을 종합적으로 나타낸 것이다. 이는 상품수지, 서비스수지, 소득수지, 경상이전수지 등으로 구분된다. 상품수지(무역수지)는 물건을 수출·수입한 내역을 말하며, 서비스수지는 외국과의 서비스 거래 결과 벌어 들인 돈과 지급한 돈의 수지차를 말한다. 소득수지는 외국인 노동자에게 지급하거나 내국인 해외 근로자가 수취하는 급료 및 임금과 대외금융자산으로부터 발생하는 배당, 이자수입과 대외금융 부채에 지급하는 배당, 이자 지급 등 투자소득의 수지차를 말한다. 그리고 경상이전수지는 해외에 거주하는 교포가 보내오는 송금, 해외 종교기관이나 자선단체로부터 오는 기부금과 구호물자, 정부 간의 무상원조 등이 해당한다.

계획생육정책(計劃生育政策) ▼

"중국 국가통계국이 1월 17일 발표한 중국의 2022년 말 인구는 14억 1175만 명으로 전년보다 85만 명 줄었다. 이처럼 중국에서도 저출산에 따른 인구 감소가 시급한 문제로 부상하자 중국 정부는 각종 규제를 해제하며 대책 마련에 나서고 있다. 특히 중국에서 다섯째로 인구가 많은 쓰촨성(省)의 경우 2월 15일부터 미혼자에게도 자녀 양육을 허용하고 동등한 혜택을 부여한다고 밝혔다."

중국 정부가 과거 강제 시행했던 산아제한 정책으로, 「한 자녀 정책」과 「두 자녀 정책」이 이에 해당한다. 1949년 5억 4000만 명이던 중국의 인구가 1974년 9억 명을 돌파하면서 식량 문제 등이 불거지자 중국 당국은 강제 낙태 등의 강압적 방법으로 인구 조절에 나섰다. 또 한 가정당 자녀를 1명으로 제한하고, 이후 출산하는 아이에 대해서는 높은 벌금을 부과하며 강력한 제재를 가했다. 이에 따라 중국의 인구 자연증가율은 1970년 25.8%에서 2013년 4.92%로 5배 가까이 줄어들었다. 그러나 이 정책으로 인구 고령화가 지속되면서 2012년부터 노동인구가 감소하는 문제가 발생하자, 중국 정부는 2014년 부부 중 한 명이 독자(獨子)이면 자녀를 두 명까지 낳을 수 있도록 하는 「단독 두 자녀 정책」을 도입했다. 이후 2016년에는 「전면 두 자녀 정책」을 도입하고, 2021년에는 「한 가정 세 자녀」를 허용하는 등 출산을 장려해 왔다.

국가채무시계(國家債務時計) ▼

"1월 16일 국회 예산정책처 **국가채무시계**에 따르면 현 시점 국민 1인당 국가채무는 1861만 원이다. 이는 중앙정부 채무와 지방정부 순채무를 더한 국가채무(D1) 예측치를 주민등록 인구로 나눈 수치로, 1인당 국가채무는 올해 2000만 원 돌파가 확실시되고 있다."

정부가 국채 등을 발행해 민간·해외 투자자에게 빌린 채무를 표시하는 시계로, 2013년 9월 국가채무에 대한 경각심을 일깨우기 위해 국회 예산정책처 홈페이지(www.nabo.go.kr)에 처음 게시됐다. 국가채무는 중앙정부와 지방정부가 재정 적자를 메우기 위해 중앙은행·민간·해외에서 빌린 빚으로, 중앙정부 채무와 지방정부 순채무를 포함한다. 국가채무시계는 정부 예산 사용에 맞춰 시계 침이 돌아가는 속도가 변하며, 매월 중앙정부 채무 실적 발표일이나 예·결산 발표일, 연말·연초 등에 업데이트된다.

근원물가(根源物價) ▼

"통계청이 2월 2일 발표한 「1월 소비자물가 동향」에 따르면 1월 소비자물가지수는 110.11(2020=100)로 1년 전보다 5.2% 오르며 9개월 연속 5%를 웃도는 상승률을 보였다. 또 **근원물가**는 1년 전보다 5.0% 상승했는데, 이는 2009년 2월(5.2%) 이후 13년 11개월 만에 최대 상승 폭이다."

계절적 요인이나 천재지변 등 일시적 충격에 의한 물가 변동분을 제외하고 장기적인 추세를 파악하기 위해 작성하는 농산물 및 석유류 제외 지수를 말한다. 물가상승에 따른 소비자부담이나 가계구매력 등을 분석하기 위한 목적으로 활용하는 소비자물가지수(CPI)는 통계청에서 매달 상품가격·서비스요금의 변동률을 측정해 발표하는 것으로, 소비자물가·근원물가·생활물가로 나뉜다.

글로벌 사우스(Global South) ▼

"나렌드라 모디 인도 총리가 1월 12일 「보이스 오브 **글로벌 사우스** 정상회의」 개막 화상 연설에서 인류의 4분의 3이 사는 글로벌 사우스의 목소리를 증폭시키는 것을 목표로 내세웠다. 모디 총리가 주도한 이 회의는 외교, 금융, 에너지, 무역, 보건, 교육, 환경 등 주요 현안에 대한 글로벌 사우스 120여 개국의 목소리를 하나로 모아 선진국에 전하고 해결하기 위해 만들어진 것이다."

통상 제3세계 또는 개발도상국을 가리키는 말로, 선진국을 뜻하는 「글로벌 노스(Global North)」에 구분해 사용되는 개념이다. 이는 개도국들이 글로벌 노스에 맞서 한데 뭉쳐 협력하자는 주장을 펼 때 자주 사용된다. 글로벌 사우스 국가들은 과거 서구열강의 식민통치를 겪고 독립한 지 얼마 되지 않은 신생국가들이라는 특징을 갖고 있다. 여기에는 인도, 동남아시아를 비롯해 중동, 아프리카, 중남미 국가 등 120여 개 나라가 포함된다. 반면 한국, 일본과 유럽, 북미, 오세아니아 등 60여 개국은 글로벌 노스에 해당된다.

글로벌 최저한세(Global 最低限稅) ▼

"경제협력개발기구(OECD)가 1월 18일 **글로벌 최저한세** 도입으로 연간 2200억 달러(약 271조 7000억 원)의 세수 확보가 기대된다는 내용 등을 담은 최신 보고서를 내놓았다. 139개국이 참여하는 G20 포괄적 이행체계(IF)가 마련한 디지털세 합의안은 지난 2021년 10월 기준 136개국의 지지를 받았는데, 이들은 전 세계 국내총생산(GDP)의 90%를 좌우한다."

다국적기업의 이익에 대해 특정 국가가 최저한세율(15%)보다 낮은 실효세율을 매기면 차액만큼 다른 국가에 추가 과세권을 부여하는 제도를 말한다. 이는 경제협력개발기구(OECD)가 추진

하는 국제조세 개편의 두 축 중 하나로, ▷첫 번째 축(필러1)은 일정 매출액 이상의 다국적 기업들이 매출 발생국에서도 세금을 내도록 과세권을 배분하는 디지털세이며 ▷두 번째 축(필러2)은 글로벌 다국적 기업이 법인세율이 낮은 나라나 조세피난처에 자회사를 세워 세금을 적게 내는 것을 막기 위한 글로벌 최저한세다.

이에 따르면 해외 자회사에 최저한세(15%)보다 낮은 세율이 적용되면 모회사(본사)는 추가 세액을 본사 소재지 국가에 납부해야 한다. 만약 본사가 위치한 국가가 글로벌 최저한세 제도를 도입하지 않은 경우에는 자회사 소재지 국가 등 다른 나라들이 추가 세액을 과세할 수 있도록 했다. 이는 직전 4개 사업연도 중 2개 연도 이상의 연결재무제표상 매출이 7억 500만 유로(약 1조 원) 이상인 다국적 기업이 적용 대상이다. 글로벌 최저한세 논의는 2021년 마무리됐으나, 글로벌 기업을 다수 보유한 국가들은 법안 통과를 미루고 있는 상태다. 우리나라의 경우 지난 12월 글로벌 최저한세 관련 내용이 포함된 국제조세조정에 관한 법률 개정안을 통과시킨 바 있다.

글로벌 최저한세 주요 내용

적용 대상	직전 4개 사업연도 중 2개 이상 사업연도의 연결 매출액 7억 500만 유로 이상 다국적기업그룹
추가세액	(최저한세율 15% - 국가별 실효세율) × 과세 대상 소득
시행 시기	2024년 1월 1일 이후 개시하는 사업연도
신고	사업연도 종료 후 15개월 이내(첫해는 18개월)

다보스포럼(Davos Forum, World Economic Forum) ▼

"분열된 세계에서의 협력(Cooperation in a fragmented world)」이라는 주제로 열린 세계경제포럼(WEF·**다보스포럼**) 연차총회가 1월 20일 폐막했다. 3년 만에 대면행사로 재개된 올해 다보스포럼에는 전 세계 정·재계와 학계 유명 인사 2700여 명이 참석했다."

매년 1~2월 스위스 다보스에서 열리는 국제민간회의로, 전 세계 저명한 기업인·경제학자·정치인

등이 참여한다. 정식 명칭은 「세계경제포럼」이지만, 다보스 포럼으로 더 많이 통용되고 있다. 1971년 클라우스 슈밥 교수가 유럽경영심포지엄(EMS)을 창설해 다보스에서 회의를 연 것이 시초로, 매년 핵심 주제를 선정하고 이를 중심으로 참가자들 간의 의견 교환을 통한 해결책을 모색한다. 다보스포럼은 ▷글로벌 위험 보고서 ▷글로벌 경쟁력 보고서 ▷글로벌 성별격차 보고서를 공식 발표하고 있으며, 이 포럼에서 논의된 사항은 세계무역기구(WTO), 주요 7개국 정상회담(G7) 등 국제 경제에 큰 영향력을 미친다.

다보스포럼은 초청된 인사들만 참석할 수 있는 배타적인 고급 클럽의 성격을 띠고 있다. 포럼에 참석하기 위해서는 7만 1000달러(약 7900만 원)의 참가비를 내야 하며, 기업 회원으로 가입하려면 파트너십에 따라 6만~60만 스위스프랑(약 8100만 원~8억 1000만 원)의 가입비를 내야 한다. 이에 다보스포럼은 「부자들의 놀이터」 「영리적이고 폐쇄적인 사교 모임」이라는 비판도 받고 있다.

디스인플레이션(Disinflation) ▼

"미국 중앙은행인 연방준비제도(Fed·연준)가 1월 31일~2월 1일 열린 올해 첫 연방공개시장위원회(FOMC) 정례회의에서 기준금리를 0.25%p 올린다고 발표했다. 특히 파월 의장은 이날 FOMC 직후 열린 기자회견에서 「처음으로 **디스인플레이션**(Disinflation·물가 상승 둔화) 과정이 시작됐고, 특히 제품 가격이 떨어지고 있다.」고 밝혔다."

인플레이션 상태를 벗어나기 위해 통화가 증발하는 것을 막고 재정과 금융 긴축을 중심축으로 하는 경제조정정책을 말한다. 인플레이션에 의한 통화팽창으로 물가가 상승했을 때, 그 시점의 통화량과 물가수준을 유지한 채 안정을 찾기 위한 대책과 방법을 모색해 점차적으로 인플레이션을 수습하고자 할 때 이뤄진다. 디플레이션(Deflation)도 인플레이션 수습 대책으로 채택하기도 하는데, 다만 이는 상승한 물가를 기존의 물가수준으로 인하시키려 한다는 점에서 현재 수준의 물가를 유지하려는 디스인플레이션과는 차이가 있다. 디스인플레이션이 물가를 현재의 수준으로 유지하는 이유는 물가 인하로 인한 생산수준의 저하가 실업을 증가시킬 수 있다는 우려 때문이다.

디폴트 옵션(Default Option) ▼

확정기여형(DC·Defined Contribution) 퇴직연금 가입자가 따로 운용 지시를 하지 않아도 금융사가 사전 결정한 운용 방법을 통해 투자 상품을 자동으로 선정해 운용하는 제도이다. 퇴직연금은 확정급여형(DB·Defined Benefit)과 확정기여형(DC·Defined Contribution)으로 나뉜다. DB형은 근로자가 퇴직할 때까지 기업이 자금을 운용하다가 퇴직 시 정해진 퇴직금(퇴직 전 3개월 월 평균임금에 근로연수를 곱한 금액)을 지급하는 방식이며, DC형은 기업이 연간 임금의 12분의 1 이상을 매년 근로자의 퇴직연금 계좌에 넣어주면 개인이 직접 운용해 불려나가는 방식이다. 현재 국내에서는 투자손실을 막기 위해 주로 원리금 보장 상품에 가입하는데, 이는 별도의 운용 지시가 없으면 가입 시 포트폴리오가 그대로 유지돼 저조한 운용 수익률을 보이는 경우가 대부분이다. 이에 디폴트 옵션 도입이 논의되고 있는데, 이는 가입자가 연금 운용에 대한 전문적 지식이 부족해도 별도의 선택 없이 시장상황에 맞게 탄력적으로 적립금을 운용할 수 있기 때문이다. 디폴트 옵션은 미국, 호주 등 DC형 퇴직연금이 발달한 국가에서 널리 활용되고 있다.

개인형 퇴직연금(IRP·Individual Retirement Pension)
기존의 개인퇴직계좌(IRA)를 대체하는 퇴직연금으로, 근로자퇴직급여보장법이 2012년 7월 26일 개정되면서 새롭게 도입됐다. 이는 퇴직하지 않아도 누구나 개설할 수 있으며, 강제 가입식으로 연간 1200만 원까지 추가 납입이 가능하다. 또 DB·DC 등 기존 퇴직연금제도 가입 근로자도 가입이 가능하며, 예금·펀드·채권·주가연계증권(ELS) 등 다양한 상품에 투자할 수 있다.

12월 27일 국회 정무위원회 양정숙 의원이 금융감독원에서 제출받은 자료에 따르면 DB형 퇴직연금을 DC형으로 전환한 건수는 2019년 5만 197건에서 2020년 13만 7248건으로 급증했다.

로코노미(Loconomy) ▼

「Local(지역)」과 「Economy(경제)」를 합친 말로 지역의 특색을 담은 제품과 가게를 생산하고 소비하는 현상을 일컫는다. 로코노미는 2020년 초 코로나19 확산으로 사람이 많은 도심보다 집과 가까운 골목 상권을 이용하는 경우가 늘면서 본격적으로 대두됐다. 여기다 지역 고유의 희소성과 특색을 담은 상품을 소비하는 것이 하나의 트렌드로 자리 잡으면서 MZ세대 소비자를 중심으로 큰 관심을 모으게 됐다. 이에 유통업계에서는 지역 특산물을 활용한 제품을 출시하거나 지역 마케팅을 펼치면서 로코노미 트렌드에 대응하고 있다. 특히 로코노미는 골목 상권에 새로운 기회로 작용해 지역 경제에 긍정적인 효과를 미치고 있다는 평가를 받고 있다.

리치세션(Richcession) ▼

"월스트리트저널(WSJ)이 1월 3일 올해 미국이 경기 침체에 빠져들 경우 예년과는 달리 고소득층이 더 어려움을 겪을 것이라는 예측을 제기했다. WSJ는 이를 고소득층이 더 큰 어려움을 겪는 불황이라는 의미에서 **리치세션(Richcession)**이라는 신조어를 제시했다."

부자를 뜻하는 「리치(Rich)」와 불황·경기후퇴를 의미하는 「리세션(Recession)」을 합친 말로, 《월스트리트저널(WSJ)》이 올해 미국이 경기침체에 들어설 경우 예년과는 달리 고소득층이 더 어려움을 겪을 것이라는 예측을 제기하면서 내놓은 신조어이다. 즉, 리치세션은 고소득층이 더 큰 어려움을 겪는 불황이라는 뜻이다. 일반적으로 불황기에는 자산이 적고 직업 안정성이 낮은 저소득층과 중산층이 큰 고통을 받고 고소득층은 약간의 경제적 불편함을 겪는 수준에 그친다는 것이 통설이지만, 2023년에는 고소득 일자리 중심의 감원과 주가 급락 등의 상황으로 고소득층도 어려움을 겪는다는 것이다.

미 중앙은행 연방준비제도(Fed·연준)에 따르면 2022년 3분기(7~9월) 미 상위 20% 가구의 자산은 2021년 말에 비해 7.1% 줄어든 반면, 하위 20% 가구의 자산은 17% 늘어났다. 이와 같은 상위 20% 가구의 손실은 2022년 주식·채권·부동산 등이 동시에 하락하면서 이를 많이 보유한 고소득층에 타격을 안겼기 때문으로 분석된다. 반면, 하위 20% 가구는 코로나19 극복을 위해 미국 정부가 지급한 막대한 경기부양 지원금, 심각한 구인난에 따른 서비스 업종의 임금 상승 등의 수혜를 봤다는 분석이 제기된다. 아울러 WSJ는 미국 재계에서 확산되고 있는 정리해고가 고연봉을 받는 고소득층의 직업 안정성을 해치고 있으며, 향후 불황이 닥칠 경우 저소득층이 종사하는 서비스업 등의 직업 안정성은 고소득층보다 상대적으로 높을 것이라는 전망을 내놓기도 했다.

배당(Dividend) ▼

"금융위원회가 1월 31일 깜깜이 **배당** 지적을 받았던 배당 절차를 개편하는 등 한국 증시 저평가 현상인 「코리아 디스카운트」 해소를 위한 대책을 추진한다고 밝혔다. 현재의 배당방식은 매년 12월 말 배당받을 주주를 확정한 후 이듬해 3월 정기 주주총회에서 배당금을 결정해 4월에 지급된다. 따라서 투자자들은 배당이 많은 주식을 사려 해도 전년도 배당율에 근거해 살 수 밖에 없다. 이에 금융위는 앞으로는 상법 유권해석을 통해 이 순서를 바꿔 배당액 확정 이후 배당 주주가 결정되도록 한다는 방침이다."

기업이 일정기간 동안 영업활동을 해 발생한 이익 중 일부를 주주들에게 나눠주는 것을 말한다. 배당은 현금 배당과 주식 배당으로 나뉘는데, 현금 배당은 이익을 기존 주주에게 주식 보유비율에 따라 현금으로 나눠주는 것이다. 이는 주주 입장에서는 직접 돈을 받을 수 있으나 재무구조가 탄탄하지 못한 기업일 경우 회사의 재무위험을 높일 여지도 있다. 주식 배당은 현금이 아닌 주식으로 나눠주는 것으로, 새로 주식을 발행하는 것(증자)이어서 현금 유출이 없고 주식 증가로 자본금이 늘어나 재무구조 개선에 도움이 된다. 그러나 주식 수의 증가로 장래에 더 큰 배당 압력을 받게 될 수 있다.

부머쇼퍼(Boomer Shopper) ▼

5060세대인 베이비부머 소비자를 일컫는 말로, 여기서 베이비부머는 전쟁 후 또는 혹독한 불경기를 겪은 후 사회·경제적 안정 속에서 태어난 세대를 지칭한다. 각 나라의 사정에 따라 그 연령대가 다른데, 우리나라에서는 1955~1963년 태어난 세대를 뜻한다. 이들은 이전 세대와는 달리 경제적인 성장과 풍요 속에서 높은 교육 수준을 지녔고, 미디어의 영향 등으로 다양한 사회운동과 문화운동을 주도해 왔다. 이를 바탕으로 전 세대에 걸쳐 가장 많은 소비와 지출을 하는 연령층으로 부상했다. 부머쇼퍼들은 상대적으로 디지털 기기에 익숙하지 않아 오프라인 매장 이용을 선호해 왔으나 코로나19로 비대면 문화가 대세가 되면서 많은 변화를 겪었다. 이들은 MZ세대 자녀들로부터 온라인 쇼핑 방법을 배워 온라인 소비를 시작했고, 이에 식품·가전·생활용품은 물론 배달·OTT앱·패션 등에 이르는 다양한 분야에서 거래를 주도하고 있다.

욜드 이코노미(YOLD Economy) 경제력이 있는 60세 이상 실버 세대들이 핵심 소비층으로 부상한 경제를 일컫는다. 욜드(YOLD·Young Old)는 1946~1964년 태어난 베이비부머 세대가 주도하는 젊은 노인층을 일컫는 말로, 일본에서 처음 만들어져 전 세계적으로 확산됐다. 이들은 이전 세대에 비해 더 건강하고 부유하며, 고학력자라는 특징이 있다. 욜드는 건강과 경제력을 기반으로 생산 및 소비생활을 적극적으로 영위하며 은퇴 후에도 사회·경제활동을 지속한다. 특히 인구 고령화에 따라 욜드 세대의 인구 비율이 점차 높아지면서 기업들은 각종 서비스, 금융시장, 유통 트렌드 등에서 이들 세대의 선택에 주목하고 있다.

브레그렛(Bregret) ▼

영국의 유럽연합(EU) 탈퇴를 뜻하는「브렉시트(Brexit)」와「후회하다(Regret)」를 합친 말로, 브렉시트에 대한 후회를 뜻하는 신조어이다. 브렉시트에 대해 후회하는 것은 영국이 유럽 이웃 국가들보다 심각한 경제 위기를 겪고 있는 데 따른 것이다. 실제로 최근 영국 매체들은「영국이 유럽연합(EU)을 탈퇴하지 않았더라면 상황이 지금보다 훨씬 나았을 것이란 브레그렛이 확산 중」이라는 보도를 내놓기도 했다. 한편, 영국은 지난 2016년 브렉시트 찬반 국민투표를 통해 브렉시트를 결정했으며, 지난 2020년 12월 24일 영국과 EU가 미래관계협상을 타결하면서 2021년 1월 1일부터 EU와 완전히 결별한 바 있다.

세계국채지수(WGBI·World Government Bond Index) ▼

블룸버그-버클레이즈 글로벌 종합지수·JP모던 신흥국 국채지수와 함께 세계 3대 채권지수 중 하나로, 전 세계 투자기관들이 국채를 사들일 때 지표가 되는 지수이다. 영국 런던증권거래소(LSE) 산하 파이낸셜타임스 스톡익스체인지(FTSE) 러셀그룹이 발표하며, 미국·영국·중국 등 주요 23개국의 국채가 편입돼 있다. WGBI 편입을 위해서는 ▷발행 잔액 500억 달러(액면가 기준) 이상 ▷신용등급 스탠더드앤드푸어스(S&P) 기준 A-이상 ▷외국인 투자자의 시장접근성 요건을 갖춰야 한다. WGBI 편입을 위해서는 먼저 WGBI를 관리하는 FTSE와의 협의를 통해 관찰대상국 목록에 포함돼야 한다. 이후 FTSE가 시장접근성 개선 가능성 확인, 관찰대상국 목록 조정 등을 거쳐 6개월 이상 검토해 매년 9월 열리는 연례심사에서 편입 여부를 결정하게 된다. WGBI에 편입되면 외국계 자금이 국내 채권시장에 유입돼 국채 금리 안정을 꾀할 수 있고, 국채 신뢰도가 높아지는 효과를 얻을 수 있다. 반면 외국인 채권 자금이 증가하면 위기 발생 시 자금이 급격히 빠져나가면서 시장변동성이 확대될 수 있다.

세계식량가격지수(FFPI·FAO Food Price Index) ▼

"1월 7일 농림축산식품부에 따르면 유엔식량농업기구(FAO)가 발표한 지난해 12월 **세계식량가격지수**는 전월(135.0p)보다 1.9% 하락한 132.4포인트(p)로 집계되면서 9개월 연속 내림세를 이어갔다. 품목별로 보면 곡물, 유지류, 육류 가격은 하락했지만 유제품과 설탕 가격은 상승했다. 식량가격지수는 코로나19 이후 글로벌 공급망 불안 속에 2020년 하반기부터 오르기 시작했으며 올해 초 러시아–우크라이나 전쟁 발발과 함께 급격히 치솟았다. 이어 지난해 3월 역대 최고치(159.7p)를 찍은 뒤 4월부터는 하향세로 돌아서며 9개월 연속 하락했다."

유엔식량농업기구(FAO)가 국제시장에서 거래되는 식품가격의 추이를 살펴보기 위해 고안한 지수다. FAO는 1990년부터 24개 품목에 대한 국제가격 동향(95개)을 조사해 5개 품목군(곡물, 유지류, 육류, 유제품, 설탕)별 식량가격지수를 매월 작성·발표한다. 이는 소비성향의 변화를 감안해 주기적으로 품목별 가중치를 조정하고 있는데, 2014~2016년 평균 식량가격을 100포인트로 잡고 이보다 높으면 인상, 낮으면 하락으로 평가한다.

> **유엔식량농업기구(FAO·United Nations Food and Agriculture Organization)** 세계 여러 나라의 식료품과 농산물의 생산 및 분배를 개선하고 토지 및 품종 개량 기술을 지도하는 것을 목적으로 설립된 UN 전문기구로, 이탈리아 로마에 본부를 두고 있다. FAO는 1979년부터 매년 10월 16일을 「세계 식량의 날」로 제정해 이를 기념하고 있다. 총회는 격년마다 개최하며, 우리나라는 1949년 가입했다.

세이 온 페이(Say On Pay)

미국과 영국 등에서 시행 중인 제도로, 본래 영국에서 1990년대 공기업들의 민영화로 경영진에 대한 과도한 보상이 문제가 되면서 2000년대 초반 도입한 제도이다. 영국의 회사법은 상장사들이 경영진 급여 지급 현황을 주주총회에 상정해 심의 받도록 하고 있는데, 이는 주로 비판 대상이 되는 경영진의 성과급 수준을 통제하는 데 활용된다. 세이 온 페이는 2008년 금융위기 이후 일반 노동자와 최고경영자 간 임금 격차가 커지면서 다른 나라에도 확산됐는데, 미국에서는 2010년 도드–프랭크 금융개혁법에 따라 해당 제도가 도입됐다. 이 규정에 따라 투자자들은 최소한 3년에 1번은 주주총회에서 임원보수에 대한 의견을 낼 수 있는 투표를 할 수 있다. 한편, 회사의 임원이 기업에 손실을 입히거나 비윤리적인 행동을 할 경우 성과급을 환수하거나 유보하게 하는 제도도 있는데, 이는 「클로백(Claw Back)」이라 한다.

소유분산기업(所有分散企業)

금산분리(산업자본의 은행 경영 금지) 규제를 받는 금융사들이나 공기업이었다가 민영화된 기업처럼 주식이 소액주주들에게 분산돼 확실한 지배 주주가 없는 기업을 말한다. 즉, 재벌그룹과 달리 특정 대주주가 없는 기업이나 금융지주를 말한다. 대표적으로 KT·포스코·KT&G 등 민영화된 공기업이나 우리·신한·하나·KB 등 금융지주가 이에 속한다. 소유분산기업은 최고경영자(CEO)가 광범위한 지배권을 가지게 되고, 이에 따라 부적절한 장기 연임이 이뤄진다는 지적이 이어져 왔다. 특히 최근 수 년간 이들 기업들의 회장 선임과 관련한 여러 논란이 이어지면서 소유분산기업의 지배구조 개선이 화두로 부각되기도 했다.

애플페이(Apple Pay)

"애플이 근거리무선통신(NFC) 결제 서비스 **애플페이**의 한국 출시를 2월 8일 공식 확인했다. 이로써 국내 아이폰 이용자들도 애플페이 서비스를 이용할 수 있게 됐으며, 사실상 삼성페이 독점 체제였던 휴대전화 단말기를 활용한 결제 서비스도 다시 경쟁 구도로 들어가게 됐다. 앞서 2월 3일 금융위원회는 여신금융업법과 전자금융거래법 등 관련 법령과 그간의 법령해석 등을 고려해 국내 신용카드사들의 애플페이 서비스가 가능하다는 해석을 내린 바 있다."

애플이 2014년 공개한 NFC 기반 간편결제 서비스로, 현재 약 70여 개국에서 서비스 중에 있다. 신용·체크카드를 휴대폰 앱에 저장해 실물카드 휴대 없이도 결제를 가능하게 한 서비스로, 신용카드를 대체하는 토큰을 애플만 접근 가능한 eSE(embedded secure element)에 저장한다. 그리고 결제 때 생체인증을 통해 아이폰 내부에 저장된 토큰을 불러 비접촉 방식으로 결제하는 방식이다. 이는 토큰 자체가 카드를 대체하기 때문에 애플리케이션(앱)을 구동해 결제하는 삼성페이와 달리 인터넷 없이도 결제가 가능하다는 특징이 있다.

애플은 애플페이의 한국 도입을 위해 한국 카드업계와 2015년 협상을 벌여 왔으나 한국에 흔하지 않은 근거리 무선통신(NFC) 단말기 보급, 카드 결제 수수료 등의 문제로 합의가 쉽게 이뤄지지 않았다. 그러다 지난해 8월 현대카드가 애플과 애플페이 국내 도입에 대한 독점 계약을 맺고 금융감독원이 그해 12월 애플페이의 약관 심사를 완료한 사실이 알려지면서 국내 서비스 출시가 임박한 것이 아니냐는 관측이 나왔다. 하지만 금융당국이 현대카드가 애플과 배타적인 거래를 위한 계약 목적으로 NFC 단말기를 가맹점에 보급할 경우 리베이트에 해당할 수 있다는 해석을 내놓으면서 출시 일정이 지연됐고, 이에 현대카드는 장기간 법적 검토 끝에 결국 독점계약 조항을 포기한 바 있다. 이에 경쟁사들도 애플과 제휴를 맺을 수 있게 됐지만, 서비스 출시 초기에는 현대카드가 유일한 제휴사로서 시장 선점효과를 누릴 것이라는 전망이 나온다.

> **⊕**
> **근거리 무선통신(NFC·Near Field Communication)** 무선태그(RFID) 기술 중 하나로 13.56MHz의 주파수 대역을 사용하는 비접촉식 통신 기술이다. 통신거리가 짧기 때문에 상대적으로 보안이 우수하고 가격이 저렴해 주목받는 차세대 근거리 통신 기술이다. 데이터 읽기와 쓰기 기능을 모두 사용할 수 있기 때문에 기존에 RFID 사용을 위해 필요했던 동글(리더)이 필요하지 않다. 또 블루투스 등 기존의 근거리 통신 기술과 비슷하지만 블루투스처럼 기기 간 설정을 하지 않아도 된다.

역전세난(逆專貰難) ▼

주택 가격이 급락하면서 전세 시세가 계약 당시보다 하락해 임대인이 임차인에게 보증금을 돌려주는 것이 어려워진 상황을 가리키는 말이다. 예를 들어 2년 전 세입자가 전세 보증금 3억 원을 내고 들어왔는데, 2년 뒤 집을 나갈 때 보증금 시세가 2억 원이 되면서 집주인이 기존 보증금을 돌려주기 어려워지는 것이다. 역전세난은 보통 부동산 시장 둔화 및 정부의 부동산 규제 강화, 신규 주택 공급 증가 등으로 주택 가격이 하락하고 세입자가 줄어들면서 발생한다. 이러한 역전세난과 비슷한 개념으로「깡통전세」라는 용어도 있는데, 이는 집 매매가격이 전세보증금에 미치지 못하는 집을 말한다. 즉, 은행 대출을 통해 구매한 아파트의 매매가격이 하락함에 따라 전세금과 대출금을 합한 금액이 매매가격보다 커지면서 임대인에게 이익이 없어진 것을 가리킨다.

> **⊕**
> **갭 투자** 시세차익을 목적으로 주택의 매매 가격과 전세금 간의 차액이 적은 집을 전세를 끼고 매입하는 투자 방식이다. 예를 들어 매매 가격이 5억 원인 주택의 전세금 시세가 4억 5000만 원이라면 전세를 끼고 5000만 원으로 집을 사는 방식이다. 갭 투자는 부동산 호황기에 집값이 상승하면 이익을 얻을 수 있지만 반대의 경우에는 깡통주택으로 전락해 집을 팔아도 세입자의 전세금을 돌려주지 못하거나 집 매매를 위한 대출금을 갚지 못할 수 있어 문제가 된다.

집값 하락의 여파로 최근 전·월세 계약갱신요구권을 사용하는 세입자가 급속도로 줄어들고 있는 것으로 나타났다. 계약갱신요구권은 2020년 7월 임대차 3법 개정 이후 생긴 것으로, 임대인(집주인)이 계약갱신을 원하지 않아도 임차인(세입자)이 전 계약과 동일한 내용으로 1회에 한해 계약을 연장할 수 있도록 하는 권리를 보장한 것이다. 계약갱신요구권을 통해 갱신하는 임대차계약 기간은 2년이다.

연방준비제도(Fed·Board of Governors of the Federal Reserve System) ▼

1913년 연방준비법에 의거해 설립된 미국의 중앙은행제도로 ▷통화금융정책 결정 및 수행 ▷은행의 관리감독 및 소비자 신용서비스 보호 ▷금융 시스템의 안정성 유지 ▷미국 정부 및 금융기관과 외국기관에 대한 금융 서비스를 제공하는 등의 기능을 한다. 통화정책 수단으로 국가의 통화 공급량을 조절하는 공개시장조작, 금융기관의 지급준비금 조정, 재할인율 조정 등이 활용되며, 증권거래에서의 계약 이행 보증 등의 금융정책을 결정하고 이를 수행한다. 미국의 중앙은행(Fed)은 연방준비제도이사회(Federal Reserve Board), 연방공개시장위원회(Federal Open Market Committee), 12개 지역의 연방준비은행(Federal Reserve Banks), 연방준비은행이사회(Board of Directors) 등을 주요 기관으로 한다. 미국 전역을 12개의 연방준비구로 나눠 각 지구에 하나의 연방준비은행을 두는데, 연방준비제도위원회가 12개의 연방준비은행을 통괄하는 형태를 취한다.

1월효과(January Effect) ▼

신년에 대한 투자자들의 낙관적 전망이 반영돼 1월의 주가가 다른 달보다 많이 오르는 현상을 뜻하는 말이다. 주가가 일정한 때에 특별한 이유 없이 강세나 약세를 보이는 현상을 주식시장에서는 「계절적 이례현상」이라고 부른다. 계절적 이례현상은 월별효과·월중효과·일별효과 등 다양하지만, 전 세계 각국 증시에서 가장 공통적으로 발견되는 현상이 1월효과이다. 1970년 이후 미국 증시의 3대 지수(나스닥, 다우존스, S&P500)는 1월과 2월의 수익률이 가장 높았는데, 이는 미국 펀드들의 절세를 위한 매각과 포트폴리오 재구성이 그 배경으로 언급된다. 또 1월효과에서는 성장주보다는 가치주의 오름폭이 큰데, 이는 대부분의 미국 기업이 9월에 결산하고 1월에 실적을 발표하기 때문이다.

책임광물 보고서(責任鑛物 報告書) ▼

기업의 광물 구매·관리 현황을 체계적으로 정리한 문서로, 채굴 과정에서 인권 침해와 환경 파괴가 이뤄질 우려가 없는 광물만 원재료로 활용하고 있다는 것을 나타내는 것이다. 여기서 「책임광물」이란 광물 채굴 시 발생할 수 있는 인권 침해와 환경 파괴 등 불법 행위를 근절하고 사회적 책임을 다하는 방식으로 채굴되는 광물을 가리킨다. 책임광물 보고서는 이러한 불법행위가 있었는지를 파악하고 이에 대해 책임 있게 진행한 개선 노력과 결과를 외부에 공개하는 보고서이다. 보통 책임광물 보고서는 분쟁 광물로 알려진 3TG(주석(Tin), 탄탈룸(Tantalum), 텅스텐(Tungsten), 금(Gold))를 사용하는 기업에서 주로 발간한다.

챌린저 은행(Challenger Bank) ▼

대형은행의 지배력을 축소하고 은행 간 경쟁을 촉진하기 위해 영국 정부가 신규 허가를 내준 은행으로, 영국판 인터넷전문은행이라 할 수 있다. 이는 기존 은행과의 직접 경쟁을 목표로 하기보다는 특정 시장 내에서의 성공을 목표로 한다. 영국은 지난 2008년 글로벌 금융위기 이후 로이드·바클레이스·RBS·HSBC 등 4대 은행 과점에 대한 비판 여론이 커지자 50여 개의 은행 라이선스를 신규 발급하면서 이를 도입했다. 챌린저 은행은 단순한 상품과 저렴한 수수료, 경쟁력 있는 금리를 제공하며, 지점·인력·정보기술(IT) 인프라 부담이 적다. 여기다 낮은 판관비율과 안정적인 건전성을 기반으로 기존 은행 대비 상대적으로 높은 자기자본이익률(ROE)을 기록하고 있다.

최우선변제(最優先辨濟) ▼

"2월 14일 열린 국무회의에서 소액 임차인 보호를 위해 권역별로 **최우선변제** 대상 임차인의 보증금액을 일괄 1500만 원 상향하는 내용의 주택임대자보호법 시행령 개정안이 통과됐다. 이에 따라 서울의 경우 최우선변제 대상주택 임대보증금이 기존에는 1억 5000만 원 이하였으나 앞으로는 1억 6500만 원까지로 늘어난다."

주택이 경매·공매되는 경우 근저당 등 다른 권리보다 소액임차인이 일정 금액을 먼저 변제받을 수 있도록 한 권리로, 주택임대차보호법에 규정돼 있다. 다만 이 제도를 통한 소액임차인으로

113

보호받기 위해서는 최소한 자기 명의의 계약·전입신고를 하고 실제 거주의 요건을 요구한다. 법에 따르면 최우선변제는 부동산이 경매 또는 공매로 넘어가도 임차인의 보증금 일정 부분을 확정일자와 관계 없이 우선적으로 보호한다. 최우선변제의 범위는 부동산의 매각대금 절반을 최대한도로 하여 임차인의 보증금 중 일정액을 우선적으로 변제한다.

K자형 양극화 ▼

고학력·고소득 노동자는 경제적으로 침체에서 빠르게 회복하거나 더 부유해지는 반면에 저학력·저소득 노동자는 회복이 어렵거나 계속적으로 소득이 감소하는 양극화 현상을 일컫는다. 보통 경제 회복은 경기하락이 급격하게 나타났다가 급반전되는 V자형, 일정기간 동안 침체되다 반등하는 U자형으로 나타난다. 그러나 K자형은 임금과 교육 수준, 인종 등에 따라 경기 침체에서 벗어나는 속도가 다른 새로운 형태의 경제 회복을 설명한다. K에서 윗부분은 정보기술(IT)을 중심으로 한 부유층으로, 코로나19 이전에도 고소득을 누리고 있었으며 침체에서 빠르게 벗어나거나 더 나아지고 있다. 반면 아랫부분은 저임금 노동자들이나 관광·외식 등 코로나19로 큰 피해를 입은 전통 산업 기업들로, 경기 침체에서 벗어나지 못하거나 상황이 오히려 더 악화돼 빈부격차가 커지고 있음을 설명한다.

크리에이터 이코노미(Creator Economy) ▼

"링크트리 등 시장조사기관들이 **크리에이터 이코노미** 시장 규모가 지난 2021년 1042억 달러(약 132조 원)로 코로나19 팬데믹 직전인 2019년 대비 2배 이상 성장했다고 추산했다. 특히 대표적인 플랫폼인 유튜브의 경우 지난 2021년에만 288억 5000만 달러(약 36조 5800억 원)의 광고 매출을 달성했다."

개인 창작자(크리에이터)가 자신의 창작물을 기반으로 수익을 창출하는 비즈니스 생태계 또는 산업 전반을 뜻하는 용어이다. 크리에이터 이코노미는 유튜브·틱톡·인스타그램·트위치 등 다양한 온라인 플랫폼을 통해 누구나 손쉽게 콘텐츠를 제작해 올릴 수 있게 된 2010년대 들어 본격적으로 사용되기 시작한 개념이다. 크리에이터들은 자신이 사용하는 플랫폼에 따라 유튜버, 틱톡커, 스트리머, BJ 등 다양한 이름으로 불리고 있는데, 이와 같은 크리에이터 이코노미의 급성장에는 특히 유튜브의 영향이 컸다. 즉, 유튜버가 하나의 직업으로 인식되기 시작하면서 그 영향력과 수익이 더욱 커지게 됐고, 이는 더 많은 크리에이터들의 시장 진입을 유도하는 결과로 이어진 것이다. 크리에이터는 자신이 제작한 콘텐츠의 조회수에 따른 금액, 시청자들의 후원금, 콘텐츠와 연계한 광고 비용 등을 통해 수익을 얻는다.

클로백(Clawback) ▼

회사의 임직원이 회사에 손실을 입히거나 비윤리적인 행동으로 명예를 실추시키는 경우 성과급을 삭감하거나 환수할 수 있도록 한 제도를 말한다. 이는 2008년 글로벌 금융위기 이후 미국과 유럽의 금융업계를 중심으로 도입되기 시작했고, 현재 모건스탠리·JP모건·크레디트스위스 등 주요 대형 투자은행들이 직원 채용 시 계약서에 해당 조항을 포함하고 있다. 우리나라에서도 금융회사 지배구조 감독규정(제9조)에 「이연지급 기간 중 담당 업무와 관련해 금융회사에 손실이 발생한 경우 이연지급 예정인 성과보수를 실현된 손실 규모를 반영해 재산정된다.」고 명시하고 있다. 하지만 대부분의 금융사들이 이 조항을 내부규범에 반영해 놓지 않고 있거나, 규정이 있더라도 실제 이행한 사례는 없는 것으로 알려져 있다. (※ 이연성과급은 성과급을 한 번에 지급하지 않고 여러 번에 걸쳐 나눠주는 것을 말한다)

탄소국경조정제도(CBAM·Carbon Border Adjustment Mechanism) ▼

"조하현 연세대 경제학부 교수팀이 지난해 12월 《동서연구》에 발표한 「EU와 미국의 **탄소국경조정제도**: 한국에 대한 영향을 중심으로」에서 탄소국경조정제도(CBAM) 도입으로 인한 우리 산업계의 피해액을 추산했다. 그 결과 철강·유기화학·플라스틱·알루미늄·시멘트 등 CBAM 대상 5개 산업에서 연간 약 5309억 원을 추가 부담해야 하는 것으로 나타났다."

유럽연합(EU) 역내로 수입되는 제품 가운데 자국 제품보다 탄소배출이 많은 제품에 대해 관세를 부과하는 조치이다. EU는 2023년 10월부터 전기·시멘트·비료·철강·알루미늄 등 탄소배출이 많은 6개 품목에 CBAM을 시범 시행한 뒤 2026년 정식 시행 때 대상을 확대한다는 계획이다. CBAM이 본격 시행되면 EU 수입업자는 수입품 1t당 탄소배출량에 상응하는 탄소배출권을 구매해야 한다. EU의 CBAM 도입은 기후위기 대응이 명분이지만 수출 기업에는 일종의 추가 관세 역할을 한다는 점에서 EU 기업의 피해를 줄이기 위한 보호무역 조치라는 지적도 있다. 실제로 우리나라의 경우 EU의 CBAM 도입 방침에 따라 대(對)EU 주력 수출 품목인 철강 산업에 큰 타격이 예상되고 있다. 산업통상자원부에 따르면 CBAM 적용 품목의 EU 수출 규모는 2021년 기준 ▷철강 43억 달러 ▷알루미늄 5억 달러 ▷시멘트 140만 달러 ▷비료 480만 달러 등이다.

유럽연합(EU) 행정부 격인 집행위원회가 1월 18일 역내 친환경 산업 육성을 위한 이른바 「탄소중립법(Net-Zero Industry Act)」 입안 추진을 공식화했다. 이는 친환경 산업 관련 공급망 전반에 대한 투자를 확대하고, EU 내 클린테크 생산시설 확대를 통해 미국 인플레이션감축법(IRA)에 대응하겠다는 구상이다. 우르줄라 폰데어라이엔 EU 집행위원장은 탄소중립 산업법이 EU의 반도체법과 동일한 형태로 설계될 것이라고 밝혔는데, EU 반도체법은 오는 2030년까지 전 세계 반도체 생산 시장 점유율을 현재 9%에서 20% 수준으로 끌어올리는 것을 목표로 공공·민간 투자를 통해 반도체 생산 확대에 430억 유로(약 59조 원)를 투입하는 것을 핵심으로 한다.

파운드리(Foundry)·팹리스(Fabless) ▼

파운드리는 다른 업체가 설계한 반도체를 생산해서 공급해 주는 사업으로, 팹리스 업체에서 설계한 반도체를 생산해서 공급해주는 역할을 담당한다. 여기서 팹리스(Fabless)란 생산은 하지 않고 반도체 설계만 하는 업체이다. 1980년대 후반부터 생산설비를 갖추지 않고 설계만 하는 팹리스 업체가 급증하면서 투자부담을 줄이기 위한 아웃소싱 수요가 많아져 파운드리 사업이 급성장을 이루게 됐다. 대표적인 파운드리 업체로는 대만 TSMC와 UMC를 들 수 있다. 팹리스는 반도체 설계가 전문화되어 있는 회사로, 제조 설비를 뜻하는 패브리케이션(Fabrication)과 리스(Less)를 합성한 말이다. 1980년대 미국에서 등장한 것으로, 대표적인 팹리스 기업으로는 퀄컴과 브로드컴 등이 있으며 독자적으로 칩을 설계하는 애플·구글 같은 빅테크들도 일종의 팹리스에 해당한다.

⊙ **디자인하우스(Design House)** 팹리스가 만든 설계도를 바탕으로 반도체를 제작하는 파운드리 공정에 맞춰 각종 기술을 지원하는 기업을 총칭하는 용어이다. 즉 반도체 설계 도면을 제조용 도면으로 다시 디자인하는 역할로, 위탁생산(파운드리) 회사와 설계전문(팹리스) 기업을 이어준다. 최근 반도체 미세공정이 보편화하면서 디자인하우스의 역할이 커지고 있는데, 특히 글로벌 파운드리 선두업체인 대만 TSMC를 추격할 핵심 방안으로 디자인하우스가 급부상하고 있다.

파킹통장(Parking Bankbook) ▼

운행을 멈추고 잠시 차를 세워놓는 「파킹(Parking)」처럼 주차하듯이 목돈을 은행에 잠시 보관하는 용도로 사용하는 통장을 말한다. 일반적으로 은행의 수시 입출금 통장은 연 0.1~0.2%(세전) 수준의 이자를 지급하지만, 파킹통장은 일정 금액 이상이 통장에 예치돼 있으면 연 1%를 넘는 금리를 지급한다. 또한 정기예금·적금과 달리 수시로 돈을 넣고 뺄 수 있는 것은 물론, 예금자보호법에 따라 5000만 원까지 원금 보장이 된다는 장점이 있다.

금융당국이 지난해 11월 금융권에 과도한 예금금리 경쟁을 자제할 것을 요구한 뒤로 시중은행 예금금리가 내림세로 전환하면서, 고금리를 내세우며 고객을 끌어들였던 파킹통장의 금리도 하락했다.

피터팬 증후군(Peter pan Syndrome) ▼

"대한상공회의소(대한상의)가 1월 26일 최근 10년 내 중소기업을 졸업한 국내 중견기업 300개사를 대상으로 조사한 결과 응답 기업의 77%는 중소기업 졸업 후 지원 축소와 규제 강화 등 새로운 정책 변화를 체감하거나 체감한 적이 있는 것으로 나타났다."

중소기업이 받을 수 있는 지원을 계속 받기 위해 중견기업, 대기업으로 성장하는 것을 포기하는 현상을 말한다. 이는 기업 규모가 커지면 늘어나는 부담이나 규제 때문에 성장을 위한 투자를 주저하는 것이 원인이다. 이에 중소기업이 중견기업으로의 성장을 포기하거나 초기 중견기업은 중소기업으로 회귀하고 싶어하는 현상이 나타난다.

하우스머니 효과(House Money Effect) ▼

하우스머니는 직역하면 「하우스(도박장)에서 번 돈」을 뜻하는 말로, 하우스머니 효과란 도박장에서 번 돈처럼 쉽게 벌거나 우연히 얻은 돈은 자신이 직접 노동을 해 얻은 돈보다 더 과감하게 사용한다는 심리적 경향을 가리킨다. 이는 미국 경제학자인 리처드 탈러(Richard Thaler)가 실험을 통해 정립한 이론으로, 탈러는 「쉽게 얻은 돈은 아껴 쓰지 않고 위험부담이 큰 대상에 과감히 투자하는 경향이 확인됐다」고 주장했다. 예컨대 연말 성과급이나 보너스 등으로 받은 돈은 기존 월급보다 더 쉽게 쓰는 경향이 나타나는데, 이는 하우스머니 효과의 한 예라 할 수 있다.

행오버(Hangover) ▼

주식 시장에서 대량의 유동성이 시장에 쏟아진 뒤에 이에 너무 익숙해진 투자자들이 실적 장세로 넘어가는 변동성 장에 적응하지 못하고 힘겨워 하는 상태를 이르는 말이다. 또 행오버는 시장에 큰 유동성이 쏟아진 뒤 장이 조정을 받는 상황 자체를 일컫기도 한다. 행오버는 특히 지난해 많이 언급됐는데, 이는 앞서 2년간 코로나19 팬데믹 이후 쏟아졌던 부양책과 유동성 공급이 지난해 마무리된 데 따른 것이다.

호텔링 법칙(Hotelling's law) ▼

시장에서 공급자들이 차별화하기보다는 비슷한 방향으로 수렴하는 현상으로, 미국의 수리경제학자 해럴드 호텔링이 1929년 논문 〈경쟁의 안정성(Stability in Competition)〉에서 처음 제시한 개념이다. 이 법칙에 따르면 경쟁자로부터 멀리 떨어진 곳보다 경쟁자와 가까운 곳이 더 많은 고객을 끌어들일 수 있는 유리한 입지가 된다. 이는 정치 분야에서도 사용되는데, 각각 좌파와 우파의 이념을 대변하는 정당이 선거에서는 당연히 자신들에게 표를 줄 양끝의 지지자들보다는 중도층을 위한 공약을 내세우면서 비슷해지는 것을 들 수 있다.

화이트존(White Zone) ▼

"국토교통부가 싱가포르 마리나베이샌즈와 같이 토지 용도나 용적률·건폐율 등을 자유롭게 결정할 수 있는 한국형 **화이트존**을 도입하는 내용 등을 담은 「도시계획 혁신 방안」을 1월 5일 발표했다. 다만 복합용도 목적에 맞게 단일용도 비율은 70%, 주거용도는 50%+α 이하로 제한한다."

민간 자본을 통해 주거, 상업, 업무 등 다용도 융복합 개발이 가능하도록 지정한 지역으로, 싱가포르의 마리나베이샌즈와 일본의 롯폰기힐스가 대표적 사례에 속한다. 우선 싱가포르의 경우 1997년 허용된 총 밀도의 범위 내에서 상업·업무·호텔·주거·여가 등 다양한 용도를 허용해 민간 투자를 유도하는 화이트존을 도입했다. 이후 2008년 싱가포르 항만 배후단지가 노후화하자, 이전의 중심상업지구를 확장해 호텔과 공원은 물론 컨벤션센터와 쇼핑몰 등 다양한 시설이 들어선 마리나베이샌즈를 탄생시켰다. 일본의 경

△ 싱가포르의 마리나베이샌즈(출처: 위키피디아, CC BY-SA 3.0)

우에도 주거지에 상업·문화시설을 설립할 수 있도록 규제를 완화한 결과 도쿄의 롯폰기힐스가 탄생했다.

회사채시장 고통지수(CMDI·Coporate Bond Market Distress Index) ▼

회사채 시장의 스트레스 정도를 가늠하기 위해 고안된 지표로, 뉴욕 연방준비은행이 2022년 6월부터 만들어 공개하기 시작했다. CMDI는 발행시장의 발행과 가격뿐만 아니라 유통시장의 가격과 유동성, 거래 채권의 상대적 가격 차이 등 여러 지표를 포함해 산출한다. 미국 시각으로 매달 마지막 주 수요일 오전 10시에 간단한 지수 설명과 함께 공개되는데, 이 수치가 낮을수록 회사채 시장이 안정됐다는 의미를 갖고 있다.

횡재세(Windfall Profit Tax) ▼

일정 기준 이상의 이익을 얻은 법인이나 자연인에 대해 그 초과분에 보통소득세 외에 추가적으로 징수하는 소득세로, 「초과이윤세」라고도 한다. 횡재세는 정부의 정책적 지원 등을 통해 막대한 이익을 창출하는 업종에 부과해, 그 재원을 사회복지와 분배 정책 등 취약층을 돕는 데 사용한다. 실제로 2020년 들어 코로나19, 러시아의 우크라이나 침공 등으로 에너지 위기 상황이 고조되자, 환경을 파괴하며 시추한 석유·천연가스 등의 에너지를 비싸게 팔아 막대한 이익을 거두는 기업들을 대상으로 횡재세를 거둬야 한다는 목소리가 높아졌다. 한편, 전문가들은 이러한 횡재세가 저소득층과 중소기업 지원 등에 투입돼 에너지 양극화 해소와 경기 부양에 도움이 된다는 입장이다.

③ 사회·노동·환경

고용허가제(雇傭許可制) ▼

"고용노동부가 12월 28일 외국인력정책위원회에서 고숙련 외국인 근로자를 대상으로 출국 없이 10년 넘게 한국에서 일할 수 있도록 하는 **고용허가제** 개편방안을 심의·의결했다고 29일 밝혔다. 현재 4년 10개월까지 일한 근로자는 반드시 출국한 후 6개월 뒤 재입국해야 하지만, 고용부는 장기근속 특례제도를 신설해 숙련도가 높은 E-9 근로자의 체류 기간을 최대 10년 이상으로 늘릴 방침이다."

국내 인재를 채용하지 못한 기업에 대해 합법적으로 외국인 근로자를 고용하도록 허용하는 제도로, 2004년 8월부터 시행됐다. 이는 내국인의 고용기회 보호와 3D 업종 등 중소기업의 인력부족 현상을 해결하는 동시에 외국인 근로자에 대한 효율적인 관리체계를 구축하고자 도입된 것이다. 2007년부터는 기존의 산업연수생제도가 폐지되고 고용허가제가 전면적으로 시행되고 있다.

고향 사랑의 날 ▼

"행정안전부가 1월 3일 **고향 사랑의 날** 지정·운영 근거를 담은 「고향사랑 기부금에 관한 법률」 개정안이 이날 공포돼 6개월 뒤인 7월 4일부터 시행된다고 밝혔다."

고향에 대한 국민의 관심을 높여 인구감소 등으로 어려움이 있는 지역에 활력을 불어넣고, 고향사랑기부를 통해 지방 재정 및 지역경제를 활성화하고자 하는 취지로 지정되는 국가기념일이다. 고향사랑의 날에는 기념식과 함께 고향사랑기부 답례품, 기금사업 전시회, 고향사랑기부제 발전방안 토론회 등이 개최될 예정이다.
한편, 1월 1일부터 시행된 고향사랑기부제는 자신의 주소지가 아닌 지방자치단체에 기부하면 지자체는 기부금을 주민복리 증진 등에 활용하고, 기부자는 세액공제와 답례품을 받는 제도를 말한다. 기부상한액은 1인당 연간 500만 원이며 지자체는 기부금의 30% 이내에서 답례품을 제공할 수 있다. 기부금 10만 원 이하는 전액, 10

만 원 초과분에 대해서는 16.5%의 세액공제가 이뤄진다.

국가성평등지수(國家性平等指數) ▼

"여성가족부가 1월 26일 발표한 「2021년 국가 및 지역성평등지수」에 따르면 우리나라의 **국가성평등지수**는 75.4점으로 전년 대비 0.5점 높아졌다. 이는 전년(74.9점) 대비 0.5점 늘긴 했지만 상승 폭은 2014년 이후 7년 만에 최저치다. 한편, 지역의 특성을 반영한 지역성평등지수는 77.1점으로 전년 대비 0.3점 상승했다."

국가의 성평등 수준을 계량적으로 측정할 수 있도록 2009년 개발된 지수로, ▷성평등한 사회참여의 정도 ▷성평등 의식·문화 ▷여성의 인권·복지 등의 사항으로 구성된 성평등 지표를 통해 계산하는 지수화된 값이다. 이는 남녀의 격차(GAP)를 측정하는 지수로, 양성평등기본법 제19조를 근거로 해 2010년부터 발표되고 있다. 여가부는 이를 통해 국가의 성평등 수준을 파악하고 정책 추진 방향을 수립·점검한다. 또 시·도의 성평등 수준을 측정하기 위해 2011년 개발된 지역성평등지수도 있는데, 이는 국가성평등지표를 기초로 지역의 특성을 반영한 성평등 지표를 통해 계산하는 지수화된 값이다.

녹농균(Pseudomonas Aeruginosa) ▼

"미 식품의약국(FDA)과 미 질병통제예방센터(CDC)가 2월 2일 글로벌파마의 인공눈물 제품인 「에즈리케어」에 대한 사용 중지 권고 결정을 내렸다. 앞서 지난해 5월부터 지난 1월까지 미국 캘리포니아와 뉴욕, 플로리다 등 12개 주에서 총 55명이 이 제품을 사용한 뒤 **녹농균**에 감염된 사례가 보고됐는데, 이 가운데 1명이 숨지고 최소 5명은 실명한 것으로 알려졌다. 한편, 2월 6일 우리 식품의약품안전처에 따르면 문제가 된 인공눈물은 국내에서 허가되지 않아 유통되지 않았다."

물이나 토양에 존재하는 강한 병원성 세균으로, 패혈증, 전신감염, 만성기도 감염증 및 췌낭포성 섬유증 환자에게 난치성 감염을 일으킨다. 특히 수술, 화상, 외상 및 화학요법 치료 등에 의해 저항력이 저하된 환자가 녹농균에 의해 패혈증에 걸리면 고열, 혈압저하 등의 쇼크를 일으켜 결국 사망에까지 이르게 된다. 더욱이 녹농균 감염 치료는 대부분 항생제에만 의존하는데, 이에 항생제 남용으로 내성 균주가 생겨 기존 상용 항생제 치료는 점점 어려워지면서 치료가 쉽지 않게 된다는 문제도 있다.

로타 바이러스(Rotavirus) ▼

"질병청이 1월 8일 2023년 주요 업무 추진계획을 통해 영유아기 장염을 유발하는 **로타 바이러스** 백신을 국가예방접종에 포함시킨다고 밝혔다. 이는 생후 2·4·6개월 영아들을 대상으로 실시하며 올해 접종 대상자는 21만 2000명이다."

전 세계 영유아에서 발생하는 위장관염의 가장 흔한 원인 바이러스로, 1973년 처음 발견됐을 당시에는 그 원인이 파악되지 않아 가성 콜레라로 불리기도 하였다. 로타 바이러스는 영유아 급성 설사병의 가장 흔한 원인으로, 성인의 경우에는 증상이 거의 나타나지 않는다. 로타 바이러스는 A에서 H군까지 8개의 종류로 나뉘는데 사람의 경우 주로 A·B·C군에 감염되며 특히 A군에 의한 감염이 많다. 로타 바이러스는 감염 후 임상증상이 나타나기 전부터 증상이 없어진 후 10일까지 감염된 사람의 대변에 존재하는데, 감염자가 증상을 보이지 않더라도 이 기간에는 손과 입을 통해 쉽게 전파될 수 있다. 로타 바이러스에 감염되면 초기에는 콧물·기침·열 등의 가벼운 감기 증세가 나타나지만, 시간이 지날수록 심한 구토와 설사 증상을 보이게 된다. 다만 감염이 되어도 증상을 보이지 않는 사례도 많다. 로타 바이러스 자체를 치료하는 방법은 없으나, 탈수에 의한 심각한 증상이 나타나지 않도록 충분한 수액을 보충하는 것이 필요하다. 무엇보다 로타 바이러스 감염증을 예방하기 위해서는 백신을 접종하는 것이 가장 효과적이다.

멸종 반란(XR·Extinction Rebellion) ▼

"영국에 본부를 둔 기후활동 단체인 **멸종저항(XR)**이 1월 1일 성명을 통해 명화 훼손 등 여론의 반응이 차가운 과격한 시위 방식을 잠정 중단하기로 했다고 밝혔다. XR의 이번 결정은 과격 시위에 대한 당국의 제재가 강화되고, 대중도 점차 등을 돌리기 시작하는 분위기 속에서 나온 것이다."

기후 변화와 생태 위기에 저항하는 국제적 운동단체로, 2019년 영국에서 시작돼 전 세계로 확산됐다. 2019년 5월 영국 중부의 작은 도시인 코츠월드에서 영국 환경운동가 로저 할람과 게일 브래드브룩 박사 등이 주축이 돼 꾸려진 이 단체는 현재 전 세계 80여 개국에서 활동을 전개하고 있다. XR은 정부가 화석연료 투자를 멈추고 기후위기에 즉각 대응할 것을 요구하며 시민 불복종 시위를 벌이고 있는데, 바쁜 출근 시간대에 도로에 누워 교통을 마비시키는 등의 과격한 시위 방식으로 주목을 받았다. 그러나 2022년 스페인, 호주 등 세계 각지에 있는 미술관에 잠입해 파블로 피카소의 〈한국에서의 학살〉 등 각종 명화에 접착제를 바른 손을 붙이는 시위를 벌이면서 큰 논란을 일으킨 바 있다.

본인부담 상한제(本人負擔 上限制)　▼

"국민건강보험공단(건보공단)이 2023년 진료비 본인부담 상한액을 조정하면서 10분위 소득분위 환자부터 본인부담금 상한액을 올리겠다고 1월 11일 밝혔다. 소득분위는 가구당 소득수준을 10%씩 10단계로 나눈 것으로, 최저 소득구간은 1분위이며 최고 소득구간은 10분위이다. 건보의 방침에 따르면 소득 10분위의 상한액은 지난해 598만 원에서 올해 최대 1014만 원으로 1.7배 오른다."

고액·중증질환자의 과다한 의료비 지출로 인한 가계의 경제적 부담을 덜어주기 위해 소득분위별로 상한액을 정하고, 이 금액을 넘는 의료비가 발생하면 건보 재정으로 부담하는 제도를 말한다. 이는 비급여 진료비는 제외하고 건보 급여 항목만 대상으로 하는데, 소득구간별로 상한액이 다르다. 본인부담 상한액 신청은 사전급여와 사후환급으로 나뉘는데, 사전급여는 연간 동일한 요양기관에서 부담한 본인부담 진료비가 최고 상한액에 도달한 경우 환자가 최고 상한액까지만 납부하고 초과액은 요양기관이 국민건강보험공단에 청구해 지급받는 것이다. 사후환급은 연간 본인부담금 총액이 개인별 상한액을 넘었으나 사전급여를 받지 않은 경우 초과된 금액만큼을 환자에게 직접 지급하는 방식이다.

부모급여(父母給與)　▼

매달 만 0세(0~11개월) 자녀를 둔 부모에게 70만 원, 만 1세 자녀(12~23개월)를 둔 부모에게는 35만 원씩 지급하는 것으로, 1월 25일부터 시행됐다. 이는 지난해까지 만 1세 이하 부모에게 매달 30만 원씩 지급되던 영아수당이 확대 개편된 것이다. 월 70만 원이 지급되는 만 0세의 경우 어린이집을 이용할 경우 시설 이용 보육료 50만 원을 차감한 금액을 받을 수 있다. 월 35만 원이 지급되는 만 1세 부모급여는 어린이집을 이용하면 현재처럼 월 50만 원의 보육료가 지원된다. 이를 받기 위해서는 출산 후 60일 이내에 부모가 복지로(www.bokjiro.go.kr) 또는 정부24 홈페이지에 접속하거나 관할 지역 주민센터를 방문해 신청해야 한다. 이는 60일을 넘겨도 신청은 가능하지만 이미 지난 시점의 급여는 소급해서 받을 수 없다. 다만 기존 영아수당(월 30만 원)을 받고 있던 부모는 별도로 신청하지 않아도 자동으로 부모급여로 전환돼 수령액이 늘어나게 된다. 부모급여는 2024년부터는 만 0세 100만 원, 만 1세 50만 원으로 그 금액이 인상된다.

생활인구(生活人口)　▼

기존 주민등록인구에 근무, 통학, 관광, 휴양 등의 목적으로 특정 지역을 방문해 체류하는 인구와 출입국관리법상 등록 외국인 등을 포함한 인구를 말한다. 이는 올해 「인구감소지역 지원 특별법」이 시행되면서 도입된 개념인데, 최근 지방소멸을 막기 위한 대안으로 주목받고 있다. 대표적인 생활인구 사례로 최근 도시민들 사이에서 유행하는 「두 지역 살아보기」를 들 수 있다. 생활인구 확대 사업은 그간 지자체가 중심이 됐으나 올해부터는 행안부가 정부 사업으로 추진하게 된다. 행안부는 이를 위해 ▷두 지역 살아보기 ▷워케이션 ▷농촌 유학 ▷은퇴자 공동체마을 등에 참여할 지자체 20곳을 공모로 선정해 200억 원의 예산을 지원할 방침이다.

⊕
워케이션(Worcation) 일(Work)과 휴가(Vacation)의 합성어로, 원하는 곳에서 업무와 휴가를 동시에 할 수 있는 새로운 근무제도를 말한다. 이는 코로나19로 재택이나 원격근무가 늘면서 부상하기 시작했는데, 휴가지에서의 업무를 인정함으로써 업무의 능률성을 꾀할 수 있다는 장점이 있다. 특히 디지털 기기에 익숙하고 워라밸(일과 삶의 균형)을 중요시하는 MZ세대들의 등장이 워케이션의 확산에 많은 영향을 미치고 있다.

소비기한(消費期限) ▼

식품이 제조돼 유통과정을 거쳐 소비자에게 전달된 후 소비자가 소비해도 건강이나 안전에 문제가 없을 것으로 인정되는 소비 최종시한을 말한다. 소비기한은 식품 제조일로부터 소비자에게 유통·판매가 허용되는 기간을 뜻하는 유통기한보다 더 길다. 올해 1월 1일부터 유통기한 대신 소비기한이 표시되면서, 1985년 도입된 유통기한 표기가 38년 만에 사라지게 됐다. 다만 식약처는 우유와 우유 가공품 등 우유류의 경우 위생적 관리와 품질 유지를 위한 냉장 보관기준 개선이 필요해 다른 품목보다 8년 늦춰 2031년으로 정했다.

한편, 소비기한과 유통기한 외에도 식품의 품질이 전혀 바뀌지 않는 기한을 뜻하는 「품질유지기한」과 식품 섭취가 가능한 최종기한을 뜻하는 「종료기한」도 있다.

1월 1일부터 우유류를 제외한 식품에 유통기한 대신 소비기한이 표시됐다. 소비기한은 소비자가 해당 식품을 섭취할 수 있는 기한으로 유통기한보다 더 긴데, 대표적으로 두부의 경우 유통기한이 17일이지만 소비기한을 적용하면 23일로 늘어난다. 다만 계도기간 1년 동안은 유통기한과 소비기한 중 하나를 골라 표기하면 된다.

수열에너지(Hydrothermal Energy)·지열에너지(Geothermal Energy) ▼

수열에너지는 물의 열에너지를 이용해 건물을 냉난방하는 시스템으로, 대기와 온도 차가 나는 물을 히트펌프로 순환시키는 것이다. 한국수자원공사에 따르면 수열에너지는 기존 화석연료를 사용하는 냉난방 설비와 비교할 때 30~50% 수준의 에너지를 절감할 수 있다. 지열에너지는 지하를 구성하는 토양, 암반, 지하수 등이 가진 열에너지(평균 15도)를 건물의 냉난방에 활용하는 방식이다. 지열에너지도 수열에너지처럼 기존 냉난방 시스템 대비 약 30% 에너지 절감 효과가 있고 탄소 또는 폐기물 배출이 없지만, 초기 설치비용이 비싸다는 단점이 있다. 특히 지열발전의 경우 지하에 물을 주입하고 빼내는 과정이 있어, 지반이 약해지고 단층에 응력이 추가돼 지진이 일어날 수 있다는 안전성 논란이 있다.

CCS(Carbon dioxide Capture and Storage) ▼

화석연료 등에서 발생하는 이산화탄소(CO_2)를 대기로 배출하기 전에 추출한 후 압력을 가해 액체 상태로 만들어 저장하는 기술을 말한다. 저장소로 운반된 이산화탄소는 해양 저장, 광물탄산화, 지중 저장의 3가지 방식으로 처분된다. 이 중에서 해양 저장은 이산화탄소를 바다 밑에 가라앉혀 처분하는 방식인데, 해양 생태계에 부정적인 영향을 미치기 때문에 현재 국제협약에 따라 금지돼 있다. 반면 지중 저장은 대표적인 CCS 기술로, 육상 혹은 해저의 깊은 지층에 저장하는 것이다. 이는 저장소 위치에 따라 폐유정·가스전 저장, 폐석탄층 저장 등으로 구분된다.

XBB.1.5 변이 ▼

스텔스 오미크론으로 불리는 BA.2에서 파생된 XBB 변이에서 나온 세부 하위 변이이다. 즉,

BA.2 하위 변이들에서 다시 재조합이 일어나 생긴 변이로, 2022년 8월 인도에서 처음 발견된 이후 XBB.1, XBB.1.5 등 하위 변이로 빠르게 변화했다. 이 가운데 XBB.1.5는 지난해 10월 미국 뉴욕에서 처음 발견됐으며, 발견 2개월여 만에 최소 29개국으로 확산됐고 우리나라에는 지난해 12월 8일 그 유입이 처음 확인된 바 있다. XBB.1.5는 BA.2의 하위변이 2가지가 일부 유전자 코드를 교환하면서 탄생한 재조합 변이로, 상위변이인 BA.2와 XBB에 비해 바이러스의 스파이크(돌기) 단백질에 14가지의 새로운 변이를 갖고 있어 면역 회피력이 더 높다는 것이 특징이다. 이에 영어권에는 XBB.1.5를 가리켜 「크라켄」이라는 별명으로 부르기도 하는데, 크라켄은 그리스 신화 속에 나오는 문어의 모습을 한 괴수를 가리킨다. 특히 세계보건기구(WHO)는 지난 12월 XBB.1.5에 대해 「지금까지 발견된 것 중 가장 전염성 높은 하위변이」라는 평가를 내리기도 했다.

한편, WHO는 코로나19에 대한 중증도가 기존에 비해 급격히 달라지는 신종 변이의 이름을 그리스 알파벳을 차용(알파, 베타, 감마, 델타 등)해 붙이고 있다. 그러나 XBB.1.5는 기존 변이인 오미크론의 특성을 그대로 보유하고 있어 새로운 이름이 아닌 알파벳 코드로 지칭됐다.

오존층(Ozone Layer) ▼

"유엔환경계획(UNEP)·세계기상기구(WMO)·미국 항공우주국(NASA)·미국 국립해양대기국(NOAA)·유럽연합(EU)이 1월 9일 발표한 「2022 **오존층** 감소에 대한 과학적 평가」 보고서에 따르면 오존층이 극지방을 제외하고 전 세계적으로 2040년까지 1980년대 수준으로 회복된다. 다만 오존층 훼손 정도가 심한 북극과 남극은 각각 2045년, 2066년에야 완전히 회복될 것으로 전망된다. 보고서는 1980년대 오존층 파괴에 대한 경각심으로 체결된 몬트리올 의정서 발효 이래 오존층 파괴 물질의 생산을 크게 줄이고 꾸준히 개선하는 데 이바지했다고 평가했다."

성층권(지상 11~50km) 상층에 오존이 밀집해 있는 층으로, 태양의 자외선을 차단함으로써 지구 생명체를 보호하는 역할을 한다. 성층권 상층에는 오존이 90% 이상 존재하는데, 이는 특히 20~25km 지역에 많이 분포한다. 만약 오존층이 파괴되면 과도한 자외선이 지구 표면에 도달해 백내장과 피부암 등을 일으키는 것은 물론 농작물이나 해양의 식물 플랑크톤 성장을 방해한다. 오존층은 1970년대부터 고갈되기 시작했는데, 이는 과거 자동차 에어컨과 냉장고 냉매 등에 사용됐던 일명 「프레온가스(CFCs, 염화불화탄소)」에 의해 많이 파괴되는 것으로 지목됐다. 이에 유엔은 1987년 몬트리올 의정서를 채택해 프레온가스 사용 규제에 나섰다. 몬트리올 의정서는 96개 특정물질에 대한 감축 일정을 담고 있는데, 특히 프레온가스와 할론의 경우 선진국에 대해 각각 1996년과 1994년부터 사용을 금지한 데 이어 2010년에는 개도국에서도 사용할 수 없도록 했다. 우리나라도 1992년부터 오존층 보호법을 시행한 데 이어 2010년부터 프레온가스 사용을 전면 금지했다. 1989년 몬트리올 의정서 발효 이후 세계 각국의 CFCs 사용은 99% 감소한 것으로 나타났다.

인재양성전략회의(人材養成戰略會議) ▼

"반도체, 전기차 배터리 등 미래 핵심 산업 분야에 필요한 인재를 확보하기 위해 정부가 윤석열 대통령을 의장으로 한 **인재양성전략회의**를 출범시키고 2월 1일 첫 회의를 열었다. 정부는 이날 회의에서 ▷항공·우주 미래모빌리티 ▷바이오헬스 ▷첨단 부품·소재 ▷디지털 ▷환경·에너지를 인재 양성 5대 핵심 분야로 규정한 뒤 그 아래 차세대 반도체와 2차전지를 포함해 나노 테크놀로지, 사물인터넷, 양자 컴퓨팅, 블록체인 등 22개 신기술을 선정했다."

대통령을 의장으로 관계부처 장관 등 정부위원과 교육계·산업계·연구계 민간 전문가를 포함한 약 30명 규모로 구성된 민관협력 협의체이다. 이는 부처별로 흩어져 있던 관련 정책을 모아 범부처 협업을 추진하고, 부처 간 역할 분담과 조정을 수행하기 위해 구성됐다. 아울러 환경·에너지, 우주·항공 등 핵심 첨단분야 인재양성 방안을 논의하는 협의체로 지속 운영된다.

인천 강화 지진(2023) ▼

1월 9일 새벽 1시 28분쯤 인천 강화군 해역에서 발생한 규모 3.7의 지진으로, 국내에서 디지털 지진계 관측이 시작된 1999년 이후 인천과 인근 해역에서 발생한 지진 중 가장 큰 규모로 기록된 지진이다. 기상청에 따르면 이 지진은 인천 강화군 서쪽 25km 해역(북위 37.74, 동경 126.20)에서 발생했으며, 진원 깊이는 19km로 나타났다. 당초 이 지진은 지진파 중 속도가 상대적으로 빠른 P파를 토대로 한 자동분석 결과 규모 4.0으로 추정됐으나, 이후 추가분석을 거쳐 3.7로 조정됐다. 당초 지진 규모가 4.0으로 추정되면서 지진 관측 9초 후인 오전 1시 28분 28초 지진조기경보가 발표됐는데, 지진속보는 ▷내륙의 경우 규모 3.5 ▷바다는 규모 4.0 이상부터 5.0 미만까지 지진조기경보시스템에 의해 자동으로 발표된다. 한편, 강화 지진은 인천은 물론 서울·경기 등에서도 지진동이 느껴졌는데 강화 지진의 계기진도에 따른 최대진도는 인천 4, 경기 3, 서울 2 등으로 나타났다. 계기진도 4는 「실내에서 많은 사람이 흔들림을 느끼고, 밤이면 사람들이 잠에서 깨기도 하며, 그릇과 창문 등이 흔들리는 정도」다. 계기진도 3은 「실내 특히 건물 위층에 있는 사람은 현저히 흔들림을 느끼고 정지한 차가 약간 흔들리는 정도」를, 진도 2는 「조용한 상태나 건물 위층에 있는 소수의 사람만 느끼는 정도」를 가리킨다.

장사(葬事) ▼

"보건복지부가 1월 5일 화장(火葬) 후 골분을 산·강·바다 등에 뿌리는 산분장(散粉葬)을 제도화하는 등의 내용을 담은 「제3차 장사시설 수급 종합계획(2023~2027)」을 발표했다. 지난 2008년 수목장 같은 자연장은 법적으로 제도화됐으나, 선분장과 관련된 법은 마련되지 않으면서 법의 사각지대에 놓여 있었다. 한편, 복지부는 앞서 1·2차 종합계획을 통해 장사 방식을 매장에서 화장으로 전환·정착하고 화장시설 등을 확충해왔다."

죽은 사람을 땅에 묻거나 화장하는 일을 말하며, 이러한 장사를 지내는 예식을 장례라고 한다. 장사의 방법에는 매장, 화장, 자연장 등이 있다. ▷매장(埋葬)은 시신이나 유골을 땅에 묻어 장사하는 것을 ▷화장(火葬)은 시신이나 유골을 불에 태워 장사하는 것을 ▷자연장(自然葬)은 화장한 유골의 골분(骨粉)을 수목·화초·잔디 등의 밑이나 주변에 묻어 장사하는 것을 말한다. 그리고 개장(改葬)이란 매장한 시신이나 유골을 다른 분묘 또는 봉안시설에 옮기거나 화장 또는 자연장하는 것을 말한다.

재난적 의료비 지출(災難的 醫療費 支出) ▼

"보건복지부가 더 많은 사람이 지원 받을 수 있도록 의료비 과부담 기준을 낮추고 재산 기준은 올리는 내용의 「재난적 의료비 지원을 위한 기준 등에 관한 고시」 일부개정안을 1월 1일부터 시행한다고 밝혔다. 지원 대상은 기준 중위소득 100% 이하(올해 4인가구 기준 540만 원)이면서 재산·의료비 기준을 충족하는 사람이다. 가구의 의료비 과부담 기준은 연소득 대비 15% 초과에서 10% 초과로 낮췄으며, 지원대상자 선정 재산기준도 공시지가 상승 등을 반영해 과세표준액 합계 5억 4000만 원 이하에서 7억 원 이하로 완화했다."

가구의 소득이나 지출에서 일정 수준을 넘는 의료비 지출로, 일반적으로 의료비 지출이 전체 가계지출(생활비)의 10~40%를 넘는 경우를 가리킨다. 재난적 의료비는 가계소득에서 식료품비 같은 필수적 소비요소를 제외시키느냐 등의 생활비 설정 범위에 따라 크게 달라질 수 있다. 세계보건기구(WHO)에서는 가처분소득(소득 중 소비나 저축으로 사용할 수 있는 돈)에서 의료비 지출이 차지하는 비중이 40%를 초과하는 경우를, 보건복지부에서는 가구의 경상소득 대비 의료비 비중이 10% 이상인 경우를 재난적 의료비 지출로 보고 있다. 재난적 의료비 지출은 소득 수준이 낮은 나라일수록, 본인부담률이 높을수록 저소득층의 지출 부담이 큰 것으로 알려져 있다. 우리나라에서는 과도한 의료비로 경제적 부담을 겪는 가구에 의료비를 지원하는 「재난적 의료비 지원사업」을 시행하고 있다. 이는 의료기관 등에서 입원 진료를 받는 경우(모든 질환 적용)와 중증질환(암, 뇌혈관질환, 심장질환, 희귀질환, 중증난 치질환, 중증화상질환)으로 의료기관 등에서 외래 진료를 받은 경우가 해당된다. 기초생활수급자, 차상위계층, 기준 중위소득 100% 이하인 경우에 지원되는데 지원요건이 미충족됐더라도 지원이 필요한 경우에는 개별 심사를 통해 지원이 이뤄진다. 신청은 국민건강보험공단에 방문해 이뤄지며, 대상으로 선정되면 연간 2000만 원 범위 내에서 비급여 포함 본인부담 의료비의 50%를 지원받을 수 있다.

전국장애인차별철폐연대(전장연) ▼

"서울교통공사가 이동권 보장을 요구하며 지하철 승하차 시위를 벌여온 **전국장애인차별철폐연대(전장연)**에 6억 145만 원 규모의 손해배상소송을 제기했다고 1월 10일 밝혔다. 이번 소송은 오세훈 서울시장의 무관용 원칙에 따른 것으로, 공사는 2021년 12월 3일부터 지난해 12월 15일 약 1년간 전장연이 총 75차례 진행한 지하철 내 불법 시위로 열차 운행 지연 등의 피해를 봤다고 주장하고 있다."

2007년에 설립된 장애인 인권 단체로, 1980년대 말부터 장애인 차별 및 배제 극복을 위한 활동을 진행하고 있다. 전장연은 「차별에 저항하라」를 구호로 사용하며, ▷기획투쟁사업 ▷조직사업 ▷정책사업 ▷인권교육사업 ▷문화사업 ▷연대사업 등의 다양한 활동을 전개하고 있다. 특히 2021년 12월부터 장애인 이동권 보장 및 장애인 권리예산 반영을 요구하며 출근길 지하철 등에서 시위를 진행하면서 널리 알려졌다. 시위는 휠체어를 타고 지하철 문을 지나다니며 운행을 지연시키는 방식으로 이뤄지고 있는데, 2021년 12월 3일 5호선 여의도역에서 처음 시작해 지난해 1월 대구에서 진행한 시위를 제외하면 모두 수도권 지하철에서 진행됐다. 그러나 지하철 운영 지연으로 출퇴근이 늦어지는 시민들의 불만이 속출하면서 논란이 일었고, 이준석 국민의힘 당대표가 한때 전장연 시위에 대한 강도 높은 비난을 이어가면서 정치권 공방으로 확산되기도 했다. 하지만 장애인 이동권을 위한 예산을 삭감하는 등 관련 기관들이 약속을 지키지 않았고, 휠체어 리프트·저상버스 등 장애인들의 교통수단 이용을 위한 시설들이 제대로 구비되지 않은 상황에서 이들의 시위를 비난해서는 안 된다는 입장도 팽팽하다.

치유농업(治癒農業) ▼

"농촌진흥청이 1월 11일 발표한 2023년도 업무계획에 **치유농업** 활성화가 정책 목표로 포함됐다. 농진청은 우선 학교폭력 치유에 치유농업을 활용할 예정으로, 이는 교육부와 연계해 올해 시범사업으로 「수요자 맞춤형 치유농장 모델 조성사업」을 추진하는 방식으로 이뤄진다. 또 치유농업의 체계적인 확산을 위해 광역 단위의 거점기관인 치유농업센터를 기존 8곳에서 2곳 더 조성하는 사업 역시 올해 농진청 업무계획에 포함됐다."

국민의 건강 회복 및 유지·증진을 도모하기 위해 이용되는 다양한 농업·농촌자원의 활용과 이와 관련한 활동을 통해 사회적 또는 경제적 부가가치를 창출하는 산업을 말한다. 유럽에서는 1960년대부터 치유농장이 만들어졌지만 국내에서는 농촌진흥청이 2013년 치유농업이라는 개념을 정립했으며, 2021년 3월 「치유농업 연구개발 육성법(치유농업법)」이 시행된 바 있다. 그리고 이 법에 따라 치유농업 프로그램 개발 및 실행 등 전문적인 업무를 수행하는 치유농업사 자격시험도 시행되고 있다.

힐즈버러 참사(Hillsborough Disaster) ▼

"영국 경찰청장협의회(NPCC)와 경찰대학이 1월 31일 공동성명과 영상을 통해 지난 1989년 영국 출구 경기장에서 97명이 압사한 **힐즈버러 참사**에 대해 「경찰의 실패가 비극의 주요 원인」이라며 공식 사과했다. 이 사건은 진상을 밝히기 위한 유족들의 끈질긴 노력으로 사건 발생 23년 만인 지난 2012년 조사에서 경찰의 잘못이 확인된 바 있는데, 그로부터 11년 만에 공식 사과가 이뤄진 것이다."

1989년 4월 15일 당시 리버풀과 노팅엄 포레스트의 잉글랜드축구협회(FA)컵 준결승이 열린 셰필드 힐즈버러 스타디움에서 발생한 압사 사고를 말한다. 당시 이 경기에 수많은 관중이 몰려들면서 경기장의 수용 인원을 넘어서는 축구팬들이 입장했고, 이에 철제 보호철망과 인파 사이에 낀 리버풀 팬 96명이 사망하고 766여 명의 부상자가 발생했다. 사고 이후 경찰은 술에 취한 리버풀 팬 5000명이 경기장에 난입해 벌어진 사고라고 규정했으나, 유족들은 이 결과를 받아들이지 않았다. 이에 사건의 진상 규명을 위한 조사위원회가 구성됐고 1990년 첫 사고 보고서가 나왔는데, 이 보고서는 술에 취한 리버풀 팬들의 과격한 행동이 사고의 가장 큰 원인이라는 결론을 내렸다. 이에 유족들이 강력 반발하면서 1997년 재조사가 시작됐으나 곧 흐지부지됐고, 이에 2009년 12월 독립적인 조사위원회가 다시 구성됐다. 이후 2년 9개월에 걸친 대대적인 조사가 이뤄지면서 경찰이 문제였다는 결론이 나오기 시작했고, 2012년에는 법원이 해당 사건에 대한 재심을 결정했다. 그리고 데이비드 캐머런 당시 총리는 사건 발생 당시 팬들을 비난하며 책임을 회피했던 영국 정부의 잘못을 국민 앞에 공식 사과하기도 했다. 이후 지리한 법적 공방을 거쳐 2016년 4월 열린 재판에서 배심원단은 경찰 과실 때문에 무고한 관중들이 사망에 이르게 됐다고 평결했다.

△ 힐즈버러 참사 희생자들을 위한 추모석
(출처: 위키피디아, CC BY-SA 3.0)

④ 문화·스포츠

GOAT(Greatest of All Time) ▼

Greatest of All Time의 약자로, 한 분야에서의 최고의 인물을 지칭하는 말이다. 이는 예술·과학·기술 등 모든 분야에서 사용 가능하지만 주로 기록을 수치로 남기는 스포츠에서 많이 쓰이고 있다. 이는 염소(Goat)를 뜻하는 영어와 철자가 같아 영어권에서는 이를 이용하는 언어유희가 많이 사용되며, 실제로 GOAT를 이를 때 염소를 등장시키는 경우도 많다. 특히 지난해 12월 막을 내린 2022년 카타르 월드컵에서 리오넬 메시가 속한 아르헨티나가 우승하면서 메시와 크리스티아누 호날두(포르투갈)를 둘러싼 GOAT 논쟁이 마무리됐다는 평가가 나오기도 했다.

문경 관음리 망댕이 가마 및 부속시설 ▼

"문화재청이 1863년 지어진 전통 칸가마인 「문경 관음리 망댕이 가마 및 부속시설」을 1월 26일 국가민속문화재로 지정 예고했다. 문화재청에 따르면 가마의 축조자부터 가계 후손들이 8대에 걸쳐 문경지역 사기 제작의 계보를 이어 전통 도예가문의 명맥을 유지했다는 점에서 역사적 가치가 높다. 이에 따라 문화재청은 30일 동안 가계 의견을 수렴한 뒤 문화재위원회 심의를 거쳐 국가민속문화재 지정을 최종 결정한다."

1863년에 지어진 우리나라의 전통 칸가마로, 칸가마는 내부가 여러 개로 나뉜 봉우리 모양의 가마를 말한다. 이는 칸마다 아래쪽에 구멍이 뚫려 있어 불기운이 가마 전체로 퍼지는 것이 특징이다. 문경 가마는 밑이 좁은 무 모양의 점토 덩어리인 망댕이로 천장부를 아치형으로 쌓아서 만들었으며, 원형이 잘 보존돼 있어 조선 후기 요업사 연구에 있어 중요한 유적이다. 또한 가마뿐만 아니라 ▷기물의 성형과 건조 작업실 ▷원료 분쇄를

△ 문경 관음리 망댕이 가마 및 부속시설 전경(출처: 문화재청)

위한 디딜방아 ▷모래흙을 정제하기 위한 수비시설 ▷곡식을 찧는 연자방아 ▷도공이 생활했던 민가 등 각종 부속시설이 민속 연구 자료로서의 가치가 있다고 평가 받는다.

브레이킹(Breaking) ▼

1970년대 미국 뉴욕에서 시작된 스트릿 댄스의 일종으로, 힙합 음악의 브레이크 비트에 맞춰 역동적인 동작을 선보이는 춤 기술이다. 한국에서는 비보잉(B-boying) 혹은 브레이크 댄스(Break dance)라고도 부른다. 브레이킹은 크게 ▷톱록(toprock) ▷다운록(downrock) ▷파워 무브(power moves) ▷프리즈(freezes) 등 4개 동작으로 나뉜다. 톱록은 서서 추는 춤으로 가장 먼저 하는 동작이고, 다운록은 바닥에 손을 대고 스텝을 밟는다. 파워 무브는 어깨와 등을 이용해 다리를 풍차처럼 돌리는 윈드밀과 머리를 바닥에 대고 도는 헤드스핀 등의 화려한 동작을 가리키며, 프리즈는 물구나무 같은 자세로 동작을 멈추는 것을 뜻한다.

한편, 브레이킹은 2024년 개최될 파리올림픽에서 사상 첫 정식 종목으로 채택됐는데, 남녀부 각각 1개의 금메달이 걸려 있다. 올림픽의 경우에는 5명의 심사 위원이 6개 항목(창의성, 개성, 기술, 다양성, 공연성, 음악성)을 평가해 승부를 가리며, 다른 선수의 동작을 그대로 모방하거나 같은 동작을 반복하면 감점을 받게 된다.

빈 소년합창단(The Vienna Boys Choir) ▼

"525년 전통의 오스트리아 **빈 소년합창단**이 코로나19 팬데믹 이후 3년 만에 방한했다. 이번에 방한한 빈 소년합창단은 1월 27일 서울 관악아트홀을 시작으로 6개 도시에서 8회 공연을 하는 일정을 진행했다."

1498년 오스트리아 합스부르크 왕가의 막시밀리안 1세 황제에 의해 설립된 궁정 소년 성가대이다. 하이든(1732~1809)과 슈베르트(1797~1828)도 빈 소년합창 단원이었고, 모차르트(1756~1791)는 지휘자, 베토벤(1770~1827)은 피아노 반주자로 활약했다. 빈 소년합창단은 제1차 세계대전 이후 합스부르크 왕가가 붕괴되면서 민영체제로 전환됐으나 1924년 재건됐다. 합창단은 10세 무렵부터 변성기 전까지의 소년 약 100명을 뽑아 특별훈련을 실시해 구성하는데, 100여 명의 단원들을 21~25명으로 구성한 4개 팀(모차르트, 슈베르트, 하이든, 브루크너)으로 나뉜다. 이 중 1개 팀은 국내에 남아서 예배나 연주회에 출연하고, 나머지 3개 팀은 해외 활동에 임하면서 연간 300회의 공연을 소화한다.

한편, 빈 소년합창단은 1978년에 처음 내한했으며 세종문화회관 개관기념 초청공연을 가진 이래 꾸준히 내한 공연을 갖고 있다. 2010년에는 조윤상이 한국인으로는 처음으로 빈 소년합창단원이 됐으며, 2012년 9월에는 김보미(빈국립음대 박사 과정) 씨가 최초의 아시아인이자 여성 지휘자로 취임한 바 있다.

△ 빈 소년합창단(출처: 위키피디아/CC BY 3.0)

사도광산(佐渡金山) ▼

"일본 정부가 1월 19일 일제강점기 조선인 강제징용 현장인 니가타현의 **사도광산**을 유네스코 세계유산으로 등재하기 위한 신청서를 유네스코 세계유산사무국에 다시 제출했다. 앞서 2022년 2월 일본 정부는 사도광산의 세계문화유산 등재 대상 기간을 센고쿠시대(1467~1590년) 말부터 에도시대(1603~1867년)로 한정, 조선인 강제노역이 이뤄졌던 일제강점기(1939~1942년)를 제외하고 신청서를 제출했다. 하지만 유네스코는 해당 추천서에 미비점이 있다고 판단해 서류 심사 작업을 진행하지 않았던 바 있다."

1610년 금맥이 발견된 이후 1989년까지 운영된 일본에서 가장 오래된 광산으로, 일본 니카타현 사도가섬에 위치하고 있다. 에도시대(1603~1867년) 도쿠가와 막부의 관리하에 본격적으로 개발돼 일본 최대 금·은 생산지로서 도쿠가와 막부의 금고 역할을 했고, 태평양전쟁이 본격화되자 구리·철·아연 등 전쟁 물자를 채굴하고 조달하는 광산으로 활용됐다. 그러다 1989년 광산 고갈로 인해 채굴이 중단됐고, 현재는 일부를 박물관으로 만들어 관광지로 활용하고 있다. 그러나 사도광산은 태평양전쟁 때 전쟁물자 확보를 위한 광산으로 이용되며 이 시기 조선인 노동자를 강제동원한 곳이라는 점에서, 세계유산 등재 추진을 둘러싸고 우리나라와 큰 외교적 갈등이 일어난 바 있다.

소싸움

두 마리의 황소가 맞붙어 승부를 겨루는 민속놀이로, 먼저 도망가거나 넘어지는 쪽이 패하는 놀이다. 소를 중요한 생산수단으로 여겼던 전통사회에서 소싸움은 어디서나 흔하게 행해졌지만 특히 남부지방에서 연례 민속행사로 활발히 이뤄졌다. 또한 소싸움은 서로 다른 마을을 대표하는 소가 주인과 더불어 주인이 속해있는 공동체를 대리해서 싸우기 때문에 마을을 단합시키고 농경 공동체를 지탱하는 역할을 해왔다.

한편, 지난해 12월 전북 정읍시의회가 소싸움대회 개최를 명목으로 올해 시 예산안에 2억 8500여 만 원을 편성하면서 대회 존폐를 둘러싼 찬반 논란이 일고 있다. 소싸움을 찬성하는 측에서는 민족 계승을 위해 중요한 전통이라는 입장이지만, 반대하는 측에서는 소싸움은 동물학대에 불과하며 사행성 게임으로 전락해 그 가치를 잃었다고 주장한다.

슈퍼스타 한식당

"농림축산식품부와 한식진흥원이 미국 뉴욕과 프랑스 파리, 일본 도쿄에 들어선 한식당 8곳을 정부 지정 「슈퍼스타 한식당」으로 선정해 1월 25일 발표했다. 앞서 농림축산식품부는 지정 대상 도시로 해외 한식당 분포, 한식 인지도, 대륙별 안배 등을 고려해 뉴욕, 파리, 도쿄 세 곳을 정하고 1년 동안 우수 한식당 신청 접수를 받은 바 있다. 그리고 이후 총괄 심의를 거쳐 뉴욕 3곳, 파리 3곳, 도쿄 2곳을 각각 선정했다."

농림축산식품부가 2020년 8월 시행된 「한식진흥법」에 따라 한식의 품질 향상 및 소비자 보호를 위해 추진하는 해외 우수 한식당 지정 사업이다. 농림축산식품부는 이를 위해 음식의 품질과 서비스, 한식 확산 기여도뿐만 아니라 위생과 식재료 보관 및 관리 등 21개 항목에 대해 3차에 걸쳐 종합적으로 평가하며, 서류 및 현장 심사와 총괄심의를 거쳐 슈퍼스타 한식당을 최종 선정한다. 그리고 최종 선정된 한식당들에 대해 한식 확산에 기여한 공로를 인정해 지정서 및 지정패를 수여, 2000만 원 상당의 국산 식재료와 식기류 구매비를 지원한다. 농식품부는 이번에 선정된 3개 해외 도시에서 우수 한식당 지정 사업의 효과성 등을 평가한 뒤 대상 도시를 확대한다는 계획이다.

한식진흥법 한식 및 한식산업의 진흥과 발전에 필요한 사항을 정해 한식산업의 경쟁력을 강화하기 위해 제정된 법이다. 이 법에서 「한식(韓食)」이란 우리나라에서 사용돼 온 식재료 또는 그와 유사한 식재료를 사용해 우리나라 고유의 조리방법 또는 그와 유사한 조리방법을 이용해 만들어진 음식과 그 음식과 관련된 유형·무형의 자원·활동 및 음식문화를 말한다.

젠더플루이드 패션(Genderfluid Fashion)

남성과 여성을 뛰어넘어 양성을 자유롭게 오가는 것으로, 성적 정체성을 고집하지 않고 유동적으로 다른 성(性)의 디자인을 활용하는 패션을 말한다. 젠더플루이드는 2016년 신조어로 등장했는데, 2020년 들어서면서 본격적으로 패션에 적용됐다. 이전까지 중성적 디자인을 채택한 유니

섹스 패션이 트렌드를 주도했다면 앞으로는 남성과 여성을 구분하는 고정관념을 깨뜨리는 젠더플루이드가 트렌드가 될 것이라는 분석이 높다.

충북청주 FC ▼

"청주를 연고로 하는 **충북청주 FC**가 1월 3일 청주 예술의 전당 대공연장에서 열린 창단식에서 공식 엠블럼과 선수단을 공개했다. 앞서 K3(세미프로)에서 경기를 뛰어왔던 충북청주는 2022년 7월 프로축구연맹으로부터 리그 참가 승인을 받았다. 이로써 충북청주 FC는 2023시즌부터 K리그 2(2부)에 출전한다."

K리그 24번째 팀으로 승인된 충북 청주시 최초의 프로축구단이다. 부산 아이파크와 제주유나이티드 등에서 지휘봉을 잡았던 최윤겸 감독이 초대 사령탑에 올랐으며, 선수는 외국인 선수 2명을 포함해 총 29명이다. 이들의 홈구장은 1만 6천여 석 규모의 청주종합경기장으로, 리그 경기에 한해 연간 홈에서 18경기, 원정에서 18경기 등 총 36경기를 치를 예정이다. 구단의 상징물은 백사자이며, 슬로건은 「푸른 질주, 붉은 열정 This is Our Time」이다. 특히 구단의 공식 엠블럼에 있는 사자의 갈기는 충청북도의 지형을 따서 디자인했으며, 머리 부분의 장식은 충북의 도화이자 청주의 시화인 백목련을 형상화하는 등 충북의 특색을 반영했다.

캔슬 컬처(Cancel Culture) ▼

자신의 생각과 다른 사람들에 대한 팔로우를 취소(Cancel)한다는 뜻으로, 특히 유명인이나 공적 지위에 있는 사람이 논쟁이 될 만한 행동이나 발언을 했을 때 SNS 등에서 해당 인물에 대한 팔로우를 취소하고 보이콧하는 온라인 문화 현상을 가리킨다. 「콜아웃 컬처(Callout Culture)」「아웃레이지 컬처(Outrage Culture)」라고도 불린다. 캔슬 컬처는 본래 인종이나 젠더 등 소수자들을 차별하거나 혐오하는 발언·행동을 저지른 이들의 문제를 지적하기 위해 「당신은 삭제됐어(You're Canceled)」 등의 메시지와 함께 해시태그(#)를 다는 운동에서 시작됐다. 이후 2019년에는 호주 맥쿼리 사전에 올해의 단어로 선정될 정도로 영미권에서는 보편화된 신조어로 자리잡게 됐다. 이러한 캔슬 컬처에 대해서는 정치적 올바름(PC·political correctness) 추구 등 사회 정의를 위한 올바른 비판이라는 의견과, 자유토론과 의견 교환을 막는 등 표현의 자유를 억압하는 행위라는 의견이 맞서고 있다.

퀴어베이팅(Queerbaiting) ▼

성소수자를 뜻하는 「퀴어(Queer)」와 미끼를 뜻하는 「베이팅(Baiting)」의 합성어로, 말 그대로 「퀴어를 낚는다」는 뜻이다. 이는 미디어에서 퀴어를 표현하는 듯한 행위를 내비치며 퀴어 시청자들의 관심을 끌지만, 실제로는 퀴어 재현이나 서사를 보여주지 않는 것을 말한다. 이처럼 퀴어베이팅은 퀴어를 재현하지 않음으로써 일반 대중의 불편함이나 성소수자 혐오 세력들의 비난을 피하는 방식이자 마케팅 기법을 뜻하는 말로 사용된다. 예컨대 미디어의 퀴어베이팅은 성소수자 시청자들의 관심을 끌기 위해 성소수자 관계나 등장인물을 암시하지만, 결국에는 등장인물의 행동을 이성애로 바꾸거나 장난이었다는 식으로 마무리한다. 이러한 퀴어베이팅에 대해서는 성소수자 차별에 반대하는 사람들을 소외시키지 않으려는 노력이라는 평가가 있는 반면, 성소수자 캐릭터를 홍보용으로 이용해 관심과 주목도만을 가져가려는 상술적인 행위라는 비판 등으로 나뉜다. 한편, 퀴어는 초기에는 동성애자를 비하하거나 경멸할 때 사용되던 말이었으나, 1980년대 성소수자 인권운동이 전개됨에 따라 그 부정적 의미는 사라지고 현재는 성소수자를 포괄하는 단어로 사용되고 있다. 최근 성소수자는 LGBT라는 용어로 더 많이 사용되는데, 이는 레즈비언(Lesbian)·게이(Gay)·양성애자(Bisexual)·트랜스젠더(Transgender)의 앞 글자를 딴 것이다.

⑤ 일반과학·첨단과학

디지털 치료제(Digital Therapeutics) ▼

"식품의약품안전처가 2월 15일 에임메드가 개발한 불면증 치료 소프트웨어 솜즈(Somzz)를 국내 첫 **디지털 치료기기(DTx)**로 허가했다고 밝혔다. 디지털 솜즈는 불면증 인지행동 치료법을 모바일 앱으로 구현한 소프트웨어 의료기기로, 식약처가 디지털 치료기기로 허가한 첫 제품이 됐다."

애플리케이션(앱)·가상현실(VR)·인공지능 등 고품질 소프트웨어 프로그램을 기반으로 질병을 예방·관리·치료하는 것을 말한다. 디지털 치료제는 ▷질병을 치료하거나 예방하려는 목적이 있어야 하고 ▷실제로 치료에 도움이 된다는 근거가 확실해야 한다는 등의 요건이 필요하다. 이는 기술을 환자의 건강 증진을 위한 서비스 제공에 이용한다는 「디지털 헬스케어」보다 더 확장되고 전문적인 개념이다. 디지털 치료제는 1세대 합성의약품, 2세대 바이오의약품에 이은 3세대 치료제로 분류되고 있다. 이는 환자의 치료를 위해 독립적으로 사용하거나 의약품·의료기기·기타 치료법들과 병행해서도 사용이 가능하다. 디지털 치료제 역시 다른 치료제들처럼 임상시험을 통해 효과를 확인하고, 규제기관의 인허가를 거쳐 의사의 처방으로 환자에게 제공되는 절차를 거친다.

딥페이크(Deepfakes) ▼

"미국 월스트리트저널(WSJ)이 1월 8일 중국 국가사이버정보판공실(CAC)이 10일부터 「인터넷 정보 서비스 딥 합성 관리 규정」을 시행한다고 보도했다. 이는 인공지능(AI) 기술을 이용해 인물 사진이나 영상, 오디오를 합성하는 **딥페이크** 기술로 허위 정보를 퍼뜨리거나 범죄 등에 이용하는 것을 막겠다는 취지다."

인공지능(AI) 기술을 활용해 특정 인물의 얼굴, 신체 등을 원하는 영상에 합성한 편집물을 말한다. 이는 미국에서 딥페이크라는 누리꾼이 미국 온라인 커뮤니티 레딧에 할리우드 배우의 얼굴과 포르노를 합성한 편집물을 올리면서 시작됐다. 이후 연예인, 정치인 등 유명인은 물론 일반인까지 딥페이크 대상이 되면서 사회적 문제로 부상했다. 딥페이크는 온라인에 공개된 무료 소스코드와 머신러닝 알고리즘으로 손쉽게 제작이 가능한데, 그 진위 여부를 가리기 어려울 만큼 정교하다. 그런데 피해자의 신고가 없으면 단속이 어렵고, 주로 트위터·텀블러 등의 SNS를 통해 제작을 의뢰하고 합성물을 받기 때문에 계정을 폐쇄할 경우 단속을 피할 수 있어 처벌이 어렵다는 문제가 있다.

라자루스(Lazarus) ▼

"2월 3일 복수의 정부 소식통에 따르면 미국이 지난해 북한과 연계된 해커 조직들을 집중 추적·조사해 북한이 해킹 등으로 탈취한 가상자산의 절반 이상인 1조여 원을 회수한 것으로 알려졌다. 조 바이든 미 행정부는 북한과 연계된 해커 조직 가운데 **라자루스**를 핵심으로 지목하고 10곳 이상의 해커 조직을 집중 감시·제재 대상에 올린 것으로 전해졌다."

남한과 미국 등 금융기관을 주공격 대상으로 삼는 사이버 해킹 그룹으로, 북한 정찰총국과 연계된 것으로 추정된다. 라자루스는 소니픽처스 해킹, 방글라데시 현금 탈취 사건, 워너크라이 랜섬웨어 사건 등의 주요 배후로 거론돼 왔다. 특히 지난 2014년 북한 김정은 노동당 위원장의 암살을 다룬 영화 〈인터뷰〉의 제작사 소니픽처스를 해킹했다는 혐의를 받으면서 그 이름이 알려졌다. 또 2016년 방글라데시 중앙은행에서 발생한 8100만 달러(약 1005억 원) 탈취사건도 라자루스의 소행으로 알려져 있다. 한편, 미국 민간보안업체 파이어아이(FireEye)가 지난 2018년 2월 발표한 자료에 따르면 라자루스 하부에는 미로·침묵·별똥·물수제비 등 4개의 천리마 조직이 있으며 이 조직들은 사이버해킹을 통해 정보 수집, 네트워크 파괴, 금융 탈취 등을 하는 것으로 추정되고 있다.

➕ **정찰총국(偵察總局)** 북한 인민무력부 산하에 설치된 대남·해외 공작업무 총괄 지휘기구이다. 중국 헤이룽장, 산둥, 푸젠, 랴오닝성과 베이징 인근 지역에 대남 사이버전 수행을 위한 거점을 설치·운영하고 있는 것으로 알려져 있다.

마이크로 OLED ▼

기존 OLED를 확장현실 기기 특성에 맞춘 디스플레이로, 1인치 안팎의 작은 크기에 초고해상도를 구현한 것이다. 실리콘 웨이퍼 위에 적색·청색·녹색(RGB) 유기물을 증착해서 만든 것으로, 반도체 공정 기술을 활용하기 때문에 작은 패널 위에 더 많은 화소(픽셀)를 구현하는 것이 특징이다. 일반 디스플레이 해상도가 수백 PPI(화소밀도)에 그치는 반면 마이크로 OLED는 수천 PPI를 갖출 수 있는데, 이는 작은 크기에도 초고해상도를 지원한다는 의미다. 일반 OLED의 경우 눈을 가까이 대면 픽셀과 픽셀 사이의 회로가 마치 모기장의 검은 줄처럼 보이는데 이를 없애려면 마이크로 OLED가 필요하다. 한편, 확장현실은 가상현실(VR)과 증강현실(AR)을 아우르는 혼합현실(MR) 기술을 망라하는 용어이다.

> ⊕ **가상현실(VR·Virtual Reality)** 컴퓨터로 만들어 놓은 가상의 세계에서 사람이 실제와 같은 체험을 할 수 있도록 한 최첨단 기술을 말한다. 이는 머리에 장착하는 디스플레이 디바이스인 HMD를 활용해 체험할 수 있다.
>
> **증강현실(AR·Augmented Reality)** 사용자의 현실 세계에 3차원 가상물체를 겹쳐 보여주는 기술로, 2000년대 중반 이후 스마트폰이 등장하고 활성화되면서 주목받기 시작했다.

믹스버스(Mixverse) ▼

가상의 세계관(Universe)과 현실을 섞는다(Mix)는 의미로, 가상의 세계관 콘셉트를 현실에 구현한 것이다. 현실세계와 같은 사회·경제·문화 활동이 이뤄지는 3차원 가상세계를 일컫는 메타버스(Metaverse)도 믹스버스의 일환이다. 믹스버스는 가상의 세계관을 실제로 경험할 수 있다는 점에서 마케팅 방식으로도 주목받고 있다. 믹스버스 마케팅은 최신 트렌드와 이색적인 경험을 중시하는 MZ세대들을 타깃으로 하는데, 대표적으로 유튜브 크리에이터의 콘텐츠 속에 등장하는 소품 등을 오프라인에서 판매하는 것을 들 수 있다. 또 ▷광고 속에서 제시한 미션을 오프라인 팝업 스토어에서 직접 참여하며 해결하는 것 ▷가상 세계의 콘셉트를 반영한 제품이나 음원을 출시하는 것 ▷부캐(부캐릭터)를 활용해 라이브 방송을 하는 것 등도 믹스버스 마케팅에 해당된다.

> ⊕ **메타버스(Metaverse)** 가상, 초월 등을 뜻하는 영단어 「메타(Meta)」와 우주를 뜻하는 「유니버스(Universe)」의 합성어로, 현실세계와 같은 사회·경제·문화 활동이 이뤄지는 3차원의 가상세계를 가리킨다. 메타버스는 가상현실보다 한 단계 더 진화한 개념으로, 단지 아바타를 활용해 게임이나 가상현실을 즐기는 데 그치지 않고 실제 현실과 같은 사회·문화적 활동을 할 수 있다는 특징이 있다.

북극증폭(Arctic Amplification) ▼

"1월 24일 서울의 기온이 영하 16.7도를 기록한 데 이어 25일에는 영하 18도까지 떨어지는 기록적인 한파를 나타냈다. 이와 같은 기온 급락은 북극 5km 상공에 머무는 영하 40도 이하의 찬 공기가 북서풍을 타고 우리나라까지 내려왔기 때문이다. 이는 찬 공기가 중위도 아래로 내려가는 것을 막는 역할을 하는 제트기류가 약해짐에 따른 것으로, 제트기류의 약화는 북극 온난화에 따른 것이다."

북극이 전 지구 평균의 두 배 이상 속도로 온난화가 진행되는 등 북극 지역의 온난화가 타지역보다 유독 빠르게 진행되는 현상을 말한다. 이는 북극 지역의 열 균형에 매우 중요한 역할을 하는 해빙이 지구온난화로 급격히 녹는 것이 주원인이다. 해빙이 녹으면서 바다가 드러나면 빙하로 뒤덮여 있을 때보다 더 많은 태양열을 흡수하고, 이로 인해 기온이 가파르게 상승하면 북극의 찬 공기를 감싸고 있는 제트기류(Jet Stream)가 약해진다. 이 제트기류가 약해지면 북극의 찬 공기가 중위도 아래로 내려가면서 우리나라의 겨울철 한파에 영향을 미치게 된다. 제트기류는 중위도 지방의 대류권계면에서 시속 200~300km (최대 500km)로 부는 아주 빠른 속도의 바람으로, 적도지방에서 극지방으로 공기가 강하게 흐르면서 발생한다.

> ✚ **지구온난화** 지구의 온도가 상승하는 현상으로, 온실가스에 의한 온실효과(Green House Effect)가 그 원인으로 지적된다. 온실효과를 일으키는 온실가스에는 이산화탄소(CO_2), 메탄(CH_4), 아산화질소(N_2O), 하이드로플로로 카본, 파플로로 카본, 6불화유황 등이 있는데 특히 이산화탄소가 주원인으로 꼽힌다.

블랙아이스(Black Ice) ▼

기온이 갑작스럽게 내려갈 경우 도로 위에 녹았던 눈이 다시 얇은 빙판으로 얼어붙는 도로 결빙 현상을 말한다. 즉, 낮 동안 내린 눈이나 비가 아스팔트 도로의 틈새에 스며들었다가 밤 사이에 도로의 기름·먼지 등과 섞여 도로 위에 얇게 얼어붙은 것이다. 얼음이 워낙 얇고 투명하므로 도로의 검은 아스팔트 색이 그대로 비쳐 보여서, 검은색 얼음이란 뜻의 「블랙아이스」라는 명칭이 붙었다. 주로 겨울철 아침 시간대에 터널 출입구나 다리 위의 도로에서 자주 발견되며, 눈비가 내리지 않더라도 다리 위나 호숫가 주변의 도로나 그늘이 져 있는 커브길 등 기온차가 큰 곳에서 생기기 쉽다. 특히 제설 작업을 위해 도로 위에 뿌린 염화칼슘이 눈과 결합하게 되면 도로 위에 남아있던 수분이 도로 표면을 더욱 미끄럽게 하기 때문에 블랙아이스 현상이 잦아진다. 블랙아이스는 도로 주행 시 눈에 잘 띄지 않고 단순히 도로가 조금 젖은 것으로 생각하기 쉽기 때문에 운전자의 각별한 주의가 필요하다. 따라서 겨울철에 블랙아이스가 생기기 쉬운 도로에서 운전할 때는 평소보다 절반 가량 속도를 줄이는 것이 좋으며, 운전 중 블랙아이스를 발견하면 먼저 차량의 속도를 낮추고 앞차와의 거리를 충분히 유지해야 한다. 아울러 블랙아이스 구간은 가능한 한 브레이크나 핸들을 조작하지 않고 지나가는 것이 안전하다.

수리할 권리(Right to Repair) ▼

소비자가 스스로 제품을 수리하거나 개조할 수 있는 권리이다. 일부 전자기기 제조업체가 제품을 정식 서비스센터에서만 수리하도록 하는 등 수리할 권리를 제한하는 폐쇄적인 정책을 유지하면서 문제가 되자, 각국에서 이 권리를 보장하기 위한 법제화 논의가 이뤄지고 있다. 수리할 권리를 제한하는 대표적인 사례로 꼽히는 애플은 소비자가 정식 서비스센터가 아닌 사설업체를 이용했거나 직접 수리한 경우 보증 대상에서 제외하는 방식으로 불이익을 부여해 왔다. 그러나 미국 정부가 수리할 권리를 보장하기 위해 수리 제한 관행을 제재하기로 하자 2022년부터 아이폰12와 아이폰13, M1칩을 탑재한 맥북 컴퓨터에 대해 고객이 스스로 수리할 수 있는 셀프 수리 서비스 제도를 시행했다. 이처럼 미국 바이든 행정부는 2021년 행정명령을 통해 소비자의 자체 수리 권한을 보장하도록 했고, 영국 역시 2021년 이와 유사한 법을 제정했다. 또 유럽연합은 2020년 신순환경제 실행계획을 발표하면서 5개 제품군에 대해 수리할 권리를 보장하도록 한 바 있다.

> ✚ **아이폰(iPhone)** 애플사에서 개발한 스마트폰으로, iOS라는 자체적인 운영체제를 기반으로 하고 있다. 최초의 아이폰은 2007년 1월 9일에 발표됐으며, 이후 매년 운영체제의 주요 변경 이력에 맞춰 새로운 모델이 출시되고 있다. 초기 3.5인치였던 작은 사이즈의 화면은 현재 6.7인치(아이폰 13 프로맥스 기준)까지 커졌으며, 프로세서도 매년 새로운 바이오닉(Bionic) 칩을 적용해 빠른 성능 향상을 제공하고 있다. 또 빨라진 성능을 커버하기 위한 배터리 용량 역시 점차 증가하고 있다.

CES(Consumer Electronics Show, 세계가전전시회) ▼

"코로나19 이후 3년 만에 정상화돼 오프라인에서 치러진 **CES** 2023이 1월 5일부터 8일까지 4일간 열렸다. 이번 CES에는 글로벌 기업과 스타트업 등 170여개 국에서 3000여 개 기업이 전시관을 꾸몄다. 구글, 아마존, 마이크로소프트를 비롯해 삼성전자와 LG전자, SK 등 국내 기업도 전시관을 마련해 새로운 기술을 선보였다."

미국소비자기술협회(CTA·Consumer Technology Association)가 주관해 매년 열리는 세계 최대 규모의 가전제품 박람회이다. 독일 베를린에서 열리는 국제가전박람회(IFA), 스페인 바르셀로나에서 열리는 MWC(Mobile World Congress)와 함께 세계 3대 IT 전시회로 통한다. CES는 1967년 뉴욕에서 처음 개최된 이후 성장을 거듭하며 가전전시회의 최고봉으로 자리잡은 박람회로, 1995년부터는 매년 1월 미국 라스베이거스에서 개최하고 있다. 2000년대 초반까지만 해도 IT(정보통신) 전반을 다루는 컴덱스(COMDEX)와는 달리 가전제품 위주의 전시회로 진행됐으나, 가전제품과 정보통신의 결합으로 컴덱스와의 영역이 사실상 많이 허물어졌다. 그러다 정보통신(IT) 위주의 컴덱스가 쇠퇴하면서 CES는 첨단 IT제품의 소개장으로도 성장, 매년 초 마이크로소프트(MS)·인텔·소니 등 세계 IT업계를 대표하는 기업들이 총출동해 그해의 주력 제품을 선보이고 있다.

CES에서는 TV나 오디오 등 일상생활과 밀접한 전자제품은 물론 첨단 가전제품도 선보이므로, 미래의 가전제품과 기술 동향도 미리 파악할 수 있다. 예컨대 VCR(1970년)·CD플레이어(1981년)·DVD(디지털다기능디스크, 1996년)·포켓 PC(2000년) 등 첨단 가전제품들이 CES를 통해 데뷔했다. 2010년대에 들어서는 IoT(사물인터넷)·HDTV·드론(2015년), 디지털 헬스케어(2016년), 자율주행차·증강현실·5G LTE 등 4차 산업혁명 기술 등이 전시되면서 화제를 모았다.

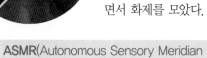

ASMR(Autonomous Sensory Meridian Response) ▼

자율감각 쾌락반응의 약자로, 특정한 감각 자극이 자율신경계에 신경전달물질을 촉진해 일종의 쾌감을 불러일으키는 것을 말한다. 이는 뇌를 자극해 심리적인 안정을 유도하는데, 바람 부는 소리, 연필로 글씨를 쓰는 소리, 바스락거리는 소

리 등을 제공해 준다. 힐링을 얻고자 하는 청취자들이 ASMR의 소리를 들으면 이 소리가 트리거(Trigger)로 작용해 팅글(Tingle, 기분 좋게 소름 돋는 느낌)을 느끼게 된다. 특히 ASMR은 편안하고 안정적인 심리를 얻고 싶은 MZ세대들 사이에서 인기를 끌면서 유튜브 등에서 많이 볼 수 있다.

5G(5세대 이동통신, Fifth Generation Mobile Communications) ▼

"과학기술정보통신부가 1월 31일 **5G** 28GHz 신규 사업자를 연내 선정하는 내용 등을 담은 방안을 발표했다. 이는 지난해 12월 KT와 LG유플러스에 대해 할당이 취소된 5G 28GHz 대역 주파수 두 개 중 하나를 신규사업자에 할당하기로 한 데 따른 후속조치. 과기부는 1개 대역(800MHz 폭)을 신규사업자에 우선 할당하는데, 특히 해당 대역을 최소 3년 이상 신규사업자만 참여할 수 있는 전용대역으로 공급할 방침이다."

국제전기통신연합(ITU)에서 정의한 5세대 통신 규약으로, 정식 명칭은 「IMT-2020」이다. ITU가 정의한 5G는 최대 다운로드 속도 20Gbps, 최저 다운로드 속도 100Mbps인 이동통신 기술이다. 5G는 초고속·초저지연·초연결 등의 특징을 가지며, 이를 토대로 가상·증강현실(VR·AR), 자율주행, 사물인터넷(IoT) 기술 등을 구현할 수 있다고 알려져 있다. 특히 앞서의 CDMA(2세대), WCDMA(3세대), LTE(4세대)가 휴대폰과 연결하는 통신망에 불과했던 반면 5G는 휴대폰의 영역을 넘어 모든 전자 기기를 연결하는 기술이라는 특징이 있다.

한편, 5G는 지난 2019년 4월 3일 오후 11시 우리나라에서 세계 최초로 시작됐다. 국내 5G 주파수 대역은 3.5GHz 대역과 28GHz 대역으로 나뉘는데, 2019년 4월에 상용화된 것은 3.5GHz 대역이다. 이 대역은 28GHz에 비해 전파 도달 범위는 넓지만 속도가 롱텀에볼루션(LTE)의 4~5배 수준으로 28GHz에 비해 느리다. 28GHz의 경우 LTE보다 20배가량 빠르지만 전파가 벽을 통과할 때 손실률이 높아 이용범위가 제한적이다.

국제민간표준화기구(3GPP)가 5세대(5G)와 6세대(6G) 이동통신의 중간단계인 5G-어드밴스드(릴리즈18)를 올해 본격 추진한다. 5G-어드밴스드는 ▷자율주행자동차 ▷스마트시티 ▷3D·UHD 영상 ▷스마트홈 ▷증강현실(AR) 등을 목표로 개발된다.

인제뉴어티(Ingenuity) ▼

"미 항공우주국(NASA·나사)이 1월 19일 **인제뉴어티**가 10m 높이로 날아올라 시속 11.5km로 85초 동안 171m를 비행했다고 밝혔다. 인제뉴어티는 인공위성보다 자세한 관측이 가능하고, 이동형 탐사 로봇(로버)보다 짧은 시간에 더 넓은 범위를 관찰할 수 있어 화성 공중탐사 시대를 연 인류 최초의 헬기로 꼽힌다."

미국 항공우주국(NASA)의 화성탐사 드론으로, 2021년 2월 화성탐사 로버 「퍼서비어런스」와 함께 화성 표면에 착륙했다. 바퀴로 오를 수 없는 지역을 주로 비행하면서 퍼서비어런스를 돕는 임무를 맡은 인제뉴어티는 2022년 4월 첫 비행을 한 바 있다. NASA는 퍼서비어런스가 채취한 암석 시료를 지구로 반환하는 임무에 인제뉴어티를 투입할 목적으로 비행 테스트를 진행 중에 있다. 인제뉴어티는 중량 1.8kg에 회전 날개 길이 1.2m의 소형 기체로, 태양 전지판으로 충전한 리튬이온 배터리를 동력으로 한다. 기체에는 두 개의 카메라가 탑재돼 있는데, 하나는 바닥에 장착된 흑백 카메라로서 지상 위치를 확인해 경로를 탐색하는 데 사용되며, 나머지 하나는 고화질 카메라로서 정면에 장착돼 주변 전경을 사진으로 찍어 NASA로 전송한다. 인제뉴어티의 질량은 지구에서는 1.8kg이지만 중력이 지구의 3분의 1인 화성에서는 0.68kg이다. 또 화성의 희박한 대기라는 문제 극복을 위해 탄소섬유로 만든 날개 4개도 보통 헬기보다 8배 정도 빠른 분당 2400회 안팎으로 회전하도록 설계됐다.

자율주행 레벨 KS표준 ▼

"산업통상자원부 국가기술표준원이 자율주행차의 용어와 개념을 정리하고 자율주행 레벨 분류기준을 정의하는 표준안 개발을 완료했다고 1월 19일 밝혔다. 국내에서 레벨 분류는 그동안 국제자동차기술자협회(SAE) 기준을 주로 인용해왔다. 그러나 이번 KS 제정으로 자율차 관련 국가·지자체 실증사업 및 산업계에 보다 명확한 자율주행 레벨 분류기준을 제공하게 됐다."

자율주행차 레벨 분류기준을 정의하는 국가표준(KS)으로, 국제표준(ISO) 기반으로 자율주행을 차량의 사용자와 운전자동화시스템의 역할에 따라 레벨 0에서 레벨 5까지 6단계로 분류한다. 이는 ▷운전자동화 없음(레벨 0) ▷운전자 보조(레벨 1) ▷부분 운전자동화(레벨 2) ▷조건부 운전자동화(레벨 3) ▷고도 운전자동화(레벨 4) ▷완전 운전자동화(레벨 5) 등이다. 여기서 레벨 1~2는 운전자 보조, 레벨 3~5는 자율주행으로 분류된다. 구체적으로 자동차선 변경 시 레벨 2에서는 손발을 떼더라도 눈은 운전 환경을 주시해야 한다. 레벨 3에서는 눈도 뗄 수 있으나, 시스템이 개입을 요청하면 운전자는 운전 행동으로 복귀해야 한다. 레벨 4는 비상시 대처 등을 운전자 개입 없이 시스템이 스스로 해결할 수 있으며, 레벨 5는 모든 도로조건과 환경에서 시스템이 항상 주행을 담당하게 된다. 이외에도 KS표준은 운전자동화·운전자보조·운전전환요구 등 자율주행 관련 주요 용어를 정의하고, 자율주행 기능으로 오해를 부를 수 있는 오토노머스(Autonomous)·무인(Unmanned) 등의 용어는 사용하지 않도록 권고했다.

주노(Juno) ▼

"1월 1일 미국 과학매체 《스페이스닷컴》 등에 따르면 미 항공우주국(NASA)의 목성탐사선 **주노**가 지난해 12월 14일 목성에 47번째로 근접 통과하는 비행에 나선 뒤 기계 이상을 일으켰지만, 약 3주간 이어진 원격 조치를 통해 내부 시스템이 복구되고 있는 것으로 전해졌다. NASA에 따르면 주노는 목성에 근접 비행을 한 뒤 관측 자료를 지구에 전송하던 중 컴퓨터가 멈췄는데, NASA는 이 문제가 목성에서 뿜어져 나오는 강력한 방사능이 전자장치에 영향을 주면서 일어났다고 봤다. 목성의 방사선량은 지구 자연 방사선의 약 500만 배에 이른다."

2011년 8월 아틀라스V 로켓에 실려 발사돼 2016년 7월 목성 궤도에 안착하는 데 성공한 미 항공우주국(NASA)의 목성 탐사선이다. 주노는 2003년 퇴역한 목성 탐사선 갈릴레오 이후 두 번째로 목성 궤도에 진입한 탐사선으로, 갈릴레오보다 시야각이 훨씬 넓고 해상도가 높은 카메라를 장착하고 있으며 고효율 태양전지가 장착된 태양전지판 3개가 달려 있다. 주노는 목성 주위를 37바퀴 회전하며 목성의 내부 구조를 탐사하는데, 주노 탐사를 통해 핵의 존재 여부와 조성 상태를 알게 되면 목성의 탄생 원리를 밝힐 수 있게 된다. 주노는 탐사 이후 목성의 북극에서 폭풍의 무리와 여러 종류의 번개를 발견했으며, 특히 목성 중심부에 있는 핵이 어떤 물리적인 성격을 띠는지에 대한 증거를 찾아내기도 했다. 주노는 본래 2018년 6월 초 목성과 충돌해 임무를 마칠 예정이었으나, NASA는 주노가 목성에 대한 추가 관측 미션을 받고 임무 수행을 3년 더 연장한다고 발표했다. 그리고 이 임무가 2021년 7월 끝나면서 현재는 연장 임무를 수행 중인데, 주노의 차기 임무 가운데 가장 주목받는 것은 목성 위성인 가니메데, 이오, 유로파 탐사다.

지구종말시계(Doomsday Clock) ▼

"미국 핵과학자회(BAS)가 1월 24일 지구 멸망까지 남은 시간을 상징적으로 보여 주는 **지구종말시계**의 초침이 3년 새 자정 쪽으로 10초 더 이동해 11시 58분 30초를 가리킨다고 밝혔다. 이는 BAS가 처음 종말 시각을 발표한 1947년 이후 가장 자정에 가까운 시간이다. 이로써 2020년부터 유지됐던 지구 종말까지 남은 시간도 100초에서 3년 만에 90초로 줄었다. BAS는 올해 시간이 줄어든 이유로 우크라이나를 침공한 러시아의 핵공격 위협과 이상기후, 코로나19 팬데믹과 같은 생물학적 위협 등을 꼽았다."

인류가 직면한 핵전쟁의 위험도를 상징적으로 보여주는 시계로, 제2차 세계대전 직후 아인슈타인 등 유명 과학자들이 전 세계의 핵위협 가능성을 알리기 위해 만든 것이다. 이는 시카고대학 운영이사회에서 발행하는 학회지 《The Buletin of the Atomic Scientists》 표지에 1947년부터 게재되고 있는데, 과학자들은 핵의 발달상황과 국제관계의 긴장 정도를 반영해 부정기적으로 시계의 분침을 고치고 있다. 이는 처음 시작된 1947년에는 자정 7분 전(11시 53분)이었는데, 여기서 자정이란 인류의 파멸을 가져올 전

면적인 핵전쟁 발발을 의미한다. 1953년에는 미국과 소련이 수소폭탄 실험을 실시해 자정 2분 전까지 가까워진 적이 있었으나, 냉전이 끝난 후인 1991년에는 자정 17분 전으로 가장 늦춰졌다. 그러다 1995년에는 미국과 러시아가 스타트2(START Ⅱ)를 비준하지 않으면서 자정 14분 전으로 앞당겨졌고, 1998년에는 인도와 파키스탄이 핵실험을 하면서 9분 전으로 앞당겨지기도 했다. 2010년대 후반에 들어서는 기후변화를 비롯해 코로나19 등 인류가 대비하지 못한 각종 위협이 이어지며 2019년 자정 2분 전으로 다시 종말 코앞까지 다가섰다.

코드커팅(Cord-cutting) ▼

시청자가 케이블방송, 위성방송 등 전통적인 유료 방송을 해지하고 인터넷TV, 스트리밍 서비스 등 새로운 플랫폼으로 이동하는 현상을 뜻한다. 미국은 2011년부터 유료방송 가입 가구 비율이 꾸준히 줄고 있으며, 이러한 추세는 전 세계적으로도 빠르게 일어나고 있다. 코드커팅이 급속히 증가하고 있는 이유로는 온라인 동영상 제공 서비스(OTT)의 급성장이 꼽힌다.

> **OTT(Over The Top)** 인터넷을 통해 영화, 드라마, TV방송 등 각종 영상을 제공하는 서비스를 말한다. 본래 TV에 연결하는 셋톱박스로 영상 콘텐츠를 제공하는 서비스를 일컬었으나, 현재는 플랫폼에 상관없이 인터넷으로 영상을 제공하는 모든 서비스를 지칭한다. 대표적인 OTT 업체로는 미국의 넷플릭스, 유튜브, 구글TV를 비롯해 국내의 Wavve, 티빙 등이 있다.

클라우드 서비스 보안인증(CSAP) ▼

클라우드 서비스 제공자가 제공하는 서비스에 대해 「클라우드 컴퓨팅 발전 및 이용자 보호에 관한 법률」에 따라 정보보호 기준의 준수여부 확인을 인증기관이 평가·인증해 이용자들이 안심하고 클라우드 서비스를 이용할 수 있도록 지원

하는 제도를 말한다. 이는 공공기관에 안전성 및 신뢰성이 검증된 민간 클라우드 서비스를 공급하고, 객관적이고 공정한 클라우드 서비스 보안인증을 실시해 이용자의 보안 우려를 해소하는 것은 물론 클라우드 서비스 경쟁력을 확보하는 것을 목적으로 실시된다. 클라우드 서비스 보안평가·인증체계는 역할과 책임에 따라 정책기관, 평가/인증기관, 인증위원회, 기술자문기관, 신청기관, 이용자로 구분된다. 정책기관은 과학기술정보통신부, 평가/인증기관은 한국인터넷진흥원, 기술자문기관은 국가보안기술연구소에서 각각 그 역할을 수행하고 있다. 평가 종류는 최초평가, 사후평가, 갱신평가 등이 있으며 최초평가는 보안인증을 처음으로 취득할 때 진행하는 평가를 말한다. 사후평가는 보안인증을 취득한 이후 지속적으로 클라우드 서비스 보안 평가·인증 기준을 준수하고 있는지 확인하기 위한 평가이며, 갱신평가는 보안인증 유효기간(3~5년)이 만료되기 전에 클라우드 서비스에 대한 인증 연장을 원하는 경우에 실시하는 평가이다. IaaS 분야 및 DaaS 분야 인증의 유효기간은 5년으로 운영되며, SaaS 분야 인증은 표준등급에 대해서는 유효기간 5년, 간편등급에 대해서는 3년으로 운영한다.

판호(版号)

중국 내에서 게임 서비스를 제공하기 위해 발급받아야 하는 서비스 허가권으로, 중국 미디어정책을 총괄하는 국가신문출판서가 발급한다. 중국 개발사가 만든 게임에는 내자판호, 해외 게임사가 개발한 외산 게임에는 외자판호에 대한 승인번호가 부여된다. 중국은 매달 1회 이상 광전총국 홈페이지를 통해 신규 판호 발급 현황을 발표하고 있는데, 발급 기준은 선정성·폭력성 등에 대한 광전총국의 자체 심의에 달려 있다. 판호

발급을 위해서는 APK(안드로이드 프로그램 파일)와 게임 소개서, 수권서, 계약서, 저작권 등을 제출해야 한다. 중국 당국은 2021년 7월 청소년 게임 중독 문제를 거론하면서 청소년의 게임 사용 시간을 규제하고 신규 판호 발급을 제한했다. 그러다 2022년부터 점진적으로 판호 발급 건수를 늘리며 규제를 완화했으며, 지난해 12월에는 한국 게임 7종을 비롯한 외산 게임 44종에 대한 외자판호를 전격 발급한 바 있다. 한편, 우리나라 게임의 경우 2017년 초 사드 배치 이후 한한령 기조가 이어지면서 2020년 12월까지 약 4년간 판호 발급을 받지 못했다. 그러다 2020년 12월 3일 국내의 한 게임업체가 4년 만에 판호 발급을 받게 되자 한한령이 완화될 것이라는 기대감이 높아지기도 했다.

FAST 플랫폼

광고 기반의 무료 스트리밍 플랫폼으로, 여기서 FAST는 「Free Ad-supported Streaming TV」의 앞 글자를 딴 것이다. 콘텐츠를 스트리밍하는데 광고도 함께 나와 무료로 볼 수 있다. 이 때문에 넷플릭스, 디즈니플러스 등 정액 결제형 유료 스트리밍 서비스와는 차이가 있다. 또한 실시간 서비스 채널이라는 점에서 과거의 무료 스트리밍 서비스와 차별된다. 미국에서는 비아컴CBS 「플루토TV」, 싱클레어 「스티어」, 폭스 「투비」 등의 FAST 플랫폼이 경쟁하면서 시장이 확대되고 있다.

폼팩터(Form Factor)

하드웨어 제품의 크기나 구성, 물리적 배열 등 제품의 구조화된 형태를 말한다. 폼팩터가 변하면 제품의 외형과 디자인은 물론 활용도까지 바뀌게 된다. 폼팩터는 보통 컴퓨터 하드웨어의 규격을 지칭할 때 많이 사용되는 용어로, 메인보드의 크기를 일컫는 분류이다. 예컨대 폼팩터에 따라 슬롯 개수나 레이아웃 구성, 케이스 크기 등이 결

정된다. 최근에는 디지털 기기가 급증하면서 디지털 기기 전반에 걸쳐 폼팩터라는 용어가 보편적으로 사용되고 있다.

플렉스 하이브리드(Flex Hybrid) ▼

접고 펼 수 있는 「폴더블」과 옆으로 늘어나는 「슬라이더블」을 합친 것으로, 삼성디스플레이가 올 1월 열린 「국제가전박람회(CES) 2023」에서 세계 최초로 선보인 기술이다. 플렉스 하이브리드는 왼쪽에 폴더블 기술이 적용돼 왼쪽을 펼치면 10.5인치 4:3 비율의 화면을, 오른쪽에는 슬라이더블 기술이 적용돼 오른쪽 화면까지 당기면 16:10 화면비, 12.4인치 대화면 디스플레이를 보여준다. 이는 평소에는 13~14형 태블릿 사이즈로 사용하다가 멀티태스킹이 필요하거나 영화나 게임 콘텐츠를 즐길 때는 17.3형 사이즈로 화면을 확대해 사용할 수 있는 컨셉 제품이다.

확률형 아이템(確率型 Item) ▼

"1월 5일 업계에 따르면 공정거래위원회가 **확률형(뽑기) 아이템**의 관련 정보를 조작했다는 이유로 게임업체 넥슨에 대한 제재 절차에 착수했다. 이는 넥슨이 뽑기형 아이템을 게임 이용자들에게 판매하면서 뽑기 확률을 제대로 공지하지 않거나 속였다는 혐의다."

PC·모바일 게임 내에서 이용자에게 유료로 판매되는 게임 아이템 중 하나로, 게임 아이템은 게임의 진행을 위해 게임 내에서 사용되는 도구를 말한다. 이용자가 일정한 금액을 주고 확률형 아이템을 구입하면, 게임 회사에서 정한 확률에 따라 이용자가 해당 아이템을 구입하기 위해 투입한 가치보다 더 높거나 낮은 게임 아이템이 지급된다. 이용자는 확률형 아이템을 구입한 후 열어보기 전까지 그 안의 내용물이 무엇인지 알 수 없다. 이에 확률형 아이템은 원하는 게임 아이템이 나올 때까지 반복해서 구매하기 쉬워 사행성을 조장한다는 문제점을 갖고 있다. 특히 가치가 높은 확률형 아이템을 뽑기 위해 1000번, 1만 번씩 뽑기를 하는 이용자들이 나오면서 「페이 투 윈

(Pay to Win, 이기기 위해선 돈을 쓴다)」이라는 말까지 등장하기도 했다.

휴미라(Humira) ▼

미국 제약사 애브비가 개발한 류머티즘, 궤양성 대장염, 건선 등 15가지 자가면역질환에 대한 치료제로 2002년 미 식품의약국(FDA)에서 처음 허가를 받고 출시됐다. 휴미라는 코로나19 백신이 나오기 전인 2012년부터 2021년까지 단일 의약품으로는 전 세계 의약품 매출 1위를 기록해왔으며, 2016년 핵심 물질 특허가 만료됐다. 그러나 애브비는 추가 특허를 내는 방식으로 복제약 출시를 막아왔는데, 올해부터 미국 시장에서 휴미라 복제약 출시가 가능해졌다. 현재 미국 FDA의 허가를 받은 휴미라 복제약은 8종이며, 허가 심사 중인 2종을 포함하면 올해 10종이 출시될 예정이다. 국내 기업으로는 삼성바이오에피스와 셀트리온이 있는데, 두 회사 모두 오는 7월 출시 예정이다.

> ⊕
> **바이오시밀러(Bio-similar)** 화학물질로 만든 합성신약(오리지널 바이오의약품)의 특허 기간이 만료되면 출시되는 복제약을 「제네릭(Generic)」이라고 하는데 이 중에서 단백질 또는 호르몬 복제약을 말한다. 단백질 복제약은 같은 동물세포에서 추출한 DNA로 만들더라도 제조환경에 따라 단백질의 구조가 조금씩 달라질 수 있어 비슷하다는 의미의 「바이오시밀러」 또는 「바이오제네릭」이라는 명칭이 붙었다. 이는 오리지널 의약품과 다른 방식으로 비슷한 성분·함량 등을 유지해 만들기 때문에 오리지널 의약품에 비해 약값이 저렴하다.

시사인물

2023. 1. ~ 2.

약력

1955.　　　브라질 출생
1971~1988.　육군 장교 복무
1989~1991.　리우데자네이루 시의원
1991~2019.　브라질 연방 하원의원
2019~2022. 12. 제38대 브라질 대통령

자이르 보우소나루(Jair Bolsonar)

2019~2022년까지 재임한 브라질 전 대통령(68). 1월 초 브라질 대선 불복 폭동 사태의 배후로 지목된 자이르 보우소나루 전 대통령이 미국 체류기간을 연장하기 위해 6개월짜리 방문 비자를 신청했다고 그의 변호인이 1월 30일 밝혔다. 보우소나루는 지난해 10월 대선에서 룰라 대통령에 패한 뒤 대통령 임기 종료 직전인 12월 말 돌연 미 플로리다 올랜도로 떠난 바 있다.

1955년 브라질에서 태어났으며, 1971~1988년 육군 장교로 복무한 뒤 1988년 리우데자네이루 시의원 선거에서 당선되며 정치에 입문했다. 이후 1990년부터 7차례 연속으로 연방 하원의원에 당선됐으며, 특히 2014년 연방의원 선거에서는 전국 최다 득표로 당선되는 기록을 세웠다. 그러나 정치인으로서는 거의 인지도가 없어 2018년 브라질 대선 초반만 해도 보우소나루를 주목하는 이들은 거의 없었다. 하지만 그는 각종 극우 발언과 사회관계망서비스(SNS)를 적극 활용한 정치활동으로 「브라질의 트럼프」라 불리며 주목을 받기 시작했다. 이에 꾸준히 인지도가 상승하면서 2018년 7월 사회자유당 대선 후보로 결정됐으며, 그해 10월 28일 치러진 브라질 대선 결선투표에서 승리하면서 2019년 1월 브라질 제38대 대통령으로 취임했다. 그러나 그는 재임 기간 중 코로나19 대응 실패, 아마존 파괴, 민주주의 위협 등으로 논란을 빚었고, 지난해 10월 대선에서는 루이스 이나시우 룰라 다 시우바 전 대통령에 패하며 연임에 실패했다. 하지만 그는 선거 조작 의혹을 제기하며 승복 선언을 하지 않았고, 지난 12월 30일에는 미국으로 떠나며 룰라 대통령의 취임식(1월 1일)에도 참석하지 않았다. 이에 그의 지지자들은 대선 이후부터 브라질 곳곳에서 폭력 시위와 테러 위협을 이어갔고, 룰라 대통령이 취임한 지 일주일 만인 1월 9일에는 3부 기관을 습격하는 폭동을 일으켰다. 보우소나루는 이번 폭동 사태의 배후로 지목됐으나, 자신과는 무관한 일이라는 주장이다.

케빈 매카시(Kevin McCarthy)

미국 제118대 하원의장(57). 미국 하원이 1월 7일 본회의에서 진행한 15차 투표에서 매카시 공화당 원내대표를 하원의장으로 선출했다. 이는 무려 4일에 걸쳐 진행된 15번의 투표 끝에 나온 결과로, 15차 투표 이후의 하원의장 선출은 1859년 44차 투표를 통해 뽑은 전례 이후 164년 만이다. 매카시는 이날 선거에서 216표를 얻어 하킴 제프리스 민주당 원내대표(212표)를 4표 차로 제쳤다.

1965년 1월 미국에서 태어났으며, 캘리포니아주립대에서 마케팅을 전공했다. 대학 재학 중 당시 빌 토마스 하원의원실에서 인턴을 하면서 정치에 입문했고, 2002년 공화당 소속으로 캘리포니아주 주의회 의원에 당선됐다. 그리고 2006년 연방 하원의원에 당선되면서 9선째를 이어가고 있는데, 2014~2019년까지는 하원 다수당 원내대표를, 2019~2023년까지는 하원 소수당 원내대표를 역임했다. 그는 친트럼프 성향의 보수주의자로 평가받는 인물로, 도널드 트럼프 전 대통령이 재임 중 우크라이나 스캔들로 하원에서 탄핵당했을 때는 당을 단합시켜 탄핵 반대를 이끌었다. 특히 2020년 대선 직후에는 트럼프 전 대통령의 대선 사기 주장을 옹호하면서 「트럼프의 호위무사」로 불리기도 했다.

한편, 매카시 의장의 안정적 하원 운영에 대해서는 어려움이 많을 것으로 전망되고 있다. 이는 매카시 의장이 자신의 의장직 선출에 반대해온 공화당 강경파 회유를 위해 의원 1명의 요구로도 하원의장 해임 결의 투표를 할 수 있도록 했고, 법안 통과 열쇠를 쥔 운영위원회 공화당 의석 상당수도 강경파에 내준 데 따른 것이다.

저신다 아던(Jacinda Ardern)

전 뉴질랜드 총리(43). 저신다 아던 뉴질랜드 총리가 1월 19일 노동당 의원총회장에서 총리 사임을 전격 발표하면서 차기 총선에도 불출마한다는 방침을 밝혔다.

1980년 태어났으며 와이카도대에서 커뮤니케이션을 전공한 후 노동당의 첫 여성 총리인 헬렌 클라크의 사무실에서 일하기 시작했다. 이후 노동당 청년 당원으로 활동했고, 영국으로 유학을 떠나 토니 블레어 전 영국 총리의 정책 자문으로 활동했다. 2008년 국회의원이 된 그는 2017년 7월 노동당 대표로 선출됐으며, 대표 취임 2개월 만에 군소정당들과의 연정으로 총리직에 올랐다. 총리 취임 당시 그의 나이는 37세였는데, 이는 뉴질랜드 사상 최연소였으며 여성 지도자로서는 뉴질랜드 역사상 세 번째였다. 그는 재임 초기 「저신다 마니아」 열풍을 일으킬 정도로 뉴질랜드 역사상 가장 인기 있는 총리라는 평가를 받았다. 그는 2018년 6월에는 사실혼 관계의 배우자 클라크 게이퍼드와의 사이에서 딸을 낳은 뒤 현직 총리 최초로 출산휴가를 썼고, 그해 3개월 된 딸과 유엔총회에 등장하면서 전 세계의 이목을 끌기도 했다. 그는 2019년 3월 남부 크라이스트처치의 모스크에서 총기 난사로 50여 명이 사망하는 최악의 테러 때에는 히잡을 쓴 채 무슬림 유족을 위로하는 한편 강력한 총기 규제를 도입하면서 지지도가 더욱 상승했다. 코로나19 사태 초기에는 전국에 이동제한령을 내리고 국경을 봉쇄해 방역에 성공했다는 평을 얻었고, 이러한 공로들로 2020년 총선에서 압승하며 재집권에 성공했다. 하지만 코로나19 사태 속에서 물가가 급등하면서 지지도가 점차 하락하기 시작했고, 지난해 12월에는 야당 대표에게 「거만한 멍청이」라는 혼잣말을 했다가 구설에 오르기도 했다.

⊕

크리스 힙킨스(Chris Hipkins) 저신다 아던 전 총리에 이어 1월 25일 공식 취임한 뉴질랜드 41대 총리(45)이다. 아던 전 총리는 지난 1월 19일 전격적으로 사임 의사를 밝혔고, 이에 집권 노동당은 아던을 대신할 노동당 대표 선출에 나선 바 있다. 힙킨스는 1월 22일 열린 노동당 전당대회에서 단독 후보로 출마해 대표에 선출되며 총리에 오르게 됐다. 그는 지난 2008년 뉴질랜드 의회에 처음 입성해 5선 의원이 됐으며, 아던 총리 집권 시절에는 교육장관과 경찰장관 등을 역임했다. 특히 2020년 11월 코로나19 대응 장관으로 임명돼 약 2년간 뉴질랜드의 팬데믹 대응을 주도하면서 인지도를 쌓았다.

라이칭더(賴淸德)

대만 부총통이자 집권 민주진보당(민진당) 주석 (59). 라이칭더 대만 부총통이 1월 15일 치러진 민진당 주석 보궐선거에 단독 출마해 99.65%의 표를 얻으며 당선, 18일 취임했다. 이번 선거는 차이잉원(蔡英文) 총통이 지난해 11월 지방선거 참패의 책임을 지고 주석에서 물러나면서 치러진 것으로, 라이칭더 주석의 임기는 내년 5월 20일까지다.

1959년 대만에서 태어났으며, 대만대 의대를 졸업한 뒤 미국 하버드대에서 공공보건학 석사 학위를 받아 내과의사가 됐다. 1994년 정계에 입문한 뒤 국회의원에 해당하는 입법위원 4선을 거쳤고, 2010년부터는 7년간 타이난(臺南) 시장을 역임했다. 2017년에는 국무총리에 해당하는 행정원장에 임명됐다가 2022년 11월 지방선거 참패에 책임을 지고 지난 1월 사임한 바 있다. 대만독립파로 분류되는 라이 주석은 차이 총통보다 더 강경한 반중(反中) 성향으로 알려져 있다. 공공연히 대만 독립을 주장해온 그는 지난 2019년 일본을 방문해 미·일·대만 협력을 강조했으며, 지난해 1월에는 온두라스 대통령 취임식에 참석해 카멀라 해리스 미국 부통령과 만나면서 중국의 반발을 부르기도 했다. 무엇보다 라이 주석은 내년 1월 13일 실시되는 대만 총통 선거에서 민진당 후보가 될 가능성이 매우 높아졌다는 관측이 나오고 있는데, 현 차이 총통은 3연임 금지 규정에 따라 내년 총통 선거에 출마할 수 없다.

> **2022년 대만 지방선거** 지난해 11월 26일 치러진 대만 지방선거로, 집권당인 민진당이 참패하고 제1야당인 국민당이 승리했다. 민진당은 단체장을 뽑은 21개 현·시 가운데 5곳에서 승리하는 데 그친 반면 제1야당인 국민당은 13곳의 단체장 자리를 석권했고 무소속이 2곳, 민중당이 1곳에서 당선됐다.

콘스탄티노스 2세(Konstantínos II)

1940~2023. 1964년 즉위해 그리스가 왕정을 폐지한 1973년까지 국왕을 지낸 그리스의 마지막 국왕으로, 1월 10일 타계했다. 향년 82세.

1940년 그리스 아테네에서 태어났으며, 어린 시절 군사사관학교에서 교육을 받았다. 스포츠에도 큰 재능을 보인 그는 20세 때인 1960년 로마올림픽 요트 종목(드래건 클래스)에 출전해 금메달을 따기도 했다. 이에 4년 뒤인 1964년 아버지인 파블로스 1세의 뒤를 이어 왕좌에 올랐을 때 국민들의 큰 지지를 받았다. 그러나 이듬해인 1965년 민주적으로 선출된 요르요스 파판드레우 총리의 중도연합 정부를 무너뜨리려고 시도하면서 그 인기는 금세 꺾이게 됐다. 여기다 파판드레우 총리와 군 통제권과 총리 임면권 등 국왕의 권한을 둘러싸고 갈등을 빚다가 결국 총리를 실각시키면서 국민의 반발을 샀다. 이후 1967년 4월 군부 쿠데타로 군사정권이 들어서자 같은 해 12월 군부 내 국왕 지지 세력과 손잡고 역(逆)쿠데타를 시도했으나 실패로 끝났다. 이에 그는 이탈리아 로마로 탈출한 뒤 해외를 떠돌았는데, 1973년 6월 군사정권이 왕정 폐지를 선언하고 1974년 그리스가 국민투표를 통해 공식적으로 공화국을 선포하면서 국왕 지위도 잃게 됐다.

그는 왕정 폐지 이후 그리스로 돌아오고자 했으나 입국금지 조치로 인해 한동안 고국 땅을 밟지 못했다. 1990년대에는 국적을 박탈당하고, 왕실 재산을 두고 정부와 벌인 소송에서도 패하면서 어려움을 겪다 73세인 2013년에야 그리스로 영주 귀국해 정착한 바 있다.

콘스탄티노스 2세는 올림픽 메달리스트 이력으로 1963년 국제올림픽위원회(IOC) 위원에 선출됐고 1974년에는 종신 명예위원이 된 바 있다. 고(故) 엘리자베스 2세 영국 여왕의 남편인 필립공이 콘스탄티노스 2세의 삼촌이었으며, 현 영국 국왕 찰스 3세는 고인과 사촌 지간이다.

페르베즈 무샤라프(Pervez Musharraf)

1943~2023. 10년간 파키스탄을 독재 통치한 전 대통령으로, 2월 5일 타계했다. 향년 80세.
1943년 8월 11일 인도 델리에서 태어났으며, 1947년 인도와 파키스탄이 분리 독립하자 파키스탄으로 이주했다. 1964년 파키스탄 발루치스탄 퀘타에 있는 명문 지휘참모대학을 졸업한 뒤 직업군인의 길을 걷기 시작했다. 1998년 10월에는 자항기르 카라마트 장군의 뒤를 이어 육군참모총장이 됐으며, 인도와의 카슈미르 분쟁 처리를 둘러싸고 나와즈 샤리프 당시 총리와 지속적으로 불화를 빚었다. 이후 총리가 그를 육군참모총장직에서 해임시키자 1999년 10월 무혈 쿠데타로 정권을 잡았다. 그는 곧바로 의회 기능을 정지시키고, 실질적 행정수반인 샤리프 총리를 해임한 후 군사정권을 출범시켰다. 그는 국가가 안정되면 민주적인 총선을 실시해 민정 이양을 하겠다고 약속했지만, 이를 어기고 라피크 타라르 당시 대통령을 하야시키며 2001년 6월 본인이 파키스탄의 제11대 대통령으로 취임했다. 여기에 5년간 임기를 연장하기 위해 2002년 4월 국민투표를 실시했으며, 단독 출마한 국민투표에서 재신임을 받아 임기 연장에도 성공했다. 그는 재임 기간 중 인도에 대해서는 초강경 노선을 취하는 한편, 2001년 9·11 테러 이후 미국이 전 세계적으로 전개하고 있는 테러와의 전쟁을 지지했다. 또 아프가니스탄의 탈레반 정권과 국제 테러조직 알카에다를 일소하기 위한 미국의 전쟁에 적극 협조함으로써, 파키스탄 내 이슬람 강경세력의 불만을 샀다. 결국 2003년 말 이슬람 야당의 강력한 저항에 부딪치며 의회가 마비되는 등의 국정혼란이 빚어지자, 2004년 말까지 군 통수권자 자리를 넘겨주기로 했다. 하지만 2004년 1월 상·하 양원으로 구성된 대통령 선거인단 투표에서 과반수가 넘는 표를 얻으면서 재취임했으며, 이에 2008년 8월까지 대통령직을 수행한 후 사임했다.

황기환(黃玘煥)

미상~1923. 일제강점기 주파리위원부 서기장, 대한민국임시정부 주파리위원 등 외교활동을 펼친 독립운동가. 국가보훈처가 최근 미국 뉴욕 마운트 올리벳 묘지와 황기환 지사 유해 파묘에 합의했다고 2월 1일 밝혔다. 2013년부터 유해 봉환을 추진한 보훈처는 묘지 측이 유족 동의 없는 파묘를 위해서는 법원의 결정이 필요하다고 주장하면서 난항을 겪었으나, 최근 묘지 측과 전격적인 합의를 이뤄냈다.
평안남도 순천에서 태어났으며, 미국 유학 중 미군에 자원입대해 제1차 세계대전에 참전했다. 1919년 6월에는 프랑스로 이동해 당시 베르사유 평화회의에 참석하기 위해 파리로 온 김규식을 도왔다. 그는 임시정부의 파리위원부 서기장으로 임명돼 독립 선전활동을 벌였으며, 1919년 10월에는 러시아 무르만스크에 있던 노동자 200여 명의 일본 강제송환을 막기 위해 영국과 프랑스 정부를 상대로 필사적인 외교적 노력을 펼쳤다. 당시 고인의 노력으로 35명이 극적으로 구출돼 프랑스로 옮겨지기도 했다. 1920년 1월에는 파리 주재 한국선전단 선전국장으로 불문(佛文) 잡지를 창간하고 일제의 압박을 알리는 강연회를 개최하는 등 국제사회에 한국의 독립을 호소했다. 1921년 4월에는 임시정부 외무부 주차영국런던위원으로 임명돼 《영일동맹과 한국》이란 책을 편집, 제국주의 열강의 식민지 분할정책으로 한국이 일본의 식민지로 전락했다고 비판했다. 이후 임시정부 통신부 사업의 일환으로 한국친우회를 조직해 외교사업을 후원하고, 임시정부 외교부 런던주재 외교위원 및 구미위원회에서 활약하다가 1923년 4월 17일 뉴욕에서 심장병으로 세상을 떠났다. 그는 당시 현지 묘지에 안장됐는데, 그의 묘소는 사망 85년이 지난 2008년 뉴욕한인교회의 장철우 목사에 발견되면서 알려졌다. 이에 앞서 우리 정부는 지사의 공적을 기리기 위해 1995년 건국훈장 애국장을 추서했다. 한편, 고인의 일생은 지난 2018년 방영된 TV 드라마 〈미스터 션샤인〉의 주인공 「유진 초이」로 각색되면서 알려지기도 했다.

어니스트 베델(Ernest Bethell, 한국명 배설)

1872~1909. 일제강점기 언론 활동으로 일제의 침략을 규탄하는 독립운동을 펼친 영국인 독립운동가로, 《대한매일신보》(현 서울신문)를 창간한 인물이다. 국가보훈처가 1월 6일 한국과 영국 수교 140주년을 맞아 독립운동가 어니스트 베델의 업적을 기리는 동상을 고인의 고향인 브리스틀에 건립하기로 했다고 밝혔다. 우리 정부가 주도해 한국 독립운동에 헌신한 외국인 동상을 건립하는 것은 캐나다에 이어 영국이 두 번째로, 정부는 지난 2014년 3·1운동과 일제 탄압을 국제사회에 알렸던 프랭크 윌리엄 스코필드(한국명 석호필)를 기리는 동상을 캐나다 토론토에 세운 바 있다.

1872년 11월 3일 영국 브리스틀에서 태어났으며, 15세 때 일본으로 건너가 완구점을 경영하기도 했다. 1904년 러일전쟁이 일어나자 《데일리메일》의 특파원으로 내한해 그해 7월 양기탁과 함께 《대한매일신보》를 창간했다. 대한매일신보는 발간자가 일제와 동맹관계를 맺고 있던 영국인이라는 이유로 일제의 탄압을 상대적으로 덜 받을 수 있었다. 이에 대한매일신보는 을사늑약의 무효를 주장하고 고종의 친서를 게재하는 등 일본의 침략행위를 폭로했고, 다른 언론지들에 비해 더욱 적극적으로 항일 논조를 띠게 되었다. 이 때문에 일본은 베델을 추방하고자 했으며, 1907년 치안 방해 혐의로 영국 사법 당국에 베델을 고소했다. 이어 1908년에는 국채보상운동으로 모은 공금을 횡령했다는 혐의까지 추가로 씌웠다. 그는 결국 3주 금고형을 선고받고 중국 상하이로 호송돼 주상하이 영국영사관에 설치된 감옥에서 옥고를 치렀다. 베델은 서울로 돌아온 이후에도 항일언론 활동을 펼쳤으나, 1909년 5월 심장병으로 병사하면서 서울 양화진 외국인 묘지에 묻혔다. 정부는 고인에게 1950년 건국훈장 대통령장을 추서했다.

베네딕토 16세(Benedictus XVI)

1927~2022. 2005년 4월 교황으로 선출돼 8년간 교황직에 있는 동안 가톨릭의 전통적인 교리를 지키는 데 앞장섰던 제265대 교황으로, 12월 31일 타계했다. 향년 95세.

1927년 4월 16일 독일 바이에른주 마르크틀 암 인에 있는 가톨릭 집안에서 태어났으며, 1939년 예비신학교에 입학했다. 이후 프라이싱 신학대와 뮌헨대학을 거쳐 24세이던 1951년 사제 서품을 받았으며, 1957년에는 신학박사 학위를 취득해 프라이싱 신학대, 튀빙겐대학 교수로 재직했다. 그러다 1977년 3월 뮌헨 대주교가 되었고, 같은 해 6월 추기경으로 취임했다. 1981년에는 교황 요한 바오로 2세에 의해 교황청 신앙교리성 장관으로 임명돼 24년간 교황을 보필하면서 엄격한 교리해석과 보수적 성향으로 가톨릭 정통 교리를 강조해왔다. 그리고 2005년 4월 19일 요한 바오로 2세에 이어 제265대 교황이 되었지만 교황으로 선출되기 전인 1941년, 독일의 나치 청소년 조직인 히틀러 유겐트에 가입한 사실이 알려지며 자질 논란이 빚어졌다. 본명은 「요제프 알로이스 라칭거(Joseph Aloisius Ratzinger)」로, 교황 취임 후에는 라틴어로 「축복」을 의미하는 「베네딕토」를 교황명으로 선택했다. 그는 교황 재임 기간 동안 유일기독주의를 고수했으며, 해방신학·여성사제 서품·종교다원주의·낙태·동성애 등의 문제에 반대 입장을 표명하면서 보수적인 교황으로 평가받았다. 2012년에는 교황의 집사가 교황청 내부의 부패와 비리가 담긴 기밀문서를 유출해 논란을 일으키기도 했다. 그러다 2013년 2월 11일 열린 추기경회의에서 건강

문제로 교황직에서 물러나겠다고 밝히며 그레고리오 12세 이후 598년 만에 생전에 퇴위한 교황이 됐다. 그는 교황직 퇴임 이후에는 「명예 교황(Pope Emeritus)」에 추대됐다.

비비안 웨스트우드(Vivienne Westwood)

1941~2022. 50여 년간 영국 패션업계에 종사하며 펑크룩 패션의 선구주자로 불린 인물로, 2022년 12월 29일 타계했다. 향년 81세.

1941년 4월 8일 영국 더비셔주 글로솝에서 태어났으며, 본명은 비비안 이사벨 스와이어이다. 면직공장과 제화공장에서 일한 부모의 영향을 받아 어린 시절부터 자신의 옷을 직접 만들기 시작했으며, 10대 때 부모를 따라 런던으로 이주했다. 이후 예술학교에 다니며 보석 제작과 은세공을 배웠고, 성인이 되어서는 한동안 교사로 일하기도 했다. 첫 남편과 이혼한 뒤에는 런던 포토벨로에서 보석류를 판매하기 시작했으며, 1965년 후일 펑크룩 밴드 「섹스 피스톨즈」의 매니저가 되는 맬컴 맥라렌을 만나면서 패션업계에 입문했다. 1970년대에는 맥라렌과 함께 런던 킹스로드에 「렛잇락(Let It Rock)」이라는 이름의 옷가게를 열고 주류 문화에 대한 반항과 전복적인 메시지를 담은 패션을 선보이며 파란을 일으켰다. 특히 영국 여왕의 입술에 큰 옷핀이 달린 이미지가 프린트된 티셔츠로 이름을 날렸다. 여기다 그는 반전과 기후변화, 동물보호 등 사회적 이슈에 적극적으로 의견을 밝히고 이를 행동으로 실천한 것으로도 유명하다. 2015년에는 탱크를 직접 몰고 데이비드 캐머런 당시 총리의 관저 앞으로 가 가스 개발 반대 시위를 벌이며 화제를 일으키기도 했다. 또 영국 내 모피 판매 금지를 위해 영국 정부에 로비하기도 했으며, 미국의 기밀을 폭로한 위키리크스 설립자 줄리언 어산지를 지지하기도 했다. 고인은 생전 이러한 공로를 인정받아 1990년과 1991년 「올해의 영국 디자이너」로 선정됐으며, 1992년과 2006년에는 당시 엘리자베스 2세 여왕으로부터 훈장을 받은 바 있다.

인물 talk, talk, talk

"내가 패션계에 있는 유일한 이유는 「순응」이란 단어를 파괴하기 위해서다. 그런 요소가 없다면 나에게 전혀 흥미롭지 않다." – 2014년 인터뷰 중에서

바버라 월터스(Barbara Walters)

1929~2022. 「인터뷰의 여왕」으로 불리며 미국 여성 최초로 황금시간대 방송 뉴스를 진행했던 저명한 방송인으로, 2022년 12월 30일 타계했다. 향년 93세.

1929년 미국 매사추세츠주 보스턴에서 태어났으며, 세라로런스대에서 영문학을 전공한 뒤 1951년 기자로 방송계에 입문했다. 1961년 NBC 〈투데이쇼〉의 방송작가로 데뷔한 뒤 1974년 같은 프로그램에서 여성 최초로 공동 진행을 맡으며 이름을 알리기 시작했다. 이후 1976년 ABC방송으로 이직하면서 저녁 뉴스 프로그램 〈이브닝 뉴스〉의 공동 앵커로 발탁, 황금시간대 방송 뉴스를 진행한 미국 최초의 여성 앵커가 됐다. 당시 그의 연봉은 100만 달러로, 남녀 통틀어 방송계 최고 수준이었다. 무엇보다 그의 발탁은 남성 앵커가 뉴스를 전담했던 1970년대 방송가에서 큰 파격이었다. 1979년에는 시사 프로그램 〈20/20〉의 공동 앵커를 맡았고, 이후 〈바버라 월터스 스페셜〉과 ABC 간판 토크쇼 〈더 뷰〉 등을 진행하는 등 2015년 은퇴 때까지 방송기자와 프로듀서, 앵커 등으로 맹활약했다. 그는 앵커로 활동하는 동안 리처드 닉슨부터 버락 오바마까지 거의 모든 미국 대통령을 비롯해 블라디미르 푸틴 러시아 대통령, 마거릿 대처 전 영국 총리, 사담 후세인 전 이라크 대통령 등과 인터뷰를 진행해 「인터뷰의 여왕」으로 불렸다.

또 마이클 잭슨, 그레이스 켈리, 모니카 르윈스키 등 연예계 및 이슈가 된 인물들에 대한 인터뷰도 진행했다. 특히 빌 클린턴 전 대통령과 불륜 스캔들을 일으켰던 르윈스키와의 인터뷰는 전 세계적인 화제를 모았는데, 당시 해당 인터뷰는 시청자 7400만 명을 끌어모으는 신기록을 세우기도 했다. 한편, 그는 미국 방송계 최고 권위상인 에미상을 12회나 수상했다.

제프 벡(Jeff Beck)

1944~2023. 60여 년간 하드 록과 재즈, 펑키 블루스, 오페라에 이르기까지 다양한 장르의 곡을 선보이면서 「세계 3대 기타리스트」로 불린 인물로, 1월 10일 타계했다. 향년 78세.

1944년 6월 24일 영국 웰링턴에서 태어났으며, 본명은 제프리 아널드 벡이다. 윔블던 미술대학에 진학했다가 중퇴한 뒤 「나이트 시프트(Nightshift)」와 「더 트라이던트(The Tridents)」 등 작은 밴드에서 활동하면서 기타를 연주했다. 그러다 1965년 에릭 클랩턴 후임으로 밴드 「더 야드버즈(The Yardbirds)」에 합류하며 본격적인 음악 활동을 시작했는데, 특히 이때 발표했던 〈쉐입스 오브 씽즈(Shapes of Things)〉는 영국 싱글차트 3위와 미국 빌보드 싱글차트 11위에 오르는 등 세계적인 히트를 기록했다. 그러다 야드버즈에서 탈퇴한 뒤인 1967년 로드 스튜어트, 로니 우드와 함께 자신의 이름을 내건 「제프 벡 그룹(The Jeff Beck Group)」을 결성해 앨범 〈트루쓰(Truth)〉(1968)와 〈벡-올라(Beck-Ola)〉(1969)를 연이어 흥행시켰다. 이후 밴드를 해산한 벡은 1975년 비틀스의 제작자 조지 마틴과 팀을 이뤄 솔로 앨범 〈블로우 바이 블로우(Blow by Blow)〉를 작업했는데, 이 앨범은 연주 음반으로는 이례적으로 미국 「빌보드 200」에서 4위를 차지하고 100만 장이 넘는 판매량으로 플래티넘 히트를 기록했

다. 여기다 그는 1985년 앨범 〈플래시(Flash)〉의 수록곡 「이스케이프(Escape)」로 그래미 어워드에서 최우수 록 연주곡상을 수상하는 등 그래미에서만 총 8개의 트로피를 안았다. 1990년대 들어서는 여러 스타의 솔로 앨범에 기타 세션으로 꾸준히 참여했으며, 2022년에는 할리우드 스타이자 기타리스트인 조니 뎁과 새 음반 〈18〉을 발매하고 투어를 다니는 등 60여 년간 록 기타의 외길을 걸었다.

한편, 벡은 1992년(밴드 야드버즈)과 2009년(솔로)에 「로큰롤 명예의 전당」에 두 차례 이름을 올렸으며, 2015년 음악 잡지 《롤링스톤》이 선정한 「세계에서 가장 위대한 기타리스트 100명」 가운데 5위에 선정된 바 있다.

버트 배커랙(Burt Bacharach)

1928~2023. 1960년대부터 1980년대까지 수많은 팝 명곡들을 만들어내며 당대 팝계 최고의 작곡가로 명성을 구가한 작곡가 겸 피아니스트로, 2월 8일 타계했다. 향년 94세.

1928년 5월 12일 미국 캔자스주 캔자스시티에서 태어났으며, 1950년대 독일 주둔 미군기지의 장교클럽에서 피아노를 치며 음악의 길을 걷기 시작했다. 이후 디온 워윅, 카펜터스 등 당대 팝스타를 비롯한 아티스트 1200여 명의 노래를 썼다. 이에 비틀스의 존 레넌과 폴 매카트니, 싱어송라이터 캐롤 킹과 함께 1960~70년대 팝계를 지배한 3대 작곡가로 통했다.

그는 재즈와 팝의 경계를 넘나드는 수많은 팝 명곡들을 만들어냈는데, 특히 작사가 핼 데이비드와의 공동 작업을 통해 히트곡 듀오로 명성을 날렸다. 이 두 사람이 1960년대에 만든 노래 가운데 30곡은 인기 라디오 차트 프로그램인 「아메리칸 톱 40」에 올랐으며, 할리우드 영화계에서도 이 두 사람이 만든 곡이 큰 인기를 구가했다. 대표적으로 1970년 영화 〈내일을 향해 쏴라〉

의 주제가인 「레인드롭스 킵 폴링 온 마이 헤드 (Raindrops Keep Fallin on My Head)」는 아카데미 음악상과 주제가상을 받았다. 또 영화 〈아서〉의 주제가이자 크리스토퍼 크로스가 부른 「당신이 할 수 있는 최선의 것(Best That You Can Do)」으로 1981년 두 번째 오스카 주제가상을 받았다. 아울러 그는 미국 최고 권위 음악상인 그래미상을 8차례나 수상했으며, 뉴욕 브로드웨이 뮤지컬 무대에도 진출해 토니상까지 받았다. 그는 21세기 이후에도 후배 뮤지션들과 여러 협업을 하며 활발한 활동을 이어 갔는데, 배커랙의 노래 「워크 온 바이(Walk On By)」를 대선 유세 기간 중 불렀던 버락 오바마 전 대통령은 2012년 최고 대중음악가상인 거슈윈상을 그에게 직접 수여하기도 했다.

윤정희(본명 손미자(孫美子))

1944~2023. 1967년에 데뷔해 300여 편의 영화에 출연하며 「은막의 여왕」으로 불린 배우로, 1월 19일 타계했다. 향년 79세.

1944년 7월 30일 부산에서 태어났으며, 조선대 영문학과 재학 중 신인 오디션에 참가해 1200대 1의 경쟁을 뚫고 1967년 〈청춘극장〉으로 스크린에 데뷔했다. 그해 대종영화상 신인상, 청룡영화상 인기여우상을 수상했으며, 이듬해에는 영화 〈안개〉로 백상예술대상 신인상을 수상하며 배우 문희·남정임과 함께 1960년대 「여배우 트로이카 시대」를 열었다. 고인은 데뷔 이후 〈장군의 수염〉, 〈신궁〉, 〈독 짓는 늙은이〉 등 약 300편의 영화에 출연, 대중영화상·청룡영화상·부일영화상 등에서 연기상을 20여 차례나 수상하며 한국 영화계를 호령했다. 1971년에는 중앙대 연극영화과 대학원에서 한국 여성 배우의 역사를 연구한 논문으로 석사학위를 받았으며, 1973년에는 프랑스 유학을 떠나 파리 제3대학에서 영화학을 공부하기도 했다. 그러다 1976

년 세계적 피아니스트 백건우와 결혼한 뒤 영화 출연이 줄어들었으나, 1994년 엄종선 감독의 영화 〈만무방〉으로 복귀해 두 번째 대종상 여우주연상을 수상했다. 그리고 16년 만인 2010년 이창동 감독의 영화 〈시〉에 출연해 자신의 본명(손미자)과 같은 미자 역을 맡아 열연, 세 번째 대종상 여우주연상은 물론 LA 비평가협회와 시네마닐라국제영화제 등 국내외 7개 영화제에서 여우주연상을 수상했다.

한편, 그는 ▷몬트리올영화제 심사위원(1995년) ▷제12회 뭄바이영화제 심사위원(2010년) ▷제17회 디나르영화제 심사위원(2006년) ▷청룡영화상 심사위원장(2006년) 등을 지내며 한국 영화의 국제적 위상을 확인시켰으며, 2011년에는 프랑스 문화부장관 오피시에 훈장을 수훈한 바 있다.

지나 롤로브리지다(Gina Lollobrigida)

1927~2023. 「20세기 모나리자」로 불리며 1950~1960년대 관능파 대표 배우로 꼽혔던 인물로, 1월 16일 타계했다. 향년 95세.

1927년 7월 4일 이탈리아 로마에서 태어났으며, 1947년 미스 이탈리아 대회에서 3위에 입상하며 스크린에 데뷔했다. 1953년 루이지 코멘치니 감독의 영화 〈빵과 사랑과 꿈〉으로 영국 아카데미(BAFTA) 외국영화 여우주연상 후보로 지명됐으며, 이 영화로 할리우드에까지 진출했다. 이후 1950년대부터 1960년대까지 할리우드와 이탈리아를 오가며 수십 편의 작품에 출연했는데, 1955년 이탈리아 영화 〈세상에서 가장 아름다운 여성〉의 주연을 맡아 이탈리아의 오스카로 불리는 다비드 디 도나텔로 영화상 여우주연상을 수상했다. 그리고 1956년 〈노트르담의 꼽추〉와 1959년 〈솔로몬과 시바의 여왕〉 등에서 보여준 관능적인 연기로 큰 인기를 누렸으며, 1968년에는 〈애인 관계〉로 골든글로브 여우주연상을 수상했다. 영화계에서 은퇴한 뒤인 1970년대부터는 사진기자와 기자, 건축가로 활동했는데, 특히 1975년 쿠바 공산혁명 지도자 피델 카스트로의 독점 인터뷰를 진행하며 큰 주목을 받았다. 1999년에는 유럽의회 선거에 출마했으며, 지난해 9월에는 고령(95세)의 나이로 「주권과 대중 이탈리아 정당(ISP)」 소속으로 상원의원에 출마해 화제를 모았다.

데이비드 크로스비(David Crosby)

1941~2023. 그룹 더 버즈와 크로스비, 스틸스 앤 내시(CSN) 등에서 활동하며 1960~1970년대를 풍미했던 미국의 전설적 포크 가수로, 1월 18일 타계했다. 향년 81세.
1941년 8월 14일 미국 로스앤젤레스에서 태어났으며, 1964년 진 클라크와 로겐 맥긴, 크리스 힐먼과 함께 그룹 「더 버즈(The Byrds)」를 결성, 보컬 겸 기타리스트로 데뷔했다. 그가 속했던 더 버즈는 미국 포크록계 대부 밥 딜런의 원곡 「미스터 탬버린 맨(Mr. Tambourine Man)」을 록으로 재해석한 「탬버린 맨」과 영화 〈포레스트 검프〉(1994)에 삽입된 「턴! 턴! 턴!(Turn! Turn! Turn!)」으로 큰 인기를 누렸다. 이후 1969년 당시 캘리포니아 소프트 록계 스타였던 스티븐 스틸스와 영국 싱어송라이터 겸 사진작가 그레이엄 내시와 함께 프로젝트 포크록 밴드 「크로스비, 스틸스 앤 내시(CSN)」를 결성해 명성을 떨쳤으며, 그해 그래미 어워드 최우수 신인 아티스트상을 수상했다. 특히 닐 영이 합류해 결성된 「크로스비, 스틸스 내시 앤 영(CSNY)」은 더 버즈와 함께 록과 포크를 새롭게 조합해 히피 문화를 선도한 그룹으로 꼽힌다. 이 중에서도 CSNY의 음반 〈데자뷔(Deja Vu)〉는 「데자뷔」 외에 「우드스톡(Woodstock)」, 「올모스트 컷 마이 헤어(Almost Cut My Hair)」 등 많은 히트곡이 수록된 명반으로 꼽힌다.
한편, 크로스비는 1991년(그룹 더 버즈)과 1997년(그룹 크로스비 스틸스 앤 내시) 「로큰롤 명예의 전당」에 두 차례 이름을 올렸으며, 그가 기여한 5장의 앨범(더 버즈 3장, CSNY 2장)은 롤링스톤이 선정한 「역사상 가장 위대한 앨범 500장」에 포함된 바 있다.

발크리쉬나 도쉬(Balkrishna Doshi)

1927~2023. 「건축계의 노벨상」로 불리는 프리츠커상을 수상한 인도 출신의 건축가로, 1월 24일 타계했다. 향년 95세.
1927년 8월 인도에서 태어났으며, 뭄바이의 건축학교를 졸업하고 1954년 프랑스의 거장 건축가 르 코르뷔지에와 인도 「찬디가르 신도시 계획」 작업에 참여했다. 1960년대에는 미국 출신 건축가 루이스 칸과 인도 아마다바드의 「인디안 인스티튜트 오브 매니지먼트(IIM)」 프로젝트에서 협업하며 명성을 쌓았다. 이후 아마다바드에 건축전문대학(CEPT대)을 설립하고 미국 일리노이대에서 방문 교수로 일하는 등 교육자로서도 활동했다. 그는 건축을 통해 가지지 못한 사람들에게 힘을 북돋아주고 사회에 헌신해야 한다는 생각을 철학으로 삼았으며, 인도의 전통문화를 현대 건축에 결합시키는 데 힘썼다. 도쉬의 대표작은 1989년 완공된 저소득층 8만 명을 수용할 수 있는 대규모 하우징 프로젝트인 「아라냐 저비용 공동주택(Aranya low cost housing)」으로, 이는 인구가 많고 빈곤율이 높은 인도의 국가적 문제를 해결하고 인도인들의 삶의 질을 향상시키는 데 큰 기여를 했다. 도쉬는 이 건축물로 제6회 아가 칸 건축상을 수상하기도 했다. 특히 도쉬는 인도 건축가로서는 처음으로 2018년에 프리츠커상을 수상했는데, 당시 심사위원단은 그가 사회 공헌에 대한 강한 책임감으로 가치와 기능성을 겸비한 공간을 만든 점을 높이 평가한다고 밝힌 바 있다.

마츠모토 레이지(松本零士)

철이와 메텔의 우주 기차 여행과 모험을 그려내며 국내에서도 큰 인기를 끌었던 〈은하철도 999〉의 원작 만화가로, 2월 13일 급성 심부전으로 타계했다. 향년 85세.

1938년 일본 후쿠오카현 구루메시에서 태어났으며, 고등학교 1학년 때인 1954년 투고한 〈꿀벌의 모험〉이 잡지 《만화소년》에 연재되며 만화가로 데뷔했다. 이후 1971년부터 1981년까지 《주간소년킹》에 연재한 〈은하철도 999〉가 큰 인기를 끌면서 명성을 얻게 되는데, 이 만화는 우리나라에서도 1982·1996년(MBC), 2003년(MTV), 2008년(EBS) 네 차례 방영되는 등 큰 인기를 끌었다. 이 작품은 서기 2221년을 배경으로 기계 백작에게 엄마를 잃은 소년 철이(원작 이름 테츠로)가 신비로운 여인 메텔과 함께 복수를 꿈꾸며 우주로 향하는 여정을 담아냈다. 그는 이 외에도 〈우주전함 야마토〉(1974), 〈우주해적 캡틴 하록〉(하록 선장·1978), 〈천년여왕〉(1980) 등의 대표작을 남겼다. 2003년에는 〈은하철도999〉의 스핀오프인 〈은하철도 이야기〉를 발표했으며, 2006년부터는 다카라즈카 조형예술대학에서 학생들을 가르쳤다. 또 말년까지 과학자들과 함께 하록 선장이 탔던 우주선 「아르카디아호」를 실물로 만들어내는 작업에 몰두하기도 했다.

월터 커닝햄(Walter Cunningham)

1932~2023. 최초의 유인 달 탐사 우주선인 미국 아폴로 7호의 승무원으로, 1월 30일 타계했다. 향년 90세.

1932년 미국 아이오와주에서 태어났으며, 캘리포니아에서 고등학교를 졸업하고 1951년 해군에 입대했다. 복무 중에는 한국전쟁 조종사로 참전하기도 했으며, 제대 후 캘리포니아대학에서 물리학 석사와 박사 과정을 마쳤다. 이후 랜드연구소에서 일하던 중 미 항공우주국(NASA)에 들어갔다. 그리고 1968년 10월 11일 미국 플로리다주 케이프커내버럴 공군기지에서 발사된 아폴로 7호의 승무원으로 탑승해, 11일간 지구 둘레를 163바퀴 비행한 뒤 그해 10월 22일에 귀환했다. 당시 민간인 신분으로 아폴로 7호에 탑승했던 커닝햄은 미 해군 대위 월터 쉬라, 미 공군 소령 돈 에이실과 함께 지구 궤도를 돌며 익살스러운 모습으로 찍은 사진을 날마다 TV에 전송한 공로로 에미상을 수상하기도 했다. NASA는 아폴로 7호가 임무를 완수한 덕분에 2달 뒤인 1968년 12월 아폴로 8호의 달 주위 선회, 1969년 7월 아폴로 11호의 역사적인 달 착륙이 가능했다고 밝혔다. 그는 1971년 NASA를 그만둔 뒤에는 벤처사업가와 투자자로 일했으며, 라디오 토크쇼를 진행하기도 했다. 2010년에는 우주 비행사 시절을 회고하는 《더 올 아메리칸 보이스》라는 제목의 회고록을 출간했다. 그리고 2017년에는 아폴로 7호에 탔을 때를 회고하면서 그 덕분에 아폴로 1호 화재 사고로 인한 모든 장애물을 극복할 수 있었다고 밝힌 바 있다.

최신시사상식 220집

TEST ZONE

최신 기출문제(이데일리) / 실전테스트 100
한국사능력테스트 / 국어능력테스트

이데일리
- 2022. 11. 11. -

▶ 다음 물음에 알맞은 답을 고르시오. [01~13]

01 다음 중 한국형 3축 체계에 해당되지 않는 것은?

① Kill Chain
② KAMD
③ GSOMIA
④ KMPR

02 다음 제시된 국가가 채택하고 있는 의석 배분 제도는?

> A국 유권자는 한 표는 자신의 지역구 출마자(제1투표)에게, 다른 한 표는 지지하는 정당(제2투표)에 투표한다. A국 연방하원은 598석을 기본으로 하는데, B당이 제2투표에서 30%의 지지를 받으면 총의석 수의 30%인 179석을 배정받는다. 이 179석은 제1투표에서 당선된 지역구 의원으로 먼저 구성하고 부족분은 비례대표로 채운다.

① 소선거구제
② 연동형 비례대표제
③ 다수대표제
④ 소수대표제

03 미국 연준(Fed)이 2022년 기준금리를 인상한 횟수는?

① 5회   ② 6회
③ 7회   ④ 8회

04 금리업체가 폭리를 취하지 못하도록 규정된 대출상품에 대한 법정 최고금리는?

① 10%   ② 15%
③ 20%   ④ 25%

05 환율 상승 시 일반적으로 나타나는 현상이 아닌 것은?

① 수출 증가   ② 수입 감소
③ 물가 상승   ④ 외환보유액 증가

06 연구개발의 전 과정을 한 기업이 소유·운영하는 것이 아니라 제품 아이디어와 기술을 외부에서 도입하거나 자체 기술을 스스로 사업화하지 않고 분사하는 등의 전략은?

① 오픈 이노베이션
② 크라우드소싱
③ 아웃소싱
④ 오프쇼어링

07 투자의 목적으로 모금됐으나 실제 투자 집행이 이뤄지지 않은 미투자 자금을 일컫는 말은?

① 핫머니
② 드라이 파우더
③ 스캘핑
④ 머니론더링

---

01 ③ 지소미아. 협정을 맺은 국가 간에 군사 기밀을 서로 공유할 수 있도록 체결하는 협정
① 킬체인. 적의 미사일을 실시간으로 탐지하고 공격으로 잇는 일련의 공격형 방위시스템으로, ▷탐지 ▷확인 ▷추적 ▷조준 ▷교전 ▷평가 등 6단계로 이뤄진다.
② 한국형 미사일방어(Korea Air and Missile Defense). 한반도를 향해 날아오는 북한 미사일을 공중에서 요격하는 방어시스템으로, 킬체인이 가동되지 않을 경우 대응하는 다음 단계다.
④ 대량응징보복(Korea Massive Punishment & Retaliation). 북한이 핵·미사일 공격을 가할 경우 북한의 지휘부를 직접 겨냥해 응징 보복하는 것이다.

02 ② 연동형 비례대표제는 지역구 후보에게 1표, 정당에게 1표를 던지는 1인 2표 방식으로 이뤄지는데, 각 정당이 획득하는 총 의석 비율을 정당 득표율과 최대한 일치시키는 데 목적이 있다. 따라서 정당 득표율로 각 정당들이 의석수를 나눈 뒤 배분된 의석수보다 지역구 당선자가 부족할 경우 이를 비례대표 의석으로 채우게 된다.
① 한 선거구에서 가장 많은 득표수를 기록한 의원 1명만이 선출되는 제도
③ 소선거구제를 기본으로 해 당해 선거구에서 가장 많은 표를 얻은 후보자가 당선되는 제도
④ 한 선거구에서 2인 이상의 당선자를 뽑는 중대선거구제를 기본으로 해 일정한 득표수를 차지한 여러 사람이 당선되는 제도

03 미 연준은 2022년 3월을 시작으로 5, 6, 7, 9, 11, 12월까지 2022년에만 총 7차례의 기준금리 인상을 단행했다.

04 ③ 법정 최고금리란 대출상품의 금리(이자율) 상한을 법으로 정하는 제도로, 현행 법정 최고금리는 20%이다.

05 ④ 외환보유액은 정부기관 또는 통화당국이 보유한 순외화 자산으로, 국가의 지급 불능 사태에 대비하고 외환 시장이 교란됐을 때 환율을 안정시키기 위한 목적으로 보유한다. 외환보유액이 지나치게 많으면 본원통화가 동원돼 환율이 떨어지고 통화안정증권에 대한 이자 부담이 생길 우려가 있다.
① 수출 상품 가격 하락으로 수출이 증가한다.
② 수입 상품 가격 상승으로 수입이 감소한다.
③ 원자재 가격 상승으로 물가가 상승한다.

06 ① 미국 버클리대 헨리 체스브로 교수가 2003년에 제시한 개방형 기술혁신 전략이다.
② 생산·서비스 등 기업활동 일부 과정에 대중을 참여시키는 것
③ 제품의 생산과 유통·포장·용역 등의 과정이 하청기업의 발주나 외주를 통해 이뤄지는 경영 형태
④ 기업들이 경비를 절감하기 위해 생산, 용역, 일자리 등을 해외로 내보내는 현상

07 ② 총포가 발명된 시기에 전쟁을 위해 마른 화약을 비축한 것에서 유래된 것으로, 주로 글로벌 사모투자펀드(PEF)들이 투자하지 못하고 보유하고 있는 기업 인수·합병(M&A)을 위한 자금을 말한다.
① 국제금융시장을 이동하는 단기자금으로, 투기적 이익을 목적으로 하는 것과 국내 통화 불안을 피하기 위한 자본 도피 등 두 종류가 있다.
③ 하루에도 수십·수백 번 이상 분·초 단위로 거래를 하며 단기 차익을 얻는 박리다매형 초단타 매매 기법
④ 부정 자금의 출처, 수익자 등을 알 수 없도록 자금의 구좌를 이동하는 것

🔒 1.③ 2.② 3.③ 4.③ 5.④ 6.① 7.②

08 코로나19 이후 물가 상승으로 직장인의 점심값 부담이 증가한 상황을 일컫는 용어는?

① 히트플레이션
② 콘플레이션
③ 프로틴플레이션
④ 런치플레이션

09 다음 제시된 설명에서 연상되는 통화는?

- 자유교환성, 자유대체성 보유
- 국제적 신뢰와 통화가치의 안정 보장
- 높은 수요도와 공급도
- 미국 달러

① 본원통화
② 협의통화
③ 성장통화
④ 기축통화

10 DSR(Debt Service Ratio)에 대한 설명으로 바른 것은?

① 주택담보대출의 연간 원리금 상환액과 기타 부채에 대해 연간 상환한 이자의 합을 연소득으로 나눈 비율
② 채권을 발행하거나 금융기관에서 대출을 받아 자금을 조달한 기업의 신용위험만을 분리해 사고파는 금융파생상품 거래
③ 금융기관이 주택을 담보로 장기대출을 해준 주택저당채권을 대상 자산으로 해 발행한 증권
④ 대출을 받으려는 사람의 소득 대비 전체 금융부채의 원리금 상환액 비율

11 주택을 담보로 돈을 빌릴 때 인정되는 자산가치의 비율을 뜻하는 것은?

① LTV　　　② DTI
③ PER　　　④ MBTI

12 한정된 자원을 극대화하기 위해 최대한 알뜰하게 소비하는 전략적 소비자를 이르는 말은?

① 앰비슈머　　② 트윈슈머
③ 체리슈머　　④ 트라이슈머

▶ 다음 물음에 알맞은 답을 쓰시오. [13~17]

13 코로나19에 따른 영업제한 등으로 대출상환에 어려움을 겪는 자영업자·소상공인의 금융부담 완화를 위해 상환기간을 늘려주고 금리부담은 낮추되, 채무상환이 불가능한 차주는 상환능력에 맞춰 원금을 감면하는 방식으로 이뤄지는 맞춤형 채무조정 프로그램은?

14 유동화전문회사(SPC)가 매출채권·리스채권, 회사채 등의 자산을 담보로 발행하는 기업어음은?

15 약세장 속에서 주가가 일시적으로 상승하는 반등 장세를 일컫는 용어는?

16 직장을 그만두지는 않지만 정해진 시간과 업무 범위 내에서만 일하고 초과근무를 거부하는 노동 방식을 뜻하는 신조어는?

17 노조의 파업으로 발생한 손실에 대한 사측의 손해배상을 제한하는 내용 등을 담은 법안의 별칭으로, 2014년 쌍용차 파업 참여 노동자들에게 47억 원의 손해배상 판결이 내려지면서 시작된 시민들의 모금운동에서 유래된 이 명칭은?

※ 위 문제는 수험생들의 기억에 의해 재생된 것이므로, 실제 문제와 다소 다를 수 있습니다. 실제 시험에서는 20문제가 출제된 것으로 추정됩니다.

08 ① 폭염으로 식량 가격이 급등하는 현상 ② 옥수수 가격이 최고치로 치솟는 현상
③ 고기, 생선, 달걀, 유제품 등 단백질 주공급원의 가격이 급등하는 현상

09 ④ 기축통화는 국제 간의 결제나 금융거래의 기본이 되는 특정 통화로, 대표적으로 미국 달러가 이에 해당한다. 기축통화로 통용되기 위해서는 제시된 조건들에 더해 해당 통화를 보유한 국가의 금융시장이 국제금융시장으로서의 역할을 충분히 할 수 있도록 그 기능과 조직이 구비돼 있어야 한다.
① 중앙은행인 한국은행이 지폐 및 동전 등 화폐 발행의 독점적 권한을 통해 공급한 통화
② 지급 수단으로서의 화폐의 기능을 중시한 통화지표로, 민간이 보유하고 있는 현금과 예금 취급기관의 결제성예금 합계
③ 경제가 성장함에 따라 늘어난 현금통화

10 ① DTI(Debt To Income) ② CDS(Credit Default Swap) ③ MBS(Mortgage Backed Securities)

11 ② 주택담보대출의 연간 원리금 상환액과 기타 부채에 대해 연간 상환한 이자의 합을 연소득으로 나눈 비율
③ 주가가 그 회사 1주당 수익의 몇 배가 되는가를 나타내는 지표로, 주가를 1주당 순이익(EPS)으로 나눈 것
④ 칼 융의 심리 유형론을 일상에서 활용할 수 있도록 16가지 성격 유형으로 구분한 프로그램

12 ③ 체리슈머들은 필요한 만큼만 딱 맞춰 구매(조각)하거나 해당 물건이나 서비스를 필요로 하는 다른 사람들과 함께 구매해 비용을 절감하는 공동구매 등의 실속적인 소비를 통해 절약을 꾀한다.
① 가치관의 우선순위에 있는 것에는 소비를 아끼지 않는 대신 우선순위에 없는 것에는 소비를 아끼는 사람
② 구매자의 사용 후기를 바탕으로 인터넷 구매를 결정하는 소비자
④ 체험을 중시하는 소비자

8. ④ 9. ④ 10. ④ 11. ① 12. ③ 13. 새출발기금 14. 자산유동화 기업어음(ABCP) 15. 베어마켓 랠리(Bear-market Rally) 16. 조용한 사직(Quiet Quitting) 17. 노란봉투법

실전테스트 100

▶ 다음 물음에 알맞은 답을 고르시오. (1~70)

01 미국이 자국 상공에 진입한 중국 정찰풍선을 2월 4일 대서양 상공에서 격추했다. 이어 국가안보 위협을 이유로 예정돼 있던 미 국무장관의 중국 방문도 전격 취소했는데, 밑줄 친 이 인물은 누구인가?

① 로이드 오스틴
② 카멀라 해리스
③ 재닛 옐런
④ 웬디 셔먼
⑤ 토니 블링컨

02 독일과 미국이 최근 러시아와 전쟁 중인 우크라이나에 주력 탱크를 지원하기로 했다. 이 가운데 독일이 지원하기로 한 이 탱크는 디젤 연료를 사용해 연료소비 효율이 뛰어나다는 평을 얻고 있는데, 무엇인가?

① 하이마스
② 레오파르트2
③ M1 에이브럼스
④ 르클레르
⑤ C1 아리에테

03 다음 밑줄 친 장소에 대한 설명으로 바르지 못한 것은?

> 폴란드 외교부가 1월 3일 성명을 통해 독일에 2차 세계대전 침략에 대한 보상 및 배상금을 요구했으나 독일이 이를 거부했다고 밝혔다. 폴란드는 제2차 세계대전 때인 1939년 독일의 침략을 받아 1945년까지 점령당하면서 국민 약 600만 명이 사망하는 등의 큰 피해를 입었다. 당시 폴란드는 수도 바르샤바 등 주요 도시가 초토화됐는데, 특히 나치 독일의 유대인 대량 학살(홀로코스트)이 폴란드의 이 수용소를 중심으로 자행됐다.

① 1940년 6월 나치 친위대(SS) 총사령관이었던 하인리히 힘믈러에 의해 설립됐다.
② 폴란드 의회는 1947년 이곳을 박물관으로 영구 보존하기로 결정했다.
③ 1944년 말 영국의 붉은 군대가 진격해 오면서 해방이 이뤄졌다.
④ 유네스코는 1979년 이곳을 세계문화유산으로 지정했다.
⑤ 폴란드는 이곳을 회복하자마자 옛 이름인 「오시비엥침」으로 재빨리 되돌렸다.

04 다음 ( ) 안에 들어갈 인물은?

> 지난해 10월 치러진 브라질 대선 결과를 부정하는 ( ) 전 대통령의 극우 지지자 수천 명이 1월 8일 브라질 3부 청사에 난입하는 초유의 폭력사태가 벌어졌다. 이들은 지난 1월 1일 취임한 루이스 이나시우 룰라 다시우바(78) 대통령의 하야를 요구하며 이번 폭동을 일으켰다. ( ) 전 대통령은 선거 조작 의혹을 제기하며 승복 선언을 하지 않았고, 지난 12월 30일에는 미국으로 떠나며 룰라 대통령의 취임식에도 참석하지 않았다.

① 지우마 호세프
② 자이르 보우소나루
③ 알베르토 페르난데스
④ 가브리엘 보리치
⑤ 니콜라스 마두로

05 튀르키예가 1월 24일 스웨덴에서 벌어진 반이슬람 시위에 반발하며 「이 기구」의 가입을 위해 진행하려 했던 튀르키예·스웨덴·핀란드의 3자 회담을 무기한 연기했다. 1949년 발족돼 현재 30개국이 회원으로 가입돼 있는 이 집단방위기구의 영어 약자 표기는?

① NATO
② NAFTA
③ OECD
④ EU
⑤ WTO

---

01 ① 현 미 국방부 장관 ② 현 미 부통령 ③ 현 미 재무부 장관 ④ 현 미 국무부 부장관

02 레오파르트2는 유럽 최소 13개국에서 약 2000대가 운용 중인 독일 주력 전차로, 타국 전차에 비해 운용이 쉽고 디젤 연료를 사용해 연료소비 효율이 뛰어나다는 평을 얻고 있다.
① 미국 록히드 마틴이 개발한 다연장로켓포
③ 조 바이든 대통령이 1월 25일 우크라이나에 지원을 공식 발표한 미국의 주력 전차
⑤ 이탈리아의 주력 전차. 미국의 M1A1, 독일의 레오파르트2, 영국의 챌린저2, 프랑스의 르클레르 등과 비슷한 성능을 가진 3세대 전차이다.

03 ③ 아우슈비츠 수용소에 대한 설명이다. 아우슈비츠 수용소는 1944년 말 러시아의 붉은 군대가 진격하고 이곳에 진주하면서 사라지게 되었다.

04 ② 2019년 1월 취임해 2022년 12월 임기를 마무리한 브라질 제38대 대통령으로, 2022년 10월 치러진 대선에서 룰라 전 대통령에 패했다.
① 2011·2014년 대선에 당선된 브라질 최초의 여성 대통령으로, 2016년 뇌물 스캔들 등으로 탄핵됐다.
③ 현 아르헨티나 대통령 ④ 현 칠레 대통령 ⑤ 현 베네수엘라 대통령

05 ① 북대서양조약기구(나토, NATO)에 대한 설명이다. North Atlantic Treaty Organization
② 북미자유무역협정. North American Free Trade Agreement
③ 경제협력개발기구. Organization for Economic Cooperation and Development
④ 유럽연합. European Union
⑤ 세계무역기구. World Trade Organization

🔒 1.⑤ 2.② 3.③ 4.② 5.①

06 프랑스 정부가 지난 1월 연금 수령 시작 최소 연령을 2030년까지 (　)세로 상향하는 등의 연금개혁안을 발표한 뒤 프랑스 전역에서 이에 반대하는 시위가 거세게 일고 있다. (　) 안에 들어갈 숫자는?

① 62　② 63　③ 64　④ 65　⑤ 66

07 다음이 설명하는 용어와 같은 색이 들어간 용어를 〈보기〉에서 고르면?

> 여러 남미 국가에서 온건한 사회주의를 표방하는 좌파 정당들이 연달아 집권한 기조로, 1990년 베네수엘라의 우고 차베스 정권 출범부터 시작된 흐름이다. 이 흐름은 2014년 11월까지 남미 12개국 중 파라과이와 콜롬비아를 제외한 10개국에서 좌파 정권이 집권하면서 약 20여 년 가까이 지속됐다. 그리고 2018년 멕시코를 시작으로 최근 5년 새 아르헨티나, 볼리비아, 페루, 칠레, 브라질 등에서 다시 좌파로의 정권 교체가 이뤄지면서 이 흐름이 부활했다는 평가다.

보기

> ㉠ 대북 포용정책이 실패할 경우 봉쇄 정책으로 전환하는 기준선
> ㉡ 주로 개인을 상대로 하는 서비스 직종에 종사하는 여성 노동자들
> ㉢ 한 달에 두 번 뜨는 보름달
> ㉣ 반복되어 오는 위기임에도 뚜렷한 해결책을 제시하지 못하는 상황
> ㉤ 모두가 잘못됐다는 것을 알면서도 먼저 그 말을 꺼낼 경우 초래될 위험이 두려워 누구도 먼저 말하지 않는 커다란 문제

① ㉠　② ㉡　③ ㉢　④ ㉣　⑤ ㉤

08 국방부가 지난 12월 고체연료 추진 우주 발사체 2차 시험 비행에서 총 4단인 발사체 중 1단을 제외한 2·3·4단이 분리 및 각 엔진의 점화·연소 시험에 성공했다고 1월 2일 밝혔다. 이와 관련, 고체연료 발사체의 특징으로 바르지 못한 것은?

① 구조가 간단하다.
② 연료 효율이 액체 추진 발사체에 비해 낮다.
③ 소형 및 초소형 위성을 지구 저궤도에 올리기 위한 용도로 주로 사용된다.
④ 연료를 장착한 상태로 발사체를 관리할 수 있다.
⑤ 제작 비용이 액체 추진 발사체에 비해 고가이다.

09 국회 정개특위가 내년 22대 총선을 앞두고 중대선거구제 도입 등 선거법 개정안 논의에 본격 착수했다. 이와 관련, 중대선거구제와 소선거구제를 비교한 내용이 바르지 못한 것은?

① 소선거구제는 다수당 출현이 유리해 상대적으로 안정적인 정국 운영이 가능하다.
② 소선거구제는 후보 선택의 외연성이 확대돼 유권자의 선택 폭이 넓다.
③ 중대선거구제는 소수 정당의 원내 진입이 용이하다.
④ 중대선거구제는 후보자 난립 및 선거 비용 증가라는 단점이 있다.
⑤ 현행 소선거구제는 1988년 4월 총선을 앞두고 그해 3월 국회의원선거법이 개정되면서 시행됐다.

10 국방부가 1월 11일 새해 업무보고에서 「한국형 3축 체계」 강화 방침을 밝혔다. 이와 관련, 3축 체계 중 북한이 핵·미사일 등을 발사하기 전에 우리 군이 이를 먼저 탐지해 선제 타격한다는 개념은?

① 킬체인(Kill Chain)
② 한국형 미사일방어(KAMD)
③ 대량응징보복(KMPR)
④ 발사의 왼편(Left of Launch)
⑤ 데프콘(DEFCON)

11 법무부가 1월 26일 도입 방침을 밝힌 것으로, 출소한 고위험 성범죄자가 미성년자 교육 시설 등에서 500m 안에 거주하지 못하도록 하는 내용을 핵심으로 한다. 이는 미국에서 시행 중인 이 법을 딴 것이어서 「한국형 ~법」이라는 명칭이 붙었는데, 무엇인가?

① 메건법
② 앰버법
③ 제시카법
④ 코드아담법
⑤ 도드-프랭크법

06 프랑스 정부가 연금 수령을 시작하는 최소 연령을 현행 62세에서 2030년까지 64세로 상향하는 내용 등을 담은 연금 개혁안을 추진한다고 1월 10일 발표했다. 이와 같은 방안이 발표된 이후 프랑스 전역에서는 연금 개혁에 반대하는 시위가 거세게 일고 있다. 하지만 프랑스 정부는 대다수의 반대 여론에도 불구하고 개혁안의 핵심이자 최대 쟁점인 「정년 2년 연장」에 대해서는 타협할 수 없다는 입장이다.

07 지문에서 설명하는 용어는 「핑크타이드(Pink Tide)」이다. 〈보기〉 중 같은 색이 들어간 용어는 ⓒ 핑크칼라(Pink-collar)이다.
㉠ 레드라인(Red Line) ⓒ 블루문(Blue Moon) ⓔ 화이트 스완(White Swan) ⓜ 검은 코끼리(Black Elephant)

08 로켓은 크게 고체연료 추진 방식과 액체연료 추진 방식으로 구분된다. 고체연료 발사체는 제작 비용이 액체 추진 발사체에 비해 저렴하다. 하지만 연료 효율이 액체에 비해 낮아 소형 및 초소형 위성을 지구 저궤도에 올리기 위한 용도로 주로 쓰이고 있다.

09 ② 후보 선택의 외연성이 확대되는 선거구제는 중대선거구제로, 이는 한 선거구에서 2명 이상의 대표를 선출하는 데 따른 것이다.

10 한국형 3축 체계는 ▷북한의 핵·미사일 발사 움직임에 선제적으로 타격하는 킬체인(Kill Chain) ▷북한 미사일을 공중에서 탐지·요격하는 한국형 미사일방어(KAMD) ▷북한 핵·미사일 공격 시 보복하는 대량응징보복(KMPR)을 가리킨다.
④ 상대국이 미사일을 발사하기 전에 취하는 선제 조치를 말한다.
⑤ 대북 전투준비태세로, 모두 5단계로 돼 있다. 이는 숫자가 낮아질수록 전쟁 발발 가능성이 높다는 것을 의미한다.

11 ③ 제시카법(Jessica Law)은 미국에서 시행 중인 법으로, 12세 미만 아동을 상대로 성범죄를 저지른 범죄자에 대해 최소 25년의 형량을 적용하고 출소 이후에도 평생 위치추적장치를 채워 집중 감시하도록 한 법이다. 또 범죄자가 학교나 공원 주변 등 아동이 많은 곳으로부터 2000피트(약 610m) 이내에 거주하지 못하도록 하는 내용도 담고 있다.
① 미성년자를 대상으로 성범죄를 저지른 자가 형량을 마치고 석방되면 거주지 경찰관이 이들의 신체적 특징과 신상정보를 이웃에 알려 경계를 하도록 하는 「성범죄자 석방공고에 관한 법」이다.
⑤ 2008년 리먼 브라더스 사태로 촉발된 금융위기의 재발을 막기 위해 당시 미국 오바마 정부가 마련한 금융개혁법이다.

6.③ 7.② 8.⑤ 9.② 10.① 11.③

12 정부가 1월 30일 확정한 「2023년도 공공기관 지정 절차」의 내용으로 바르지 못한 것은?

① 기존 공기업·준정부기관 43곳이 기타 공공기관으로 변경됐다.
② 한국·광주·대구경북·울산 등 4대 과학기술원이 공공기관에서 지정 해제됐다.
③ 한국특허기술진흥원은 공공기관(기타 공공기관)으로 신규 지정됐다.
④ 금융감독원에 대한 공공기관 지정 유보 상황은 계속된다.
⑤ 전체 공공기관 수는 350곳에서 357곳으로 늘어났다.

13 이상민 행안부장관에 대한 탄핵소추안이 2월 8일 국회에서 가결됐다. 탄핵과 관련된 다음의 내용 중 잘못된 부분은?

> ㉠ 국무위원 탄핵소추안의 가결 요건은 재적의원 3분의 1 이상 발의와 재적의원 과반수 찬성이다. ㉡ 본회의가 법사위 회부를 의결하지 않을 경우 본회의에 보고된 때를 기점으로 24시간 이후 72시간 이내에 탄핵소추 여부를 무기명 표결해야 한다. 탄핵소추가 의결되면 탄핵심판으로 이어지는데, 탄핵심판은 헌법재판소가 행한다. ㉢ 탄핵심판에서는 국회의장이 소추위원(검사 역할)이 된다. ㉣ 탄핵 결정은 재판관 9인 중 6인 이상의 찬성이 있어야 하며, ㉤ 탄핵결정에 의해 파면된 자는 결정 선고일로부터 5년이 지나지 않으면 공무원이 될 수 없다.

① ㉠ ② ㉡ ③ ㉢ ④ ㉣ ⑤ ㉤

14 준연동형 비례대표제는 지난 2019년 총선에서 처음 도입한 선거 제도로, 의석수를 「지역구 253석, 비례대표 47석」 현행 그대로 유지하되 비례대표 47석 중 (㉠)석에만 연동형 캡을 적용해 연동률 (㉡)%를 적용하는 방식이다. ㉠, ㉡에 들어갈 숫자가 바르게 짝지어진 것은?

① 25, 40   ② 25, 50
③ 30, 40   ④ 30, 50
⑤ 32, 50

15 유엔사가 지난해 12월 북한 무인기의 남한 영공 침투와 그에 맞대응한 남한의 군사작전 모두 정전협정 위반이라는 결과를 발표했다. 정전협정은 6·25전쟁 종식을 위해 1953년 7월 이들 3개국 간에 체결된 협정인데, 이 3개국을 〈보기〉에서 고르면?

> 보기
>
> ㉠ 소련   ㉡ 미국   ㉢ 남한
> ㉣ 북한   ㉤ 중국   ㉥ 일본

① ㉠, ㉡, ㉣   ② ㉠, ㉡, ㉤
③ ㉡, ㉢, ㉥   ④ ㉡, ㉣, ㉤
⑤ ㉢, ㉣, ㉤

16 인플레이션 상태를 벗어나기 위해 통화가 증발하는 것을 막고 재정과 금융의 긴축을 중심축으로 하는 경제조정정책으로, 제롬 파월 미 연준 의장이 2월 1일 이를 언급하면서 화제가 됐다. 무엇인가?

① 리플레이션   ② 디스인플레이션
③ 양적완화   ④ 테이퍼링
⑤ 긴축발작

17 올 1월 1일 공식 출범할 예정이었던 ( ) 특별연합이 해당 지역들의 입장 번복에 따라 사실상 폐지가 결정됐다. ( ) 특별연합은 수도권 집중과 지역소멸 문제 극복을 위해 이 지역에 메가시티 조성을 목표로 한 것이었는데, ( )에 해당하는 3개 지자체는?

① 대구, 울산, 경북
② 부산, 울산, 경남
③ 경북, 부산, 울산
④ 대구, 경남, 경북
⑤ 부산, 대구, 울산

18 금융위원회가 1월 30일 업무보고에서 9억 원 미만 주택 보유자이면서 ( )이/가 70% 이상인 경우 최대 3년간 거치 기간이 적용되는 원금상환 유예를 적용하기로 했다. ( ) 안에 들어갈 용어는?

① DTI
② DSR
③ LTV
④ LTI
⑤ RTI

12 정부가 1월 30일 확정한 「2023년도 공공기관 지정 절차」에 따르면 기재부의 직접적인 경영관리 감독을 받는 공기업·준정부기관 수는 130곳에서 87곳으로 줄었고, 주무 부처의 자율적인 관리가 가능한 기타공공기관 수는 220곳에서 260곳으로 늘어나면서 전체 공공기관 수는 350곳에서 347곳으로 줄었다.

13 탄핵심판에서는 국회 법제사법위원장이 소추위원(검사 역할)이 되며, 소추위원은 심판의 변론에서 피청구인을 신문할 수 있다.

14 준연동형 비례대표제는 2019년 총선에서 처음 도입한 선거 제도로, 의석수를 「지역구 253석, 비례대표 47석」 현행 그대로 유지하되 비례대표 47석 중 30석에만 연동형 캡(Cap, 상한선)을 적용해 연동률 50%를 적용하는 방식이다. 연동형 비례대표제가 정당의 득표율에 연동해 의석을 배정하는 방식인 데 반해 정당 득표율에 50%만 연동한 것이어서 「준연동형 비례대표제」라는 명칭이 붙었다.

15 정전협정은 1950년 6월 25일 발생한 한국전쟁의 종식을 위해 1953년 7월 27일 미국과 북한, 중국 사이에 체결된 것이다. 당시 유엔군 총사령관 클라크, 북한군 최고사령관 김일성, 중공인민지원군 사령관 펑더화이(彭德懷)에 의해 서명이 이뤄졌다.

16 ① 경제가 디플레이션 상태에서 벗어났지만 심각한 인플레이션을 유발하지 않을 정도로 통화를 재(Re-)팽창시키는 것
③ 중앙은행이 통화를 시중에 직접 공급해 신용경색을 해소하고, 경기를 부양시키는 통화정책
④ 정부가 통화 유동성을 확대하기 위해 시행하던 양적완화(자산매입) 조치를 점진적으로 축소하는 것
⑤ 선진국의 양적완화 축소 정책이 신흥국의 통화 가치와 증시 급락을 불러오는 현상

17 부울경 특별연합(메가시티)은 부산·울산·경남이 함께하는 전국 최초의 특별지방자치단체를 말한다. 이에 2023년 1월 1일부터 초광역 철도망, 친환경 조선산업, 자동차, 항공산업 등 21개 분야 126개 세부 사무를 수행할 예정이었다. 그러나 지난해 6월 지방선거 이후 경남도와 울산시가 기존 입장을 번복하면서 사실상 좌초된 바 있다.

18 ① 금융위는 금리 상승 등으로 주담대 상환이 어려운 차주를 「재무적 곤란 차주」에 포함해 원금상환 유예 및 조건 변경을 통한 대환을 허용하기로 했다. 이에 따르면 9억 원 미만(기존에는 6억 원 미만) 주택 보유자이면서 총부채상환비율(DTI)이 70% 이상인 경우 최대 3년간 거치(이자만 상환) 기간이 적용되는 원금상환 유예를 적용하기로 했다.
② 총부채원리금상환비율
③ 주택담보대출비율, 은행들이 주택을 담보로 대출을 해줄 때 적용하는 담보가치 대비 최대 대출가능 한도

12. ⑤   13. ③   14. ④   15. ④   16. ②   17. ②   18. ①

19 다음에 들어갈 숫자를 모두 더하면?

> 연 4%대 고정금리 대출상품인 특례보금자리론이 1월 30일부터 1년간 한시적 운영에 들어갔다. 특례보금자리론은 소득에 상관없이 (　)억 원 이하 주택을 최대 (　)억 원까지 대출 받아 살 수 있는 상품으로, 기존 보금자리론과 달리 소득 요건이 없다는 것이 특징이다.

① 10　② 12　③ 14　④ 16　⑤ 18

20 다음 내용과 관련된 국가는?

> 이 나라가 1월 9일 국제통화기금(IMF)에 구조조정을 일시 중단해줄 것을 요청했다. 이 나라는 지난 2019년 IMF로부터 3년간 60억 달러(약 7조 3800억 원) 규모의 EFF 구제금융을 받기로 했는데, 구조조정 등 정책 이견으로 인해 지원금 가운데 절반가량만 집행된 상태다. 이 나라의 경제난은 중국의 일대일로 사업에 참여하는 과정에서 대규모 인프라 투자로 대외 부채가 급등하면서 본격화됐다. 이후 코로나19 사태와 러시아-우크라이나 전쟁이 발생한 데다 지난해에는 국토의 3분의 1이 수몰되는 대홍수까지 겹치면서 국가부도 우려까지 일고 있다.

① 네팔
② 파키스탄
③ 스리랑카
④ 방글라데시
⑤ 인도네시아

21 산업부가 1월 12일 발표한 「제10차 전력수급기본계획(2022~2036)」에 따르면 2036년 전력원별 발전 비율은 현재와 크게 달라진다. 이를 높은 순서부터 나열하면?

① 원전-석탄-LNG-신재생에너지
② 원전-신재생에너지-석탄-LNG
③ 신재생에너지-원전-석탄-LNG
④ 신재생에너지-석탄-LNG-원전
⑤ 석탄-원전-신재생에너지-LNG

22 기재부가 1월 18일 발표한 「2022년 세제개편 후속 시행령」에 따라 올해부터 시행되는 세제 관련 제도로 바르지 못한 것은?

① 탁주와 맥주에 붙는 주세가 인상됨에 따라 맥주는 ℓ당 30.5원 올라 885.7원이 된다.
② 신속 통관 등의 편의 제고를 위해 여행자 휴대품 통관 시 단일간이세율 구간을 폐지한다.
③ 문화재나 미술품으로 상속세를 납부하는 물납이 허용되는데, 이는 상속세 납부세액이 2000만 원을 초과하고 상속재산 중 금융재산 가액보다 많을 때 가능하다.
④ 백화점·대형마트·편의점 등 13개 업종이 현금영수증 의무발행업종에 추가된다.
⑤ 1000만 원을 초과하는 전·월세 임대차계약을 한 임차인은 임대인의 동의를 받은 뒤 임대인의 국세 체납액을 확인할 수 있다.

23 정부가 1월 3일 지난해까지 3개였던 「국가전력기술」에 이 분야를 추가하면서 총 4개가 됐다. 국가전략기술로 지정된 분야의 기업들은 연구나 개발에 투자한 금액의 최대 50%를 세액공제 받을 수 있는데, 올해 추가된 분야는?

① 백신
② 반도체
③ 배터리
④ 전기차
⑤ 디스플레이

24 다음 밑줄 친 「이 증후군」은 무엇인가?

> 이 증후군은 중소기업이 받을 수 있는 지원을 계속 받기 위해 중견기업, 대기업으로 성장하는 것을 포기하는 현상을 말한다. 대한상공회의소가 1월 26일 최근 10년 내 중소기업을 졸업한 국내 중견기업 300개사를 대상으로 조사한 결과 응답 기업의 77%는 중소기업 졸업 후 지원 축소와 규제 강화 등 새로운 정책 변화를 체감하거나 체감한 적이 있는 것으로 나타나 이 증후군이 여전한 것으로 조사됐다.

① 피터팬 증후군
② 파랑새 증후군
③ 스탕달 증후군
④ 오셀로 증후군
⑤ 무드셀라 증후군

---

19 특례보금자리론은 소득에 상관없이 9억 원 이하 주택을 최대 5억 원까지 대출 받아 살 수 있는 상품으로, 기존 보금자리론(소득 7000만 원 이하)과 달리 소득 요건이 없다는 것이 특징이다.

20 ② 셰바즈 샤리프 파키스탄 총리가 1월 9일 국제통화기금(IMF)에 구조조정을 일시 중단해줄 것을 요청했다. 이는 홍수 피해 복구 및 국가 재정비에 따라 IMF가 금융지원에 앞서 요구한 구조조정을 당장 이행하기 힘들다는 이유에서다.

21 산업부의 기본계획에 따르면 2030년 원전과 신재생에너지는 그 비중이 각각 30%대, 20%대로 진입하는 반면 석탄 발전은 20% 아래로 떨어진다. 2036년 전력원별 발전 비율은 원전(34.6%), 신재생(30.6%), 석탄(14.4%), LNG(9.3%) 순이다.

22 ⑤ 전세 사기 피해 방지를 위해 1000만 원을 초과하는 보증금으로 전·월세 임대차계약을 한 임차인은 계약일부터 임차 개시일까지 임대인의 국세 체납액을 확인할 수 있다. 미납 국세를 열람할 때는 임대인의 동의를 받지 않아도 되며, 이는 주택 소재지뿐 아니라 전국 세무서에서 열람을 지원한다.

23 정부가 1월 3일 발표한 「반도체 등 투자 활성화를 위한 세제지원 강화방안」에 따르면 지난해까지 반도체·배터리·백신 등 3개였던 국가전략기술은 올해 디스플레이가 추가돼 총 4개가 됐다. 전자기기에서 정보를 시각적으로 화면에 보여주는 장치인 디스플레이는 우리나라 주요 수출 품목 중 하나로 꼽힌다.

24 ② 현재의 삶에 만족하지 못하고 장래의 행복만을 꿈꾸는 증상
③ 감수성이 예민한 사람이 뛰어난 예술작품을 보고 순간적으로 느끼는 정신적 충동이나 흥분
④ 배우자의 불충실함으로 자신이 피해를 받는다고 느끼는 현상
⑤ 추억은 항상 아름답다고 하며 좋은 기억만 남겨두려는 심리

🔒 19.③ 20.② 21.② 22.⑤ 23.⑤ 24.①

25 통계청이 2월 2일 발표한 「1월 소비자물가 동향」에 따르면 이 물가가 1년 전보다 5.0% 상승하면서 13년 11개월 만에 최대 상승폭을 기록했다. 이는 천재지변 등 일시적인 외부 충격에 취약한 농산물과 석유류를 제외한 것인데, 무엇인가?

① 체감물가
② 근원물가
③ 생활물가
④ 기본물가
⑤ 소비자물가

26 다음 ㉠, ㉡에 들어갈 용어가 바르게 짝지어진 것은?

> 금융위원회가 2월 5일 (㉠)을/를 분산원장 기술(Distributed Ledger Technology)을 활용해 자본시장법상 증권을 디지털화한 것으로 정의했다. 금융위는 상반기 중 전자증권법과 자본시장법 개정안을 국회에 제출해 이 증권의 발행·유통 제도화를 추진한다는 계획이다. 이에 블록체인 기반으로 부동산, 미술품 등 실물자산을 증권화할 수 있는 새로운 시장이 열릴 것으로 전망되면서 (㉡) 활성화 전망이 나온다. (㉡)는 하나의 자산에 대해 여러 투자자들이 함께 투자하고 이익을 공동으로 배분받는 형식의 투자 기법을 말한다.

① ㉠: 토큰증권, ㉡: 조각투자
② ㉠: NFT, ㉡: 조각투자
③ ㉠: 토큰증권, ㉡: 공동투자
④ ㉠: NFT, ㉡: 공동투자
⑤ ㉠: 토큰증권, ㉡: 윤번투자

27 국토부가 2월 2일 발표한 「전세 사기 예방 및 피해 지원방안」의 내용 중 바르지 못한 것은?

① 주택도시보증공사(HUG) 전세가율을 기존 100%에서 90%로 하향한다.
② 임차인 거주 주택은 보증보험에 가입해야만 등록임대사업자 등록이 가능해진다.
③ HUG의 「안심전세 앱」을 통해 임대인의 보증사고 이력, 세금 체납 정보 등을 확인할 수 있다.
④ 공인중개사는 직무위반으로 징역형을 선고받은 경우 자격이 취소된다.
⑤ 감정평가는 공시가격과 실거래 가격이 없는 경우에만 적용한다.

28 고용부가 1월 29일 실업급여 개선 방향을 담은 「고용서비스 고도화 방안」을 발표했다. 이와 관련, 실업급여에 대한 설명으로 바른 것은?

① 급여액 수준은 실직 직전 3개월 평균 임금의 50%이다.
② 실업급여 수급을 위해서는 고용보험 가입 기간이 3개월 이상이어야 한다.
③ 실업급여 하한액은 최저임금의 80%이다.
④ 자진 퇴사하거나 본인의 중대한 잘못으로 해고된 경우도 실업급여의 대상이 된다.
⑤ 조기재취업수당은 구직급여를 받고 있는 도중에 급여일수 1/2 이상을 남기고 재취업에 성공한 경우, 남은 기간 동안 받을 수 있는 구직급여액의 1/3을 일시에 지급한다.

29 기존 주민등록인구에 근무·통학·관광·휴양 등의 목적으로 특정 지역을 방문해 체류하는 인구와 출입국관리법상 등록외국인 등을 포함한 인구로, 올해 「인구감소지역 지원 특별법」이 시행되면서 도입된 개념은?

① 연앙인구
② 야간인구
③ 안정인구
④ 생활인구
⑤ 추계인구

30 유치원과 어린이집의 유아교육과 보육을 2025년부터 통합하는 「유보통합 추진 방안 로드맵」이 1월 30일 발표됐다. 현재 유치원과 어린이집은 그 관할 부처가 다른데, 관할이 맞게 연결된 것은?

① 유치원: 교육부, 어린이집: 행정안전부
② 유치원: 보건복지부, 어린이집: 교육부
③ 유치원: 교육부, 어린이집: 보건복지부
④ 유치원: 교육부, 어린이집: 여성가족부
⑤ 유치원: 보건복지부, 어린이집: 행정안전부

25 ① 통계청이 공식적으로 발표하는 지표물가인 소비자물가와 달리 소비자가 주관적으로 느끼는 물가를 말한다. 소득계층의 항목별 소비지출 구성과 물가지수를 활용, 가중평균해 산정한다.
③ 소비자가 생활필수품을 구입할 때 피부로 느끼는 체감물가

26 NFT(Non-Fungible Token): 대체 불가능한 토큰이라는 뜻으로, 희소성을 갖는 디지털 자산을 대표하는 토큰을 말한다. NFT는 블록체인 기술을 활용하지만, 기존의 가상자산과 달리 디지털 자산에 별도의 고유한 인식 값을 부여하고 있어 상호교환이 불가능하다는 특징이 있다.

27 현재 공인중개사는 직무위반으로 징역형을 선고받은 경우에만 자격이 취소되지만, 앞으로는 집행유예를 받아도 취소되도록 「원 스트라이크 아웃」 제도를 도입한다. 감정평가사의 경우는 집행유예를 포함한 금고형을 2회 받아야 자격이 취소되지만, 법을 고쳐 금고형을 1회만 받아도 자격이 취소되도록 한다.

28 ① 지급액은 직전 평균임금의 60% 수준으로 1일 상한액은 6만 6000원(월 198만 원)이다.
② 실업급여를 받기 위해서는 고용보험 가입 기간이 6개월 이상이어야 한다.
④ 실업급여 중 구직급여는 고용보험에 가입한 회사에서 실직 전 18개월 동안 180일 이상 근무하다가 회사의 경영 악화 등 비자발적인 사유로 실직 또는 이직하게 된 경우, 적극적 재취업 활동이 전제되었을 때 지급받을 수 있다. 따라서 자진 퇴사하거나 본인의 중대한 잘못으로 해고된 경우는 적용되지 않는다.
⑤ 구직급여를 받고 있는 도중에 급여일수 1/2 이상을 남기고 재취업에 성공한 경우 남은 기간 동안 받을 수 있는 구직급여액의 1/2을 일시에 지급한다.

29 ① 해당 연도의 중앙일인 7월 1일의 인구수
② 야간에 상주하는 인구. 예컨대 대도시의 중심부에서는 야간인구가 주간인구에 비해 매우 적으며, 반대로 주변의 주택지역에서는 야간인구가 주간인구보다 많다.
③ 인구이동이 전혀 없다고 가정한 이론상의 인구로, 출생률과 사망률이 해마다 일정하고 같은 증가율로 증가하기 때문에 연령별 인구비율이 일정한 인구를 말한다.
⑤ 향후 인구변동요인(출생, 사망, 이동)별 가정에 따라 추계한 장래인구 규모와 연령별 구조에 대한 추정치

30 현재 유아교육은 유치원(교육부)에서, 보육은 어린이집(보건복지부)이 주로 맡고 있다. 또 유치원은 교육부와 시도교육청이 관할하는 「학교」로, 어린이집은 보건복지부와 지방자치단체가 관할하는 「사회복지기관」으로 분류돼 있다.

🔒 25. ② 26. ① 27. ④ 28. ③ 29. ④ 30. ③

31 1월 22일부터 (　) 신호등이 설치된 교차로에서 적색 신호 시 정지 의무를 어기면 처벌되는 도로교통법 시행규칙이 시행됐다. (　) 안에 들어갈 용어는?

① 직진　　　② U턴
③ P턴　　　④ 좌회전
⑤ 우회전

32 질병청이 올해부터 영유아기 장염을 유발하는 이 바이러스의 백신을 국가예방접종에 포함시킨다고 밝혔다. 이는 영유아 급성 설사병의 가장 흔한 원인으로, 1973년 처음 발견됐을 당시에는 그 원인이 파악되지 않아 가성 콜레라로 불리기도 했다. 무엇인가?

① 노로 바이러스
② 로타 바이러스
③ 사포 바이러스
④ 아데노 바이러스
⑤ 아스트로 바이러스

33 농림축산식품부가 오는 4월 27일 동물보호법 시행에 앞서 시행령·시행규칙 개정안을 2월 28일까지 입법예고했다. 다음은 해당 개정안의 내용 중 일부인데, (　) 안에 들어갈 숫자로 바른 것은?

> 동물을 줄로 묶어 기르는 경우 줄 길이는 (　)m 이상이어야 하고, 습성 등 부득이한 사유가 없으면 빛이 차단된 어두운 공간에서 장기간 사육하지 않아야 한다.

① 1　　② 1.5　　③ 2　　④ 2.5　　⑤ 3

34 국토부가 2월 6일 지난해 두 차례 벌어진 화물연대 총파업의 쟁점이던 화물차 안전운임제를 없애고 표준운임제로 개편하는 내용 등을 담은 방안을 발표했다. 이와 관련, 표준운임제에 대한 설명으로 바르지 못한 것은?

① 운송사-차주 간 운임을 강제하되 화주-운송사 간 운임은 강제하지 않고 가이드라인 방식으로 매년 공포한다.
② 시멘트와 컨테이너 품목에 3년 일몰제로 적용한다.
③ 운송사가 기사에게 줘야 할 강제운임 규정을 지키지 않으면 바로 500만 원 이하의 과태료를 부과한다.
④ 표준운임제를 적용받는 화물차 기사의 소득이 일정 수준 이상이 되면 적용 대상에서 제외한다.
⑤ 표준운임을 정하는 위원회는 공익위원을 기존 4명에서 6명으로 늘린다.

35 튀르키예와 시리아 국경지대에서 2월 6일 오전 4시 17분쯤 규모 7.8의 강진이 발생했다. 튀르키예는 아나톨리아 지각판과 이 3개의 지각판들이 교차하는 지점에 위치해 있어 지진이 자주 발생하는 지역인데, 이 3개의 지각판에 해당하는 것을 고르면?

> ㉠ 코코스판　　　㉡ 유라시아판
> ㉢ 인도판　　　　㉣ 아라비아판
> ㉤ 아프리카판　　㉥ 태평양판

① ㉠, ㉡, ㉢　　　② ㉡, ㉣, ㉤
③ ㉠, ㉣, ㉥　　　④ ㉡, ㉢, ㉣
⑤ ㉢, ㉣, ㉤

36 물이나 토양에 존재하는 강한 병원성 세균으로, 패혈증·전신감염·만성기도 감염증 환자에게 난치성 감염을 일으킨다. 최근 미 식품의약국(FDA)은 인공눈물 에즈리케어 사용자들에서 이 균에 감염된 사례가 보고되자 사용 중지 권고 결정을 내렸는데, 무엇인가?

① 살모넬라균   ② 포도상구균
③ 콜레라균   ④ 녹농균
⑤ 대장균

37 1996년부터 약 30년간 골든글로브 시상식을 중계해온 미국의 방송사로, 지난해 골든글로브를 둘러싼 각종 논란으로 시상식 중계를 취소했다 올해 재개한 이 방송사는?

① NBC   ② CBS
③ ABC   ④ CNN
⑤ 폭스채널

31 1월 22일부터 변경된 시행규칙에 따르면 모든 운전자는 우회전 신호등이 설치된 곳에서는 녹색화살표 신호에만 우회전할 수 있으며, 설치되지 않은 곳에서도 차량 신호등이 적색일 때는 반드시 일시 정지한 뒤 우회전해야 한다. 만약 이를 위반하면 도로교통법에 따라 20만 원 이하의 벌금이나 30일 미만의 구류에 처해질 수 있다.

32 질병청이 1월 8일 2023년 주요 업무 추진계획을 통해 영유아기 장염을 유발하는 로타 바이러스 백신을 국가예방접종에 포함시킨다고 밝혔다. 이는 생후 2·4·6개월 영아들을 대상으로 실시하는 것으로, 올해 접종 대상자는 21만 2000명이다.
① 겨울철 식중독의 주된 원인으로, 구토·메스꺼움·복통·설사·오한·두통이나 근육통 등의 증상을 유발하는 바이러스이다.
③ 노인이나 5세 미만의 유아에게 쉽게 감염되는 바이러스로, 설사·구토·메스꺼움·복통이 주요 증상이다.
④ 장바이러스의 일종으로, 급성 장염이나 호흡기 질환, 유행성 각결막염의 원인 바이러스로 알려져 있다.
⑤ 주로 면역력이 약한 어린이나 노인 등에게 장염을 유발하는 바이러스이다.

34 안전운임제에서는 화주가 운송사에 주는 운임과 운송사가 화물차 기사에게 지급하는 운임 모두 규정과 다르면 화주와 운송사 모두 500만 원 이하 과태료 등의 처벌 대상이 됐다. 하지만 표준운임제에서는 운송사에 대해서도 바로 과태료를 부과하는 게 아니라 시정명령부터 내린 뒤 과태료를 100만 원, 200만 원으로 점차 올려 부과하는 식으로 처벌을 완화한다.

35 튀르키예는 아나톨리아 지각판과 유라시아판, 아라비아판, 아프리카판이 교차하는 지점에 위치해 있어 세계에서 가장 활발히 지진이 발생하는 지역 중 하나로 꼽힌다. 이번 지진이 발생한 튀르키예 남동부와 시리아 북부는 아나톨리아판과 아라비아판이 만나는 동아나톨리아 단층선 위에 있는데, 이번 지진은 아라비아판이 북쪽으로 이동하며 아나톨리아판과 충돌하며 발생했다.

36 ① 주로 사람이나 동물의 장(腸)내에 기생하는 병원성 세균
② 식중독뿐만 아니라 피부의 화농·중이염·방광염 등 화농성질환을 일으키는 원인균
③ 콜레라의 병원체로 주로 오염된 음식물이나 물, 병원체 보유자의 대변 또는 구토물 등을 통해 감염된다.
⑤ 사람이나 동물의 장 속에 사는 세균으로, 특히 대장에 많이 존재한다.

37 ② 1927년 설립된 미국의 3대 방송사 중 하나로, 본부는 뉴욕에 위치하고 있다.
③ 1943년 설립된 미국의 방송사로, 1996년 월트 디즈니사가 인수해 현재에 이르고 있다.
④ 미국의 24시간 뉴스 전문 유선 텔레비전 방송업체
⑤ 1985년 10월 루버트 머독에 의해 설립된 미국의 대형 방송사

🔒 31.⑤   32.②   33.③   34.③   35.②   36.④   37.①

38 애플TV 플러스의 이 드라마가 1월 15일 열린 제28회 크리틱스 초이스 시상식에서 최우수 외국어드라마상을 수상했다. 1910년대부터 1980년대까지를 배경으로 4대에 걸친 한인 이민 가족의 이야기를 담은 이 작품은?

① 이상한 변호사 우영우
② 더 글로리
③ 파친코
④ 미나리
⑤ 카지노

39 미국 빌보드 메인 앨범 차트인 「빌보드 200」에서 1위를 차지한 적이 있는 한국 그룹을 모두 고르면?

㉠ 뉴진스	㉡ 스트레이 키즈
㉢ 아이브	㉣ 투모로우바이투게더
㉤ (여자)아이들	㉥ 블랙핑크

① ㉡, ㉥
② ㉤, ㉥
③ ㉡, ㉣, ㉥
④ ㉣, ㉤, ㉥
⑤ ㉠, ㉡, ㉣, ㉥

40 1월 29일 호주오픈 남자 단식 결승전에서 우승하면서 이 대회 최초로 결승에 10번 올라 10번 모두 우승하는 기록을 남긴 테니스 선수는?

① 노바크 조코비치
② 카를로스 알카라스
③ 라파엘 나달
④ 스테파노스 치치파스
⑤ 카르페르 루드

41 다음 ( ) 안에 들어갈 용어는?

> 문화재청이 1월 19일 ( )을/를 순차적으로 국가무형문화재로 지정한다고 밝혔다. 문화재청은 자문회의를 통해 역사성·학술성·예술성·대표성·사회문화적 가치·재현 가능성 등 6가지의 문화재 지정 기준에서 5가지 이상을 충족한 ( ) 142개를 최종적으로 선정했다. ( )은/는 한 민족 간에 전승되어 온 허구의 이야기로, 신화·전설·민담을 포괄하는 구비문학을 말한다.

① 민속극
② 설화
③ 민요
④ 속담
⑤ 판소리

42 한국 남자 테니스 국가대표팀이 2월 5일 이 대회 예선전에서 사상 처음으로 2회 연속 16강에 진출하며 파이널스 무대를 밟게 됐다. 1900년에 시작된 세계 최고 권위의 남자 테니스 국가대항전은?

① 로저스컵
② 빌리진킹컵
③ 데이비스컵
④ 호프먼컵
⑤ 프레지던츠컵

43 국제올림픽위원회(IOC)가 1월 25일 러시아와 이 나라 선수들에 대해 「중립선수」 자격으로 2024 파리올림픽에 참가할 수 있도록 결정을 내리면서 논란이 일고 있다. 이 나라는?

① 카자흐스탄
② 벨라루스
③ 베네수엘라
④ 이란
⑤ 아프가니스탄

44 포르투갈 축구협회가 스포츠 윤리의 가치를 향상시키기 위해 새로 도입한 규정으로, 공정한 경기를 한 팀에 칭찬과 존중을 표하는 의미로 사용된다. 1월 22일 열린 스포팅 리스본과 벤피카 간 포르투갈 여자 축구컵 대회에서 처음으로 사용된 이것은?

① 블랙카드
② 블루카드
③ 핑크카드
④ 퍼플카드
⑤ 화이트카드

45 다음의 밑줄 친 「이 의정서」는 무엇인가?

> 한반도 상공을 지나 한때 경계경보까지 발령됐던 미국 지구관측위성 ERBS의 잔해물이 1월 9일 미국 알래스카 인근 해안에 최종 추락한 것으로 파악됐다. ERBS는 지구 성층권의 오존층이 얇아지고 있다는 점을 밝혀내 1987년 「이 의정서」 체결에 기여했다는 평가를 받았다.

① 교토의정서　② 런던의정서
③ 헤이그 의정서　④ 제네바 의정서
⑤ 몬트리올 의정서

---

38 ③ 〈파친코〉는 1910년대부터 1980년대를 배경으로, 고국을 떠나 일본 오사카로 건너간 4대에 걸친 한인 이민 가족의 생존을 담아낸 작품이다.

39 「빌보드 200」에서 1위를 차지한 바 있는 한국 그룹은 방탄소년단(2018년)·슈퍼엠(2019년)·스트레이 키즈(2022년)·블랙핑크(2022년), 투모로우바이투게더(2023) 등 5개이다.

40 ① 노바크 조코비치(36·세르비아)가 1월 29일 호주 멜버른에서 열린 호주오픈 남자 단식 결승에서 스테파노스 치치파스(25·그리스)를 세트 스코어 3-0으로 누르고 우승했다.

41 ① 민간에서 행위로 전승되는 연극으로, 습속이나 전설 등을 내용으로 한다.
③ 민중의 노래로, 이들의 생활감정이 자연스럽게 표출돼 구연으로 전승된 것을 말한다.
④ 예로부터 민간에 전승돼 온 짧은 격언이나 잠언을 말한다.
⑤ 소리꾼과 고수가 긴 이야기를 말과 창을 교체해 가며 구연하는 한국의 전통 구비 서사물이다.

42 ① 1881년부터 열리기 시작한 캐나다의 테니스 대회로, 매년 8월 중 몬트리올과 토론토에서 개최된다.
② 1963년 국제테니스연맹에 의해 창설된 여자 테니스 국가 대항전
④ 폴 맥나미와 찰리 펜컷이 창설한 국제 테니스 단체전 대회로, 매년 1월 초(경우에 따라 12월 말 시작) 호주에서 열린다.
⑤ 미국과 인터내셔널팀(유럽 제외) 간 남자 프로골프 대항전

43 국제올림픽위원회(IOC)는 1월 25일 성명을 통해 「어떤 선수도 러시아나 벨라루스의 여권(국적)을 소지했다는 이유로 출전이 금지돼선 안 된다」며 러시아와 벨라루스 선수들이 2024년 파리올림픽에 중립선수 자격으로 출전할 수 있도록 했다.

45 ⑤ 몬트리올 의정서는 오존층 파괴물질 규제에 관한 국제협약으로, 1987년 정식 채택돼 1989년 1월부터 발효됐다. 이는 96개 특정물질에 대한 감축 일정을 담고 있는데, 프레온가스와 할론의 경우 선진국에 대해 각각 1996년과 1994년부터 사용이 금지된 데 이어 2010년에는 개도국에서도 사용을 금지하는 내용이 명시됐다.
① 이산화탄소, 메탄 등 6가지 온실가스 배출량을 줄이도록 합의한 국제협약으로, 2020년 만료됐다. 이 교토의정서를 대체할 새로운 협정이 2015년 파리총회에서 채택된 파리기후변화협약이다.

---

38. ③　39. ③　40. ①　41. ②　42. ③　43. ②　44. ⑤　45. ⑤

46 지난해 11월 공개된 오픈AI의 대화형 챗봇 「챗GPT」가 전 세계적으로 돌풍을 일으키고 있다. 이와 관련된 다음의 내용에서 ㉠, ㉡에 들어갈 내용이 바르게 나열된 것은?

> • 챗GPT는 사용자가 대화창에 텍스트를 입력하면 그에 맞춰 대화를 나누거나 답변을 제공하는 대화형 AI 챗봇으로, 오픈AI에서 만든 대규모 언어예측 모델인 GPT (㉠) 언어 기술을 기반으로 한다.
> • 마이크로소프트(MS)는 1월 23일 챗GPT 개발사인 오픈AI에 대규모 투자계획을 발표하고 자사 검색엔진인 (㉡)에 챗GPT 기능을 추가한다고 밝혔다.

	㉠	㉡
①	3	빙(Bing)
②	3.5	애저(Azure)
③	3	애저(Azure)
④	3.5	빙(Bing)
⑤	3.5	줌(Zoom)

47 공정위가 1월 12일부터 시행에 들어간 「온라인 플랫폼 독과점 심사지침」에 따르면 온라인 플랫폼 분야에서 경쟁 제한 우려가 있는 행위 유형을 4가지로 제시했다. 이 가운데 자사 이용자의 경쟁 온라인 플랫폼 이용을 직간접적으로 방해하는 행위는 무엇인가?

① 자사 우대
② 최혜대우 요구
③ 끼워 팔기
④ 멀티호밍 제한
⑤ 약탈가격

48 다음 제시된 용어들의 공통점은?

> 달리2, 미드저니, 스테이블 디퓨전

① 5G   ② 메타버스
③ 빅데이터   ④ 생성AI
⑤ 사물인터넷(IoT)

49 중국의 해킹그룹인 샤오치잉이 1월 22일부터 우리나라 기관의 홈페이지 12곳에 대한 공격을 가한 것으로 알려졌다. 이 해킹은 웹 홈페이지의 관리자 권한을 획득해 화면을 바꾸는 방식으로 이뤄졌는데, 이를 무엇이라 하는가?

① 디페이스   ② 디도스
③ 서비스 거부   ④ 백도어
⑤ 랜섬웨어

50 용어의 설명이 바르지 못한 것은?

① 딥페이크: 인공지능(AI) 기술을 활용해 특정 인물의 얼굴, 신체 등을 원하는 영상에 합성한 편집물
② 초거대 AI: 대용량 데이터를 스스로 학습해 인간처럼 종합적 추론이 가능한 차세대 인공지능(AI)
③ 바이오시밀러: 질병을 예방·관리·치료하기 위해 애플리케이션(앱)·가상현실(VR) 등 고품질 소프트웨어 프로그램을 기반으로 환자에게 치료를 제공하는 것
④ 판호(版号): 중국 내에서 게임 서비스를 제공하기 위해 발급받아야 하는 서비스 허가권
⑤ 메타버스: 현실세계와 같은 사회·경제·문화 활동이 이뤄지는 3차원의 가상세계

51 다음이 설명하는 탐사선은 무엇인가?

2011년 8월 아틀라스V 로켓에 실려 발사돼 2016년 7월 목성 궤도에 안착하는 데 성공한 미 항공우주국(NASA)의 목성 탐사선이다. 2003년 퇴역한 목성 탐사선 갈릴레오 이후 두 번째로 목성 궤도에 진입한 탐사선으로, 현재 인류의 궤도선 중에서는 가장 멀리 나가 있다. 이 탐사선은 1월 1일 47번째로 목성 근접비행에 나선 뒤 기계 이상을 일으켰으나, 29일 정상을 회복하면서 48번째 근접비행에 들어간 바 있다.

① 파커
② 로제타
③ 뉴호라이즌스
④ 엑소마스
⑤ 주노

---

46 • 챗GPT는 오픈AI에서 만든 대규모 언어예측 모델인 GPT(Generative Pre-trained Transformer)-3.5 언어 기술을 기반으로 한다.
• 마이크로소프트(MS)는 1월 23일 챗GPT 개발사인 오픈AI에 총 100억 달러의 투자 계획을 발표해 화제를 모았다. MS는 또 자사 검색엔진인 「빙(Bing)」, 클라우드 서비스인 「애저(Azure)」를 비롯롯 워드·엑셀 등 오피스 프로그램에도 챗GPT 기능을 추가한다는 방침이다.

47 ① 자사 온라인 플랫폼 상에서 자사 상품 또는 서비스를 경쟁사업자의 상품·서비스 대비 직간접적으로 우대하는 것
② 자사 온라인 플랫폼상의 거래조건을 타 유통채널 대비 동등하거나 유리하게 적용하도록 요구하는 것
③ 온라인 플랫폼 서비스와 다른 상품 또는 서비스를 함께 거래하도록 강제하는 것
⑤ 기업이 가격을 아주 낮게 책정해 경쟁기업들을 시장에서 몰아낸 뒤 다시 가격을 올려 손실을 회복하려는 가격정책

48 ④ 생성AI는 글, 문장, 오디오, 이미지 같은 기존 데이터를 활용해 유사한 콘텐츠를 새롭게 만들어 내는 인공지능(AI)을 말한다.

49 해킹 당한 기관들의 홈페이지는 기존 내용이 사라지고 해커 조직의 로고와 「한국 인터넷 침입을 선포한다」는 문구가 노출됐다. 이는 해커가 웹 홈페이지의 관리자 권한을 획득해서 화면을 바꾸는 웹 변조 해킹, 이른바 디페이스 방식의 해킹이다.
② 여러 대의 컴퓨터를 일제히 동작하게 해 특정 사이트를 공격하는 해킹 방식
③ 해커들이 특정 컴퓨터에 침투해 자료를 삭제하거나 훔쳐가는 것이 아니라 대량의 접속을 유발해 해당 컴퓨터를 마비시키는 수법
④ 인증되지 않은 사용자에 의해 컴퓨터의 기능이 무단으로 사용될 수 있도록 컴퓨터에 몰래 설치된 통신 연결 기능
⑤ 인터넷 사용자의 컴퓨터에 잠입해 내부 문서나 스프레드시트, 그림파일 등을 암호화해 열지 못하도록 만든 후 돈을 보내주면 해독용 열쇠 프로그램을 전송해 준다며 금품을 요구하는 악성 프로그램

50 ③ 디지털 치료제에 대한 설명이다. 바이오시밀러는 화학물질로 만든 합성신약의 특허 기간이 만료되면 출시되는 복제약 가운데 단백질 또는 호르몬 복제약을 말한다.

51 ① 2018년 8월 12일 발사된 태양 탐사선
② 2004년 3월 유럽우주국(ESA)이 발사해 세계 최초로 혜성 착륙에 성공한 혜성 탐사선으로 2016년 9월 혜성에 충돌하면서 임무를 마쳤다.
③ 인류 최초의 무인 소행성 134340(옛 명칭 명왕성) 탐사선으로, 2015년 7월 당시 명왕성 관측에 성공하면서 명왕성의 지름이 237km이며 3300m 높이의 얼음 산맥이 있다는 것을 확인했다.
④ 유럽우주국(ESA)이 2016년 3월 발사한 화성탐사선

🔒 46. ④   47. ④   48. ④   49. ①   50. ③   51. ⑤

52 미국 법무부가 1월 24일 이 기업이 디지털 광고시장에서 불법적으로 지배력을 남용해 공정한 경쟁을 해치고 있다면서 반(反)독점 위반 소송을 제기했다. 이번 제소는 미국 연방정부가 이 기업을 상대로 제기한 두 번째 반독점 소송인데, 이 기업은?

① 메타
② 구글
③ 애플
④ 아마존
⑤ 마이크로소프트

53 1월 9일 해양수산부에 따르면 지난해 수산식품 수출액(잠정)이 31억 6000만 달러로 역대 최고를 기록했다. 수출 1·2위는 김과 참치가 차지한 가운데, 3위에는 일반에 다소 생소한 「이빨고기」가 올랐다. 우리나라에는 이빨고기가 이 명칭으로 더 잘 알려져 있는데, 무엇인가?

① 명태   ② 메로
③ 아귀   ④ 개복치
⑤ 가오리

54 최근 미국 소비자제품안전위원회가 이 가전제품의 사용 규제 검토 입장을 밝히면서 미국 공화당 등 보수층들의 대거 반발이 일어났다. 해당 논란은 백악관이 1월 11일 이 제품의 금지 정책을 지지하지 않는다고 해명하면서 일단락됐는데, 무엇인가?

① 건조기   ② 에어컨
③ 청소기   ④ 전자레인지
⑤ 가스레인지

55 인류의 역사 속에는 특이한 세금제도가 존재해 왔는데, 다음 설명과 관련된 세금은 무엇인가?

> 중세 때 영국에서 시행됐던 세금으로, 명예혁명으로 집권한 윌리엄 3세가 난로세를 폐지한 뒤 세수 부족에 부딪히자 고안해 낸 것이다. 이 세금은 당시 (   )이/가 비교적 고가의 건축 재료였기 때문에 이것이 많이 있는 집일수록 부유할 것이라는 인식에 착안한 것이었다. 이 세금은 건강상 문제 등 많은 부작용에도 불구하고 1851년 주택세가 도입되면서 폐지되기 전까지 무려 150년 가까이 시행됐다.

① 문
② 창문
③ 굴뚝
④ 계단
⑤ 지붕

56 일본의 타이야키(たいやき)에서 유래됐다는 것이 다수설로, 일제강점기 때 우리나라로 들어와 6·25전쟁 전후부터 본격적으로 확산된 음식이다. 최근 이 음식을 파는 곳이 가까이 있는 지역을 가리키는 「O세권」이라는 신조어가 생기기도 했는데, 무엇인가?

① 호떡
② 떡볶이
③ 붕어빵
④ 닭꼬치
⑤ 군고구마

57 영어에서 1년 12달의 명칭은 고대 로마인들이 만들어 붙인 것으로, 로마인들은 자신들이 숭배하던 신들과 위대한 인물들의 이름을 달[月]의 이름에 붙였다. 이와 관련, 로마제국 황제의 이름에서 유래된 달은?

① 1월(January)
② 3월(March)
③ 4월(April)
④ 8월(August)
⑤ 9월(September)

58 다음의 그림과 설명이 뜻하는 것은?

특정 정당이나 특정인에 유리하도록 선거구를 정하는 것으로, 위의 그림은 이 현상을 풍자하기 위해 그려진 것이다. 이는 1812년 당시 미국 메사추세츠 주지사였던 이 인물이 자기 당에게 유리하도록 선거구를 정한 데서 유래됐다.

① 매니페스토
② 게리멘더링
③ 로그롤링
④ 포크배럴
⑤ 마타도어

---

52 미국 법무부가 1월 24일 구글이 디지털 광고시장에서 불법적으로 지배력을 남용해 공정한 경쟁을 해치고 있다면서 반(反)독점 위반 소송을 제기했다. 법무부는 또 구글의 온라인 광고 판매소 「애드 익스체인지(AdX)」를 지목, 구글의 광고 관리 플랫폼을 디지털 광고시장에서 아예 퇴출시킬 것도 법원에 요청했다.

53 이빨고기(Toothfish)는 「메로」로 더 잘 알려진 어종으로, 그 이름처럼 입이 크고 이빨이 많은 것이 특징이다. 우리 근해에 살지 않고 남극해 최대 수심 2000m의 심해에 살며 몸길이 최대 2.3m, 몸무게 최대 100kg에 이르는 대형 어종이다.

54 미국 소비자제품안전위원회(CPSC)가 지난해 12월 가스레인지로 인한 실내공기 오염 규제 검토 입장을 밝히면서 미국 공화당을 중심으로 보수층들이 대거 반발하는 일이 벌어졌다.

57 ④ 로마 제국의 초대 황제이자 율리우스력을 완성한 아우구스투스 황제(Caesar Augustus)의 이름에서 유래됐다. 당시의 8월은 30일이었으나 2월에서 1일을 빼서 7월과 같은 일수로 하기 위해서 31일로 했다. 7월(July)도 현재 쓰이고 있는 태양력을 정리한 줄리어스 시저를 기념해 그의 이름인 줄리우스(Julius)에서 유래한 것이다.
① 과거와 미래를 보는 두 개의 얼굴을 가진 야누스(JANUS, 문을 수호하는 신)에서 유래됐다.
② 로마 신화에 나오는 전쟁의 신인 「마르스(MARS)」에서 유래됐다.
③ 「열리다」는 뜻의 라틴어 「아페레(Aperire)」에서 유래된 것이다.
⑤ 라틴어인 Septem은 7(Seven)을 의미한다. 당시 로마 달력은 3월부터 시작했기에 9월은 7번째 달에 속했다.

58 ② 미국 메사추세츠 주지사였던 엘브리지 게리(E. Gerry)가 1812년의 선거에서 자기 당에게 유리하도록 선거구를 정했는데, 그 부자연스러운 형태가 샐러맨더(Salamander, 불속에 산다는 그리스 신화의 불도마뱀)와 비슷한 데서 유래했다.
① 선거와 관련한 일정, 예산방침, 실천방안 등 구체적 방안을 유권자에게 제시하는 공약으로 우리나라에서는 2006년 5·31 지방선거에서 처음 사용됐다.
③ 정치세력이 상호지원의 차원에서 투표거래나 투표담합을 하는 행위를 지칭한다.
④ 특정 지역구를 위한 선심성 사업 혹은 정치자금 후원자를 위한 낭비성 사업을 지칭한다.
⑤ 근거 없는 사실을 조작해 상대를 중상모략하면서 내부를 교란시키기 위한 흑색선전을 뜻하는 말이다.

🔒 52. ② 53. ② 54. ⑤ 55. ② 56. ③ 57. ④ 58. ②

59 다음 설명과 관련된 동물은?

테니스, 축구, 크리켓 등 구기 종목에서 사용되는 비디오 판독 시스템이다. 구기 종목의 경우 공이 떨어진 위치에 따라 득점이 갈리기 때문에 이를 정확히 확인하기 위해 개발됐다. 경기장 내 여러 곳에 위치한 10~14대의 초고속 카메라가 초당 340프레임으로 공의 움직임을 포착해 3차원 영상으로 재구성하면, 이를 보고 심판이 최종 판정을 내린다. 이는 2006년 US오픈에서 처음 도입된 이후 프랑스오픈을 제외한 모든 테니스 메이저대회에 사용되고 있다.

①  ②

③  ④

⑤

60 할리우드 영화계에서 백인이 아닌 배역에도 무조건 백인 배우를 캐스팅하는 관행을 무엇이라 하는가?

① 화이트워싱
② 화이트리스트
③ 블랙페이스
④ 그린워싱
⑤ 마이크로어그레션

61 다음이 공통적으로 가리키는 용어는?

- 물과 기름이 섞이지 않는 성질을 활용한 기법으로 유화 물감, 유성 페인트를 물 위에 떨어뜨려 살짝 저은 뒤 종이를 물 표면에 대고 찍어내는 미술 기법이다.
- 고기의 근육 조직을 관통하는 작은 지방 조각 또는 지방의 얇은 층으로 고기의 풍미나 부드러움, 육즙 등을 더욱 풍부하게 한다. 근내지방도라고도 한다.

① 콜라주   ② 스푸마토
③ 프로타주   ④ 마블링
⑤ 데칼코마니

62 다음 중 (   ) 안에 들어갈 기간이 다른 하나는?

ㄱ 성·본 변경신고의 의무자는 성·본 변경에 대한 가정법원의 재판 확정일로부터 (   ) 이내에 성·본 변경신고를 해야 한다.
ㄴ 개명신고 의무자는 개명에 대한 가정법원의 허가를 받고 허가서의 등본을 받은 날부터 (   ) 이내에 개명신고를 해야 한다.
ㄷ 사망신고는 사망사실을 안 날부터 (   ) 이내에 해야 한다.
ㄹ 전입신고 신고의무자는 새로운 거주지에 전입한 날부터 (   ) 이내에 신거주지의 시장·군수 또는 구청장에게 전입신고를 해야 한다.
ㅁ 출생신고는 출생 후 (   ) 이내에 해야 한다.

① ㄱ   ② ㄴ   ③ ㄷ   ④ ㄹ   ⑤ ㅁ

63 다음 중 우주 현상과 그 설명이 바르게 이어진 것은?

① 코로나: 지구 자기장이 일시적으로 갑작스럽고 불규칙하게 변하는 현상
② 태양풍: 태양으로부터 날아온 전기를 띤 입자의 흐름
③ 오로라: 태양 광구면에서 급작스럽게 나타나는 폭발 현상
④ 플레어: 태양이나 다른 천구체의 빛나는 플라스마 대기
⑤ 태양폭풍: 태양에서 방출된 플라스마가 지구 자기장에 이끌려 대기에 진입해 빛을 내는 현상

64 미국에서는 결함이 있는 자동차에 대한 소비자보호법을 이 과일에 빗대 부르는데, 무엇인가?

① 오렌지
② 멜론
③ 레몬
④ 애플
⑤ 바나나

---

59 ④ 호크아이(Hawk Eye)에 대한 설명이다. 호크아이는 「매의 눈」이라는 뜻이다.

60 ② White List. 살려야 하거나 배려 또는 지원이 필요한 인물, 허용되는 일 등을 가리킨다.
③ Blackface. 흑인이 아닌 배우가 흑인 흉내를 내기 위해 얼굴을 검게 칠하는 것은 물론 흑인의 두터운 입술을 강조하기 위해 입술을 과장해 표현하는 무대 분장을 말한다. 이는 1960년대 미국 민권운동의 영향으로 인종차별적 행위라는 비판을 받고 금기시됐다.
④ Greenwashing. 기업들이 실질적인 친환경경영과는 거리가 있지만 녹색경영을 표방하는 것처럼 홍보하는 것을 말한다.
⑤ Microaggression. 아주 작은(Micro) 공격(Aggression)이라는 의미로, 사소하지만 당사자에게는 상처가 되는 말과 행동을 뜻한다.

61 ① 「붙이다」는 뜻을 갖는 근대 미술의 특수 기법 중 하나로 벽지, 서책의 삽화, 사진, 무늬가 있는 천 등을 모아 붙여서 화면을 구성한다.
② 윤곽선을 마치 안개에 싸인 것처럼 표현해 명확히 구분하지 못하도록 하는 명암법이다.
③ 돌, 나무, 등 여러 가지 재료 위에 종이를 대고 연필, 크레용 등으로 문질러 이미지를 만들어 내는 기법이다.
⑤ 어떠한 무늬를 특수 종이에 찍어 얇은 막을 이루게 한 뒤 다른 표면에 옮기는 회화 기법을 말한다.

62 ㉠, ㉡, ㉢, ㉤은 1개월이지만 ㉣은 14일 이내에 해야 한다.

63 ① 코로나는 태양이나 다른 천구체의 빛나는 플라스마 대기로 개기일식(皆旣日蝕) 때 쉽게 관측할 수 있다. 설명은 자기폭풍
③ 태양에서 방출된 플라스마가 지구 자기장에 이끌려 대기에 진입해 빛을 내는 현상
④ 태양 광구면에서 급작스럽게 나타나는 폭발 현상
⑤ 태양의 흑점이 폭발하며 플라스마 입자가 방출되는 현상

64 ③ 영미권에서 레몬은 결함이 있는 자동차, 불량품을 지칭하는 말로 쓰인다. 1975년 제정된 레몬법은 차량 또는 전자제품에 결함이 있어 일정 횟수 이상으로 반복해서 품질 기준을 충족하지 못할 경우 제조사가 소비자에게 교환이나 환불 또는 보상을 해야 한다는 것을 주요 내용으로 한다.

🔒 59. ④ 60. ① 61. ④ 62. ④ 63. ② 64. ③

65 저작물을 일반 공중이 향유할 수 있도록 매개하는 자, 즉 배우·가수 등 실연자에게 부여되는 권리는?

① 저작인접권
② 저작인격권
③ 저작재산권
④ 상표권
⑤ 특허권

66 석유 정제 과정에서 원유를 가열할 경우 가장 높은 온도에서 생산되는 것은?

① 휘발유 　　② LPG
③ 등유 　　　④ 아스팔트
⑤ 경유

67 다음 ㉠과 ㉡에 해당하는 동물이 바르게 짝지어진 것은?

> 주가를 비롯한 자산가격이 하락하고 있거나 하락할 것으로 예상되는 약세장을 (　㉠　)(이)라고 하는데, 이는 행동이 느리고 발톱을 위에서 아래로 할퀴는 이 동물의 습성이 내리막이라는 분위기를 가진 데서 유래한 말이다. 이는 장기간에 걸친 주가상승이나 대세 상승장을 뜻하는 (　㉡　)와/과 반대 개념이다. (　㉡　)은/는 마치 이 동물이 뿔로 주가를 치받아 올리는 것과 같다는 점에서 비롯된 말이다.

① ㉠: 곰, ㉡: 황소
② ㉠: 사자, ㉡: 황소
③ ㉠: 황소, ㉡: 곰
④ ㉠: 곰, ㉡: 사슴
⑤ ㉠: 사자 ㉡: 사슴

68 다음 중 바둑에서 유래된 용어가 들어간 문장이 아닌 것은?

① 장고 끝에 나온 결정이니 받아들이도록 하자.
② 이제부터 초읽기에 들어갑니다.
③ 어디서 꼼수를 부리고 있어.
④ 그 불 때문에 장내는 순식간에 아수라장으로 변했다.
⑤ 아무래도 이건 무리수인 것 같다.

69 골프공이 하늘 높이 치솟아 날아가는 모습에서 새가 연상된다고 해 골프 스코어에 새 이름을 붙이는 것이 관례가 됐다. 다음 중 언더파 점수와 새 이름이 바르게 연결되지 못한 것은?

① -1: 버디(birdie)
② -2: 이글(eagle)
③ -3: 앨버트로스(albatross)
④ -4: 콘도르(condor)
⑤ -5: 피닉스(phoenix)

70 다음 (　　) 안에 들어갈 알파벳은?

> 고학력·고소득 노동자는 경제적으로 침체에서 빠르게 회복하거나 더 부유해지는 반면에 저학력·저소득 노동자는 회복이 어렵거나 계속적으로 소득이 감소하는 양극화 현상을 (　　)자형 양극화라 한다.

① K　② U　③ M　④ V　⑤ W

▶ 다음 물음에 알맞은 답을 쓰시오. [71~100]

71 4.5세대급 전투기를 개발하는 초대형 국책사업이자 한국형 전투기(KF-X)의 고유 명칭으로, 1월 17일 첫 초음속 비행에 성공했다. 이 전투기의 명칭은?

72 중국이 1953년 남중국해 해역과 해저에 대한 영유권을 주장하기 위해 남중국해 주변을 따라 그은 U자 형태의 9개 선으로, 남중국해 전체 해역의 90%를 차지하는 이것은?

---

65 ② 저작자가 자신의 저작물에 대해 갖는 정신적·인격적 이익을 법률로써 보호 받는 권리
③ 저작자가 자신의 저작물에 대해 갖는 재산적인 권리
④ 생산자 또는 상인이 상표를 특허청에 출원해 등록함으로써 등록상표를 지정상품에 독점적으로 사용할 수 있는 권리
⑤ 특허법에 의해 기술적 사상의 창작(발명)을 일정기간 독점적, 배타적으로 소유 또는 이용할 수 있는 권리

66 LPG는 −42∼1도, 휘발유 및 나프타는 30∼120도, 등유 및 제트연료유는 150∼280도, 경유는 230∼350도, 아스팔트 및 잔사유는 300도 이상에서 생산된다.

67 주가를 비롯한 자산 가격이 하락하고 있거나 하락할 것으로 예상되는 약세장을 뜻하는 말은 베어마켓(Bear Market)으로, 이는 하락장을 곰에 비유한 말이다. 반대로 장기간에 걸친 주가상승이나 강세장은 불마켓(Bull Market)이라고 해 황소에 비유한다.

68 ④ 아수라장은 아수라(阿修羅)의 심술이 만들어 내는 피해 현장을 이르는 말로, 불교에서 나온 말이다.
① 장고는 오래 생각하는 것을 뜻하는 말이다.
② 바둑에서 기록을 맡아보는 사람이 둘 차례가 된 기사의 제한 시간이 5분이나 10분밖에 남지 않았을 때부터 시간이 흐르는 것을 초 단위로 알려 주는 일을 초읽기라고 한다.
③ 꼼수는 원래는 안 되는 수지만 상대를 속이기 위해 만드는 쩨쩨한 수를 뜻한다.
⑤ 무리수는 바둑의 이치에 맞지 않는 억지를 부리는 수라는 뜻이다.

69 ⑤ 기존 타수보다 5타 적게 홀 아웃한 점수는 「오스트리치」다. 피닉스는 6타 적게 홀 아웃한 점수를 일컫는다. 골프 역사상 오스트리치와 피닉스를 기록한 선수는 전무하다.
① 버디는 기준 타수보다 한 타수 적은 점수를 말하며, 1903년 조지 크럼프 선수가 친 세컨드 샷이 홀컵 15cm가량 붙은 모습에 「샷이 새처럼 날았다(That's bird of shot)」라고 표현한 것에서 유래됐다.
② 이글은 기존 타수보다 2타 적게 홀 아웃한 점수를 말하며, 과거에는 「노블 버디」로 불렸다.
③ 앨버트로스는 한 홀에서 3타를 줄이는 것으로, 「더블 이글」이라고도 불린다.

70 보통 경제 회복은 경기하락이 급격하게 나타났다가 급반전되는 V자형, 일정기간 동안 침체되다 반등하는 U자형으로 나타난다. 그러나 K자형은 임금과 교육 수준, 인종 등에 따라 경기 침체에서 벗어나는 속도가 다른 새로운 형태의 경제 회복을 설명한다.

🔒 65. ①   66. ④   67. ①   68. ④   69. ⑤   70. ①   71. KF-21(KF-21 보라매)   72. 남해구단선(南海九段線)

73 국회가 지난해 12월 28일 이 지역을 특별자치도로 지정하는 특별법을 통과시킴에 따라 이 지자체가 2024년부터 제주, 세종, 강원에 이어 4번째 특별광역자치단체가 된다. 어디인가?

74 1월 7일 미국 제118대 하원의장으로 선출된 인물로, 15차 투표 이후의 하원의장 선출은 1859년 44차 투표를 통해 뽑은 전례 이후 164년 만이었다. 「트럼프의 호위무사」로 불리기도 했던 이 인물은?

75 서방에서 사실상 블라디미르 푸틴 러시아 대통령의 사병 조직으로 인식되는 조직으로, 2014년 러시아의 크름반도 강제병합 시 그 존재가 처음 알려진 바 있다. 무엇인가?

76 북한의 핵무기 사용 시 미국의 전략자산이 전개돼 작전에 들어가는 것을 상정해 실시되는 훈련이다. 2022년 11월 제54차 한미안보협의회의(SCM) 당시 정례화 합의가 이뤄진 이 훈련은?

77 노년층이 사회 전반을 장악해 기득권을 유지하는 정치 체제로, 고령자 지배체제가 발생시키는 폐쇄적이고 경직된 사고 등을 비판할 때 사용되는 이 개념은?

78 다국적기업의 이익에 대해 특정 국가가 최저한세율(15%)보다 낮은 실효세율을 매기면 차액만큼 다른 국가에 추가 과세권을 부여하는 제도를 무엇이라 하는가?

79 월스트리트저널(WSJ)이 2023년 미국이 경기침체에 들어설 경우 예년과는 달리 고소득층이 더 어려움을 겪을 것이라는 예측을 제기하면서 내놓은 신조어는?

80 국가 간 상품 및 서비스의 수출입, 자본 노동 등 생산요소의 이동에 따른 대가의 수입과 지급을 종합적으로 나타낸 것을 무엇이라 하는가?

81 민간 자본을 통해 주거, 상업, 업무 등 다용도 융복합 개발이 가능하도록 지정한 지역으로, 싱가포르의 마리나베이샌즈와 일본의 롯폰기힐스가 대표적 사례에 속한다. 무엇인가?

82 유엔식량농업기구(FAO)가 국제시장에서 거래되는 식품가격의 추이를 살펴보기 위해 매월 발표하는 세계식량가격지수(FFPI)는 5개 품목군을 대상으로 한다. 이 품목군을 모두 쓰면?

83 유럽연합(EU) 역내로 수입되는 제품 가운데 자국 제품보다 탄소배출이 많은 제품에 관세를 부과하는 조치로, 오는 10월부터 탄소배출이 많은 6개 품목을 대상으로 시범 시행된다. 무엇인가?

84 다른 업체가 설계한 반도체를 생산해서 공급해 주는 업체를 (   )(이)라 하며, 생산은 하지 않고 반도체 설계만 하는 업체를 (   )(이)라 한다. (   ) 안에 들어갈 말을 차례대로 쓰면?

85 기업이 일정기간 동안 영업활동을 해 발생한 이익 중 일부를 주주들에게 나눠주는 것을 무엇이라 하는가?

86 이르면 3월 우리나라에 도입될 예정인 애플페이는 (   ) 기반 간편결제 서비스이다. 이 방식은 특정 대역의 주파수를 사용해 10cm 안팎의 짧은 거리에서 데이터를 주고받는 기술을 말하는데, (   ) 안에 들어갈 용어는?

🔒 73. 전라북도   74. 케빈 매카시(Kevin McCarthy)   75. 와그너그룹(Wagner Group)   76. 확장억제수단운용연습(TTX·Table Top Exercise)   77. 제론토크라시(Gerontocracy)   78. 글로벌 최저한세   79. 리치세션(Richcession)   80. 경상수지(經常收支)   81. 화이트존(White Zone)   82. 곡물, 유지류, 육류, 유제품, 설탕   83. 탄소국경조정제도(CBAM·Carbon Border Adjustment Mechanism)   84. 파운드리(Foundry), 팹리스(Fabless)   85. 배당   86. 근거리 무선통신(NFC·Near Field Communication)

87 이태원 참사를 수사해온 경찰청 특별수사본부가 1월 13일 이태원 참사의 원인으로 이것을 지목했다. 이는 좁은 공간에 너무 많은 인파가 몰리면서 사람들이 본인 의지로 움직이지 못하고 물처럼 한꺼번에 이리저리 떠밀리는 현상을 말하는데, 무엇인가?

88 매달 만 0세(0~11개월) 자녀를 둔 부모에게 70만 원, 만 1세 자녀(12~23개월)를 둔 부모에게는 35만 원씩 지급하는 것으로, 1월 25일부터 시행된 이 제도는?

89 초등 자녀를 둔 맞벌이 가정을 위한 맞춤형 돌봄서비스로, 올해부터 운영 시간을 오후 8시까지 단계적으로 확대한다. 교육부가 5개 지역에서의 시범 운영을 발표한 이 제도는?

90 화석연료 등에서 발생하는 이산화탄소(CO_2)를 대기로 배출하기 전에 추출한 후 압력을 가해 액체 상태로 만들어 저장하는 기술을 무엇이라 하는가?

91 1월 16일 남위 90도 남극점에 최종 도달하며, 한국인 최초이자 아시아 여성 처음으로 중간 보급과 보조 없이 무보급 단독 원정에 성공한 산악인은?

92 1970년대 미국 뉴욕에서 시작된 스트릿 댄스의 일종으로, 2024년 파리 올림픽에서 사상 첫 정식 종목으로 채택됐다. 무엇인가?

93 농림축산식품부가 2020년 8월 시행된 「한식진흥법」에 따라 한식의 품질 향상 및 소비자 보호를 위해 추진하는 해외 우수 한식당 지정 사업의 명칭은?

94 일제강점기 《대한매일신보》를 창간하는 등 언론 활동으로 일제의 침략을 규탄했던 영국 출신의 독립운동가이다. 국가보훈처가 최근 이 인물의 업적을 기리는 동상을 고인의 고향인 브리스톨에 건립하기로 했다고 밝혔는데, 누구인가?

95 기온이 갑작스럽게 내려갈 경우 도로 위에 녹았던 눈이 다시 얇은 빙판으로 얼어붙는 도로 결빙 현상을 무엇이라 하는가?

98 네이버가 개발한 국내 기업 최초의 초대규모 인공지능(AI)으로, 페타플롭(PF) 성능 슈퍼컴퓨터를 도입해 만든 것이다. 한국어 최적화가 가장 큰 장점으로 꼽히는 이 AI는?

96 인류가 직면한 핵전쟁의 위험도를 상징적으로 보여주는 시계로, 제2차 세계대전 직후 아인슈타인 등 유명 과학자들이 전 세계 핵위협 가능성을 알리기 위해 만든 것이다. 올해는 11시 58분 30초를 기록했는데, 무엇인가?

99 미국 제약사 애브비가 개발한 류머티즘·궤양성 대장염·건선 등 15가지 자가면역질환에 대한 치료제로, 올해부터 미국 시장에서 복제약 출시가 가능해진 이 약은?

97 시청자가 케이블방송, 위성방송 등 전통적인 유료 방송을 해지하고 인터넷TV, 스트리밍 서비스 등 새로운 플랫폼으로 이동하는 현상을 가리키는 용어는?

100 웹상에 산발적으로 흩어져 있는 정보 페이지에 방문해 필요한 정보를 자동으로 수집, 분류, 저장하는 기술을 무엇이라 하는가?

---

87. 군중 유체화   88. 부모급여(父母給與)   89. 늘봄학교   90. CCS(Carbon dioxide Capture and Storage)   91. 김영미   92. 브레이킹(Breaking)   93. 슈퍼스타 한식당   94. 어니스트 베델(Ernest Bethell)   95. 블랙아이스(Black Ice)   96. 지구종말시계(Doomsday Clock)   97. 코드커팅(Cord-cutting)   98. 하이퍼클로바(HyperCLOVA)   99. 휴미라(Humira)   100. 크롤링(Crawling)

한국사능력테스트

01 **다음 ㉠~㉢의 도구들이 사용되던 시대에 대한 설명으로 옳지 않은 것은?**

> ㉠ 쐐기 등을 대고 형태가 같은 여러 개의 돌날격지를 만들어 사용하였다.
> ㉡ 반달돌칼, 돌도끼, 홈자귀 등의 도구를 사용하였다.
> ㉢ 한 개 내지 여러 개의 석기를 나무나 뼈에 꽂아 쓰는 이음 도구를 사용하였다.
> ㉣ 이른 민무늬 토기를 사용하였다.

① ㉠: 동굴과 막집에 살면서 채집과 사냥을 하였다.
② ㉡: 농경과 목축이 이 시기에 시작되었다.
③ ㉢: 작고 빠른 짐승을 잡기 위해 활을 사용하였다.
④ ㉣: 원형이나 모가 둥근 방형의 움집을 짓고 살았다.
⑤ 시간순으로 나열하면 ㉠-㉢-㉣-㉡ 순이다.

📖 ㉠ 구석기 시대, ㉡ 청동기 시대, ㉢ 중석기 시대, ㉣ 신석기 시대이다.
　　② 신석기 시대에 농경과 목축이 시작되었으므로 시대가 맞지 않다.

02 **다음 내용에 해당하는 초기 국가의 사회에 대해 바르게 설명한 것은?**

> • 철기문화를 바탕으로 하는 농경사회였다.
> • 해마다 씨를 뿌리고 난 뒤인 5월 수릿날과 가을 곡식을 거두어 들이는 10월에 계절제를 열어 하늘에 제사를 지냈다.

① 도둑질한 사람에게는 12배를 배상시켰다.
② 활발한 정복전쟁으로 한의 군현을 공략하였다.
③ 다른 부족의 생활권을 침범하면 노비와 소, 말로 변상하게 하였다.
④ 공동체 생활의 전통을 보여주는 두레조직을 통하여 공동작업을 하였다.
⑤ 여(呂)·철(凸)자형 집터가 발견되었고 방직업이 특히 발달하였다.

📖 삼한에 관한 설명이다.
　　① 부여와 고구려, ② 초기 고구려, ③⑤ 동예에 관한 내용이다.

03 다음은 중국 사서의 기록이다. ㉠, ㉡에 대한 설명으로 옳지 않은 것은?

> 시조가 죽자 그 아들 ㉠ 무예가 왕위에 올라 영토를 크게 개척하였다. 동북의 오랑캐들이 두려워하여 그에 복종하였다. 사사로이 연호를 인안이라고 하였다. … 무예가 죽자 그 아들 ㉡ 흠무가 왕위에 올라 연호를 대흥으로 고치니, 당 현종이 그에게 아비의 직위를 이으라는 조서를 내렸다.

① ㉠과 ㉡은 각각 발해 무왕과 문왕의 이름이다.
② ㉠의 재위 시기에 일본에 국서를 보냈다.
③ ㉠의 재위 시기에 당의 산둥 지방을 공격하였다.
④ ㉡의 재위 시기에 요동 지방을 확보하였다.
⑤ ㉡의 재위 시기에 상경과 동경으로 천도하였다.

📖 대무예는 발해 2대왕 무왕의 이름이고, 대흠무는 발해 3대왕 문왕의 이름이다.
　　④ 요동을 확보하여 최대 영토를 이룬 국왕은 10대 왕인 선왕(대인수)이다.

04 다음은 가야연맹에 속한 어느 나라의 시조 설화이다. 이 나라에 관한 설명으로 옳은 것을 〈보기〉에서 고르면?

> 시조는 이진아시왕이고, 그로부터 도설지왕까지 대략 16대 520년이다. 최치원이 지은 《석이정전》에는 "가야산신 정견모주가 천신 이비가지에게 감응되어 뇌질주일과 뇌질청예 두 사람을 낳았다. 뇌질주일은 곧 이 나라의 시조인 이진아시왕의 별칭이고, 뇌질청예는 금관국의 시조인 수로왕의 별칭이다."라고 하였다.
> 　　　　　　　　　　　　　　　　　　　　　　　　　　　　　　　　－『신증동국여지승람』

보기

㉠ 낙랑군과 왜를 연결하는 해상 교역을 주도하였다.
㉡ 4세기 말에 고구려군의 공격을 받고 국력이 약화되었다.
㉢ 6세기 초에 신라와 결혼 동맹을 맺어 국제적 고립에서 벗어나려 하였다.
㉣ 백제와 신라의 팽창으로 고전하다가 진흥왕이 보낸 신라군의 공격을 받아 멸망하였다.

① ㉠, ㉡　　　　　　　　　　　　② ㉠, ㉢
③ ㉡, ㉢　　　　　　　　　　　　④ ㉡, ㉣
⑤ ㉢, ㉣

📖 제시된 지문은 대가야의 건국설화이다.
　　㉠ 해상 교역을 주도한 것은 김해에 위치했던 금관가야이다.
　　㉡ 4세기 말 고구려 광개토대왕이 신라를 침범한 왜구를 격퇴하는 과정에서 금관가야가 큰 타격을 받았다.
　　㉢ 백제의 공격을 받은 대가야의 이뇌왕은 신라 법흥왕과 결혼 동맹을 맺어 국제적 고립에서 벗어나려 하였다.
　　㉣ 금관가야는 신라 법흥왕에게, 대가야는 신라 진흥왕에게 각각 멸망당했다.

🔒 1. ②　2. ④　3. ④　4. ⑤

05 다음은 당 태종이 신라 사신에게 한 답변의 일부이다. 이후 신라에서 벌어진 상황으로 옳은 것은?

> "그대 나라는 여자를 임금으로 삼았기에 이웃나라의 업신여김을 받는다. 내가 친척 한 사람을 보내 그대 나라의 임금으로 삼되 혼자 가서 왕 노릇하기가 어려울 터이니 군사를 보내 호위하게 하고, 그대 나라가 안정될 때를 기다려 그대들 스스로 지키게 하려 한다. 어떤가?"

① 건원이라는 독자적 연호를 사용하였다.
② 왕의 칭호를 마립간에서 왕으로 바꾸었다.
③ 상대등 비담이 명활성을 근거지로 반란을 일으켰다.
④ 원종과 애노의 난을 시작으로 민란이 전국적으로 발생하였다.
⑤ 96각간의 난을 분수령으로 하여 내물왕계 진골 출신이 왕위를 차지하였다.

📖 7세기 선덕여왕 때 백제 의자왕의 공격으로 위기에 빠진 신라는 당에 구원을 요청하였으나, 당 태종은 위와 같은 반응을 보이며 냉대하였다.
③ 신라 선덕여왕 재위 마지막 해에 상대등 비담은 「여왕은 잘 다스리지 못한다(女主不能善理)」는 것을 명분으로 반란을 일으켰다.

06 다음 왕과 신하의 대화에서 밑줄 친 「여러 조목」에 해당하는 것을 〈보기〉에서 고른 것은?

> 5품 이상 중앙 관리들은 국정 쇄신에 대한 의견을 올리도록 하라.

> 신은 태조부터 경종까지 다섯 임금의 정치에서 거울이 될 만한 것과 국정에 관련된 여러 조목을 올리겠습니다.

보기
ㄱ. 주요 지역에 지방관을 파견하십시오.
ㄴ. 연등회와 팔관회 등 불교 행사를 억제하십시오.
ㄷ. 독자적인 연호를 사용하여 왕의 위엄을 높이십시오.
ㄹ. 백관의 공복을 제정하여 관리의 위계 질서를 세우십시오.

① ㄱ, ㄴ   ② ㄱ, ㄷ   ③ ㄴ, ㄷ   ④ ㄴ, ㄹ   ⑤ ㄷ, ㄹ

📖 고려의 성종은 5품 이상 관리들에게 국정 쇄신에 대한 의견을 제출하도록 하였는데 이 중에서 최승로의 시무 28조가 채택되었다.
ㄷ. 광종 때 광덕, 준풍이라는 독자적인 연호를 사용했다. 이는 중국이 5대 10국의 분열기였기 때문에 가능했던 것으로, 이후 송나라가 중국을 통일하자 광종은 송과 통교 후 송의 연호를 사용하여 계속 이어지게 된다.
ㄹ. 백관의 공복을 제정한 것 역시 광종 때의 업적이다. 최승로는 왕권 강화에 상당히 비판적이었으므로 왕권 강화를 상징하는 ㄷ과 ㄹ은 주장한 적이 없다.

07 다음 내용과 관련해 나타난 정치상의 변화로 볼 수 없는 것은?

> 진덕왕이 돌아가매 뭇 신하들이 이찬 알천에게 섭정을 청하였다. 알천은 짐짓 사양하되 "나는 늙고 이렇다 할 만한 덕행도 없다. 지금 덕망이 높기는 춘추공 만한 이가 없으니 실로 제세(濟世)의 영웅이라 할 수 있다."라고 하였다. 군신이 드디어 춘추를 추대하여 왕을 삼으니 춘추는 재삼 사양하다가 마지못하여 왕위에 올랐다.
>
>   – 『삼국사기』

① 집사부 시랑직에 6두품 세력이 진출하게 되었다.
② 김춘추가 왕위에 오름으로써 진골 출신이 왕이 되었다.
③ 국왕의 조언자 역할을 하는 상대등의 세력이 확대되었다.
④ 왕권이 강화됨에 따라 집사부 시중의 권한이 강화되었다.
⑤ 성골 출신의 진덕왕이 죽음으로써 성골 골품이 소멸하였다.

📖 진덕왕을 끝으로 내물왕계 성골의 왕위 계승은 끝나고 김춘추가 태종무열왕이 되어 무열왕계 진골의 왕위 계승이 시작되었는데, 김부식은 《삼국사기》에서 이를 신라 중대로 구분하였다.
   ③ 중대에는 상대등이 약화되고 집사부 시중의 세력이 확대되었다.

08 다음은 통일신라의 토지 제도와 관련된 내용이다. 이에 대한 설명으로 옳지 않은 것은?

> • 신문왕 7년(687) 5월에 문무 관료전을 지급하되 차등을 두었다.
> • 신문왕 9년(689) 1월에 내·외관의 녹읍을 혁파하고 매년 조(租)를 주되 차등이 있게 하여, 이로써 영원한 법식을 삼았다.
> • 성덕왕 21년(722) 8월에 처음으로 백성에게 정전을 지급하였다.
> • 경덕왕 16년(757) 3월에 여러 내·외관의 월봉을 없애고 다시 녹읍을 나누어 주었다.
> • 소성왕 원년(799) 3월에 청주 거노현으로 국학생 녹읍을 삼았다.
>
>   – 『삼국사기』

① 관료전과 정전을 지급한 것은 왕권을 강화하기 위한 정책의 일환이다.
② 신문왕 7년에 지급된 문무 관료전은 조·용·조의 수취가 가능한 토지였다.
③ 소성왕 원년의 조치는 국학생들의 경제적 뒷받침을 마련하기 위한 것이었다.
④ 경덕왕 16년 녹읍 제도의 부활은 귀족 세력의 권력이 강화되었음을 의미한다.
⑤ 성덕왕 21년에 지급된 정전은 신라 민정문서의 연수유전답과 같은 것으로 볼 수 있다.

📖 ② 조(조세)·용(역)·조(공물)의 수취가 가능한 토지는 「녹읍」이다. 관료전의 경우 노동력은 징발할 수 없었고 조세와 공물만 수취할 수 있었다.

09 다음 (가), (나)와 관련된 설명으로 옳지 않은 것은?

> • 재조대장경은 그 내용이 정확하고 글씨가 아름다우며 제작 기술이 뛰어나 세계에서 가장 훌륭한 판본이다. 그래서 그것은 고려대장경으로 널리 알려져 있다. 고려의 _____(가)_____은/는 팔만대장경의 제작 과정에서 최고의 기술 수준에 도달한 것이다.
> • 12세기 말이나 13세기 초에는 이미 _____(나)_____이/가 발명되었으리라 추측되며, 몽고와 전쟁 중이던 강화도·피난 시에는 《상정고금예문》이 탄생하였다. 이는 서양보다 200여 년이나 앞선 것이었다.

① (가): 여러 가지 책을 소량으로 인쇄하는 데 적합하였다.
② (가): 통일 신라 때부터 발달하여 불경을 간행하는 데 이용되었다.
③ (나): 청동 주조 기술과 제지술의 발달이 그 배경이 되었다.
④ (나): 조선 태종 때 주자소를 설치하고 계미자를 주조하였다.
⑤ (나): 조선 세종 때 밀랍 대신 식자판을 조립하는 방법을 창안하였다.

📖 (가) 목판인쇄술, (나) 활판인쇄술(금속활자)이다.
① 활판인쇄술에 관한 설명이다. 목판인쇄술은 한 가지 책을 대량으로 인쇄하는 데 적합하였다(소품종 대량 생산). 반면 활판인쇄술은 글자를 자유자재로 바꿀 수 있어 여러 가지 책을 인쇄하는 데 적합하였으나 글자를 고정시키는 밀랍의 접착력이 약해 대량 생산에는 적합하지 않았다(다품종 소량 생산). 이를 개선시킨 것이 세종 때 창안된 식자판이다.

10 다음 지역과 관련된 역사적 사실로 옳은 것은?

> • 1416년: 목(牧) 설치
> • 1627년: 벨테브레이 표착
> • 1946년: 도(道) 설치
> • 1948년: 4·3사건 발생

① 고려 전기에 국제 무역항으로 번성하였다.
② 고려 후기에 삼별초의 대몽 항쟁이 전개되었다.
③ 조선 전기에 대일 교역의 창구가 설치되었다.
④ 19세기 말 영국에 의해 몇 년간 점령당하였다.
⑤ 러일전쟁 중에 일본 영토로 강제 편입되었다.

📖 제시된 자료는 제주도의 주요 연혁을 나타낸 것이다.
② 고려 후기 삼별초는 몽골의 침입에 맞서 「강화도→진도→제주도」에서 항쟁을 전개했으나 결국 제주도에서 섬멸됐다. 몽골은 삼별초를 완전히 토벌하고 제주도에 탐라총관부를 설치했다.
① 벽란도 ③ 부산포·제포(진해)·염포(울산) ④ 거문도 ⑤ 독도에 관한 설명이다.

11 다음과 같은 업무를 수행한 고려의 정치 기구에 대한 설명으로 옳은 것은?

- 국자감의 학부별 입학 자격, 교육 과정, 수업 연한 및 학생 정원 등을 규정한 학칙을 상세하게 제정하였다.
- 첨사부*에 지급할 공해전의 규모, 소속 관원을 보조할 수행원의 정원 배정 등 첨사부 운영에 필요한 여러 가지 시행 규정을 정하였다.

*첨사부: 동궁 사무를 관장한 관청

---

① 상서성에 소속된 관청의 하나였다.
② 송의 관제를 받아들여 설치한 관청이다.
③ 무신 집권기에는 최고의 권력 기구로 발전하였다.
④ 재신과 추밀이 함께 모여 국가의 중요한 일을 결정하였다.
⑤ 관리의 임명과 법령의 개폐 등에 동의하는 서경권을 행사하였다.

📖 첫 번째 지문에서는 국자감의 학칙을 제정하는 역할, 두 번째 지문에서는 첨사부의 시행 규정을 정하는 역할을 담당했음을 알 수 있다. 이를 통해 고려시대 법제 및 격식 제정에 관한 문제를 의논한 재신(宰臣)과 추신(樞臣)의 회의기관인 「식목도감(式目都監)」임을 파악할 수 있다.

12 다음은 고려의 토지제도에 관한 내용이다. ㉠~㉤에 대해 잘못 설명한 것은?

개간된 토지의 넓이를 헤아려 기름지고 메마른 것을 나누고, 문무 관리·군인·한인에게 등급에 따라 땅을 나누어 주었다. 또 등급에 따라 시지를 주었다. … 죽은 다음에는 모두 나라에 반납하였다. ㉠ 군인전을 지급받은 군인은 나이 20세가 되면 땅을 받고 60세가 되면 반환하였다. 자손이나 친척이 있으면 땅을 물려받게 하고, … 죽은 다음에 후계자가 없는 자와 전쟁터에서 죽은 자의 아내에게도 ㉡ 구분전을 지급하였다. 그리고 ㉢ 공음전시가 있어 과에 따라 땅을 지급하여 자손에게 전하게 하였다. … 뒤에 관리의 녹봉이 부족해지자 경기도 고을의 토지를 ㉣ 녹과전으로 지급하였다. … 이 밖에 소유권이 보장되어 함부로 빼앗을 수 없는 ㉤ 민전이 있었다.

---

① 고려시대의 중앙군에게는 ㉠을 지급했으나, 조선시대에는 지급되지 않았다.
② ㉡은 조선에서 수신전과 휼양전으로 계승되었다.
③ ㉢이 처음 지급된 것은 경종 때의 시정전시과에서였다.
④ ㉣은 원종 때 개경 환도 후 지급되었다.
⑤ ㉤은 귀족과 양민은 물론 외거노비도 소유할 수 있었다.

📖 ③ 공음전은 문종 때 경정전시과에서 처음 지급되기 시작하였다.

🔒 9.① 10.② 11.④ 12.③

13 다음 기구가 발명된 시기의 농업 상황으로 적절하지 않은 것은?

길이 1자 5촌, 지름 7촌으로 만들어서 서운관에 설치하고, 각 고을에도 객사의 마당 가운데 설치하라. 비가 올 때마다 관원과 수령이 비 내린 상태를 직접 살피며 물의 깊이를 재고, 비 내린 일시와 날이 개인 일시 등을 기록하여 보고하도록 하라.

① 우경이 시작되면서 깊이갈이가 가능해졌다.
② 목화 재배가 확대되면서 의생활이 개선되었다.
③ 밭농사로 조, 보리, 콩의 2년 3작이 널리 행해졌다.
④ 남부 지방에 모내기가 보급되어 벼와 보리의 이모작이 가능해졌다.
⑤ 시비법의 발달로 경작지를 묵히지 않고 계속해서 농사 지을 수 있었다.

📖 측우기는 조선 전기에 전국 각지의 강우량을 측정하던 기구이다. 조선 전기에는 밭농사에서 조·보리·콩의 2년 3작이 널리 행해졌고, 논농사에서는 남부 지방에서 모내기가 보급되어 벼와 보리의 이모작이 가능해졌다.
① 우경이 시작된 것은 삼국시대로, 삼국사기에 신라 지증왕 때 우경을 장려했다는 기록이 있다.

14 다음과 같이 확대 실시된 제도를 틀리게 설명한 것은?

지역	시행 시기
경기도	1608년(광해군 즉위)
강원도	1623년(인조 1)
충청도	1651년(효종 2)
전라도	1658년(효종 9)
경상도	1678년(숙종 4)
황해도	1708년(숙종 34)

① 재정 보완을 위해 결작을 부과하였다.
② 방납으로 인한 농민의 유망이 시행 배경이었다.
③ 정부에서 필요한 물자를 조달하는 공인이 등장하였다.
④ 농민들이 생산한 토산물 거래가 활발해지는 계기가 되었다.
⑤ 토지가 많은 부호의 부담은 늘고, 가난한 농민의 부담은 줄어들었다.

📖 표와 관련된 제도는 대동법이다. 대동법은 광해군 즉위해인 1608년 한백겸과 이원익의 건의로 처음 실시되었다. 처음에는 경기도에 한해 시범적으로 실시됐으나, 양반 지주의 반대로 인해 100년 후인 1708년에 가서야 전국적으로 시행될 수 있었다.
①은 균역법에 관한 설명이다. 이는 조선 영조 26년(1750)에 백성의 세금 부담을 줄여주기 위해 종래에 1년에 2필씩 내던 군포를 1필로 절반으로 줄이고, 줄어든 군포수입을 보충하기 위해서 종래 군역이 면제되었던 조선 후기 지방의 부유한 평민자제들에게 선무군관이라는 이름으로 군포 1필을 부담시키는 제도였다.

15 다음은 조선시대 성균관 유생들의 생활을 설명한 것이다. 바르게 설명한 것은?

> ㉠ 유생들은 매일 아침과 저녁에 식당에 참석해 일정한 원점을 따야 문과 초시에 응시할 수 있었다.
> ㉡ 권당(捲堂)은 유생들이 벌였던 일종의 단식투쟁이었다.
> ㉢ 유생들의 학비와 생활비는 자비 부담을 원칙으로 하였다.
> ㉣ 생원·진사시에 급제한 생원과 진사는 성균관 유생이 될 수 있었다.
> ㉤ 생원·진사시를 거치지 않은 고급관료의 자제는 상재생(上齋生)으로 편성되었다.

① ㉠, ㉡, ㉣
② ㉠, ㉡, ㉤
③ ㉠, ㉢, ㉣
④ ㉡, ㉢, ㉤
⑤ ㉢, ㉣, ㉤

📖 ㉠ 성균관 유생들은 매일 아침과 저녁에 식당에서 원점을 받았는데, 하루에 1점씩 받아 300점을 받아야 교육 과정을 모두 수료할 수 있었다. 즉 성균관의 교과 과정을 마치는 데는 300일의 출석 성적이 요구되었고, 이만큼의 원점을 따야 문과 초시에 응시할 수 있었다.
㉡ 성균관 유생에게는 국정에 관한 공관(空館, 등교 거부), 권당(捲堂, 단식 투쟁), 공재(空齋, 기숙사 탈출) 등 시위를 할 수 있는 특권이 있었다.
㉢ 관학에 드는 모든 교육비는 국가에서 부담하였다.
㉣㉤ 성균관의 정원은 200명으로, 생원과 진사의 자격을 가진 사람을 상재생(上齋生)으로 입학시켰다. 그러나 이들만으로는 정원을 채우기가 힘들어 「하재생(下齋生)」이라 하여 양반 자제 가운데 향교·4부학당 졸업자 또는 소과의 초시를 합격한 자 등을 보결로 충원하였다.

16 (가)와 관련된 설명으로 옳은 것은?

> 윤지충이 공술하기를, "신주를 세우고 죽은 사람 앞에 술과 음식을 올리는 것은 ____(가)____ 에서 금지하는 것이라서 신주도 세우지 않고 제향도 차리지 않았습니다."라고 하였다. … 임금이 말하기를, "사학(邪學)을 하는 자가 어디 윤지충뿐이겠는가. 이제 그를 처벌하여 일벌백계의 본보기로 삼아 백성들을 깨우치고 사학에 대한 금령을 엄격히 세워야 한다."라고 하였다.
> – 『정조실록』

① 만세보를 발간하여 국권 회복 운동을 지원하였다.
② 정제두가 체계적으로 연구하여 학파로 발전시켰다.
③ 프랑스와 수교 이후 자유롭게 포교 활동을 전개하였다.
④ 시천주 사상을 강조하고 양반과 상민을 차별하지 않았다.
⑤ 중광단과 북로 군정서를 결성하여 항일 무장투쟁을 벌였다.

📖 정조 때 천주교도 윤지충의 신주소각사건으로 발생한 「신해박해」에 관한 내용이고, (가)는 천주교이다.
① 천도교 ② 양명학 ④ 동학 ⑤ 대종교에 관한 설명이다.

🔒 13. ① 14. ① 15. ① 16. ③

17 다음과 같은 형식의 시조가 널리 유행한 시기의 문화적 특징으로 옳은 것은?

> 두꺼비 파리를 물고 두엄 위에 치달아 앉아
> 건넌산 바라보니 백송골이 떠 있거늘
> 가슴이 선뜻하여 풀쩍 뛰어내리다가 두엄 아래 자빠져 버렸구나.
> 마침 날렸기 망정이지 피멍들 뻔하였도다.

① 무덤 안벽에 생전의 생활 모습을 표현한 그림을 그렸다.
② 악곡과 악보를 정리해 아악이 궁중 음악으로 발전하였다.
③ 민간에 구전되는 이야기를 한문으로 기록한 패관문학이 성행하였다.
④ 우리의 자연과 일상적인 모습을 소재로 삼아 그리는 화풍이 유행하였다.
⑤ 관리들의 기이한 행적과 서민들의 풍속, 감정이 실려 있는 설화문학이 발달하였다.

📖 자료는 백성들을 파리, 탐학한 관리를 두꺼비, 암행어사나 관찰사 등을 백송골(매)로 비유해 탐관오리가 상부의 눈을 피해 농민을 착취하는 세태를 야유한 사설시조이다. 사설시조는 조선 후기에 유행한 서민들의 문학 장르이다.
 ④ 조선 후기에 발달한 진경산수화와 풍속화에 대한 설명이다.
 ① 고구려의 굴식 돌방무덤에서 발견된다. ② 아악은 조선 전기에 체계화되었다.
 ③ 고려 후기, ⑤ 조선 전기의 문화 현상이다.

18 다음 자료와 관련된 민족 운동에 대한 설명으로 옳은 것을 〈보기〉에서 모두 고르면?

> 국채 1300만 원은 우리 대한제국의 존망에 직결된 것이다. …… 2천 만 인민들이 3개월 동안 담배를 끊고 그 대금으로 매 1인마다 20전씩 징수하면 1300만 원이 될 수 있다. 설령 그만큼 차지 않는 경우가 있다 할지라도 1원부터 10원, 100원, 1000원을 출연하는 자가 있어 채울 수 있을 것이다.

보기
㉠ 사회주의자들의 비판을 받았다.
㉡ 서상돈, 김광제 등이 주도하였다.
㉢ 조선총독부의 방해로 결국 실패하였다.
㉣《대한매일신보》를 비롯한 언론 기관도 동참하였다.
㉤「1천 만이 1원씩」이라는 구호를 내세우며 운동을 전개하였다.

① ㉠, ㉢
② ㉡, ㉣
③ ㉠, ㉢, ㉣
④ ㉠, ㉡, ㉢, ㉣
⑤ ㉠, ㉡, ㉢, ㉣, ㉤

📖 1907년 일어난 국채보상운동에 관한 문제이다.
 ㉠ 1920년대 물산장려운동에 관한 설명이다. 사회주의가 우리나라에 유입된 것은 3·1운동 직후인 1920년대 초이다.
 ㉢ 조선총독부는 1910년에 설치되었으므로 시기가 맞지 않는다. 통감부라고 해야 옳다.
 ㉤「1천 만이 1원씩」이라는 구호는 1920년대 민립대학 설립운동의 구호이다.

19 다음 회담이 결렬된 직후에 전개된 사실로 바른 것은?

> • 소련: 우리의 주장은 1차 때와 같습니다. 모스크바 3국 외상회의 결정 사항을 받아들이는 단체만을 협의 대상으로 합시다.
> • 미국: 모든 단체는 의사 표현의 자유가 있습니다. 모든 단체가 임시정부의 수립을 위한 협의에 참여할 수 있어야 합니다.

① 미국이 한국 문제를 유엔에 넘겼다.
② 조선 건국 준비위원회가 조직되었다.
③ 38도선을 경계로 한반도가 분단되었다.
④ 미국과 소련의 군대가 한반도에 들어왔다.
⑤ 신탁통치를 둘러싼 좌·우익의 대립이 시작되었다.

📖 1947년 제2차 미소 공동위원회가 결렬되자, 미국은 한국의 정부 수립 문제를 유엔에 이관했다. 그리고 유엔총회에서 남북한 총선거를 통한 정부 수립이 의결되었다.

20 〈보기〉에 제시된 한국 현대사 사건들을 시간순으로 배열하면?

> | 보기 |
>
> (가) 다수확 품종의 개발로 쌀의 자급자족이 가능해졌다.
> (나) 전태일이 근로기준법을 지킬 것을 외치며 분신하였다.
> (다) 생존권 투쟁을 외치던 YH무역 여성노동자가 사망하였다.
> (라) 직선제 개헌과 민주헌법 제정을 요구하는 6월 항쟁이 일어났다.

① (가)-(나)-(다)-(라)
② (가)-(나)-(라)-(다)
③ (나)-(가)-(다)-(라)
④ (나)-(다)-(라)-(가)
⑤ (다)-(나)-(가)-(라)

📖 (나) 1970년 11월, (가) 1970년대 중반. 쌀의 자급자족이 가능해지면서 원예·축산 등 영농의 다각화도 이뤄졌다. (다) 1979년, (라) 1987년이다.

🔒 17. ④ 18. ② 19. ① 20. ③

국어능력테스트

어휘·어법·어문규정

01 단어의 형성 방법이 동일한 것끼리 짝지어진 것은?

① 군말, 돌아가다
② 먹보, 꺾쇠
③ 돌팔매질, 시부모
④ 돌배나무, 웃음
⑤ 늦더위, 비로소

③ 돌팔매질은 '돌팔매(합성어) + −질(접미사)'이 결합된 파생어이며, 시부모는 '시−(접두사) + 부모(합성어)'가 결합된 파생어이다.
　① 군말은 접두사에 의한 파생어, 돌아가다는 어미+어미+어간이 결합된 합성어이다.
　② 먹보는 접미사에 의한 파생어, 꺾쇠는 어근+명사가 결합된 합성어이다.
　④ 돌배나무는 돌배(접사+어근)와 나무(단일어)가 결합된 합성어이며, 웃음(웃(다)+−음)은 접미사에 의한 파생어이다.
　⑤ 늦더위(늦다+더위)는 합성어이며, 비로소는 「비롯+오」가 결합된 파생어이다.

02 다음 ( ) 안에 들어갈 '몹시 속을 태우며 여기저기로 다니는 사람'이라는 뜻을 지닌 순우리말은?

> 미리부터 돈도 먹고 술도 먹이고 (　　)(으)로 돌아 치던 놈이 그 땅을 슬쩍 돌라 안는다.
> － 김유정, 『봄봄』

① 안달재신　　　　　② 알속
③ 북새　　　　　　　④ 모르쇠
⑤ 망석중

② 헛것을 털어 버리고 남은 실속 / (겉으로 보기보다) 알찬 실제의 내용 / 비밀히 통정한 내용
　③ 여러 사람이 부산하게 움직이며 대듦
　④ 아무것도 모른 체하거나 모른다고 잡아떼는 일
　⑤ 나무로 만든 꼭두각시

03 다음 중 가장 자연스러운 문장은?

① 철학자들에게는 상식이 거부되기 때문에, 새로운 깨달음을 얻게 해 주는 지혜를 받아들인다.

② 사물의 인상은 저절로 떠오르는 것이 아니라, 어떤 자극을 받을 때 비로소 떠오르게 된다.

③ 하늘의 수많은 별들에게는 변화가 있고, 사람들은 이것을 인간의 삶과 연관지어 생각했다.

④ 자신에게 기적이 일어나리라는 믿음은 불가능을 절대로 가능하게 해 준다.

⑤ 과학자들의 연구는 자연현상을 대상으로 이루어지고, 그 결과를 모든 학자에게 발표해야 한다.

📖 ① '받아들이다'의 주어인 '철학자들이'가 부당하게 생략됐다.
  ③ '별들에게는'은 조사가 잘못 쓰였으므로 '별들에는'으로 고쳐야 한다.
  ④ '절대로'가 부정어와 호응하므로 '언제나'로 고쳐야 한다.
  ⑤ '발표해야 한다'의 주어가 부당하게 생략됐다.

04 밑줄 친 단어와 쓰임이 가장 유사한 것은?

> [보기]
>
> 산업혁명 이후 농업 사회에서 산업 사회로 이행하면서 세계의 패권 국가도 산업 국가로 이행되었다. 영국의 뒤를 이어 미국과 프랑스가 산업혁명을 이루고, 그 뒤를 독일과 일본이 ㉠<u>뒤따르면서</u> 국가 간의 경쟁은 치열해졌다.

① 지혜로운 선배들이 가던 길을 <u>뒤따를</u> 수 있는 사람만이 성공할 수 있을 것이다.

② 그 사람 하는 짓을 <u>뒤따르다가는</u> 결국 그 사람과 마찬가지로 인생의 낙오자가 되고 말 것이다.

③ 현대 사회에서는 자신이 원하는 바대로 행동할 수 있는 자유가 점차 커지고 있지만, 이에 <u>뒤따르는</u> 책임도 크게 중요시되고 있다.

④ 이 업종에서는 한 번 일을 잘못 처리하게 되면 이에 <u>뒤따르는</u> 갖가지 문제들이 매우 많이 발생한다.

⑤ 내가 제일 먼저 컴퓨터 조립을 완성했고, 잠시 후 정호가 나를 <u>뒤따라</u> 완성했는데, 진우는 끝내 조립에 실패했다.

📖 다의어 '뒤따르다'의 문맥적 의미를 파악하는 문제이다. 〈보기〉의 ㉠과 같이 '뒤를 따르다'의 뜻으로 쓰인 경우는 ⑤이다.
  ①과 ②는 '같은 일을 하다', ③과 ④는 '어떤 일의 과정에 함께 따르거나 결과로서 생기다.'의 뜻으로 사용됐다.

05 밑줄 친 부분의 의미가 다른 것은?

① 방 한가운데에는 화로가 놓여 있었다.
② 한여름에는 시원한 수박 생각이 간절해진다.
③ 한밤중에 고이 자다가 느닷없이 호랑이한테 물려갔다.
④ 오늘 오후 서울 한복판에서 강도 사건이 벌어졌다.
⑤ 설을 맞아 모처럼 온 가족이 한자리에 모였다.

📖 ⑤의 '한자리(같은 자리)'의 '한'은 '같은'의 의미가 있다.
①, ②, ③, ④의 '한'은 '정확한' 또는 '한창인'의 뜻을 더하는 접두사로 사용됐다.

06 다음의 뜻풀이에 해당하고 예문의 빈칸에 들어갈 단어로 가장 알맞은 것은?

뜻풀이	어떤 일에 직접 나서서 관여하지 않고 곁에서 보기만 함
예문	행동하지 않는 양심과 순수는 파시스트적인 극우를 ( )하고 도와주는 것이라고 그는 생각했다. – 한승원, 『겨울 폐사』

① 방임(坊任)   ② 방관(傍觀)
③ 관조(觀照)   ④ 관망(觀望)
⑤ 피력(披瀝)

📖 ① 돌보거나 간섭하지 않고 제멋대로 내버려 둠
③ 고요한 마음으로 사물이나 현상을 관찰하거나 비추어 봄
④ 한발 물러나서 어떤 일이 되어가는 형편을 바라봄 / 풍경 따위를 멀리서 바라봄
⑤ 생각하는 것을 털어놓고 말함

07 다음 문장과 관련 있는 한자성어로 적절한 것은?

> 그는 순진한 얼굴을 하고선 뒤에서는 악랄한 짓을 하고 다녔다.

① 切磋琢磨   ② 怒氣登天
③ 同氣相求   ④ 一敗塗地
⑤ 雲泥之差

📖 ⑤ 雲泥之差(운니지차): 구름과 진흙의 차이라는 뜻으로 서로 간의 차이가 매우 심함을 이르는 말
① 切磋琢磨(절차탁마): 옥이나 돌을 갈고 닦아서 빛을 낸다는 의미로 부지런히 공부하고 덕행을 쌓음을 이르는 말
② 怒氣登天(노기등천): 분노가 하늘을 찌를 듯이 머리끝까지 치받쳐 있음을 뜻하는 말
③ 同氣相求(동기상구): 같은 소리끼리는 서로 응하여 울린다는 뜻으로 같은 무리끼리 서로 통한다는 말
④ 一敗塗地(일패도지): 싸움에 한 번 패하여 간과 뇌가 땅바닥에 으깨어진다는 뜻으로 여지없이 패해 다시 일어나지 못함을 이르는 말

쓰기

08 다음 문장들을 순서대로 바르게 배열한 것은?

> ㉠ 사유의 국토라는 것은 없으며, 논리의 국경 같은 것도 없기 때문이다. 철학자에게는 항상 국적이 있었지만 그것은 철학적으로 볼 때는 아무런 의미도 없다.
> ㉡ 철학의 고유한 영역이 사유의 세계이며, 철학자에게 구속력을 지니는 것은 논리의 법칙 뿐이라는 사실은 철학에 국적이 없음을 의미한다.
> ㉢ 철학이란 어느 특정한 지역이나 나라에 속하는 것이 아니고 인류 전체의 소유이며 문화가 존재하는 모든 지역에 속해 있는 것이기 때문이다.
> ㉣ 마찬가지 흄은 영국 사람이었지만 그의 철학이 영국 철학은 아니다. 어느 나라 사람의 것 이든 하나의 사상이 철학으로 승화하려면 국적을 뛰어넘어야 한다.
> ㉤ 예를 들어 플라톤은 고대 아테네 사람이었지만, 그의 철학이 곧 아테네의 철학은 아니다. 오히려 아테네는 그의 철학에 의해서 지금도 기억되고 있다.

① ㉠-㉡-㉢-㉣-㉤　　　　② ㉡-㉠-㉤-㉣-㉢
③ ㉡-㉤-㉠-㉣-㉢　　　　④ ㉠-㉢-㉡-㉣-㉤
⑤ ㉢-㉠-㉡-㉣-㉤

📖 ㉠은 ㉡에 대한 이유를 알리고 있으며, ㉤은 ㉡의 예시다. ㉣은 ㉡에 이어지는 또 다른 예이며, 그 예시에 대해 정리하고 있다. ㉢은 철학이 인류 전체의 소유이며 어느 특정한 지역에 속하는 것이 아니라는 결론을 제시하고 있다.

09 다음 빈칸에 들어갈 말로 가장 적절한 것은?

> 다분히 진화 생물학적 관점에서 질병은 인간의 몸 안에서 일어나는 정교하고도 합리적인 자기 조절 과정이다. 질병은 정상적인 기능을 할 수 없는 상태임과 동시에 진화의 역사 속에서 획득한 자기 치료 과정이 ＿＿＿＿＿＿＿＿＿ 이기도 하다. 가령 기침을 하고, 열이 나고, 통증을 느끼고, 염증이 생기는 것 따위는 자기 조절과 방어 시스템이 작동하는 과정인 것이다.

① 비일상적인 특이 상태
② 불가역적인 상태
③ 인구의 개체 변이를 도모하는 상태
④ 문제가 발생한 상태
⑤ 정상적으로 가동하고 있는 상태

📖 지문의 마지막 문장에서 '기침을 하고, 열이 나고, 통증을 느끼고, 염증이 생기는 것 따위는 자기 조절과 방어 시스템이 작동하는 과정'이라고 하였으므로 답은 ⑤이다.

다음은 '정보 보호 현황과 문제점 개선 방안'에 대한 글을 쓰기 위해 수집한 자료이다. 자료의 활용 방안으로 적절하지 않은 것은?

(가) 정보 침해의 유형별 경험(2018년)

구분	해킹	웜 바이러스	스파이웨어
비율(%)	15.4	55.9	56.8

(나) 정보보호산업 시장의 성장 추이(단위: 억 원(국내), 백만 달러(국외))

구분	2016년	2017년	2018년
세계	32,331	35,686	41,668
국내	6,807	7,052	7,432
세계 시장 점유 비율(%)	2.11	1.98	1.78

(다) 정보 통신 시설과 서비스 보호, 개인정보 보호에 관한 규정이 여러 법에 산재해 있어 정보 침해 사례에 적절하게 대응하지 못하고 있는 현실이다.

(라) 2018년 현재 국내 정보보호 인력은 4,874명으로 디도스 공격과 같은 정보 침해에 대비하기 어려운 실정이다.

(마) 우리나라의 정보보호 관련 예산은 2018년에는 277억 원, 2019년에는 273억 원으로 선진국의 3분의 1 수준이다. 2019년을 기준으로 정보화 예산 대비 정보보호 예산이 미국의 경우 9.2%인 반면 우리나라는 4.3%로 절반에도 미치지 못한다.

---

① (가)와 (라)를 활용하여 피해 예방을 위한 전문가 양성의 필요성을 제시한다.
② (가)와 (마)를 활용하여 정보보호에 대한 홍보를 강화할 것을 제시한다.
③ (나)와 (라)를 활용하여 정보보호 프로그램을 개발할 수 있는 전문인력 양성을 제안한다.
④ (나)와 (마)를 활용하여 정보보호 산업을 육성하기 위해서는 지원 예산의 확보가 필요함을 지적한다.
⑤ (다)와 (마)를 활용하여 정보보호 산업의 발전을 저해하는 제도적인 차원의 문제점을 지적한다.

📖 (가)는 정보 침해의 유형별 경험으로 전문적 정보 침해 유형의 비율이 높음을 나타내고, (마)는 우리나라의 정보보호 관련 예산이 선진국에 비해 적음을 나타내고 있다. (가)와 (마)를 활용하여 전문적 정보 침해에 대한 예산 확보가 필요함을 제시할 수 있으므로 '정보보호에 대한 홍보 강화'의 제시는 적절하지 않다.

▶ 다음 글을 읽고, 물음에 답하시오.[11~12]

칼 구스타프 융의 분석 심리학에서는 정신을 의식, 개인 무의식, 집단 무의식이라는 세 가지 수준으로 설명했다.

의식은 개인이 직접적으로 알 수 있는 정신의 유일한 부분이며, 유아기 때 감정, 사고, 감각, 직관의 의식을 통해 성장해 간다. 이 네 가지 요소는 동일하게 사용되는 것이 아니고, 어떤 아이에게는 사고가, 어떤 아이에게는 감정이 강화되기도 한다. 그리고 의식의 개성화 과정을 통해서 새로운 요소가 생겨나는데 융은 이것을 '자아'라고 불렀다. 자아는 자각하고 있는 지각(知覺), 기억, 생각, 감정으로 구성되며 자아에 의해 존재로 인정되지 못하면 그것들은 자각될 수 없다. 그리고 경험이 의식의 수준까지 도달되기 전에 자아가 불필요한 부분을 제거하기 때문에 의식에 대한 ⊙ 수문장(守門將)으로서의 역할을 한다. 그러면 자아에 의해 인식되지 못한 경험들은 어떻게 될까? 경험할 당시 중요하지 않거나 신빙성이 부족하면 개인 무의식이라는 곳에 저장되었다가 필요할 때는 언제나 쉽게 의식화될 수 있다.

11 윗글을 이해한 내용으로 적절치 못한 것은?

① 자아가 경험들을 의식으로 처리할 때 필요한 경험만 수용한다.
② 의식은 개인이 직접적으로 알 수 있는 부분이다.
③ 생각은 자아에 의해 존재로 인정받아야 자각된다.
④ 감각은 다른 의식의 기능보다 발달되지 않을 수 있다.
⑤ 개인 무의식은 상황에 따라서 자아에 포함되는 개념이다.

📖 자아는 무의식에 포함되는 것이 아니라 의식에서 비롯되는 것이므로 ⑤의 내용은 적절치 못하다.
③ '자아는 자각하고 있는 지각, 기억, 생각, 감정으로 구성되며 자아에 의해 존재로 인정되지 못하면 그것들은 자각될 수 없다.'는 내용을 통해 '생각'은 자아에 의해 존재로 인정받아야 자각된다는 진술은 적절하다.

12 문맥적 의미를 고려할 때 ⊙과 바꿔 쓰기에 가장 적절한 것은?

① 완충기(緩衝期)　　　　② 여과기(濾過器)
③ 계량기(計量器)　　　　④ 감지기(感知器)
⑤ 측정기(測程器)

📖 ⊙ 여기서 수문장은 경험이 의식 수준까지 도달하기 전에 자아가 불필요한 부분을 제거한다는 의미로 사용됐다. 따라서 '액체를 걸러내는 데 쓰는 기구'의 뜻을 가진 '여과기'라는 단어로 대체해 사용할 수 있다.

▶ 다음 글을 읽고, 물음에 답하시오.[13~14]

현대와 같은 정보화 사회에서도 역사는 여전히 그 효용 가치를 지니는가? 역사는 왠지 정보화 사회에 맞지 않는다거나 컴퓨터에 넣기에는 너무나 구닥다리라는 사람들이 있다. 그러나 과연 이 생각이 옳은 것인지는 한 번 생각해 볼 일이다. 왜냐하면 역사란 단순한 과거의 기록이 아닌 우리가 살아가야 할 미래를 위해 꼭 필요한 삶의 지침서이기 때문이다. 가령 자동차를 타고 낯선 곳을 여행하는 두 사람이 있다고 해 보자. 한 사람은 지명만 알고 찾아가는 사람이고, 다른 사람은 지도와 나침반이 있다고 할 때 누가 더 목표 지점에 정확하게 도착할 수 있겠는가? 대답은 명확하다. 즉 역사는 과거를 통해 우리의 위치와 목표를 확인하게 하고 미래를 향한 가장 올바른 길을 제시하는 것이다.

인간의 삶은 정해지지 않은 미래를 향해 나아가는 항해이다. 인생이라는 항해에서 가장 중요한 것은 목표를 정하는 것과 그 목표를 찾아가는 방법을 선택하는 것이다. 올바른 목표가 없으면 의미 없는 삶이 되고 방법이 올바르지 않다면 성취가 불가능하기 때문이다. 삶의 과정에서 역사는 올바른 길이 무엇인가를 판단하는 안목을 길러주고 실천 의지를 강화시켜 준다. IMF를 전혀 모르는 사람과 단지 부끄러운 하나의 역사적 사건으로만 인식하는 사람. 그리고 위기와 극복의 과정을 통해 IMF가 지닌 역사적 의미를 깨달은 사람의 삶은 분명 다를 것이다. 지나간 과거의 역사는 오늘날 우리가 가진 가장 확실한 참고서이다. 그러므로 의미 있는 삶을 원한다면 옛날로 돌아가 그들의 일기를 읽어볼 일이다.

13 **윗글의 중심 내용을 이끌어 내기에 가장 적절한 것은?**

① 역사를 공부하는 까닭은 무엇인가?
② 역사 서술은 어떻게 이뤄지는가?
③ 올바른 역사가의 자세는 무엇인가?
④ 역사는 무엇을 매개로 해 인식되는가?
⑤ 인류의 역사는 언제부터 시작됐는가?

📖 이 글은 역사를 배우는 이유에 대해서 언급하고 있다. 역사는 우리의 위치와 목표를 확인하게 하고, 미래를 향한 올바른 길을 제시하기 때문에 배워야 한다고 서술하고 있다.

14 **윗글 글쓴이의 궁극적인 견해에 가장 가까운 것은?**

① 역사는 현대사회에서 꼭 필요한 것은 아니다.
② 역사는 객관적이 아닌 주관적인 서술로 이뤄져야 한다.
③ 역사는 의미와 가치 있는 삶을 위해 반드시 필요한 것이다.
④ 역사는 지배층 중심으로 서술된 지배층의 역사다.
⑤ 역사는 과거의 인간 행위를 대상으로 하는 학문이다.

📖 이 글에서는 역사는 과거를 통해 우리의 위치와 목표를 확인하게 하고 미래를 향한 가장 올바른 길을 제시하는 것이라고 말하고 있다. 이를 통해 역사는 우리의 삶을 위해 반드시 필요한 것이라는 것을 유추할 수 있다.

다음 글의 ㉠에 나타난 표현상의 특징은?

> ㉠홍보가 하릴없어 형의 집에 건너갈 제 의관을 한참 차려, 모자(帽子) 터진 헌 갓에다 철대를 술로 감아 노갓끈 달아 쓰고, 편자는 좀이 먹고, 앞춤에 구멍이 숭숭, 관자(貫子) 뛴 헌 망건을 물렛줄로 얽어 쓰고, 깃만 남은 베 중치막을 열 두 도막 이은 술띠로 시장찮게 눌러매고, 헐고 헌 고의적삼에 살점이 울긋불긋. 목만 남은 길버선에 짚대님이 별자로다. 구멍 뚫린 나막신을 두 발에 잘잘 끌고, 똑 얻어올 걸로 큼직한 오쟁이를 평양 가는 어떤 이 모양으로 관뼈 위에 짊어지고 벌벌 떨며 건너갈 제 저 혼자 돌탄(咄嘆)하여,
> "아무리 생각하나 되리란 말 아니 난다. 모진 목숨 아니 죽고 이 고생을 하는구나."
> 형의 문전에 당도하니, 그 새 성세(聲勢) 더 늘어서 가사(家舍)가 장(壯)히 웅장하다. 삼십여 간 줄행랑을 일자(一字)로 지었는데 한가운데 솟을대문 표연(飄然)히 날아갈 듯. 대문 안에 중문(中門)이요, 중문 안에 벽문(闢門)이라. 거장(巨將)한 종놈들이 삼삼오오(三三五五) 짝을 지어 쇠털벙거지, 청(靑)창 옷에 문문(門門)에 수직(守直)타가 그중에 늙은 종은 홍보를 아는구나. 깜짝 놀라 절을 하며, 손을 잡고 낙루(落淚)하며,
> "서방님 어디 가서 저 경상(景狀)이 웬일이오. 수직방(守直房)에 들어앉아 어한(禦寒) 조금 하옵시다."

① 심리를 세밀하게 묘사해 인물의 내면을 보여준다.
② 유쾌하고 즐거운 장면을 한 번 더 강조함으로써 해학미를 드러낸다.
③ 인물의 외모를 장황하게 설명해 독자의 이해를 돕는다.
④ 급박한 상황에서도 형을 만나러 가기 위해 준비하는 인물의 치밀한 성격을 보여준다.
⑤ 초라한 옷차림을 길게 묘사해 비참한 상황임에도 웃음을 자아낸다.

📖 ⑤ ㉠은 홍보의 초라한 옷차림을 장황하게 나열함으로써 독자의 웃음을 유발하고 있다.
　제시된 지문은 조선 후기 판소리계 소설인 《흥부전》의 일부로, 신라시대의 「방이설화」를 근원설화로 한 작품이다. 줄거리는 심술궂고 욕심 많은 형 놀부에게 수모를 받던 동생 흥부가 제비의 부러진 다리를 고쳐 주면서 생각지도 못한 행운을 만나게 되는, 권선징악적인 교훈을 담고 있다.

16 다음 글에서 바르게 대조되고 있는 것이 아닌 것은?

기형적으로 발달한 감각의 예민을 자랑도 하고 과학의 만능을 구가하기도 하던 유럽인도 그들이 믿었던 철학이나 과학만으로는 우주의 본질이나 인생의 궁극적 본질을 구명할 수 없다는 것을 발견한 후에 닥쳐오는 공허감에 허우적거렸다. 그렇다고 종교만을 지침으로 모든 것을 해결하기에는 이미 비대해진 그들의 이성이 허락하지 않게 된 유럽세계는 동양의 식민지를 토대로 외관상으로는 호사한 생활을 영위할 수 있었으나 마음의 불안과 초조감을 숨길 수가 없었다.

절망과 세기말적인 퇴폐의 세계에서 허덕이던 벽안의 서양인이 굴욕과 불행 가운데에서도 태연과 침착, 때로는 자신의 표정조차 엿보이지 않는 동양인을 발견했을 때 어떻게 생각하였을까. 물론, 무기력과 우둔과 무신경의 소치로 조소할 수도 있다. 그러나 비록 서양류의 엄밀한 인식론을 토대로 하지는 않았으나 때로는 예지의 섬광조차 풍기는 심오한 인생론과 신조를 가지고 생활하는 동양인을 조소만 할 수 있겠는가. 자연의 정복이 곧 행복의 관건일 줄만 알던 서양인과 달리 자연과 일체가 되어 자연을 사랑하며 살 수 있는 동양인, 부의 축적이 인간의 가치를 측정하는 척도로 되다시피 한 서양 문명과는 달리 인격의 원만과 학식이 존중되는 동양 사회, 그리고 서양의 권리와 의무 위주의 대인 관계에 비하여 겸양의 덕과 인정의 미가 고조되는 동양사회는 확실히 대조적인 존재임에 틀림없다. 그리고 만약 서양이 성경과 서양철학과 과학의 삼차원의 세계에서 탈피하여 보다 고도의 사차원의 세계를 모색함으로써 심적 불안감과 초조감을 극복하려면, 비록 직관적이나 장시일 간의 귀중한 경험을 토대로 하여 표현되는 동양인의 지혜를 무시할 수는 없을 것이다.

— 이용범, 『동양과 서양』

① 엄밀한 인식론 : 심오한 인생론
② 권리와 의무 위주 대인 관계 : 겸양의 덕과 인정의 미
③ 자연의 정복 : 자연과 일체
④ 부의 축적 : 인격의 원만과 학식
⑤ 세기말적인 퇴폐의 세계 : 과학의 삼차원 세계

📖 엄밀한 인식론은 서양을 말하고 심오한 인생론은 그에 대조되는 동양을 말하는 것이다. 권리와 의무 위주의 대인 관계가 서양의 것이라면 동양에서는 겸양의 덕과 인정의 미가 고조되는 것이다. 자연을 정복의 대상으로 삼는 것과 자연을 사랑하며 일체시키는 것, 부의 축적인 인간의 가치를 측정하는 척도로 되다시피 한 서양인과 인격의 원만과 학식이 존중되는 동양인이 대조되고 있다. 그러나 세기말적인 퇴폐의 세계와 과학의 삼차원 세계는 지문에서 모두 서양을 가리키는 말로 표현되고 있다.

17 다음 글을 읽은 독자의 반응으로 가장 적절한 것은?

바통을 든 오케스트라의 지휘자는 찬란한 존재다. 토스카니니 같은 지휘자 밑에서 플루트를 분다는 것은 또 얼마나 영광스러운 일인가. 그러나 다 지휘자가 될 수는 없는 것이다. 다 콘서트마스터가 될 수도 없는 것이다. 오케스트라와 같이 하모니를 목적으로 하는 조직체에서는 한 멤버가 된다는 것만도 참으로 행복한 일이다. 그리고 각자의 맡은 바 기능이 전체 효과에 종합적으로 기여된다는 것은 의의 깊은 일이다. 서로 없어서는 안 된다는 신뢰감이 거기에 있고, 칭찬이거나 혹평이거나 '내'가 아니요 '우리'가 받는다는 것은 마음 든든한 일이다. 자기의 악기가 연주하는 부분이 얼마 아니 된다 하더라도, 그리고 독주하는 부분이 없다 하더라도 그리 서운할 것은 없다. 남의 파트가 연주되는 동안 기다리고 있는 것도 무음의 연주를 하고 있는 것이다.

야구팀의 외야수와 같이 무대 뒤에 서 있는 콘트라베이스를 나는 좋아한다. 베토벤 교향곡 제5번 '스켈소'의 악장 속에 있는 트리온 섹션에도, 둔한 콘트라베이스를 쩔쩔매게 하는 빠른 대목이 있다. 나는 이런 유머를 즐길 수 있는 베이스 연주자를 부러워한다. 전원교향곡 제3악장에는 농부의 춤과 아마추어 오케스트라가 나오는 장면이 묘사되어 있다. 서투른 바순이 제때 나오지 못하고 뒤늦게야 따라 나오는 대목이 몇 번 있다. 이 우스운 음절을 연주할 때는 바순 연주자의 기쁨을 나는 안다. 팀파니스트가 되는 것도 좋다. 하이든 교향곡 94번의 서두가 연주되는 동안은 카운터 뒤에 있는 약방 주인같이 서 있다가, 청중이 경악하도록 갑자기 북을 두들기는 순간이 오면 그 얼마나 신이 나겠는가? 자기를 향하여 힘차게 손을 흔드는 지휘자를 쳐다볼 때, 그는 자못 무상(無上)의 환희를 느낄 것이다. 어렸을 때 나는 공책에 줄 치는 작은 자로 교향악단을 지휘한 일이 있었다. 그러나 그 후 지휘자가 되겠다는 생각을 해 본 적은 없다. 토스카니니가 아니라도 어떤 존경받는 지휘자 밑에서 무명의 플루트 연주자가 되고 싶을 때는 가끔 있었다.

– 피천득, 「플루트 연주자」

① 사업에 성공하기 위해서는 무엇보다 남을 배려하는 자세가 필요해.
② 인생에 있어서 가장 소중한 것은 하고 싶은 일을 하면서 사는 거야.
③ 치열한 경쟁에서 살아남기 위해서는 항상 남보다 부지런한 태도가 필요해.
④ 남들이 뭐라 하든 묵묵히 자신의 임무를 다하는 것이 정말 가치있는 삶이야.
⑤ 주목받는 삶을 위해서는 스스로의 가치를 적극적으로 드러내 보일 필요가 있어.

📖 화자는 지휘자나 콘서트마스터가 아니더라도 자신의 할일을 묵묵히 하는 팀파니스트나 베이스 연주자를 높게 평가하고 있다. 이는 보이지 않는 곳에서 묵묵히 자신의 맡은 바 역할에 최선을 다하는 모습이 중요하다는 것을 말하는 것이다.

18 다음에서 말하는 국어의 어휘상 특질에 대한 예로 바르지 않은 것은?

> • 다량의 한자어 유입 • 감각어가 많이 발달
> • 상징어의 발달 • 친족관계 어휘 발달

① 상대방과 나 = 彼此
② '노랗다, 노르께하다, 누르끄레하다, 노르무레하다, 노르스름하다'를 영어로는 'yellow'라고 한다.
③ '기러기, 개구리, 꾀꼬리, 귀뚜라미, 매미, 뻐꾸기, 쓰르라미' 등의 이름
④ '푸르다'를 영어로는 'blue, green'이라고 한다.
⑤ '아버지'에 대해 '아빠, 아버지, 가친, 선친' 등의 어휘가 존재한다.

📖 ④ 우리 국어에서는 초록, 청록, 남색을 모두 '푸르다'라고 하여 이 세 가지 색을 혼동하여 구별하지 못하는 경우가 있는데, 영어에서는 'blue, green'으로 언어 자체가 구별돼 있다. 이는 색채어 등 감각어가 발달해 있는 국어의 특질과는 상반된 예외적인 경우로 볼 수 있다.
① 한자어 다량 유입의 예가 된다.
② 색상을 나타내는 말로 감각어가 잘 발달돼 있음을 나타낸다.
③ 의성에서 착안한 이름의 예로 음성 상징어의 발달을 반영한다.
⑤ 친족관계 어휘의 발달에 대한 예시다.

19 1970년대 이후 한국 문단사에는 역사와 시대에 대한 성찰의 결과 많은 대하소설들이 등장했다. 이에 해당하지 않는 작품을 고르면?

① 황석영, 〈장길산〉
② 박경리, 〈토지〉
③ 조세희, 〈난쟁이가 쏘아올린 작은 공〉
④ 최명희, 〈혼불〉
⑤ 조정래, 〈아리랑〉

📖 조세희의 〈난쟁이가 쏘아올린 작은 공〉은 급격한 산업화 이후 빈부격차의 심화로 인한 소외계층에 대한 관심을 주제로 한 소설이다.

20 다음 밑줄 친 ㉠과 유사한 잘못을 범하고 있는 문장은?

> 올바른 국어 사용을 위한 국민 계도의 차원으로 생각하시어 회신해 주시기를 부탁드립니다.
> ㉠ 저희가 사용하는 문안 중 어법에서의 잘못됨이 지적되면 즉시 정정하도록 하겠습니다.

① 아버님, 올해도 건강하세요.

② 여름이 되면 수해 방지 대책 마련에 철저를 기해야 한다.

③ 춘향호의 선장과 선원들은 배 침몰과 함께 사망했습니다.

④ 그 선수의 장점은 경기 흐름을 잘 읽고, 다른 선수들에게 공을 잘 보내 준다는 것이 큰 장점이다.

⑤ 민족의 동질성 회복을 위해 남북 교류를 하루 빨리 이뤄지도록 노력해야 하겠다.

📖 ㉠은 명사화 구성을 남용하여 어색한 예이다. → 어법에서 잘못된 점이 지적되면

　② 명사화 구성을 남용하여 어색하다. → 수해를 방지하기 위한 대책을 철저하게 마련해야 한다.

　① '건강하다'는 형용사이므로 '건강하세요'라는 명령형은 성립하지 않는다. → 건강하게 지내세요.

　③ 번역투의 문장으로 외래어 어법(~와 함께)에 사용되었다. → 배가 침몰하면서 사망했습니다.

　④ 어휘가 중복(~장점은, ~장점이다)되고 주술의 호응이 어색하다. → ~ 보내 준다는 것이다.

　⑤ 목적어와 서술어의 호응이 부자연스럽다. → 남북 교류를 하루 빨리 이루도록

🏁

Answer		
어휘·어법·어문규정	▶	1.③　2.①　3.②　4.⑤　5.⑤　6.②　7.⑤
쓰기	▶	8.②　9.⑤　10.②
읽기	▶	11.⑤　12.②　13.①　14.③　15.⑤　16.⑤　17.④
국어문화	▶	18.④　19.③　20.②

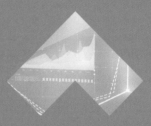

최신시사상식 220집

상식
요모조모

뉴스 속 와글와글 / Books & Movies / 상식 파파라치

뉴스 속 와글와글

한국 지난해 수산식품 수출 3위, 「이빨고기」를 아시나요?

1월 9일 해양수산부에 따르면 지난해 수산식품 수출액(잠정)은 전년 대비 11.8% 늘어난 31억 6000만 달러로 역대 최고를 기록했다. 이 가운데 수출 1·2위는 우리에게도 익숙한 김(6억 5500만 달러)과 참치(6억 200만 달러)가 차지했는데, 3위에는 일반에 다소 생소한 이빨고기(9000만 달러)가 올라 시선을 끌었다. 이빨고기(Toothfish)는 「메로」로 잘 알려진 어종으로, 그 이름처럼 입이 크고 이빨이 많은 것이 특징이다. 메로는 우리 근해에는 살지 않고 남극해 최대 수심 2000m의 심해에 사는데, 몸길이가 최대 2.3m, 몸무게가 최대 100kg에 이르는 대형 어종이다. 메로는 멸종위기종이기 때문에 남극 해양생물자원보존협약(CCAMLR)에 따라 여름철 어획 금지, 어선 크기 제한, 그물눈(코) 크기 조정 같은 규제를 받고 있다. 하지만 높은 가격으로 불법조업이 성행하고 있는데, 실제 이빨고기 글로벌 소비량의 80%가 불법 어획으로 추정되고 있다. 특히 미국은 한국 어선이 남극해에서 이빨고기를 불법 조업했다며 지난 2013년과 2019년 우리나라를 예비 불법어업국으로 지정한 바 있다.

● 이빨고기(메로)

러시아 임신부들, 원정 출산 위해 아르헨티나로 몰려든다?

영국 《가디언》이 1월 3일 러시아 부모들이 최근 아이를 낳으러 아르헨티나로 몰려가고 있다는 보도를 내놓았다. 가디언은 주아르헨티나 러시아 대사관 발표를 인용해 지난해 2500명의 러시아인이 아르헨티나에 입국했다며 이 중 상당수는 출산을 앞둔 러시아 여성들이라고 보도했다. 러시아인들은 이전에도 미국 플로리다 등에서 원정 출산을 많이 했지만, 아르헨티나가 원정 출산지로 급부상한 것은 우크라이나 전쟁에 기인한 것이다. 이 전쟁으로 전 세계가 러시아에 대한 입국을 제한하자 비자 없이 갈 수 있는 아르헨티나로 몰려들기 시작한 것. 더욱이 아르헨티나는 속지주의에 따라 자국 영토에서 태어나면 아르헨티나 국적을 부여하는데, 아르헨티나 여권이 있으면 유럽연합(EU) 가입국 등 171개국을 무비자로 갈 수 있다. 또 아이가 아르헨티나 국적을 받으면 부모도 2년 이내에 아르헨티나 국적을 취득할 수 있다는 점도 아르헨티나 원정 출산의 주원인으로 거론된다.

美, 가스레인지 사용 금지한다? 난데없는 가스레인지 논란

미국 소비자제품안전위원회(CPSC)가 지난해 12월 가스레인지로 인한 실내공기 오염 규제 검토 입장을 밝히면서 미국 공화당을 중심으로 보수층들의 대거 반발을 불렀다. 특히 CPSC 위원인 리처드 트럼카 주니어가 1월 9일 블룸버그통신 인터뷰에서 가스레인지 사용금지 검토 가능성을 언급하면서 논란은 더욱 확산됐다. 이에 공화당이 장악한 21개 주는 가스레인지 사용 금지를 막는 법안을 통과시켰고, 미국석유협회(API) 등 에너지 업계도 잇따라 반대 입장을 내놓았다. 공화당에서는 바이든 행정부와 민주당이 가스레인지 사용금지를 검토하는 것 자체가 과도한 규제라며 반발했는데, 특히 로니 잭슨 공화당 하원의원(텍사스)은 「백악관 미치광

이들이 내 가스레인지를 가져가려면 나를 죽여야 할 것」이라며 반대 청원을 올리기도 했다. 이처럼 논란이 커지자 알렉산더 호엔–사릭 CPSC 위원장은 1월 11일 성명을 통해 가스레인지를 금지할 생각이나 계획이 없다면서 진화에 나섰다. 또 백악관도 이날 대변인 성명을 통해 조 바이든 대통령은 가스레인지 금지 정책을 지지하지 않는다고 해명했다.

어묵·호떡 다 제쳤다!
올 겨울 최고의 간식은 바로 이것?

지역 기반 개인 간 거래(C2C) 플랫폼인 당근마켓이 1월 30일 지난해 12월부터 1월까지 겨울간식지도에 가장 많이 올라온 장소 순위를 발표했다. 당근마켓 겨울간식지도는 지역 주민이 직접 동네 먹거리 장소를 등록하고 이웃과 공유하는 오픈맵 서비스로, 올 겨울 가장 많이 등록된 장소는 붕어빵(65.1%)이 압도적 1위를 차지했다. 이어 ▷어묵(10.5%) ▷호떡(9.9%) ▷군고구마(4%) ▷타코야키(3.4%) ▷계란빵(2.8%) 순으로 나타났다.

한편, 붕어빵은 최근 「붕세권」(붕어빵+역세권)이라는 신조어까지 탄생시킬 정도로 많은 인기를 누리고 있는데, 이러한 인기는 붕어빵 노점들의 위치를 알려주는 붕세권 앱까지 탄생시키면서 화제를 모았다. 붕어빵은 밀가루 반죽 속에 팥소 등을 넣어 붕어 모양의 틀에 구워낸 먹거리로, 일제강점기 때인 1930년대에 일본에서 들어왔다고 알려져 있다. 현재는 붕어빵과 잉어빵 모두 혼용되고 있으나 붕어빵은 밀가루 반죽으로

걸쭉하고 기름기가 적어 담백한 편이고, 잉어빵은 밀가루 반죽에 찹쌀이나 기름 등을 추가해 조금 더 촉촉하다는 차이가 있다.

인간에 의해 멸종된 도도새,
복원 프로젝트 이뤄진다?

미국의 생명과학 스타트업 콜로설 바이오사이언스(콜로설)가 최근 멸종된 도도새를 복원하겠다고 나서면서 큰 관심을 받고 있다. 미국 CNN 방송에 따르면 콜로설은 유전자(DNA) 염기서열 분석과 DNA 편집 기술, 합성생물학을 기반으로 한 도도새 복원 프로젝트를 진행 중이다. 연구진은 덴마크 자연사박물관에 있는 도도새 표본에서 추출한 DNA로 도도새의 유전정보 서열을 분석하는 데 성공했는데, 복원 성공에 대한 기대가 높아지면서 1월 31일 하루에만 투자금 1억 5000만 달러(약 1847억 원)가 몰리기도 했다.

한편, 도도새는 과거 인도양 모리셔스에 서식했던 새로 1681년 마지막 개체가 죽으면서 멸종된 생물이다. 도도새는 인간 때문에 멸종된 동물의 대명사로 일컬어지는데, 16세기 포르투갈인들이 모리셔스에 상륙하고 이후 자행된 무차별 포획으로 한 세기 만에 지구상에서 사라진 바 있다.

● 1634년에 묘사된 도도새

화제의 책과 영화

BOOKS & MOVIES

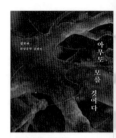

책 BOOKS

암태도 송기숙 著

행동하는 지식인의 표상이자 한국 근현대사의 질곡을 담은 작품들을 써온 고(故) 송기숙(1935~2021) 작가의 장편소설로, 1981년 초판 출간 이후 41년 만에 새로운 장정으로 선보인 것이다. 이는 올해가 암태도 소작쟁의 100주년인 데 따른 것으로, 암태도 소작쟁의는 우리나라 소작쟁의의 효시이자 일제강점기 대표적 항일농민운동으로 평가받는 사건이다.

당시 소작인들은 목숨을 걸고 항쟁을 시작했지만 지주 문씨 일족은 일본 관헌과 경찰의 힘을 믿고 꿈쩍도 하지 않는다. 이는 결국 문씨 일족 청년들과 농민들 간의 유혈극으로 치닫게 되고, 이를 빌미로 삼은 경찰은 소작회 간부들을 구속시키게 된다. 그러자 이에 분노한 농민들은 경찰서와 지주 문재철의 집이 있는 목포로 나가 치열한 싸움을 시작한다. 소설은 실존인물들의 삶을 고스란히 담아냈으나 작가가 창조해 낸 허구적 인물인 「춘보」도 등장한다. 특히 이 인물은 1920년대 소작쟁의의 역사가 1894년 동학농민전쟁의 연장선에 있다는 작가의 작중 의도와 역사 인식을 고스란히 반영한다.

책 속에 밑줄 긋기 ✏️

"우리는 이 싸움에서 기어코 이기고 말 것입니다. 우리 소작인 한 사람 한 사람은 어디까지나 한 사람의 인간으로서 지주와 동등한 입장에서 당당하게 싸우고 있으며 또 평화적이고 합법적으로 싸우고 있습니다."

아무도 모를 것이다 정보라 著

2022년 《저주토끼》로 부커상 인터내셔널 부문 최종후보에 오르며 많은 주목을 받은 정보라 작가의 초기 걸작선이다. 이는 《저주토끼》의 문학적 뿌리라 할 만한 마술적인 환상성이 돋보이는 9편의 초기 발표작과 1편의 미발표작을 엄선한 것인데, 특히 9편의 초기 발표작은 작가가 10여 년 전 「정도경」이라는 필명으로 활동하며 썼던 작품들이다. 단편선의 처음을 여는 〈나무〉는 땅에 심겨 나무가 되어버린 친구에 대한 죄책감으로 마을을 벗어나지 못하는 주인공이 결국 이러한 비극을 딛고 바깥으로 나아가는 이야기를 그려낸다. 〈머리카락〉에서는 갑자기 하늘에서 내린 씨앗비가 틔운 머리카락 때문에 방 안에 갇힌 채 생활하는 인물들의 이야기를 그려내며, 〈가면〉에서는 환영이 주는 쾌락에 중독돼 스스로 방 안에만 머무는 주인공이 등장한다. 이처럼 작품 속 주인공들은 어딘가에 갇혀 있지만, 이러한 비극에도 무너지지 않고 세상 밖으로 나가고자 하는 모습을 보이기도 한다. 무엇보다 작품들은 환상과 현실, 신화와 역사가 뒤섞인 기묘한 이야기를 펼치면서 작가 특유의 잔혹한 복수와 기발한 반전을 선사한다.

책 속에 밑줄 긋기 ✏️

잘못이 있음에도 자각하지 못하여 용서를 바라지 않는 사람은 용서할 방법이 없었다. 그러므로 지금 그에게 필요한 것은 선이나 자비가 아니었다. 그가 원하는 것은 정의였다.

영화 MOVIES

애프터썬(Aftersun)

감독 _ 샬롯 웰스
출연 _ 폴 메스칼, 프랭키 코리오

2022년 칸영화제 비평가주간에 초청됐던 샬롯 웰스 감독의 데뷔작으로, 지난해 전 세계 영화제에서 54개 부문을 휩쓸며 화제를 모은 작품이다. 특히 《가디언》, 《인디와이어》 등 6개의 해외 매체로부터 「올해 최고의 영화 1위」에 뽑혔으며, 주연을 맡은 폴 메스칼은 오는 3월 12일 열리는 아카데미 시상식 남우주연상에 노미네이트돼 더욱 주목을 받고 있다. 성인이 된 소피는 어릴 적 아빠와 함께 떠난 여행에서 찍은 캠코더 영상을 발견한다. 이후 캠코더를 작동시키는 소리와 함께 영화는 20여 년 전 튀르키예에서 아빠(폴 메스칼)와 여름 휴가를 보낸 어린 딸 소피(프랭키 코리오)의 빛바랜 영상들을 펼쳐낸다. 엄마와 사는 소피는 고향인 에든버러를 떠나 타지에서 자리 잡은 아빠 캘럼과 종종 여행을 다니곤 했다. 두 사람은 고대 유적과 진흙탕 등 튀르키예의 명소 곳곳을 찾아다니기도 하고, 선베드에 누워 태양을 즐기는 등 여행지에서 누릴 수 있는 일상들을 만끽한다. 그런데 영상

속 아빠만큼의 나이가 된 성인 소피의 눈에는 이전에는 미처 볼 수 없었던 아빠의 깊은 우울과 슬픔이 들어온다. 영화는 그때의 아빠가 가지고 있었던 그 깊은 슬픔의 원인이 무엇인지 답을 주지는 않지만, 그때의 아빠만큼 성장한 딸이 다시금 그 순간을 바라보면서 얻는 깨달음을 통해 먹먹함을 자아낸다.

영화 속 톡!톡!톡! 🎞️

"무슨 일이든 항상 얘기해줘, 언제나 네 편이야."

다음 소희

감독 _ 정주리
출연 _ 김시은, 배두나

한국 영화 최초로 제75회 칸영화제 비평가주간 폐막작에 선정되면서 화제를 모았던 영화로, 2017년 전주 콜센터 현장실습생이 스스로 목숨을 끊은 사건을 모티브로 여고생 소희가 겪게 되는 사건과 이에 의문을 품는 형사 유진의 이야기를 담았다.

특성화고 학생 소희(김시은)는 졸업을 앞두고 대기업 하청 콜센터의 실습생으로 첫 사회생활을 시작한다. 그러나 이러한 업무가 낯선 소희는 회사 실적을 채우기가 버겁고, 이에 근무시간을 넘기면서까지 일에 몰두하게 된다. 하지만 소희에게 돌아오는 것은 최저임금에도 미치지 못하는 차별적인 급여뿐이고, 소희는 이러한 부당한 대우에 목소리를 내지만 달라지지 않는 현실에 점차 지쳐가게 된다. 그리고 소희는 결국 차가운 겨

울 호숫가에서 스스로 목숨을 끊게 된다.

한편, 이 사건을 조사하던 형사 오유진(배두나)은 사건과 연관된 사람들을 만나면서 이상한 점을 발견하게 된다. 누구 하나 소희의 어려움을 알아보지 못했고, 기성세대는 미성년자인 소희를 보호해 주지 않은 것은 물론 그 죽음까지 소희의 탓으로 돌린다. 유진은 책임을 회피하고 시선을 돌리는 데만 급급한 이들에 절망하고 분노하지만 이 모든 것은 헛될 뿐이다. 이처럼 영화는 아무리 부당함을 외쳐도 달라지지 않는 현실을 보여주면서 「다음 소희는 누구인가」라는 질문을 던진다.

영화 속 톡!톡!톡! 🎞️

"힘든 일을 하면 존중받으면 좋을 텐데 그런 일이나 한다고 더 무시해."

상식 파파라치

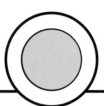

상식 파파라치가 떴다!
궁금한 건 절대 못 참는 상식 파파라치가 우리의 일상 곳곳에 숨어 있는 흥미로운 이야깃거리들을 캐내어 시원하게 알려 드립니다.

▶ 창문세, 수염세, 호흡세 …
과거와 현재의 이색 세금들?

세금은 우리의 삶에서 떼려야 뗄 수 없는 중요한 부분을 차지하고 있다. 특히 어떤 경우에는 세금이 반란이나 민란으로까지 이어지며 권력의 역사를 바꾸는 등 큰 변혁을 몰고 오기도 했다. 특히 전 세계 역사를 들여다 보면 「아니, 여기에도 세금을 매긴다고?」라는 말이 절로 나올 정도의 세금이 존재하기도 했다. 과연 인류 역사에 존재해 왔고 현대에도 존재하는 이색적이고 특이한 세금에는 어떤 것들이 있을까?

난로세와 창문세 난로세는 1662년 영국의 찰스 2세가 군자금 조달을 위해 당시 난로 1개당 2실링씩 징수한 세금이었다. 그러나 이는 세금 징수관이 집집마다 방문해 난로 개수를 확인하는 절차가 필요했기 때문에 사생활 침해 논란이 거셌다. 이후 명예혁명으로 왕위에 오른 윌리엄 3세는 성난 민심을 달래기 위해 난로세를 폐지했으나, 세금 부족에 처하자 창문세를 고안해 내기에 이른다. 이는 당시 유리가 비교적 고가의 건축 재료였기 때문에 창문이 많이 달린 집일수록 부유할 것이라는 인식에 착안한 세금이었다. 여기다 난로세와는 달리 집 내부에 들어가지 않고도 밖에서 창문 개수만 세면 과세가 가능했기에 편리하다는 장점까지 있었다. 하지만 창문세 부과가 시작되자 당시 시민들은 과세를 피하기 위해 유리창에 합판을 설

● 1830년 창문세를 피하기 위해 건축된 영국 건물

치하거나 벽돌을 쌓아 창문을 막았고, 아예 창문 없는 집을 짓는 경우도 급증했다. 그리고 이처럼 창문이 없어지면서 통풍과 채광이 잘 되지 않아 건강이상을 호소하는 사람들이 늘기 시작했고, 이에 창문세는 「햇빛 도둑」, 「건강에 대한 세금」이라는 거센 비판을 받았다. 그러나 이 창문세는 1851년 주택세가 도입되면서 폐지되기 전까지 무려 150년 가까이 시행됐다.

수염세 17세기 후반 러시아의 표트르 대제(Pyotr, 1672~1725)가 수염에 대해 부과했던 세금을 말한다. 표트르 대제는 1698년 9월 유럽을 시찰하고 돌아온

뒤 낙후된 러시아를 유럽처럼 선진화한다는 명분하에 귀족들에게 수염을 깎을 것을 명령했다. 그러나 이는 거센 반발을 일으켰는데, 수염을 없애는 것은 러시아정교회에서 허용되지 않는 종교적 불경(不敬)이었기 때문이었다. 그러자 표트르 대제는 수염에 100루블씩의 세금을 물리는 수염세를 고안한 뒤 수염을 깎지 않을 경우 공직 추방과 특별통행세 징수라는 불이익까지 내걸었다. 이처럼 세금과 불이익이 이어지자 결국 귀족들은 수염을 자르기 시작했고, 표트르 대제는 1705년에는 수염 금지령을 전국·전 계층으로 확산시켰다.

모자세 영국에서 1784년부터 남자들의 모자에 부과했던 세금으로, 모자의 가격에 따라 적게는 3펜스에서 많게는 2실링까지 차등 부과됐다. 모자세는 당시 부자들에게 손쉽게 세금

을 걷기 위해 고민하다 부자들이 모자를 많이 소유하고 있다는 점에 착안한 것이었다. 특히 모자를 살 때 세금을 내면 모자 안쪽에 납세가 완료됐다는 도장을 찍어줬는데, 이 도장을 위조했다가 적발되면 최고 사형에 이르는 무거운 형벌이 내려졌다고 한다. 그러나 모자세를 피하기 위해 모자 대신 다른 형태의 쓸 것을 사용하는 사람들이 늘자, 영국 정부는 1804년 「머리에 쓰는 모든 것」으로 범위를 넓혀서까지 모자세를 부과했다.

우리나라에도 있었다? 문세(門稅) 조선 후기 흥선대원군은 왕실의 권위를 살리고자 임진왜란 때 소실된 경복궁을 중건하기 시작했는데, 이와 같은 대규모 토목공사로 재정이 부족해지게 되었다. 이에 대원군은 1867년 2월부터 서울 사대문(숭례문, 숙청문, 흥인문, 돈의문)을 통과하던 사람들을 대상으로 문세를 부과했는데, 사람은 물론 성문을 통과하는 물품과 수량에 따라서도 징수했다. 그러나 이 세금은 백성들의 큰 원성을 샀고 6년 8개월 만에 폐지됐다.

독신세 과거 로마제국은 군대 유지를 위한 인구 증가를 중요하게 인식해 결혼하지 않는 남녀에 대해 수입의 1%를 독신세로 부과했다. 그리고 이는 현대에 들어 무솔리니와 히틀러에 의해 다시 도입되는데, 우선 이탈리아의 무솔리니는 1927년 남성 독신세를 신설했다. 독일의 히틀러도 1933년 집권과 함께 독신세를 통한 결혼의 권장을 최우선 정책으로 꼽았는데, 이는 아리아 순혈주의를 강조한 히틀러에게 있어 다산(多散)은 주요 관심사였기 때문이다. 이후 루마니아의 독재자 차우셰스쿠는 인구 증가를 통한 경제 성장을 꾀한다는 명목으로 1966년 피임을 불법화하고, 불임이거나 아이를 낳지 않는 여성에게는 임금의 10%까지 독신세를 부과했다.

비만세(Sugar Tax) 비만이 인류의 건강을 위협하는 주요인으로 대두되면서 전 세계 각국에서 도입한 세금으로, 「설탕세」라고도 한다. 이는 일반적으로 어린이 비만을 예방하기 위해 설탕이 함유된 탄산음료에 부과하는 방식으로 이뤄진다. 설탕세는 2011년 덴마크가 전 세계 최초로 도입했으나 국민들이 인접 유럽 국가로 원정 쇼핑을 가는 등의 부작용이 생겨나면서 1년 만에 폐지되기도 했다. 하지만 이후 비만세를 도입하는 국가들은 점차 늘어났으며, 현재 프랑스·칠레·멕시코·헝가리 등에서는 설탕이 첨가된 청량음료는 물론 피자와 햄버거 등 비만을 유발하는 음식에 세금을 부과하고 있다.

호흡세 베네수엘라는 2014년 7월부터 시몬 볼리바르 국제공항을 통해 출국하는 승객을 대상으로 호흡세를 부과하고 있다. 공항 측은 이에 대해 오염물질을 배제하고 신선한 공기를 내보내 환경개선을 도모하며, 나아가 승객의 건강을 지키기 위한 서비스 요금이라는 입장이다.

조크세(Joke Tax) 프로 스포츠가 발달한 미국에서는 운동 선수가 주를 벗어나서 경기를 치르는 경우 그 지역에서 경기한 날 만큼의 수입에 세금을 부과하는데, 이를 「조크세」라고 한다. 조크는 남자 운동선수를 일컫는 말로, 이는 1991년 캘리포니아주가 최초로 NBA(미국 프로농구) 결승에서 LA 레이커스를 누르고 우승한 시카고 불스에게 부과하면서 시작됐다. 특히 당시 최고의 농구스타였던 마이클 조던은 많은 경기를 뛰었기에 그 세금 액수가 상당했고, 이에 조크세는 「조던 세금」으로 불리기도 했다. 조크세는 각 주마다 내야 하는 세금의 액수가 다르기 때문에, 유명 스포츠 선수들은 상대적으로 세금을 적게 부과하는 지역을 거주지로 선호하는 것으로 알려져 있다.

방귀세 발트해에 위치한 에스토니아에서는 2009년부터 소를 키우는 목장들에 방귀세를 부과하고 있다. 이는 온실효과를 일으키는 메탄가스 배출량의 25%가 소의 방귀로부터 나오기 때문으로, 환경보호 차원에서 이뤄지는 것이다.

 특집 SPECIAL

2023
주요 공공기관
채용 정보

올해 공공기관 신규 채용 규모가 정부의 공공기관 정원 감축 방침에 따라 예년에 비해 10% 이상 줄어든 2만 2000명으로 결정됐다. 기획재정부는 2월 1일 열린 「2023년 공공기관 채용박람회」에서 이러한 내용의 공공기관 채용 계획을 발표했다. 올해 신규 채용 규모는 지난 2017년(2만 2659명) 이후 6년 만에 가장 적은 수준으로, 신규 채용 규모는 2019년 4만 1322명으로 늘었다가 ▷2020년 3만 736명 ▷2021년 2만 7053명 ▷2022년 2만 5542명에 이어 올해까지 4년 연속 감소세다. 다만 올해 청년인턴 채용 규모는 2만 1000명으로 지난해보다 2000명 늘리며, 고졸채용 비율도 8%로 지난해(7.5%)보다 소폭 높인다. 여기에 공공기관 채용에 필요한 어학성적의 인정 기간은 기존 2년에서 5년으로 늘어난다.

한편, 2023년 채용박람회에 참여한 공공기관 138곳 중 채용규모가 가장 큰 공공기관은 신입·경력 포함 1440명의 채용을 계획한 한국철도공사로 나타났다. 이어 ▷국민건강보험공단 660명 ▷한국보훈복지의료공단 568명 ▷국민건강보험공단 일산병원 390명 ▷근로복지공단 386명 ▷한국수력원자력이 300명의 채용을 예고했다. 이에 이번 특집에서는 2023년 공공기관 채용 일정과 함께 주요 공공기관 소개 및 가장 최근 제시됐던 자기소개서 문항을 실어 취업준비생들의 취업 준비에 함께하고자 한다.

공공기관이란?

공공기관은 정부의 출연·출자 또는 정부의 재정지원 등으로 설립·운영되는 기관으로서 「공공기관의 운영에 관한 법률」 제4조 1항 각호의 요건에 해당하여 기획재정부장관이 지정한 기관을 의미한다. 해당 법률 제5조에 따르면 공공기관은 공기업과 준정부기관, 기타공공기관으로 분류된다.

공공기관의 유형

공기업	시장형 공기업, 준시장형 공기업
준정부기관	기금관리형 준정부기관, 위탁집행형 준정부기관
기타공공기관	공기업·준정부기관을 제외한 공공기관

■ 2023년 공공기관 채용 일정 (※ 전일제 기준으로, 규모나 접수 일정 등은 추후 변동 있을 수 있음)

연구 교육

기관명	모집 부문	채용 규모	원서접수
한국과학기술연구원	일반정규직: 연구직, 연구기술지원 부문, 행정·연구지원 부문	신입·경력 약 60명	1·3분기 예정
한국전기연구원	•일반정규직: 연구, 기술, 행정직 •무기계약직: 시험직, 보안직, 환경직 등	•일반: 신입 22명 •무기계약직: 신입 5명	3·9월
한국전자통신연구원	•일반정규직: 연구, 기술, 행정직 •무기계약직: 행정실무직	•일반: 신입 61명 •무기계약직: 신입 6명	3월 예정
한국원자력연구원	일반정규직: 연구, 기술, 행정, 기능	신입 60명	1분기(상반기 기준)
한국조세재정연구원	일반정규직: 연구, 사업관리, 일반행정 등	신입·경력 20명	수시 채용
한국화학연구원	•일반정규직: 연구, 연구전략, 경영행정 등 •무기계약직: 연구지원	•일반: 신입·경력 15명 •무기계약직: 신입·경력 5명	일반(5월 예정), 무기계약직(2월 예정)
한국과학기술정보연구원	•일반정규직: 연구, 행정 •무기계약직: 연구 또는 행정보조	•일반: 신입·경력 22명 •무기계약직: 신입·경력 2명	1·3분기 예정

SOC

기관명	모집 부문	채용 규모	원서접수
국토안전관리원	•일반정규직: 행정, 토목, 건축, 공업 •무기계약직: 행정, 토목, 건축 등 •고졸채용: (분야는 미정)	•일반: 신입 79명, 경력 3명 •무기계약직: 신입 72명 •고졸채용: 신입 7명	2분기 예정
도로교통공단	•일반정규직: 교통안전, 교통교육, 교통방송, 일반행정 등 •무기계약직 및 고졸채용: 교통안전, 교통방송, 일반행정 등	•일반: 신입·경력 130명 •무기계약직: 신입·경력 40명 •고졸채용: 신입·경력 15명 내외	•일반 및 고졸채용: 10월 예정 •무기계약직: 7월 예정
한국수자원공사	•일반정규직: 행정, 기술 •무기계약직: 실무직(사무, 기술 등) •고졸채용: 운영직	•일반: 신입 100명 •무기계약직: 신입 10명 •고졸채용: 신입 20명	•무기계약: 1, 3분기 •고졸채용: 4분기 예정
한국국토정보공사	•일반정규직: 기획행정, 경영회계, 지적측량 등 •고졸채용: 지적측량	•일반: 신입 60명 •고졸채용: 신입 6명	6월 예정
한국철도공사	•일반정규직: 사무 및 기술 •고졸채용: 사무 및 기술	•일반: 신입 및 경력 1440명 •고졸채용: 신입 160명	일반(1분기 예정), 고졸채용(3분기 예정)

기관명	모집 부문	채용 규모	원서접수
한국토지주택공사	• 일반정규직: 사무(일반행정, 법률, 회계 등), 기술(건축, 토목 등) • 실무직: 사무(주거복지, 고객관리 등), 기술(승강기, 안전관리 등) • 고졸채용: 사무(행정), 기술(건축, 토목)	• 일반: 신입 약 180명 • 실무직: 신입 약 70명 • 고졸채용: 신입 약 20명	• 일반, 고졸채용: 하반기 예정 • 실무직: 상반기 예정
한국부동산원	• 일반정규직: 경영, 통계, 건축 등 • 고졸채용: 회계, 사무	• 일반: 신입 35명 • 고졸채용: 신입 3명	3분기 예정

산업진흥정보화

기관명	모집 부문	채용 규모	원서접수
한국지능정보사회진흥원	• 일반정규직: 경영일반, ICT사업 기획·관리 • 무기계약직: ICT사업 기획·관리, 스마트폰 과의존상담, 운영직(시설)	• 일반: 신입·경력 17명 • 무기계약직: 신입·경력 15명	2분기 예정
한국기상산업기술원	일반정규직: 사업관리, 경영관리 등	신입 14명	3분기 예정
소상공인시장진흥공단	• 일반정규직: 행정사무, 금융전문직 • 고졸채용: 행정사무	• 일반: 40명 내외 • 고졸채용: 5명 내외	2·4분기 예정
한국소방산업기술원	• 일반정규직: 일반직(시험검사, 장비검사 등), 연구직 등 • 무기계약직: 시설관리직, 조리직, 미화직, 경비직 등	• 일반: 신입 13명 • 무기계약직: 신입 6명	일반(3분기 예정), 무기계약직(수시)
한국해양교통안전공단	• 일반정규직: 기술(검사·운항), 연구직 • 무기계약직: 시설관리, 미화	• 일반: 신입 21명 • 무기계약직: 신입 2명	• 일반: 상반기 예정 • 무기계약직: 하반기 예정
중소벤처기업진흥공단	• 일반정규직: 일반행정, 혁신성장기술 • 무기계약직: 지원직렬, 전문직렬	• 일반: 신입 80명 • 무기계약직: 신입 17명	1분기 예정
한국산업단지공단	• 일반정규직: 행정직(일반행정, 이공계) • 고졸채용: 행정직(일반행정, 이공계)	• 일반: 신입 24명 • 고졸채용: 신입 4명	• 일반: 2월 및 4분기 예정 • 고졸채용: 4분기 예정
한국승강기안전공단	• 일반정규직: 승강기검사 • 고졸채용: 승강기검사	• 일반: 신입 39명 • 고졸채용: 신입 3명	상·하반기 나눠 채용 (일반: 상반기 28명, 하반기 1명)
한국소비자원	• 일반정규직: 일반직, 연구직, 시험연구직 • 고졸채용: 소비자교육, 시장조사, 피해구제 등(일반직)	• 일반: 신입 23명, 경력 4명 • 고졸채용: 신입 2명	2분기 예정
한국산업기술진흥원	• 일반정규직: 사업관리 • 무기계약직: 사무보조	• 일반: 신입 11명 • 무기계약직: 신입 2명	2분기 예정

금융

기관명	모집 부문	채용 규모	원서접수
한국무역보험공사	•일반정규직: 조사, 인수 •무기계약직: 시설, 미화, 사무지원 등 •고졸채용: 사무직	•일반: 신입 10명 내외 •무기계약직: 신입 8명 내외 •고졸채용: 신입 1명 내외	•일반: 상반기 •무기계약직: 상, 하반기 •고졸채용: 하반기
서민금융진흥원	•일반정규직: 종합직(일반), 종합직(전산) •무기계약직: 금융전문직	•일반: 신입 20명 내외 •무기계약직: 경력 10명 내외	일반(2분기 예정), 무기계약직(수시)
한국주택금융공사	•일반정규직: 일반행정, IT •무기계약직: 사무관리 •고졸채용: 일반행정, IT	•일반: 신입 24명 내외 •무기계약직: 신입 8명 내외 •고졸채용: 신입 4명 내외	•일반: 3분기 예정 •무기계약직: 상·하반기 나눠 채용 •고졸채용 : 3분기 예정
주택도시보증공사	•일반정규직: 행정사무 등 •무기계약직: 비서, 운전 등 •고졸채용: 행정사무 등	•일반: 신입 약 28명 •무기계약직: 경력 약 5명 •고졸채용: 신입 2명	2분기 예정
기술보증기금	일반정규직: 기술보증 및 기술평가(일반, 이공계, 박사 등), 전산, 채권관리	신입 65명	3분기 예정
한국조폐공사	•일반정규직: 일반행정직, 기술직, 연구·전문직 등 •고졸채용: 전자기술 등	•일반: 신입 36명(변동 가능) •고졸채용: 신입(채용형 인턴) 4명	2분기 예정
한국투자공사	일반정규직: 투자운용, 리스크관리, 경영관리	신입 10명, 경력 4명	2분기 중 공고 예정

농림·수산·환경

기관명	모집 부문	채용 규모	원서접수
한국환경공단	•일반정규직: 일반직 6·8급(사무·기술) •무기계약직: 운영관리원(상담 및 청소) •고졸채용: 일반직 8급(사무·기술)	•일반정규직: 신입 81명 •무기계약직: 신입 4명 •고졸채용: 신입 10명	일반·고졸채용(1분기 예정), 무기계약직(수시)
한국농어촌공사	일반정규직: 행정사무 등	신입 220명	3분기 예정
한국환경산업기술원	•일반정규직: 환경기술, 제품환경 등 •무기계약직: 환경행정, 시설·보안·미화 등	•일반: 신입 14명 •무기계약직: 신입 19명	1분기 예정

고용·보건·복지

기관명	모집 부문	채용 규모	원서접수
한국장학재단	일반정규직: 일반행정, IT 개발운영	신입 21명	3월
오송첨단의료산업진흥재단	일반정규직: 연구, 행정 등	신입·경력 약 60명	2분기 예정
근로복지공단	• 일반정규직: 일반/행정, 의료직(전문직) • 무기계약직: 행정사무, 기능/별정직	• 일반: 신입 386명(변동 가능) • 무기계약직: 신입 113명	일반(2분기 예정), 무기계약직(수시 채용)
국민건강보험공단	• 일반정규직: 행정, 건강, 약무, 요양, 전산, 기술, 연구, 별정직 • 무기계약직: 연구지원, 사무지원, 환경미화, 보안지원, 시설지원 등 • 고졸채용: 행정직	• 일반: 신입 620명, 경력 40명 • 무기계약직: 신입 약 30명(예정) • 고졸채용: 신입 55명	• 일반: 상반기 3월, 하반기 8월 예정 • 무기계약직: 상반기 5월, 하반기 10월 예정 • 고졸채용: 하반기 8월 예정
국민건강보험공단 일산병원	• 일반정규직: 의사직(전문의), 사무직(일반사무), 간호직, 보건직(보건의료정보관리사 등) • 무기계약직: 진료보조, 간호사, 방사선사, 사무원 등	• 일반: 신입·경력 16~390명 • 무기계약직: 신입·경력 120~140명	• 일반: 분야 따라 1~3분기 예정 • 무기계약직: 수시 채용
한국고용정보원	• 일반정규직: 경영사무, 정보화, 고용서비스, 노동시장, 진로직업 • 무기계약직: 상담, 전기·기계 • 고졸채용: 경영사무	• 일반: 신입 10명 • 무기계약직: 신입 5명 • 고졸채용: 신입 1명	일반·무기계약직(1분기), 고졸채용(4분기)
한국보훈복지의료공단	• 일반정규직: 의무직(의사, 간호사, 약사, 보건기사), 사무직, 기술직 등 • 무기계약직: 업무지원직(고객지원, 급식, 위생경비) • 고졸채용: 기능직, 요양보호직, 업무지원직 등	• 일반: 신입 568명 • 무기계약직: 신입 160명 • 고졸채용: 신입 37명	• 일반직: 분야 따라 상·하반기 예정 • 무기계약직 및 고졸채용: 수시 채용

에너지

기관명	모집 부문	채용 규모	원서접수
한국중부발전(주)	•일반정규직: 사무, 정보통신, 토목, 건축, 발전전기 등 •고졸채용: 발전기계, 발전전기	•일반; 신입 44명 •고졸채용: 신입 4명	상반기 예정
(주)한국가스기술공사	•일반정규직: 행정사무, 기술 등 •무기계약직: 정비보조 등 •고졸채용: 일반행정	•일반정규직: 신입 35명 •무기계약직: 신입 33명 •고졸채용: 신입 5명	•일반 및 무기계약직: 2, 4분기 예정 •고졸채용: 4분기 예정
한국수력원자력(주)	•일반정규직: 사무, 연구, 기술 •고졸채용: 기술	•일반: 신입 300명 •고졸채용: 신입 30명	일반(2분기 예정), 고졸채용(3분기 예정)
한국동서발전(주)	•일반정규직: 사무, 발전기계, 발전전기, 화학 등 •고졸채용: 발전기계, 발전전기	•일반: 신입 46명 •고졸채용: 신입 4명	2분기 예정
한전KPS(주)	•일반정규직: 사무, 기술(기계, 전기 등) •고졸채용: 기술(기계, 전기 등)	•일반: 신입·경력 233명 •고졸채용: 신입 32명	3월
한국가스공사	•일반정규직: 행정, 기술, 연구, 별정 •고졸채용: 기술(기계, 전기)	•일반: 신입·경력 66명 •고졸채용: 신입 6명	상·하반기 예정
한국석유공사	일반정규직: 사무(상경, 법학 등), 기술(기계, 전기 등)	신입 33명	2~3분기 예정
한국전력기술주식회사	•일반정규직: 사무, 기술/연구 •고졸채용: 일반행정	•일반정규직: 신입 135명 •고졸채용: 신입 15명	3분기 예정
한전KDN	일반정규직: 사무, IT, 통신, 전기, 정보보호 등	신입 약 50명 예정	1, 3분기 예정
한국원자력연료주식회사	•일반정규직: 사무, 기술, 연구 •고졸채용: 생산기술직	•일반: 23명 •고졸채용: 24명	2~3월

🏁

새 정부 공공기관 혁신가이드라인(2022. 7. 29.)

윤석열 정부가 지난해 7월 29일 발표한 것으로, 2023년도 공공기관 정원을 감축하고 필요하지 않은 공공기관의 해외사업은 매각하는 등의 내용을 핵심으로 한 방안이다. 이는 공공기관들이 생산성·효율성을 중심으로 혁신계획을 마련할 수 있도록 정부가 제시한 기준선으로, 모든 공공기관이 적용 대상이다. 혁신가이드라인은 ▷조직·인력 ▷예산 ▷기능 ▷자산 ▷복리후생 등 5대 분야의 혁신과제를 명시했다. 이 가운데 조직·인력 부문은 2023년도 감축과 정원·현원 차이의 단계적 감축 등이 골자로, 정원과 현원 간 차이는 자연 감소 등을 활용해 일정 기간을 두고 단계적으로 정리하되 일정 수준 이상의 신규채용은 유지하기로 한 바 있다.

■ 주요 공공기관 소개 및 자소서 항목

한국가스공사

① 알아보기

기관 유형	공기업(시장형)	임직원 수	4320명
주소	대구광역시 동구 첨단로120	홈페이지	www.kogas.or.kr
인재상	가치창조인, 책임실천인, 융합전문인, 협력소통인		
2023년 채용 계획	• 일반정규직: 행정, 기술, 연구, 별정 / 신입·경력 66명 • 고졸채용: 기술(기계, 전기) / 신입 6명		
채용 절차	• 서류전형: 지원자격 충족여부 검증 • 필기전형: 인성검사, NCS 직업기초능력평가, 직무수행능력평가 • 면접전형: 직업기초면접, 직무(PT)면접 • 신원조사: 신원조사, 서류 진위여부 확인		

② 자기소개서 항목(※ 2022년 하반기 기준)

1. [지원동기] 자신의 지원분야에 전문성을 높이기 위한 노력(구체적 과정, 경험 등 포함)과 이를 잘 수행할 수 있다고 생각하는 이유를 담아 지원동기를 작성해 주십시오. 또한 과거의 교육과정이나 경력들이 지원분야 업무와 어떤 관련성이 있는지와 그러한 전공지식·기술 및 경험들이 실제 업무수행에 어떤 방식으로 도움을 줄 수 있는지 구체적으로 기술해 주십시오. (1500자 이내)

2. [의사소통능력] 조직 또는 팀의 공동 목표를 달성하는 과정에서 자신과 의견이 다른 사람과 갈등이 발생했던 사례를 작성하고 갈등을 해결하기 위해 상대방을 설득했던 구체적인 행동을 기술해 주십시오. (500자 이내)

3. [직업윤리] 공직자의 직업윤리가 중요한 이유를 본인의 가치관을 중심으로 기술해 주십시오. (500자 이내)

4. [관련분야 이해도] 최근 에너지 분야 이슈 중 중요하다고 생각되는 한 가지를 선택하고 이에 관한 자신의 견해를 기술해 주시기 바랍니다. (500자 이내)

5. [KOGAS 핵심가치] 미래 에너지 시장을 리딩하는 KOGAS의 새로운 핵심가치는 다음과 같습니다. ① 미래주도(Global leader) ② 안전우선(Responsibility) ③ 열린사고(Expansion) ④ 소통협력(ENgagement)의 네 가지 중에서 본인의 역량과 부합하는 한 가지 항목을 선택하여 타인과 차별화될 수 있는 본인의 핵심역량을 구체적 경험을 바탕으로 기술하여 주십시오. 또한 지속가능한 미래 에너지 기업인 KOGAS가 나아가야 할 방향도 함께 고려하여 입사 후 실천할 목표 및 자기계발 계획에 대해 구체적으로 기술해 주십시오. (1500자 이내)

🏁

> 한국가스공사는 국내에 소비되는 천연가스를 공급하기 위해 세워진 공기업으로, 1983년 처음 설립돼 1986년 국내 최초로 LNG를 도입했다. 주력 사업은 LNG를 수입해 각 도시가스 회사에 공급하는 것이다.

한국수력원자력

① 알아보기

기관 유형	공기업(시장형)	임직원 수	1만 2821명
주소	경북 경주시 문무대왕면 불국로 1655	홈페이지	www.khnp.co.kr
인재상	기본에 충실한 인재, 배려하는 상생인재, 글로벌 전문인재		
2023년 채용 계획	•일반정규직: 사무, 연구, 기술 / 신입 300명 •고졸채용: 기술 / 신입 30명		
채용 절차	•1차 전형: 사전평가(필기 대상자 선정), NCS 직무역량검사 •2차 전형: 직업기초능력면접, 직무수행능력면접, 관찰면접, 인성검사·심리건강진단(적부) •최종 전형: 신체검사, 신원조사 및 비위면직자 조회(적부)		
우대사항	취업지원대상자, 장애인, 기초생활수급자, 북한이탈주민, 다문화가족의 자녀, 고급 자격 및 면허 소지자, 발전소 주변지역 및 방폐장 유치지역주민, 지원분야 관련 자격증, 영어 스피킹 성적, 본사 이전지역인재, 당사 체험형 인턴 경진대회(성과평가) 성적우수자 등		

② 자기소개서 항목 (※ 2022년 하반기 기준)

1. 본인이 지원한 직무와 관련한 경험(금전적 보수 없음) 혹은 경력(금전적 보수 있음)에 대해 기술해 주시기 바랍니다. 다양한 활동(학교, 회사, 동아리, 동호회 등)을 통해 지원한 직무와 관련하여 쌓은 경험 또는 경력 사항에 대해 작성해 주십시오. (1000자 이내)
   1-1. 언제, 어디서 활동했던 경험인지 기술해 주십시오. (200자 이내)
   1-2. 해당 활동에서 본인이 맡았던 역할에 대해 기술해 주십시오. (400자 이내)
   1-3. 해당 활동의 결과와 이를 통해 본인이 배운 점은 무엇인지 기술해 주십시오. (400자 이내)

2. 정직, 남을 위한 봉사, 규칙 준수 등 윤리적인 행동으로 좋은 결과를 얻었던 경험을 아래 세부 항목에 따라 구체적으로 작성해 주십시오. (800자 이내)
   2-1. 언제·어디에서 있었던 일이며, 본인이 맡았던 역할은 무엇이었는지 기술해 주십시오. (300자 이내)
   2-2. 구체적으로 한 행동과 그렇게 행동하셨던 이유는 무엇인지 기술해 주십시오. (300자 이내)
   2-3. 그러한 행동이 당신과 타인에게 미친 영향은 무엇인지 기술해 주십시오. (200자 이내)

3. 집단(학교, 회사, 동아리, 동호회 등)의 원만한 화합, 또는 공동의 목표 달성을 위해 남들보다 더 많이 노력하고 헌신했던 경험을 아래 세부 항목에 따라 구체적으로 작성해 주십시오. (800자 이내)
   3-1. 언제·어디에서 있었던 일이며, 당시 갈등 상황이나 목표는 무엇이었는지 기술해 주십시오. (200자 이내)

3-2. 당신의 역할은 무엇이었으며, 집단의 화합 또는 목표 달성을 위해 구체적으로 어떤 노력을 하셨는지 기술해 주십시오. (400자 이내)

3-3. 본인이 노력한 결과는 어떠하였고, 이 일이 집단 혹은 공동체에 미친 영향은 무엇인지 기술해 주십시오. (200자 이내)

4. 본인이 한국수력원자력의 인재상에 맞는 인재가 되기 위해 어떤 면에서 준비가 되어 있으며, 해당 능력을 개발하기 위해 어떠한 노력을 하였는지 구체적인 사례를 아래 세부 항목에 따라 작성해 주십시오. (800자 이내)

4-1. 어떤 능력을 개발하였고, 이러한 능력 개발을 위해 어떤 목표를 세웠는지 기술해 주십시오. (200자 이내)

4-2. 목표 달성을 위해 어떤 계획을 세웠고, 계획을 실천하는 과정에서 가장 어려웠던 점과 이를 어떻게 극복하였는지 기술해 주십시오. (400자 이내)

4-3. 향후 자신의 능력을 향상시키고 이를 잘 활용하기 위해 어떻게 노력할 것인지 기술해 주십시오.(200자 이내)

5. 단체(학교, 회사, 동아리, 동호회 등)에서 대화나 토론을 통해 상호 입장과 상황을 정확히 이해함으로써 건설적으로 문제를 해결해 본 경험에 대해 아래 세부 항목에 따라 작성해 주십시오. (800자 이내)

5-1. 구성원들이 의견 차이를 보였던 견해에는 어떤 것들이 있었고 그 이유는 무엇인지, 그리고 본인의 입장은 어떠했는지 기술해 주십시오. (200자 이내)

5-2. 상대방을 이해하기 위해 어떤 노력을 하셨는지, 상대방을 설득하기 위해 본인이 사용한 방법이 무엇이고 그 결과는 어떠했는지 기술해 주십시오. (400자 이내)

5-3. 대화를 진행하는 과정에서 가장 중요하게 생각한 점은 무엇이었는지 기술해 주십시오. (200자 이내)

한국수력원자력(주)은 국내 전력의 약 30%를 생산하는 국내 최대의 발전회사이다. 2001년 한국전력공사로부터 물적분할해 설립된 수력 및 원자력 발전업체로, 주요 사업은 ▷전력자원의 개발 ▷발전 및 이와 관련된 사업 ▷발전에 관련된 사업에 대한 연구 및 기술개발 ▷이와 관련된 부대 사업 등이다.

한수원 체험형 인턴 모집은?
한국수력원자력은 올해 3분기에 약 450명의 체험형 인턴 부문 원서를 접수한다. 직무는 ▷단기적 성과를 낼 수 있는 프로젝트성 업무 ▷행정보조 업무(문서관리 및 편집, 통계관리 등) ▷지역협력업무 보조 및 기타 업무지원 등이다. 근무지는 경북 경주·울진, 부산 기장, 울산 울주, 전남 영광, 대전 등이며 계약기간은 임용일로부터 3개월이다. 지원자격은 지원서 접수 마감일 기준 만 34세 이하인 자로, 학력과 전공은 제한이 없다.

한국수자원공사

① 알아보기

기관 유형	공기업(준시장형)	임직원 수	6442명
주소	대전 대덕구 신탄진로200	홈페이지	www.kwater.or.kr
인재상	포용, 안전, 신뢰, 도전		
2023년 채용 계획	• 일반정규직: 행정, 기술 / 신입 100명 • 무기계약직: 실무직(사무, 기술 등) / 신입 10명 • 고졸채용: 시설운영직, 사무운영직 / 신입 20명		
채용 절차	• 서류전형: 어학 + 자격증 • 필기전형: NCS 직업기초능력평가, 직무능력평가 • 면접전형: 직무, 역량 면접		
우대사항	취업지원대상자, 장애인, 국민기초생활수급자, 한부모가족, 북한이탈주민, 다문화가족, 자립준비청년 등		

② 자기소개서 항목(※ 2022년 하반기 기준)

1. [자기개발능력] 자신이 지원한 분야에서 뛰어난 전문가가 되기 위해 기울이고 있는 노력에 대해 구체적으로 서술해 주십시오. (300~500자)

2. [대인관계능력] 다른 사람들과 함께 일을 했던 경험에 대해 설명하고, 그 경험 속에서 팀워크 형성과 협업을 이루기 위해 구체적으로 어떠한 노력을 하였는지 서술해 주십시오. (300~500자)

3. [자원관리능력] 중요한 일을 처리할 때 어떠한 방식으로 계획을 세워서 일을 처리하는지에 대해 개인적 경험을 기반으로 구체적으로 서술해 주십시오. (300~500자)

4. [직업윤리] 어떠한 일을 진행할 때 원칙 준수와 일의 효율성 사이에서 갈등했던 경험에 대해 서술하고, 갈등 해결을 위해 구체적으로 어떠한 노력을 하였는지 서술해 주십시오. (300~500자)

5. [조직이해능력] K-Water에 입사지원한 동기 및 입사 후 실천하고자 하는 목표를 K-Water 인재상(포용, 안전, 신뢰, 도전) 중 자신과 가장 잘 부합하는 역량과 결부시켜 작성해 주십시오. (300~500자)

> 한국수자원공사는 21개 다목적댐 등 수자원시설 건설·운영 및 광역상수도를 통해 국내 수돗물 공급의 48%를 책임지고 있는 기관이다. 1967년 창립된 한국수자원개발공사가 전신으로, 주요 사업은 ▷수자원개발 및 발전사업 ▷댐 관리사업 ▷수도시설 건설 및 운영·관리사업 ▷신도시 건설사업 ▷상하수도 분야에 관한 지방자치단체 및 관련 사업자에 대한 기술지원과 교육사업 등이다.

한국토지주택공사

① 알아보기

기관 유형	공기업(준시장형)	임직원 수	8951명
주소	경상남도 진주시 충의로 19	홈페이지	www.lh.or.kr
인재상	LH C.O.R.E. Leadership(※ 소통·성과·도전·공익으로 미래가치를 창출하는 핵심인재)		
2023년 채용 계획	•일반정규직: 사무, 기술 / 신입 약 180명 ·실무직: 사무, 기술 / 신입 약 180명 •고졸채용: 사무, 기술 / 신입 약 180명		
채용 절차	•서류전형: 자기소개서, 자격증, 어학평가, 지원자격 충족여부 검증(* 우대사항 가점 포함) •필기전형: NCS 직업기초능력평가, 직무수행능력평가 •면접전형: 직무면접(지식·경험 등 평가), 인성면접(경험·상황 등 평가)		
우대사항	•특별우대: 취업지원대상자, 장애인, 사회배려계층(기초생활수급자, 북한이탈주민, 다문화가족, 자립준비청년), 지역인재(이전지역, 비수도권) 등 •일반우대: 지원분야 직무관련 고급자격증, 공모전 수상내역, LH청년 인턴 탁월·우수·성실 수료자		

② 자기소개서 항목(※ 2022년 기준)

1. [지원 포부] 한국토지주택공사의 어떤 사업에 관심이 있으며 어떤 부분에 기여하고 싶은지, 본인의 주요 직무 역량 및 강점을 기반으로 기술해 주십시오. (300자 이상 500자 이내)

2. [경험 및 경력활동] 본인의 전문성 또는 역량 향상에 가장 도움이 되었던 경험, 경력, 활동을 먼저 기술하고, 귀하가 지원한 직무를 수행하는 데 어떻게 활용(도움)이 될 수 있는지 기술해 주십시오. (300자 이상 500자 이내)

3. [준법정신 및 윤리의식] 본인의 편의(이익)와 공공의 이익 사이에서 고민했던 경험을 아래의 순서에 따라 기술해 주십시오. (420자 이상 700자 이내)
   - 본인의 편의(이익)와 공공(공동체)의 이익이 상충되었으나 두 가지를 적절하게 조율하여 해결하였던 사례
   - 본인의 손해나 불편함을 감수하고 공익적 선택을 했던 사례와 그 이유

4. [대인관계] 대인관계에 있어서 본인의 특장점을 아래의 순서에 따라 기술해 주십시오. (360자 이상 600자 이내)
   - 대인관계에 있어서 본인의 특장점이 무엇이며, 그 특장점이 돋보였던 사례
   - 해당 특장점이 회사생활 및 직무수행에 어떻게 도움이 될 수 있는지

5. [문제해결] 본인 또는 속해 있는 단체(집단)가 당면했던 문제를 본인의 창의적인 방법으로 해결했던 경험을 기술해 주십시오. (360자 이상 600자 이내)

한국토지주택공사는 2009년 한국토지공사와 대한주택공사가 합병해 만들어진 기업이다. 주요 사업으로는 ▷주거복지 사업 ▷도시환경 사업 ▷공공주택 사업 ▷국가정책사업 등이 있다.

한전KPS(주)

① 알아보기

기관 유형	공기업(준시장형)	임직원 수	6642명
주소	전남 나주시 문화로 211	홈페이지	www.kps.co.kr
인재상	Global A.C.E(Globally Advanced, Client Oriented, Expert) 세계무대 선도, 고객 지향적 사고, 최고의 기술 전문가		
2023년 채용 계획	• 일반정규직: 사무, 기술 / 신입 및 경력 233명 • 고졸채용: 기술 / 신입 32명		
채용 절차	• 서류전형: 지원 자격 충족여부 검증, 우대사항 가점 • 필기전형: NCS 직업기초능력평가, 직무수행능력평가 • 면접전형, 인성검사 및 신체검사: 토론면접, 개별면접, 인성검사, 신체검사		
우대사항	국가보훈대상자, 장애인, 이전지역인재, 저소득층, 다문화가족의 자녀, 북한이탈주민, 고급/가점자격증 보유자 ※ 가점자격증[IT(정보처리기사, 정보처리산업기사), 컴퓨터활용능력1급, 사무자동화산업기사), 한국사(한국사능력검정시험 3급이상), 한국어(KBS한국어능력3+급 이상)]		

② 자기소개서 항목 (※ 2022년 하반기 기준)

1. 본인의 경험 중 직면한 문제를 해결하기 위하여 문제의 원인을 찾아 극복하고 해결했던 사례에 대하여 구체적으로 기술해 주시기 바랍니다. (500자 내외)
   - 당시 문제가 되었던 상황은 무엇이며, 어떠한 과정을 통해 원인을 찾아냈습니까?
   - 원인을 극복하며 포기하지 않고 업무를 수행한 이유와 그 결과에 대해 기술해 주시기 바랍니다.

2. 본인의 학교생활, 동아리, 동호회 등 조직 내 일원으로서 동료들과 협력하여 어려움을 극복하고 성과를 달성하기 위해 노력했던 경험에 대해 기술해 주시기 바랍니다. (500자 내외)
   - 본인이 수행한 업무가 무엇이며 왜 그러한 업무를 맡게 되었습니까?
   - 사람들과 함께 일을 처리해 나가면서 그 사람들과의 긍정적 관계 구축을 위해 추가적으로 기울인 노력과 그 결과에 대해 기술해 주시기 바랍니다.

3. 약속과 원칙을 지켜 신뢰를 형성하거나 지킨 경험에 대해 구체적으로 기술해 주시기 바랍니다. (500자 내외)
   - 당시 상황에 대해 구체적으로 기술하여 주시기 바랍니다.
   - 약속과 원칙을 지키기 위해 어떤 노력을 하였으며 그 이유는 무엇입니까?
   - 그 일을 계기로 본인에게 생긴 변화 또는 느낀 점은 무엇입니까?

한전KPS의 전신은 1974년 10월 세워진 발전설비 정비 전문업체인 (주)한아공영으로, 2007년 1월 현재의 한전KPS(주)로 변경했다. 주력 사업은 ▷수력 및 화력 ▷원자력/양수발전 ▷송변전 부문의 전력 정비 및 설비 사업 ▷산업설비 사업 ▷해외 발전설비 사업 등이다.

한국철도공사(코레일)

① 알아보기

기관 유형	공기업(준시장형)	임직원 수	3만 2508명
주소	대전광역시 동구 중앙로 240	홈페이지	info.korail.com
인재상	사람지향 소통인, 고객지향 전문인, 미래지향 혁신인		
2023년 채용 계획	•일반정규직: 사무 및 기술 / 신입 1440명 •고졸채용: 사무 및 기술 / 신입 160명		
채용 절차	•서류전형: 지원자격 충족여부 검증, 우대사항 가점 •필기전형: NCS 직업기초능력평가, 직무수행능력평가 •실기 및 면접전형: (실기) 일부 분야(수송, 토목 등) 업무 작업평가, (면접) 경험·상황 면접 •신체검사 및 신원조회: 신체검사, 철도적성검사, 채용 결격사유 조회		
우대사항	•취업지원대상자, 장애인, 한국철도공사 체험형 인턴 수료 성적 우수자 •우대 자격증: 지원분야 직무 관련 자격증(지원자격에 해당하는 자격증은 적용 제외)		

② 자기소개서 항목 (※ 2023년 상반기 기준)

1. 귀하가 가장 중요하게 생각하는 가치관은 무엇이며, 이러한 가치관이 한국철도공사가 지향하고자 하는 바와 어떻게 일치한다고 생각하는지 작성해 주십시오. (700자 이내)

2. 다양한 사람의 의견을 듣고 이를 조율하는 본인만의 노하우와 이러한 노하우를 사용했던 경험에 대해 작성해 주십시오. (700자 이내)

3. 현재 한국철도공사에서 제공하는 서비스 중 고객이 더욱 만족할 수 있도록 개선할 수 있는 점과 이러한 개선이 한국철도에 어떤 도움이 될 수 있을지 작성해 주십시오. (700자 이내)

4. 앞으로 한국철도공사가 중점적으로 추진해야 하는 사업은 무엇이며, 귀하가 어떠한 부분에서 어떻게 기여할 수 있는지 작성해 주십시오. (700자 이내)

한국철도공사는 1899년 경인선 개통을 시작으로 124년의 역사를 이어온 공공기관이다. 1899년 9월 13일 설치된 궁내부 내장원의 서북철도국이 전신으로, 2007년 5월 7일부터 코레일(KORAIL)로 커뮤니케이션 명칭을 일원화했다. 국유철도 영업과 관련한 사무를 총괄하며, 철도경영에 관한 중장기 계획을 수립하고 국제협력에 관한 업무도 관장하고 있다.

한국철도공사 체험형 인턴 모집은?
한국철도공사는 1분기에 약 500명의 체험형 인턴 모집을 예정하고 있다. 직무는 사무 및 역 업무 보조로, 근무지는 대전(본사) 및 전국이다. 계약기간은 임용일로부터 약 3개월로, 우수 수료자에 한해 3개월 단위의 연장근무가 시행된다. 지원 자격은 2023년 상반기 신규채용 사무영업 분야 입사지원자 중 정규직에 불합격한 자로서, 입사지원 시 체험형 인턴 지원 희망자에 한해 선발된다.

근로복지공단

① 알아보기

기관 유형	준정부기관(기금관리형)	임직원 수	1만 265명
주소	울산광역시 중구 종가로 340	홈페이지	www.comwel.or.kr
인재상	일하는 사람에게 희망을 드리는 동반자		
2023년 채용 계획	• 일반정규직: 일반·행정, 의료직(전문직) / 신입 386명(변동 가능) • 무기계약직: 행정사무, 의료직(물리치료사 등) / 신입 113명 • 고졸채용: 일반·행정 / 신입 14명		
채용 절차	• 서류전형: 지원자격 충족여부 검증, 자격증 및 우대사항 가점 • 필기전형: NCS 직업기초능력평가, NCS 직무기초지식평가, 인성검사 • 면접전형: 1대 다(多) 면접(경험·상황면접) • 임용 등록: 서류 검증 및 임용 등록		
우대사항	• 취업지원대상자, 산재근로자 본인 및 자녀, 장애인, 저소득층, 북한이탈주민, 다문화가족 등 • 우대자격증: 지원분야 직무관련 자격증		

② 자기소개서 항목 (※ 2022년 상반기 기준)

1. 직업을 선택할 때 가장 중요하게 생각하는 기준은 무엇이며 근로복지공단을 지원한 동기와 결부시켜 기술해 주십시오. (1000byte)

2. 지원한 직무에 전문성을 갖추기 위하여 어떠한 노력을 기울였으며, 그 결과 타인과 차별화된 본인만의 역량은 무엇인지 기술해 주십시오. (1000byte)

3. 예상치 못했던 어려운 상황에서 문제점을 분석하여 해결 방안을 제시하였던 경험에 대해 기술해 주십시오. (1000byte)

4. 학교나 회사와 같은 조직에서 적극적 소통을 통해 갈등 관계에 있던 상대방으로부터 협력을 이끌어낸 경험에 대해 기술해 주십시오. (1000byte)

5. 본인의 삶에서 가장 중요하게 여기는 가치는 무엇이며, 공단 직원으로서 직업윤리의 중요성을 본인의 가치관 중심으로 기술해 주십시오. (1000byte)

> 🏁
>
> 근로복지공단은 산재·고용보험 서비스와 산재의료 서비스, 근로자 지원 서비스를 담당하는 고용노동부 산하의 공공기관이다. 1977년 6월 근로복지공사로 출발해 1995년 5월 근로복지공단으로 개편됐다. 주요 업무 및 기능은 ▷산업재해보상보험사업 ▷고용보험 적용·징수 업무 ▷근로자 복지증진 사업 ▷실업대책사업 ▷임금채권보장사업 ▷창업촉진지원사업 ▷근로자신용보증지원사업 등이다.

국민건강보험공단

① 알아보기

기관 유형	준정부기관(위탁집행형)	임직원 수	1만 6341명
주소	강원도 원주시 건강로 32(반곡동)	홈페이지	www.nhis.or.kr
인재상	국민의 평생건강을 지키는 건강보장 전문인재(① 국민을 위하는 인재 ② 정직으로 신뢰받는 인재 ③ 혁신을 추구하는 인재 ④ 전문성 있는 인재)		
2023년 채용 계획	• 일반정규직: 행정, 건강, 약무, 요양, 전산, 기술, 연구, 별정직 / 신입 620명, 경력 40명 • 무기계약직: 연구지원·사무지원·환경미화·보안지원 등 / 신입 30명(예정) • 고졸채용: 행정직 / 신입 55명		
채용 절차	• 서류전형: 지원자격 충족여부 검증, 직무능력중심 정량 및 정성평가 • 필기전형: NCS 직업기초능력평가+직무시험(국민건강보험법, 장기요양보험법), 인성검사 • 면접전형: 경험행동면접+상황면접(예정) • 수습임용: 채용 결격사유 조회, 임용후보자 등록		
우대사항	취업지원대상자, 장애인 및 중증장애인, 기초생활수급자, 한부모가족, 다문화가족, 북한이탈주민, 이전지역인재, 모집권역 거주자, 우리 공단 및 타공공기관 청년인턴 경력자, 우대 면허(자격증) 소지		

② 자기소개서 항목(※ 2022년 하반기 기준)

1. 더 나은 사회를 만들기 위해 작은 일이라도 꾸준히 실천하고 있는 것에 대하여 그렇게 노력하는 이유와 결과를 포함하여 구체적으로 기술해 주세요. (1000bytes 이내)

2. 공공기관 직원으로서 갖춰야 할 가장 중요한 직업윤리 한 가지에 대해 간략하게 설명하고, 해당 직업윤리와 관련된 본인의 경험에 대하여 당시의 상황과 결과를 포함하여 구체적으로 기술해 주세요. (1000bytes 이내)

3. 발상의 전환을 통해 기존과는 다른 방법으로 문제를 해결했던 경험에 대하여 당시의 상황과 다른 방법을 선택한 이유 및 결과를 포함하여 구체적으로 기술해 주세요. (1000bytes 이내)

4. 지원한 직렬의 직무와 관련된 본인의 약점을 간략하게 설명하고, 이를 개선 및 보완하기 위해 노력한 경험에 대하여 결과를 포함하여 구체적으로 기술해 주세요. (1000bytes 이내)

국민건강보험공단은 국민의 건강 증진에 대한 보험서비스를 위해 설립된 특수 공법인으로, 국민의료보험관리공단과 직장조합(139개 조합)을 2000년 7월 통합해 출범했다. 주요 업무로는 ▷가입자 및 피부양자의 자격관리 ▷보험료 및 국민건강보험법에 의한 징수금의 부과·징수 ▷보험급여의 관리 ▷보험급여비용의 지급 ▷건강검진·증진사업 ▷의료시설의 운영 등이다.

한국농어촌공사

① 알아보기

기관 유형	준정부기관(위탁집행형)	임직원 수	7324명
주소	전라남도 나주시 그린로 20	홈페이지	www.ekr.or.kr
인재상	농어촌의 가치 창출에 기여하는 창의적 인재(전문성, 소통능력, 고객감동, 혁신성)		
2023년 채용 계획	일반정규직: 행정사무 등 / 신입 220명		
채용 절차	• 서류전형: ① 공인어학성적(70점) + ② 자격증(30점)(행정 10점, 기술 30점) + ③ 가산점(4점)(행정 3점, 기술 4점) • 필기전형: ① 직무수행능력평가(200점) + ② 직업기초능력평가(100점) + ③인성검사(적/부 판단) • 면접전형: ① 직무수행능력(100점) + ② 직업기초능력(100점) • 신체검사 및 신원조회: 채용 결격사유 조회(적부심사)		
우대사항	취업지원대상자, 장애인, 저소득층, 북한이탈주민, 다문화가족		

② 자기소개서 항목(※ 2022년 하반기 기준)

1. 우리 공사에 지원하게 된 이유는 무엇인지 기술하고, 본인의 역량 및 강점을 공사의 4가지 인재상(전문성, 소통능력, 고객감동, 혁신성)과 연계하여 구체적으로 기술해 주십시오. (최소 250자 최대 500자 입력 가능)

2. 지원 분야와 관련하여 전문성을 향상시키기 위한 본인의 노력과 성과에 대해 구체적으로 기술해 주십시오. (최소 250자 최대 500자 입력 가능)

3. 공동의 목표를 달성하기 위해 의견이 다른 구성원과 소통하여 성공적으로 협업을 이루었던 경험에 대해 기술해 주십시오. (최소 250자 최대 500자 입력 가능)

4. 우리 공사의 주요 사업인 농어업 분야 관련 이슈 중 관심 있는 한 가지를 선택하고, 해당 이슈에 대해 본인의 의견과 공사의 역할에 대해 기술해 주십시오. (최소 250자 최대 500자 입력 가능)

한국농어촌공사는 농림축산식품부 소속의 준정부기관으로, 2008년 12월 29일 현재의 명칭으로 변경했다. 농어촌정비법에 따른 농어촌 정비사업 및 하천정비사업을 비롯해 ▷농지조성 및 이용 증진 사업 ▷농지의 매매·임대차·교환·분리·합병에 관한 사업 ▷농어촌 도로 개발과 지하수 토양오염에 관한 평가 등의 업무를 수행한다.